天聲人語

하늘의 소리 Ⅲ

사람의 말씀

Preface

이 책은 저자의 네 번째 종교적 체험에 대한 나눔의 장이다. 첫 번째 저서 《하늘의 소리 사람의 말씀天聲人語》과 두 번째 저서 《하늘의 소리 사람의 말씀天聲人語 II》는 각각 요한 복음서와 마태오 복음서를 공부하면서 배우고 느낀 점들을 모은 것이었다. 세 번째 저서 《베드로와 유다》는 성경을 공부하면서 '배신'에 대해서 배우고 느낀 점들을 하나하나 모은 것들이었다. 네 번째 저서 《하늘의 소리 사람의 말씀天聲人語 III》는 마르코 복음서에 대한 공부의 결실이다. 마르코 복음서는 사실 4복음서마태오 마르코 루카 요한 복음서 가운데 제일 먼저 쓰였던 복음서이다.

가장 오래된, 그리이스어로 쓰여진 복음서는 초대교회의 구전에 의하면 마르코가 썼다. 예루살렘 출신의 요한 마르코는 초세기 예루살렘에서 신자공동체가 형성된 집의 마리아라는 부인의 아들이라고 한다. 마르코는 바르나바의 친척이자 바오로 사도의 동료였고, 후에는 베드로 사도의 동료가 되기도 했다. 그가 로마에서 복음서를 썼다는 것 또한 초대교회의 구전이다. 예루살렘 멸망 때 마르코 복음서가 이미 있었기 때문에, 이 복음서는 기원후 약 70년경에 형성되었음이 확실하다. 마르코는 이 복음서를 이방인과 이방인 그리스도교 신자들을 위해 썼다. 마르코는 예수님에 대해 전해지는 이야기들 특히 기적에 대한 이야기들과 비유, 예수님의 이야기에서 중요한 이야기들, 수난에 대한 단독적인 말씀들과 증언들을 수집했다.

그는 한 가지 주제를 시간적으로 정확히 정리했다. 그의 복음서는 세례자 요한의 출현으로부터 시작, 부활절 아침에 여인들에 의해 빈 무덤이 발견되는 것으로 끝을 맺는다. 오늘날 볼 수 있는 결말 부분마르 16:9-20은 2세기에 가서야 비로소 첨부되었다. 마르코는 무엇보다도 곤궁한 이방인 그리스도인들에게, 그리스도께서는 모든 박해 속에서도 뜻을 바꾸지 않으셨다고 하면서 용기를 주고자 했다. 성 마르코 축일은 4월 25일이다.

형식이나 내용 면에서 볼 때, 단순히 교회에서 내려오는 여러 전승을 한데 모아 후대에 전하기 위해 집필했다는 것이 통설이다. 초기 교회에서 예수의 삶보다는 십자가 죽음과 부활만을 강조하는 모습이 두드러졌는데, 그러한 신자들에게 예수의 삶을 제시함으로써 예수의 삶을 본받는 것이 중요함을 일깨우고자 하였다.

특히 마르코 복음서는 로마 신자, 정확히는 비유대계 그리스도인들을 위해 쓰인 것으로 보인다. 마르코 복음서에는 족보나 구약의 인용이 적다. 또한 마르코 복음서는 코이네 그리스어헬라어로 집필되었고, 히브리어와 아람어를 모르는 독자들을 위해 그리스어 설명을 덧붙였다. 이방인비유대인 신자의 본보기로 헬라인 시로페니키아 족속 여자7장 24-30절나 로마 백인대장15장 39절을 언급한 점도 눈에 띈다.

결국 마르코 복음서는 고난에 처했거나 그리스도의 구원에 대한 확신을 얻지 못한 모든 이들에게 위로와 힘을 주기 위해 기록되었다고 보는 것이 타당하다.

마르코는 오늘날 우리가 복음'서'라고 부르는 장르를 최초로 '복음'이라 이름 붙였다. 본래 희랍-로마 문화에서 복음은 통치자의 후계자 탄생이나 전쟁에서의 승전보 등을 가리킬 때 쓰는 말이었다. 이 용어를 바오로는 그리스도교 뉘앙스를 담아 '하느님의 힘'로마 1장 16절과 연결시켜 사용했고, 마침내 마르코에 이르러 복음'서'를 일컫는 말로 쓰인 것이다. 특히 마르코 복음서의 집필 장소로 로마시가 추정된다는 것을 고려하면, 마르코가 '권력의 복음'과 대조되는 '예수의 복음'을 의도적으로 맞세우고 있음을 알 수 있다.

그리고 특히나 마르코 복음서가 집필되던 시기에, 베스파시아누스 및 그의 아들 티투스가 이끄는 로마군이 유다인 봉기를 진압했음을 고려하면 '예수 그리스도의 복음'이라는 말의 의미는 더욱 의미심장해진다.

마르코 복음서의 제1차적 독자는 로마인, 그리고 이방인이었다. 당시 네로 황제의 박해가 진행되었고, 베드로와 바오로의 순교 후의 방황, 기독교인들의 카타콤로마의 지하공동묘지 동굴의 순교가 고조를 이루었으므로 로마 기독교인들에게 위로와 격려, 그리고 예수님처럼 부활할 것이라고 소망 있는 약속의 메시지를 전하였다.

기록목적을 요약하면, ① 예수님은 하느님의 아들, ② 예수님은 치료자, ③ 예수님은 예언자, ④ 예수님은 메시아, ⑤ 예수님은 부활의 인자, ⑥ 예수님은 재림하실 인자라는 기독론적 입장을 설명하고자 함이다.

마르코 복음서의 주제는 ① 하느님의 아들 예수 그리스도의 봉사사역과 ② 하느님의 아들 예수 그리스도의 희생사역이다. 마르코는 예수님을 로마 기독교인들에게 표현하기를 "하느님의 아들 예수 그리스도"라고 하였다. 따라서 그분께서 행하신 모든 일과 당하신 수난의 사역과 부활을 우리네 인생과 연결시켜 생각하도록 하였다.

그러므로 마르코 복음서의 중심사상은 성육신하신 하느님의 아들, 예수님의 사역은 겸손한 종의 모습이었다는 것이다.

마르코 복음서는 로마의 그리스도인들에게 그리고 오늘의 우리들에게 복음을 전하는 자는 종의 역할을 감당하였음을 강력하게 그리고 간결하게 가르친다. 따라서 핵심적 신앙교훈은 봉사, 희생, 복음전파이다.

이 책이 나오기까지는 주위의 많은 분들의 격려와 도움이 있었다. 이 자리를 빌어 감사의 말씀을 드린다. 성당의 신부님들, 수녀님들 그리고 주변의 많은 일가친척과 교우님들은 저자를 하느님의 집에 안내해 주셨다. 집필과정에서는 저자의 대학원 스승이신 경기대학교 노형진 명예교수님의 조언과 격려에 힘입은 바 크다. 마지막으로 이 책의 출판에 많은 도움을 주신 한올출판사 임순재 사장님과 최혜숙 실장님 이하 관계자 여러분의 노고에 깊은 감사의 말씀을 드린다.

2023년 12월

저자 김청자 마리아

하늘의 소리 사람의 말씀 III

Vox populi, vox Dei.

Contents

마르코 복음서 1장

天聲

세례자 요한의 설교 마태 3,1-12; 루카 3,1-9; 루카 3,15-18; 요한 1,19-28

1 하느님의 아드님 예수 그리스도의 복음의 시작.

2 이사야 예언자의 글에 "보라, 내가 네 앞에 내 사자를 보내니 그가 너의 길을 닦아
놓으리라."

3 "광야에서 외치는 이의 소리. '너희는 주님의 길을 마련하여라. 그분의 길을 곧게
내어라.'" 하고 기록된 대로,

4 세례자 요한이 광야에 나타나 죄의 용서를 위한 회개의 세례를 선포하였다.

5 그리하여 온 유다 지방 사람들과 예루살렘 주민들이 모두 그에게 나아가, 자기 죄
를 고백하며 요르단 강에서 그에게 세례를 받았다.

6 요한은 낙타 털 옷을 입고 허리에 가죽 띠를 둘렀으며, 메뚜기와 들꿀을 먹고 살
았다.

7 그리고 이렇게 선포하였다. "나보다 더 큰 능력을 지니신 분이 내 뒤에 오신다. 나
는 몸을 굽혀 그분의 신발 끈을 풀어 드릴 자격조차 없다.

8 나는 너희에게 물로 세례를 주었지만, 그분께서는 너희에게 성령으로 세례를 주실
것이다."

세례를 받으시다 마태 3,13-17; 루카 3,21-22

9 그 무렵에 예수님께서 갈릴래아 나자렛에서 오시어, 요르단에서 요한에게 세례를
받으셨다.

10 그리고 물에서 올라오신 예수님께서는 곧 하늘이 갈라지며 성령께서 비둘기처럼
당신께 내려오시는 것을 보셨다.
11 이어 하늘에서 소리가 들려왔다. "너는 내가 사랑하는 아들, 내 마음에 드는 아들
이다."

광야에서 유혹을 받으시다 마태 4,1-11; 루카 4,1-13

12 그 뒤에 성령께서는 곧 예수님을 광야로 내보내셨다.
13 예수님께서는 광야에서 사십 일 동안 사탄에게 유혹을 받으셨다. 또한 들짐승들과
함께 지내셨는데 천사들이 그분의 시중을 들었다.

갈릴래아 전도를 시작하시다 마태 4,12-17; 루카 4,14-15

14 요한이 잡힌 뒤에 예수님께서는 갈릴래아에 가시어, 하느님의 복음을 선포하시며
15 이렇게 말씀하셨다. "때가 차서 하느님의 나라가 가까이 왔다. 회개하고 복음을 믿
어라."

어부 네 사람을 제자로 부르시다 마태 4,18-22; 루카 5,1-11

16 예수님께서 갈릴래아 호숫가를 지나가시다가, 호수에 그물을 던지고 있는 시몬과
그의 동생 안드레아를 보셨다. 그들은 어부였다.
17 예수님께서 그들에게 이르셨다. "나를 따라오너라. 내가 너희를 사람 낚는 어부가
되게 하겠다."
18 그러자 그들은 곧바로 그물을 버리고 예수님을 따랐다.
19 예수님께서 조금 더 가시다가, 배에서 그물을 손질하는 제베대오의 아들 야고보와
그의 동생 요한을 보시고,
20 곧바로 그들을 부르셨다. 그러자 그들은 아버지 제베대오를 삯꾼들과 함께 배에
버려두고 그분을 따라나섰다.

회당에서 더러운 영을 쫓아내시다 루카 4,31-37

21 그들은 카파르나움으로 갔다. 예수님께서는 곧바로 안식일에 회당에 들어가 가르치셨는데,

22 사람들은 그분의 가르침에 몹시 놀랐다. 그분께서 율법 학자들과 달리 권위를 가지고 가르치셨기 때문이다.

23 마침 그 회당에 더러운 영이 들린 사람이 있었는데, 그가 소리를 지르며

24 말하였다. "나자렛 사람 예수님, 당신께서 저희와 무슨 상관이 있습니까? 저희를 멸망시키러 오셨습니까? 저는 당신이 누구신지 압니다. 당신은 하느님의 거룩하신 분이십니다."

25 예수님께서 그에게 "조용히 하여라. 그 사람에게서 나가라." 하고 꾸짖으시니,

26 더러운 영은 그 사람에게 경련을 일으켜 놓고 큰 소리를 지르며 나갔다.

27 그러자 사람들이 모두 놀라, "이게 어찌 된 일이냐? 새롭고 권위 있는 가르침이다. 저이가 더러운 영들에게 명령하니 그것들도 복종하는구나." 하며 서로 물어보았다.

28 그리하여 그분의 소문이 곧바로 갈릴래아 주변 모든 지방에 두루 퍼져 나갔다.

Vox populi, vox Dei.

시몬의 병든 장모를 고치시다 마태 8,14-15; 루카 4,38-39

29 그들은 회당에서 나와, 야고보와 요한과 함께 곧바로 시몬과 안드레아의 집으로 갔다.

30 그때에 시몬의 장모가 열병으로 누워 있어서, 사람들이 곧바로 예수님께 그 부인의 사정을 이야기하였다.

31 예수님께서 그 부인에게 다가가시어 손을 잡아 일으키시니 열이 가셨다. 그러자 부인은 그들의 시중을 들었다.

많은 병자를 고치시다 마태 8,16-17; 루카 4,40-41

32 저녁이 되고 해가 지자, 사람들이 병든 이들과 마귀 들린 이들을 모두 예수님께 데려왔다.

33 온 고을 사람들이 문 앞에 모여들었다.
34 예수님께서는 갖가지 질병을 앓는 많은 사람을 고쳐 주시고 많은 마귀를 쫓아내셨다. 그러면서 마귀들이 말하는 것을 허락하지 않으셨다. 그들이 당신을 알고 있었기 때문이다.

전도 여행을 떠나시다 루카 4,42-44

35 다음 날 새벽 아직 캄캄할 때, 예수님께서는 일어나 외딴곳으로 나가시어 그곳에서 기도하셨다.
36 시몬과 그 일행이 예수님을 찾아 나섰다가
37 그분을 만나자, "모두 스승님을 찾고 있습니다." 하고 말하였다.
38 예수님께서 그들에게 말씀하셨다. "다른 이웃 고을들을 찾아가자. 그곳에도 내가 복음을 선포해야 한다. 사실 나는 그 일을 하려고 떠나온 것이다."
39 그러고 나서 예수님께서는 온 갈릴래아를 다니시며, 회당에서 복음을 선포하시고 마귀들을 쫓아내셨다.

나병 환자를 고치시다 마태 8,1-4; 루카 5,12-16

40 어떤 나병 환자가 예수님께 와서 도움을 청하였다. 그가 무릎을 꿇고 이렇게 말하였다. "스승님께서는 하고자 하시면 저를 깨끗하게 하실 수 있습니다."
41 예수님께서 가엾은 마음이 드셔서 손을 내밀어 그에게 대시며 말씀하셨다. "내가 하고자 하니 깨끗하게 되어라."
42 그러자 바로 나병이 가시고 그가 깨끗하게 되었다.
43 예수님께서는 그를 곧 돌려보내시며 단단히 이르셨다.
44 그에게 이렇게 말씀하셨다. "누구에게든 아무 말도 하지 않도록 조심하여라. 다만 사제에게 가서 네 몸을 보이고, 네가 깨끗해진 것과 관련하여 모세가 명령한 예물을 바쳐, 그들에게 증거가 되게 하여라."
45 그러나 그는 떠나가서 이 이야기를 널리 알리고 퍼뜨리기 시작하였다. 그리하여 예수님께서는 더 이상 드러나게 고을로 들어가지 못하시고, 바깥 외딴곳에 머무르셨다. 그래도 사람들은 사방에서 그분께 모여들었다.

1 The beginning of the gospel about Jesus Christ, the Son of God.

2 It is written in Isaiah the prophet: "I will send my messenger ahead of you, who will prepare your way"—

3 "a voice of one calling in the desert, 'Prepare the way for the Lord, make straight paths for him.'"

4 And so John came, baptizing in the desert region and preaching a baptism of repentance for the forgiveness of sins.

5 The whole Judean countryside and all the people of Jerusalem went out to him. Confessing their sins, they were baptized by him in the Jordan River.

6 John wore clothing made of camel's hair, with a leather belt around his waist, and he ate locusts and wild honey.

7 And this was his message: "After me will come one more powerful than I, the thongs of whose sandals I am not worthy to stoop down and untie.

8 I baptize you with water, but he will baptize you with the Holy Spirit."

9 At that time Jesus came from Nazareth in Galilee and was baptized by John in the Jordan.

10 As Jesus was coming up out of the water, he saw heaven being torn open and the Spirit descending on him like a dove.

11 And a voice came from heaven: "You are my Son, whom I love; with you I am well pleased."

12 At once the Spirit sent him out into the desert,

13 and he was in the desert forty days, being tempted by Satan. He was with the wild animals, and angels attended him.

14 After John was put in prison, Jesus went into Galilee, proclaiming the good news of God.

15 "The time has come," he said. "The kingdom of God is near. Repent and believe the good news!"

Vox populi, vox Dei.

16 As Jesus walked beside the Sea of Galilee, he saw Simon and his brother Andrew casting a net into the lake, for they were fishermen.

17 "Come, follow me," Jesus said, "and I will make you fishers of men."

18 At once they left their nets and followed him.

19 When he had gone a little farther, he saw James son of Zebedee and his brother John in a boat, preparing their nets.

20 Without delay he called them, and they left their father Zebedee in the boat with the hired men and followed him.

21 They went to Capernaum, and when the Sabbath came, Jesus went into the synagogue and began to teach.

22 The people were amazed at his teaching, because he taught them as one who had authority, not as the teachers of the law.

23 Just then a man in their synagogue who was possessed by an evil spirit cried out,

24 "What do you want with us, Jesus of Nazareth? Have you come to destroy us? I know who you are--the Holy One of God!"

25 "Be quiet!" said Jesus sternly. "Come out of him!"

26 The evil spirit shook the man violently and came out of him with a shriek.

27 The people were all so amazed that they asked each other, "What is this? A new teaching--and with authority! He even gives orders to evil spirits and they obey him."

28 News about him spread quickly over the whole region of Galilee.

29 As soon as they left the synagogue, they went with James and John to the home of Simon and Andrew.

30 Simon's mother-in-law was in bed with a fever, and they told Jesus about her.

31 So he went to her, took her hand and helped her up. The fever left her and she began to wait on them.

32 That evening after sunset the people brought to Jesus all the sick and de-
mon-possessed.
33 The whole town gathered at the door,
34 and Jesus healed many who had various diseases. He also drove out
many demons, but he would not let the demons speak because they
knew who he was.
35 Very early in the morning, while it was still dark, Jesus got up, left the
house and went off to a solitary place, where he prayed.
36 Simon and his companions went to look for him,
37 and when they found him, they exclaimed: "Everyone is looking for you!"
38 Jesus replied, "Let us go somewhere else--to the nearby villages--so I can
preach there also. That is why I have come."
39 So he traveled throughout Galilee, preaching in their synagogues and
driving out demons.
40 A man with leprosy came to him and begged him on his knees, "If you
are willing, you can make me clean."
41 Filled with compassion, Jesus reached out his hand and touched the
man. "I am willing," he said. "Be clean!"
42 Immediately the leprosy left him and he was cured.
43 Jesus sent him away at once with a strong warning:
44 "See that you don't tell this to anyone. But go, show yourself to the priest
and offer the sacrifices that Moses commanded for your cleansing, as a
testimony to them."
45 Instead he went out and began to talk freely, spreading the news. As a
result, Jesus could no longer enter a town openly but stayed outside in
lonely places. Yet the people still came to him from everywhere.

Vox populi, vox Dei.

人語

마르코 복음서 입문

마르코는 누구인가

마르코개역성경: 마가는 기독교 최초의 복음서로 알려진 『마르코의 복음서』의 저자이자 초대 알렉산드리아 총대주교로 여겨지는 인물로, 로마 가톨릭교회와 동방 정교회에서 공경하는 성인이다. 지정된 축일은 각각 4월 25일과 5월 2일로 차이가 있다. 성공회에서도 종교개혁 이전의 신앙전통을 존중하여 마르코를 성인으로 기념한다. 마르코라는 이름은 '비추이다'라는 뜻의 라틴어 마르티우스Martius에서 파생되었고 그리스 신화의 마르스와도 관계된 이름이다. 공증인 · 안경사 · 유리 제작자 · 동물 사육자 · 번역가 · 베네치아의 수호 성인으로, 흔히 사자를 옆에 두고 복음서를 저술하는 모습으로 그려진다.

회심回心

마르코는 본래 리비아 근교 펜타폴리스의 시렌 출신의 이교도 출신으로 나중에 사도들의 설교로 감화를 받아 기독교를 믿게 되었다고 한다. 신약성서에는 마르코와 동일 인물일 것으로 추정되는 요한 마르코라는 인물이 열 번 나오는데, 요한은 이스라엘 이름이고 마르코는 라틴어 · 그리스어 이름이다. 비슷한 예로 일부에서는 개명한 이름으로 오해하는 사도 바오로도 바울로라는 그리스어식 이름과 사울이라는 유대인식 이름을 모두 갖고 있다. 어쨌든 마르코는 어머니인 마리아와 함께 예루살렘에 살았는데, 성서 연구자 중에는 그리스도와 사도들이 최후의 만찬을 가진 장소가 마르코의 집이었다고 보는 이도 있다.

여행

바오로와 삼촌인 바르나바를 따라 45년~49년경 제1차 전도 여행을 함께 했는데 키프로스까지 동행한 후 그다음 목적지인 소아시아의 주요 지역 여행을 포기하고 예루살렘으로 돌아가 버렸다. 이에 대해서 일부 성서 연구자들은 마르코 청년이 힘겨운 전도 여행에 적응하지 못했기 때문이라고 추정한다.

이에 곧은 성격의 바오로가 50년~52년경의 제2차 전도 여행 때 동행하기를 거부하자 마르코는 삼촌인 바르나바와 함께 키프로스로 가서 전도하였다. 그러나 신약성서의 콜로새 신자들에게 보낸 서간에 의하면, 53년~58년경의 제2차 전도 여행 때 좀 더 정확히 말하자면 바오로가 에페소스 감옥에 갇혀 있을 때 마르코는 바오로의 곁에 있어서 위로가 되어 주었다.

하지만 성서학자 르네 지라르가 쓴 『성경, 세계최고의 베스트셀러』르네 지라르 저, 시공사에 의하면 콜로새 신자들에게 보낸 서간은 바오로의 저작이 아닐 것으로 추정되므로 콜로새 신자들에게 보낸 서간을 근거로 마르코가 바오로와 같이 고난을 나누었다는 이야기는 무리한 해석이다.

베드로와의 만남

마르코는 베드로의 통역으로 일하게 되었는데 베드로가 예수 그리스도의 언행과 행적에 관해서 가르친 것을 기억나는 대로 충실히 기록했다고 한다.

복음서의 인용

마르코는 다른 복음사가인 루카처럼 사도에 속하지 않는다. 따라서 그가 예수를 개인적으로 알고 있었는지 현재로서는 확실히 알 수가 없다. 어떤 학자들은 그가 복음서에서 겟세마네에서 예수의 체포에 관해 적을 때 자기 자신의 이야기를 한 것이라는 설을 주장하기도 한다.

"어떤 젊은이가 알몸에 삼베를 두른 채 그분을 따라갔다. 사람들이 그를 붙잡자 그는 삼베를 버리고 알몸으로 도망갔다." 마르 14:51-52

이집트 교회

전승에 의하면 마르코는 58년과 62년 사이 이집트의 알렉산드리아를 방문했을 때 이곳에 교회를 설립한 후 복음을 전했으며 그곳의 초대 주교를 역임하였다. 한편 그는 신발을 고치다가 상처를 입은 구두수선공을 치유하는 기적을 행하였다. 상처가 나은 수선공 아니아누스는 회심하고, 후에 마르코의 뒤를 이어 주교가 된다. 그러다가 결국 68년에 복음 전파를 막으려는 이교도들에게 끈에 의해 목이 묶여 도시 전체를 끌려다니며 돌팔매질을 당하는 고문 끝에 순교하였다고 전한다. 9세기 알렉산드리아의 한 성당에서 그의 시신이 발견되었으며, 828년 베네치아 공화국의 상인들이 시신을 돼지고기 밑에 몰래 숨겨 들여와서 베네치아에 옮겼다. 그리고 산 마르코 대성당의 제단에 안치하여 마르코는 베네치아의 수호 성인이 되었다. 베네치아의 깃발은 마르코를 상징하는 앞발로 성서를 잡은 날개가 달린 사자가 그려져 있으며, 산 마르코 광장을 비롯하여 베네치아의 세력이 미친 곳에는 지금도 날개가 달린 사자상이 남아 있다.

각 절 해석[1]

1절 우리는 여기에서 신약이란 무엇을 의미하고 있는 것인지를 살펴볼 수 있다. 그것은 하나님의 아들 예수 그리스도의 복음을 의미한다고 할 수 있다. 신약은 복음이다. 그것은 하느님의 말씀인데 신실하고 참되다. 그것은 선한 말씀이며 모두 받아드리기에 가치가 있는 말씀이다. 그것은 우리에게 기쁜 소식을 전해 준다.

1 김효성 목사, 마가복음 강해, 2023년 2월 1일 수정.

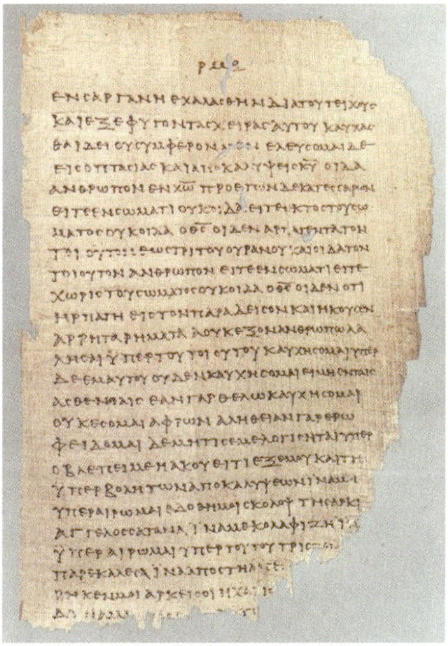

신약성경[2]

자료: ko.wikipedia.org

신약은 성서에 약속이 되어 오래 바라던 메시아 즉, 기름부음 받은 구세주 예수 그리스도의 복음이다. 이전의 복음서 마태오 복음서에서는 예수 그리스도의 족보에서부터 시작하였는데, 그것은 복음에 대해서 예비적인 서문이라 할 수 있고 본 복음서에서는 그리스도의 복음 사업부터 직접 다루고 있다. 이것은 그리스도의 복음이라고 부른다. 왜냐하면 그리스도께서 복음의 저자이며, 그에게서 복음이 왔을 뿐 아니라, 그리스도께서 복음의 주인공이며 복음은 전적으로 그에 관해서 언급하고 있기 때문이다.

예수는 하느님의 아들이시다. 바로 이 진리를 근거로 복음이 수립되었고 복음이 기록된 것은 그리스도를 증거하기 위함이다. 만일 예수가 하느님의 아들이 아니라면 우리의 신앙도 헛된 것이다. 신약과 구약이 서로 관련성을 가지고 있는 것

2 마르코 복음서(로마 가톨릭), 마가복음(개신교)은 기독교 신약성경의 하나로 예수의 행적과 가르침을 담은 복음서이다. 마태오 복음서, 루카 복음서와 함께 공관복음서 중 한 권이다. 여기서 예수는 스스로 인자라 칭한다.

처럼 신·구약은 서로 통일성을 가지고 있다. 예수 그리스도의 복음은 시작되었다.[3]

마르코 복음서의 저자인 마르코는 예수께서 하느님의 아들 그리스도이시라고 증거한다. 베드로도 예수께서 그리스도이시며 살아계신 하느님의 아들이시라고 고백했다. 요한도 그가 쓴 요한 복음서 끝에서, "예수님께서는 이 책에 기록되지 않은 다른 많은 표징도 제자들 앞에서 일으키셨다. 이것들을 기록한 목적은 예수님께서 메시아시며 하느님의 아드님이심을 여러분이 믿고, 또 그렇게 믿어서 그분의 이름으로 생명을 얻게 하려는 것이다."라고 증거하였다요한 20:30-31.

예수께서 하느님의 아들이시라는 것은, 우리가 하느님의 자녀라는요한 1:12 의미와 다르게, 그가 하느님의 본질을 가지셨다는 의미이다. 사도 요한은 그에 대해 "말씀이 사람이 되시어 우리 가운데 사셨다. 우리는 그분의 영광을 보았다. 은총과 진리가 충만하신 아버지의 외아드님으로서 지니신 영광을 보았다."고 증거하였고요한 1:14, 또 "아무도 하느님을 본 적이 없다. 아버지와 가장 가까우신 외아드님 하느님이신 그분께서 알려 주셨다."고 말했다요한 1:18. 예수께서는 "나의 아버지께서는 모든 것을 나에게 넘겨주셨다. 그래서 아버지 외에는 아무도 아들을 알지 못한다. 또 아들 외에는, 그리고 그가 아버지를 드러내 보여 주려는 사람 외에는 아무도 아버지를 알지 못한다."고 말씀하셨다마태 11:27. 또 그가 새벽녘에 풍랑이는 바다 위로 걸어서 제자들에게 오셨을 때, 배에 있던 제자들은 그에게 경배하며 "스승님은 참으로 하느님의 아드님이십니다."라고 말했다마태 14:33. 이처럼 하느님의 본질을 가진 아들께서 사람으로 이 세상에 오셨다.

2-5절 구약에 대해서 작별 인사를 한 말라키서는 신약에 대해서 환영 인사를 하는 세례 요한에 관해서 아주 분명하게 예언을 하였다. "보라, 내가 네 앞에 내 사자를 보내니 그가 너의 길을 닦아 놓으리라."2절. 그리스도 자신도 이

3 메튜 헨리 주석, 마가복음 01장.

말씀을 세례 요한에게 적용해서 언급하였다. 그는 하느님의 사자로서 그리스도의 길을 예비하라고 보냄을 받았다.[4]

모든 선지자들 중에서 가장 복음적인 이사야는 그리스도의 복음의 시작을 가리키고 있는 이 말씀으로 그의 예언의 복음적 부분을 시작하고 있다. "광야에서 외치는 이의 소리. '너희는 주님의 길을 마련하여라. 그분의 길을 곧게 내어라.'"3절. 마태오 역시 이 말씀을 주의하여 세례 요한에게 적용하였다마태 3:3.

마르코는 말라키서 3:1과 이사야서 40:3의 예언을 인용하였다. 이 예언들이 세례 요한에게서 이루어졌다. 하느님께서는 예언하시고 그것을 이루시는 분이시다. 그가 그의 행하실 일을 예언하시는 것은 우리로 소망 중에 하느님을 기대하다가 그 일이 이루어질 때 그를 더욱 확신케 하려 하심이다. 과거의 예언 성취를 통해 하느님의 신실하심을 확신하기 때문에, 우리는 오늘날 주 예수 그리스도의 재림에 대한 예언도 확신하고 소망하게 된다.

요한이 베푼 세례는 죄사함을 받게 하는 회개의 세례였다. 회개는 죄를 인정하고 뉘우치고 버리기로 결심하는 것이다. 회개는 죄사함의 필수 조건이다. 죄사함은 사람에게 매우 중요한 복이다. 죄가 사람의 모든 불행의 원인이기 때문에, 죄사함은 행복의 첫걸음이다. 그러므로 모든 사람은 죄사함을 위한 회개가 필요하다. 주께서는 자신이 이 세상에 온 목적을 죄인을 불러 회개시키기 위해서라고 말씀하셨다. 바로 루카 복음서 5:32에 "나는 의인이 아니라 죄인을 불러 회개시키러 왔다."고 하셨다.

온 유대 지방과 예루살렘으로부터 온 수많은 사람들이 세례 요한의 설교를 듣고 자기들의 죄를 자복하고 요단강에서 그에게 세례를 받았다. 그것은 분명히 하느님께서 하신 일이었다. 후에 베드로를 통해 3천 명을 회개시키는 일도 하느님께서 하신 것이다. 그러나 만일 그가 버려두시면 선지자 예레미야 때처럼 41년간의 사역이라도 결실 없는 사역이 될 수 있다. 씨를 심으시고 자라게 하시는 이는 하느님뿐이시다. 코린토 신자들에게 보낸 첫째 서간 3:7에 "그러니 심는 이나 물

4 메튜 헨리 주석, 마가복음 01장.

Vox populi, vox Dei.

세례 요한이 "회개하여라. 하늘 나라가 가까이 왔다."(마태 3:2)라고 외칠 때, 그의 사역을 성령께서 수호하셨고 많은 사람들이 따르고 옹호했으며 영향력도 아주 컸다.

자료: hengcao7.tistory.com

을 주는 이는 아무것도 아닙니다. 오로지 자라게 하시는 하느님만이 중요합니다." 라고 하셨듯이 메시아의 오심은 이렇게 준비되었다.

6-8절 세례 요한이 광야에서 살아온 생활 양식은 바로 복음의 얼의 발로였다. 왜냐하면 그의 광야 생활은 전적인 자기 부정과 육체의 금욕과 세상의 불의에 대한 경멸과 세상과의 비타협을 말해 주고 있는데, 이런 일이야말로 어떤 영혼에게 있어서나 참으로 그리스도의 복음의 시작이라고 부를 수 있을 것이다. 세례 요한은 부드러운 외투가 아니라 "낙타 털을 입고", 황금의 띠가 아니라 "허리에 가죽띠를 두르고", 맛 있고 우아한 음식이 아니라 메뚜기와 등꿀을 먹었다6절. 우리가 몸의 소욕에서 해방되면 될수록, 그리고 세상을 초월하면 할수록 예수 그리스도를 위해서 더 나은 준비를 할 수 있는 것을 명심하라.[5]

5 메튜 헨리 주석, 마가복음 01장.

낙타 털을 입고 허리에 가죽띠를 띤 것은 선지자 엘리야의 모습을 나타낸다2열왕 1:8. 요한은 광야생활과 설교사역에 적합한 검소한 복장을 하였다. 세례 요한은 먹는 음식도 단순하여 메뚜기와 석청을 먹었다. 석청石淸, 멜리 아그리온은 들판에서 얻을 수 있는 야생꿀을 가리킨다. 반찬이 많은 식탁이 반드시 행복한 것은 아니다. 우리는 일용할 양식으로 만족해야 한다.

세례 요한은 자기 뒤에 오시는 메시아를 '나보다 능력이 많으신 이'라고 증거했다. 하느님과 사람의 차이는 무엇보다 능력의 차이이다. 하느님의 능력은 무한하시다. 그는 전능하신 하느님이시다. 그러나 사람의 능력은 극히 제한적이다. 요한 복음서 1:32-34에 보면, "나는 성령께서 비둘기처럼 하늘에서 내려오시어 저분 위에 머무르시는 것을 보았다. 나도 저분을 알지 못하였다. 그러나 물로 세례를 주라고 나를 보내신 그분께서 나에게 일러 주셨다. '성령이 내려와 어떤 분 위에 머무르는 것을 네가 볼 터인데, 바로 그분이 성령으로 세례를 주시는 분이다.' 과연 나는 보았다. 그래서 저분이 하느님의 아드님이시라고 내가 증언하였다." 라고 요한은 말하였다.

예수님 세례를 받으시다.

자료: m.blog.naver.com

Vox populi, vox Dei.

물세례는 죄씻음을 상징하고 성령세례는 실제로 죄씻음을 주는 것이다. 세례 요한은 단지 물로 세례를 주었지만, 예수께서는 성령으로 사람을 거듭나게 하시고 죄씻음을 주실 것이다. 이것은 그가 승천하신 후, 성령의 강림으로 성취되었다. 오늘날 예수님 믿는 자들은 다 성령의 세례를 받았다. 코린토 신자들에게 보낸 첫째 서간 6:11, "여러분 가운데에도 이런 자들이 더러 있었습니다. 그러나 여러분은 주 예수 그리스도의 이름과 우리 하느님의 영으로 깨끗이 씻겼습니다. 그리고 거룩하게 되었고 또 의롭게 되었습니다." 코린토 신자들에게 보낸 첫째 서간 12:13, "우리는 유다인이든 그리스인이든 종이든 자유인이든 모두 한 성령 안에서 세례를 받아 한 몸이 되었습니다. 또 모두 한 성령을 받아 마셨습니다."

9-11절 우리는 여기에서 그리스도께서 세례 받으심에 대하여 간단히 요약되었음을 볼 수 있다. 그리스도께서 세례 받으심은 오랫동안 나자렛에서 이름 없이 지내신 후 처음으로 대중 가운데 보이신 등장이었다. 이 세상에는 멸시의 먼지 속에 묻혀서 드러나지 못하였거나 겸허의 베일 속에 싸여서 드러나지 않은 숨은 보배들이 많을 것이다. 그러나 그리스도께서 그러하심과 같이 불원간에 이 세상에 드러나게 될 것이다.[6]

예수께서 요한의 세례에 순응하였을 때 하느님께서 어떻게 영화롭게 그를 당신의 아들로 인정하였는가를 보라. 하느님의 명령을 받고 요한의 세례를 받아 하느님을 의롭다 하는 사람들은 하느님께서 영화롭게 하실 것이다.

예수께서는 "… 곧 하늘이 갈라지며 성령께서 비둘기처럼 당신께 내려오시는 것을 보셨다."10절. 성령께서 우리에게 임하시고 역사하심을 느낄 때 하늘이 우리에게 열리는 것을 볼 수 있음에 주의하자. 우리 안에 행하시는 그의 선한 일은 하느님께서 우리에게 행하시는 선한 뜻과 우리를 위한 당신의 준비에 대한 확실한 증거이다. 저스틴 마터Justin Martyr[7]는 말하기를 "그리스도께서 세례를 받으셨을

[6] 메튜 헨리 주석, 마가복음 01장.

때 요단강에 불이 켜졌다"고 하였다. "큰 빛이 그 주위를 비추었다"고 보는 것이 고대의 전설이다. 그 이유는 성령에게 빛과 열을 동반하시기 때문일 것이다.

예수께서 들으신 하늘의 음성은 자기의 임무를 수행함에 있어서 용기를 북돋아 주기 위한 의도에서 들려졌으므로 "너는 내가 사랑하는 아들, 내 마음에 드는 아들이다." 11절라고 직설적으로 표현되었다. 하느님은 당신의 아들에게 아래의 사실들을 알게 하신다.

하느님께서는 예수께서 자기 자신을 겸손하게 낮추신 그러한 낮고 천한 자리에 있을지라도 조금도 다름없이 그를 사랑하신다. 비록 그처럼 자기를 겸허하게 하고 명성을 떨치지 않았다 해도 "그는 여전히 나의 사랑하는 아들이다"라고 하느님은 알게 하신 것이다.

예수께서는 이스라엘 땅의 북부에 있는 갈릴래아갈릴리 나자렛에서 와서 요단강에서 요한에게 세례를 받으셨다. 요단강은 북쪽 갈릴래아 호수로부터 남쪽 사해까지 약 100킬로미터나 되는 강이며 요한이 세례를 베푼 곳은 남쪽 유대 지역이었다. 예수 그리스도께서 세례 요한에게 세례를 받으신 것은 그가 세상 죄를 지고 가는 하느님의 어린양, 곧 우리의 죄를 짊어진 대속 제물로 세례를 받으셨다고 보인다. 요한 복음서에 보면, 세례 요한은 예수께서 "세상의 죄를 없애시는 하느님의 어린양"이시며 성령으로 세례를 주시는 하느님의 아들이시라고 증언하였다 요한 1:29, 32-34.

예수께서는 세례를 받으시고 물에서 올라오실 때 하늘이 갈라짐과 성령이 비둘기와 같이 자기에게 내려오심을 보셨다. 또 하늘로부터 음성이 들렸다. "너는 내 사랑하는 아들이니, 나는 너를 어여삐 여겼노라." 마르 1:11 이것은 마태오, 마르

7 저스틴 마터(서기 100년~165년 경)는 초기 기독교 변증가로서 2세기 로고스 이론의 최초의 해석가로 간주된다. 그의 작품들 다수가 분실되었으나 두 개의 변증론서와 대화문 하나가 지금까지 남아 있다. 그는 가톨릭 교회, 성공회, 동방 정교회에서 성인으로 간주된다. 사마리아의 프라비아네아폴리스(현 나블루스)에서 그리스인 또는 로마인 양친 사이에서 태어났다. 진리탐구의 철학적 편력자로서 스토아 학파, 페리파토스 학파, 피타고라스 학파 등을 편력하면서 교사를 찾아보았으나 만족을 얻지 못하고, 최후로 플라톤주의에 진리가 있다고 믿고 플라톤이 가르치는 이데아의 관상(觀想)에 의해 하느님 보기를 원하고 명상생활에 들어섰다. 이 무렵 그리스도교도인 한 노인을 만나 인간이 신을 알기 위해서는 명상적 생활에 있어서의 이성적인 탐구만으로는 불충분하고, 신으로부터 계시의 도움을 받아야 비로소 가능해진다는 것을 알고 이 노인의 증언에 의해 구약성서의 예언자들을 주목하고 여기서 신의 계시를 보았다.

Vox populi, vox Dei.

요단강의 위치와 예수님 세례터

자료: steemit.com

코, 루카 등 세 복음서가 다 증거하는 하느님의 친 음성의 증거였다. 삼위일체 하느님께서 여기에 계신다. 하느님의 아들 예수께서 세례를 받으셨고 성령께서 그에게 내려오셨고 하느님 아버지의 친 음성이 있었던 것이다.

이 사건은 또한 사람이신 예수께서 메시아 신분을 확인하신 사건이었다. 예수님은 탄생 때부터 신적 메시아이시지만, 사람이신 그의 메시아 의식은 아마 점진적으로 자랐을지도 모른다. 물론 루카 복음서 2장에 증거된 대로, 그는 열두 살 때에 벌써 하느님을 '내 아버지'라고 부르시며 "왜 저를 찾으셨습니까? 저는 제 아버지의 집에 있어야 하는 줄을 모르셨습니까?"라고 그의 부모에게 말씀하셨다루카 2:49. 이제 아버지께서는 그를 전도사역에 내보내시기 전에 그에게 메시아 신분을 밝히 증거하셨고 사람이신 예수께서는 그 사실을 확인하시고 확신하셨을 것이다. 예수께서는 하느님 아버지의 친 음성의 증거를 받으셨다.

12-13절 그리스도께서 받으신 시험이다. 성령에게 임하셔서 "… 성령께서는 곧 예수님을 광야로 내보내셨다."12절. 사도 바오로는 그가 부름을 받았을

때에 "나보다 먼저 사도가 된 이들을 찾아 예루살렘에 올라가지도 않았습니다. 그냥 아라비아로 갔다가 다시 다마스쿠스로 돌아갔습니다."갈라 1:17라고 말하고, 이는 "그 복음은 내가 어떤 사람에게서 받은 것도 아니고 배운 것도 아닙니다. 오직 예수 그리스도의 계시를 통하여 받은 것입니다."갈라 1:12라고 하였다. 세상으로부터 잠시 물러남은 하느님과 더욱 자유스럽게 교제할 수 있는 좋은 기회가 된다. 그러므로 누구나 적당한 시기에 이런 좋은 기회를 마련하도록 해야 할 것이다. 마르코는 그리스도께서 머물러 계시던 광야의 상황을 살펴보고 "… 들짐승들과 함께 지내셨는데 …"13절라고 했다. 이 사실은 하느님께서 그를 돌아보셔서 그가 들짐승들에게 해를 받지 않도록 지켜 주셨다는 한 가지 실례가 될 수 있으며, 그 사실은 또한 그가 시장하실 때에 하느님이 그에게 채워 주실 것이라는 확신을 주었다.[8]

광야는 거칠고 들짐승이 있고 온갖 위험이 있고 특히 마귀의 시험이 있는 곳이다. 마태오 복음서에 보면, 예수께서는 40일간 금식을 하셨다. 40일간의 금식과 사탄에게 시험받으심은 그의 전도사역을 위한 준비였다. 하느님께서는 사탄에게 시험을 받으실 수 없으나 사람인 예수께서는 받으셨다. 그는 친히 사람의 연약함을 체험하셨다. 첫째 사람 아담은 에덴 동산에서 마귀의 시험에 넘어졌었다. 그러나 둘째 사람이신 예수께서는 승리하셨다. 코린토 신자들에게 보낸 첫째 서간 15:47에, "첫 인간은 땅에서 나와 흙으로 된 사람입니다. 둘째 인간은 하늘에서 왔습니다."라고 했다. 이 세상은 광야와 같다. 우리는 세상 사는 동안 마귀의 시험들을 이겨내야 한다.

14-15절 여기에는 그리스도께서 갈릴래아에서 복음을 전하신 일반적인 기사를 기술하였다. 요한은 이 기사에 앞서 그리스도께서 유대에서 복음을 전하신 기사를 기록하였는데요한 2, 3장, 그 일은 다른 복음서 저자들은 생략하고 다

8 메튜 헨리 주석, 마가복음 01장.

Vox populi, vox Dei.

만 갈릴래아에서 일어난 일을 간단히 이야기하였다. 그 이유는 그 일이 예루살렘에는 거의 알려지지 않았기 때문이다. 예수께서 갈릴래아에서 복음을 전파하시기 시작한 때는 "요한이 잡힌 뒤"14절임을 주목하라. 요한이 증거하기를 마칠 때 예수께서 증거하시기 시작한 것이다. 그리스도의 증인들이 침묵을 지킨다 해서 그리스도의 복음이 은폐되는 것은 아니다. 만일에 어떤 사역자들이 딴 길로 빗나갈 때는 하나님은 그 일을 감당할 만한 능력 있는 다른 사람들을 그 자리에 세우실 것이다.[9]

예수께서 전파하신 것은 "하느님의 복음"14절이었다. 그리스도께서는 사람들 가운데 하느님 나라를 세우시고 그들이 하느님 나라에 속하여 구원을 얻게 하기 위해 오셨다. 그런데 그리스도께서는 그의 복음을 전파하심과 거기에 따르는 능력으로 하느님 나라를 세우신다.

세례 요한이 잡힌 후, 예수께서는 갈릴래아에 오셔서 하느님의 나라의 복음을 전파하셨다. 하느님께는 완전한 시간표가 있다. 예수 그리스도의 길을 예비하는 세례 요한의 사역이 끝났을 때, 예수 그리스도께서는 갈릴래아에서 본격적인 전도사역을 시작하셨다. 갈릴래아갈릴리는 이스라엘 땅의 북부 지방이고 예루살렘은 남부 유대 지방에 있었다. 예수님의 공적 전도사역은 예루살렘이나 유대 지방에서가 아니고 갈릴래아 지방에서 시작되었다. 하느님의 은혜는 어떤 지역이나 외적인 조건에 의존하지 않고, 그의 자유로운 뜻에 따른다. 예수께서는 하느님의 나라의 복음을 전하셨다. 하느님의 나라는 복음의 내용을 가리킨다. 죄인들은 그 복음을 통해 하느님의 나라에 들어간다.

예수께서는 "때가 차서 하느님의 나라가 다가왔습니다. 여러분은 회개하고 복음을 믿으시오."마르 1:15라고 전파하셨다. 하느님께서는 모든 일을 작정하신다. 모든 일들은 하느님이 작정하신 때가 있다. 이제 다니엘이 예언한 하느님의 나라가 세워지는 때가 되었다. 다니엘서 2:44, "이 임금들의 시대에 하늘의 하느님께서

9 메튜 헨리 주석, 마가복음 01장.

"회개하고 복음을 믿어라"

자료: simjuliana.tistory.com

한 나라를 세우실 터인데, 그 나라는 영원히 멸망하지 않고 그 왕권이 다른 민족에게 넘어가지도 않을 것입니다. 그 나라는 앞의 모든 나라를 부수어 멸망시키고 영원히 서 있을 것입니다." 이 나라는 주 예수 그리스도의 오심으로 시작되었고 주 예수 그리스도의 재림으로 완성될 것이다.

주께서는 "회개하고 복음을 믿어라"라고 전파하셨다. 회개하고 복음을 믿는 것이 중요하다. 회개는 죄를 깨닫고 죄를 버리고 돌이키는 것이다. 우리는 십계명을 어긴 죄들을 회개해야 한다. 그것들은 하느님을 섬기지 않은 죄와, 온갖 부도덕의 죄, 즉 불효, 살인, 간음, 도적질, 거짓말 등을 포함한다. 복음은 구주 예수 그리스도의 소식을 가리키며, 그 내용은 예수 그리스도의 대속代贖과 칭의稱義와 영생이다1코린 1:22-23; 요한 3:16. 사람은 누구나 죄를 회개하고 복음을 믿어야 한다. 그래야 영생의 구원을 얻는다.

16-20절 그리스도께서는 그를 따르는 추종자들을 얻을 수 있었다. 만일 그가 학교를 세우신다면 그는 학도들을 얻을 수 있을 것이며, 만일 그가 군기를 세우신다면 군인들을 얻을 수 있으셨을 것이고, 만일에 그가 설교를 하신다면 그는 많은 청중들은 얻으실 수 있었을 것이다. 그리스도께서는 그의 추종자들을 안전하게 보호하기 위해서 효과적인 방법을 취하셨다. 왜냐하면 "아버지께서 나

Vox populi, vox Dei.

에게 주시는 사람은 모두 나에게 올 것이고, 나에게 오는 사람을 나는 물리치지 않을 것이다."라고요한 6:37 하셨기 때문이다.[10]

예수님의 사명은 죄인을 구원하는 것이었다. 그는 죄인을 부르러 세상에 오셨다. 마르코 복음서 2:17에, "건강한 이들에게는 의사가 필요하지 않으나 병든 이들에게는 필요하다. 나는 의인이 아니라 죄인을 부르러 왔다."라고 하셨다. 사도 바오로도, "이 말은 확실하여 그대로 받아들일 가치가 있습니다. 그리스도 예수님께서 죄인들을 구원하시려고 이 세상에 오셨다는 것입니다. 나는 그 가운데에서 첫째가는 죄인입니다."라고 말하였다1티모 1:15. 전도는 하느님께서 자기의 아들에게 맡기신 일이며 사람을 구원하는 하느님의 방법이다. 그것은 교회의 최대의 임무와 사명이며 세상에서 가장 귀하고 중요한 일이다. 주께서는 이 중요한 일을 위해 전도자들을 부르셨다.

사람이 예수 그리스도의 이름을 불러 구원을 얻으려면 그 이름에 대해 들어야 하고 들으려면 전하는 자가 있어야 한다. 구원을 위해서 전도가 필요하고 전도를 위해서 전도자가 필요하다. 누군가 사람들에게로 가야 하고 예수 그리스도를 전해야 사람이 구원을 받는다로마 10:13-15. 하느님께서는 복음을 전할 사람들을 필요로 하신다.

예수께서는 갈릴래아갈릴리 어부들에게 "나를 따라오너라"마르 1:17고 말씀하셨다. 전도자는 주와 함께 있으면서 주의 말씀을 잘 배워야 한다. 오늘날 전도자는 성경에 정통하여 역사적 기독교 신앙을 이해해야 한다. 또 전도자는 주님의 인격과 삶을 본받아야 한다. 그는 무엇보다 주님의 거룩함과 온유와 겸손을 본받아야 한다. 마태오 복음서 11:29에, "나는 마음이 온유하고 겸손하니 내 멍에를 메고 나에게 배워라. 그러면 너희가 안식을 얻을 것이다."라고 말씀하셨다. 또 전도자는 주께서 가신 십자가의 고난과 죽음의 길을 각오해야 한다2티모 4:3-5.

10 메튜 헨리 주석, 마가복음 01장.

21-22절 여기에는 그리스도께서 갈릴래아의 성읍 가운데 하나인 카파르나움가버나움에서 복음을 전하신 특수한 기사가 나와 있다. 비록 세례 요한이 복음 전도의 무대를 광야로 택하여 일을 잘하고 성과를 거두었지만 카파르나움은 거기에 따르지 않았다. 그러므로 예수께서 그곳에서 복음을 전하셔야 했다. 복음의 사역자들에게 있어서 의향과 기회는 많이 다르다. 그러나 그들의 임무를 수행함에 있어 이 두 가지는 다 필요한 것이다. 그리스도께서 카파르나움에 들어오시자 그는 당신의 복음 사업에 곧장 자신을 적응하여 복음 전도의 첫 기회를 바로 포착하였다. 시간을 허비해서는 안 된다고 자신들이 생각하는 사람들 중에서 일은 많이 생각해 놓고 시간은 조금만 들이려고 생각하는 사람들이 있다.[11]

그리스도께서는 신앙적으로 안식일을 지켰다. 비록 그가 안식에 대한 세밀한 장로들의 전통에 매이지는 않으셨지만 훨씬 나은 각도에서 안식을 수립하기 위해서 자신을 바쳐서 열심히 안식일에 복음 전하는 일을 하셨다.

카파르나움가버나움은 예수께서 처음 전도하신 마을이었다. 그는 나자렛에서 어린 시절을 지내셨고 카파르나움에서 전도사역을 시작하셨다. 그는 안식일에 회당에 들어가셨다. 안식일에 하느님께 예배드리는 것은 율법이 명한 성도의 생활 규칙이었다. 그 날에는 육신의 일을 쉬어야 하였고 공적인 집회로 모여야 했으며 세속적인 일을 하는 자는 반드시 죽임을 당해야 했다탈출 31:13-15. 예수 그리스도의 오심으로 구약의 율법이 완성되었지만, 그 완성은 축소된 방식으로가 아니고 풍성한 방식으로 이루어졌다. 신약 성도는 하느님 앞에서 7일 중 하루 이상을 거룩히 구별하여 예배의 날로 지켜야 한다.

예수께서는 당시의 경건한 유대인들의 규례와 습관대로 안식일에 회당에 들어가셨고루카 4:16 거기서 가르치셨다. 회당은 바벨론바빌로니아 포로 시대에 생긴 유대인들의 집회 장소로 오늘날 예배당과 비슷한 곳이다. 유대인들은 안식일에 회당에 모여 하느님께 예배하며 성경말씀을 배웠다. 회당의 예배는 오늘날 교회의 예

11 메튜 헨리 주석, 마가복음 01장.

Vox populi, vox Dei.

예수님 활동의 중심지 카파르나움

자료: m.cafe.daum.net

배와 비슷했다. 신약 성도들도 성수주일聖守主日, 십일조, 예배당 중심의 생활 같은 경건한 습관을 가져야 하고 우리의 자녀들도 그런 습관을 가지게 하는 것이 중요하다.

회당에 모인 경건한 모든 사람들은 그의 교훈에 놀랐다. 왜냐하면 그가 가르치시는 것이 권세 있는 자와 같고 서기관들과 같지 아니하였기 때문이다. 그는 하느님의 권세와 권위로 가르치셨다. 사람들의 가르침과 하느님의 가르침을 어찌 감히 비교할 수 있겠는가?

23-28절 그리스도께서 복음을 전하기 시작하자마자 그의 교훈을 확증하기 위하여 기적을 행하기 시작하셨다. 그리고 그 사실은 사단을 정복하고 병든 영혼을 치료하는 그의 복음적 교훈의 의도와 경향을 암시하는 듯하였다.[12]

카파르나움의 회당에서 "더러운 영에 들린 사람"에게서 그리스도는 마귀를 쫓아내셨다. 이 성경 기절은 마태오 복음서에는 나와 있지 않았다. 그러나 루카 복음서 4장 33절에 "마침 그 회당에 더러운 마귀의 영이 들린 사람이 있었는데, 그가 크게 소리를 질렀다."라고 기록되어 있다. 악령은 사람을 결박하여 자기 마음

12 메튜 헨리 주석, 마가복음 01장.

대로 주장한다. 온 세상이 악령의 권세 아래 놓여 있다. 어떤 분은 몸이 영혼의 지배를 받기 때문에 영혼이 몸 안에 있다기보다 몸이 영혼 안에 있다고 보는 것이 더 타당하다고 생각하였다. 그는 마치 사람이 열로 몸이 뜨겁거나 흥분해 있는 것처럼 더러운 마귀에게 정복되어 거기에 빠져 있다. 마귀가 여기에서 "더러운 영"이라고 표현된 것에 주의하라. 그것은 마귀는 본래의 순결성을 모두 상실했기 때문이다. 하느님의 성령의 역사와는 정반대로 행동하기 때문이다. 마귀는 사람의 마음을 유혹하여 타락시키기 때문이다. 이 사람이 회당 앞에 있었다. 그는 가르침을 받기 위해서나 고침을 받기 위해 온 것은 아니었다. 그는 어떤 분들이 생각하는 것처럼 그리스도를 대적하거나 방해를 놓기 위해서 왔을 것이고 회중들로 그리스도를 못 믿게 방해하기 위해 왔을 것이다.

천사는 영이다. 마귀는 악한 천사 곧 악한 영이다. 마귀는 사람 속에서 더러운 생각과 감정을 일으키며 사람으로 더러운 일을 행하게 한다. 그것은 사람들로 남을 미워하고 음란하고 거짓되고 탐욕적인 생각과 감정을 일으키고 그런 말과 행동을 하게 만든다. 우리는 구원받기 전에 더러운 영의 지배를 받았었다. 그러나 하느님의 은혜로 죄를 회개하고 주 예수 그리스도를 믿음으로 죄사함과 의롭다 하심을 얻었다. 사도 바오로는 에페소 신자들에게 보낸 서간 2장에서 "여러분도 전에는 잘못과 죄를 저질러 죽었던 사람입니다. 그 안에서 여러분은 한때 이 세상의 풍조에 따라, 공중을 다스리는 지배자, 곧 지금도 순종하지 않는 자들 안에서 작용하는 영을 따라 살았습니다. 우리도 다 한때 그들 가운데에서 우리 육의 욕망에 이끌려 살면서, 육과 감각이 원하는 것을 따랐습니다. 그리하여 우리도 본디 다른 사람들과 마찬가지로 하느님의 진노를 살 수밖에 없었습니다. 그러나 자비가 풍성하신 하느님께서는 우리를 사랑하신 그 큰 사랑으로, 잘못을 저질러 죽었던 우리를 그리스도와 함께 살리셨습니다. — 여러분은 이렇게 은총으로 구원을 받은 것입니다. —"에페 2:1-5라고 말씀하셨다.

회당에서 만난 그 더러운 마귀는 나자렛 사람 청년 예수께서 하느님의 거룩한 자이심을 알고 있었고 그가 자신을 멸할 수 있는 자이심을 알고 두려워했다. 그는 예수께서 평범한 한 사람이 아니고 하느님의 거룩하게 구별한 자이시며 더러

Vox populi, vox Dei.

운 마귀들을 멸할 수 있는 신적 권세를 가진 자이심을 알고 있었던 것이다. 악령도 상당한 지식은 가지고 있다. 단지 그는 예수님을 믿고 죄사함을 받지 못한다. 구원은 범죄한 사람들에게만 주셨고 범죄한 천사들에게는 주시지 않았다.

예수께서는 마귀를 꾸짖으시고 "조용히 하여라. 그 사람에게서 나가라."고 권위 있게 말씀하셨다. 더러운 마귀는 그 사람으로 경련을 일으키게 하고 큰소리를 지르며 나왔다. 그 마귀는 예수님의 말씀에 복종하였다. 그 광경을 본 사람들은 다 놀라 서로 물었다. "이게 어찌 된 일이냐? 새롭고 권위 있는 가르침이다. 저이가 더러운 영들에게 명령하니 그것들도 복종하는구나." 예수님의 말씀에 마귀들까지도 복종하였다. 그의 소문은 곧 온 갈릴래아 사방에 퍼졌다. 마귀들을 복종시키는 그는 확실히 하느님의 아들이시다. 그는 오늘도 우리를 도우실 수 있는 신적 구주이시다.

29-31절 여기에서 먼저 그리스도께서 열병으로 앓고 있는 베드로의 장모를 고쳐 주신 기적에 대한 특별한 기사가 기록되어 있다. 이 성경 구절은 마태오 복음서에서도 우리가 살펴본 바 있다. 그리스도께서는 사방에 그의 소문이 퍼지게 한 그 일을 행하신 뒤에도, 그들의 명성이 상승할 때 가만히 방에 머물러 있어도 된다고 생각하는 어떤 사람들처럼 조용히 집에 머물러 계시지 않았다. 그는 결코 그러시지 않으셨고 계속해서 선을 행하셨다. 그 일이 당신이 목적하신 바이고, 명성을 얻는 것이 목적은 아니었기 때문이다. 오히려 사람은 그의 이름을 떨칠수록 그것을 지속하기 위해서 근면하고 조심할 필요가 있는 것이다.[13]

주께서는 카파르나움가버나움 회당에서 나와 곧 야고보와 요한과 함께 시몬과 안드레아의 집에 들어가셨는데, 시몬의 장모가 열병으로 누워 있었다. 사람들이 곧 그의 일로 예수께 말하자, 그는 나아가서 그의 손을 잡아 일으키셨다. 루카 복음서 4:39는 그가 열병을 꾸짖으셨다고 증거한다. 그러자 그의 열병이 떠나고 그

13 메튜 헨리 주석, 마가복음 01장.

는 그들에게 수종들었다. 예수께서는 열병 환자를 고쳐주셨다. 그는 사람이 가질 수 없는 신적인 능력을 가지셨다. 그는 참으로 하느님의 아들 그리스도이시다.

32-34절 그리스도께서 각색 병자들을 고치시고 마귀를 내어쫓으시는 일반적인 병 고침에 대한 기사가 나와 있다. 그 일들은 안식일 저녁 해가 질 때 이루어졌다. 아마 안식일에 병 고침 받는 것이 께름직하다고 생각된 많은 사람들이 그들과 관련 있는 병자들을 해가 질 때, 즉 안식일이 끝나는 시각에 그리스도에게 데리고 나왔을 것이다. 그들의 그러한 약점에 대해서 그리스도께서는 아무 선입감도 갖지 않으셨다. 그리스도께서 "… 안식일에 병을 고쳐 주어도 됩니까? … 안식일에 좋은 일은 해도 된다."고 증거하셨다마태 12:10-12. 그 말씀에 의문을 품는 자가 있을지라도 어느 날인가 동의하게 될 것을 그는 내다 보셨다.

여기에 얼마나 많은 병자들이 모여들었나 유의하라. 마치 거지들이 구걸을 위해 모여들 듯이 "온 고을 사람들이 문 앞에 모여들었다."33절. 회당에서 병 나은 사람이 동기가 되어 이 많은 병자들이 모여든 것이다. 그리스도를 잘 믿는 자들이 그리스도에게 대한 우리의 의문을 일깨워 준다.

그리스도는 얼마나 능력 많으신 의원이신가 보라. 그리스도께서는 제아무리 많은 수가 모여와도 그에게 나오는 모든 병자들을 다 고쳐 주셨다. 그리스도께서는 어떠한 특수한 환자라 해서 따로 구분하여 치료를 받게 하시지 않았다. 그는 각

병자를 고치신 예수님

자료: www.catholicpress.kr

Vox populi, vox Dei.

색 병자들을 다 고쳐 주셨다. 그리스도의 말씀은 만병통치약이기 때문이다. 그리스도는 회당에서 행하신 특별한 그런 기적을 그날 가정집에서 다시 행하셨다. "예수님께서는 갖가지 질병을 앓는 많은 사람을 고쳐 주시고 많은 마귀를 쫓아내셨다. 그러면서 마귀들이 말하는 것을 허락하지 않으셨다. …"34절.

날이 저물어 해가 질 때, 사람들은 모든 병자들과 마귀 들린 자들을 예수께 데려왔다. 본문은 "온 고을 사람들이 문 앞에 모여들었다."고 표현한다. 이것은 과장법일 것이다. 그러나 온 고을의 모든 사람이 모일 정도로 많은 사람이 모였다. 그 때 예수께서는 각종 질병으로 고생하는 많은 사람들을 고치셨고 많은 마귀들을 내쫓으셨다. 그러나 마귀들이 그를 알아보므로 그들이 말하는 것을 허락하지 않으셨다. 그것은 그들이 죄인을 불러 회개시키기 위해 오신 그의 사명을 오해하지 않게 하기 위함이었을 것이다. 예수님 당시에 많은 병자들이 있었다. 사람들이 사는 곳에는 각가지 병들과 불행들이 있다. 그것들은 근원적으로 사람의 죄 때문에 왔다. 죄 없는 천국에는 병도 불행도 없을 것이다. 예수 그리스도께서는 각종 병자들과 마귀 들린 자들을 고쳐주셨다. 성경에 자세히 기록된 사건들은 그가 행하신 일들 중 일부분에 불과하다. 그가 각종 병자들을 고치신 것은 그의 신적 인격을 증거한다.

35-39절 그리스도께서 조용한 곳에 가셔서 은밀히 기도하셨다. 그리스도께서 우리에게 은밀한 기도의 모범을 보여 주시기 위해 조용한 곳에 가셔서 홀로 기도하셨다. 그는 하나님으로서 기도하셨고 사람으로서 기도하셨다. 비록 그리스도께서 하나님을 영화롭게 하고 그의 공적 사업에서 선을 행하셨지만 그는 하나님과 홀로 있는 기회를 찾았다. 그리고 이렇게 하심으로써 그는 모든 의로움을 이룰 수 있었다.[14]

'캄캄할 때'라는 말은 '아직 꽤 어두울 때' 즉 이른 새벽을 의미한다. 예수께서는

14 메튜 헨리 주석, 마가복음 01장.

이른 새벽에 일어나 외딴곳으로 나가시어 기도하셨다. 그는 새벽기도를 하신 것이다. 그가 매일 새벽기도를 하셨는지는 모르지만, 그는 확실히 새벽기도의 본을 보이셨다. 새벽기도는 하루의 복잡한 일과가 시작되기 전, 많은 사람들이 잠들어 있을 시간에 조용히 하느님께 기도하는 것이다. 또 밤에 충분히 잠을 잔 후 이른 새벽에 일어나 하루의 첫 시간을 하느님께 기도함으로 시작하는 것은 매우 정성어린 일이다. 또 하루 일과를 시작하기 전 오늘 해야 할 일들을 하느님께 맡기며 그의 도우심과 인도하심을 구하는 것은 적절한 일이다.

예수님의 새벽기도

자료: m.blog.naver.com

하느님의 아들 예수께서 기도하신 것은 신비스런 일이지만, 그것이 인간 예수님의 사역에 필요하였다고 보이며, 그것은 모든 성도들과 특히 사역자들에게 본이 된다. 예수께서는 기도로 그의 전도사역을 수행하셨고 진행하셨다. 인간 예수께서는 그의 사역을 위해 기도로 날마다 새 힘을 공급받으셨다. 신성神性을 가지신, 죄 없으신 하느님의 아들께서 기도하셨다면, 죄악된 세상에서 죄성과 연약성을 가진 우리들이 기도하지 않고 무슨 일을 할 수 있겠는가? 그러므로 사도들과 초대 성도들은 기도에 전념하였다.

시몬 및 그와 함께 있는 자들은 예수님의 뒤를 따라가 그를 만나서 모든 사람이 그를 찾는다고 말하자, 예수께서는 말씀하셨다. "다른 이웃 고을들을 찾아가

자. 그곳에도 내가 복음을 선포해야 한다. 사실 나는 그 일을 하려고 떠나온 것이다." 그는 온 갈릴래아에 두루 다니시며 여러 회당에서 전도하시고 또 마귀들을 내쫓으셨다.

예수께서 많은 병자들을 고쳐주시고 마귀들을 내쫓으셨지만, 그것은 그의 주된 사역이 아니었다. 예수님의 주된 사역은 영혼을 구원하는 일과 이를 위해 전도하는 일이었다. 그가 병을 고치신 것은 그의 신적 능력과 긍휼에 수반된 일이었다. 회개와 천국 선포를 통해 영혼들을 죄로부터 구원하는 것은 그의 더 중요한 사역이었다. 몸의 건강과 병의 치료도 귀하지만, 영혼의 구원은 더 가치 있는 일이다. 하느님의 뜻은 단지 이 세상에서의 복된 삶이 아니고 영원한 천국에서 누릴 복이다. 죄의 결과는 질병과 불행과 죽음이었으나, 죄씻음의 구원은 평안과 행복과 영원한 생명이다.

40절 여기에는 전에 우리가 마태오 복음서 8장 2절부터 4절까지에서 생각해 보았지만 그리스도께서 나병 환자를 깨끗하게 하신 이야기가 나와 있다.[15]

우리가 마땅히 이 나병 환자와 같은 태도로 그리스도에게 나와야 됨을 보여 준다. 이 나병 환자는 아주 겸손하게 예수께 와서 무릎을 꿇고 엎드렸다. 그가 예수에게 하느님으로서 경건한 경의를 표시했는지 또는 그보다 못하게 한 분의 큰 선지자로서의 존경을 나타냈는지는 모르나, 이 사실은 그리스도에게 은혜와 자비를 받고자 하는 자는 마땅히 영광과 존경을 그리스도에게 드려야 하며 겸손과 경의를 가지고 그리스도에게 나와야만 하는 것을 뜻한다.[16]

율법에 의하면, 나병 환자는 부정不淨하므로 진영 밖에서 혼자 살아야 했다. 레위기 13:45-46에, "악성 피부병에 걸린 병자는 옷을 찢어 입고 머리를 푼다. 그리고 콧수염을 가리고 '부정한 사람이오.', '부정한 사람이오.' 하고 외친다. 병이 남아 있는 한 그는 부정하다. 그는 부정한 사람이므로, 진영 밖에 자리를 잡고 혼자

15 김청자, 하늘의 소리 사람의 말씀 Ⅱ, 한올출판사, 2023.
16 메튜 헨리 주석, 마가복음 01장.

살아야 한다."라고 되어 있다. 그런데 그가 예수께 나와서 꿇어 엎드리어 간구하였다. "원하시면 저를 깨끗케 하실 수 있나이다." 그가 꿇어 엎드려 간구한 것은 그의 겸비함과 간절함을 보인다. 그의 질병은 그에게 유익하였다. 그는 그 고난을 참고 겸손히 예수께 나아와 엎드렸다. "스승님께서는 하고자 하시면 저를 깨끗하게 하실 수 있습니다."라는 말은 그가 예수님의 신적 인격과 능력을 믿었음을 나타낸다. 그가 예수님을 하느님의 아들로 믿지 않았다면, 그는 결코 예수께서 자기의 나병을 고쳐주실 수 있다고 생각하지 못했을 것이다. 그러나 그에게는 이런 놀라운 깨달음과 믿음이 있었다.

41-42절 우리의 믿음에 따라서 우리에게 이루어질 것을 그리스도에게 기대해야 함을 가르쳐 준다. 나병 환자는 그의 진술에 있어서 기도의 형식을 띠지 않았으나 그리스도께서는 그에게 오히려 요청의 형식으로 응답해 주셨다. 그

예수님의 세 번째 사역, 치유사역[17]

자료: m.blog.naver.com

17 예수님의 3대 사역, "예수님께서는 온 갈릴래아를 두루 다니시며 회당에서 가르치시고 하늘 나라의 복음을 선포하시며, 백성 가운데에서 병자와 허약한 이들을 모두 고쳐 주셨다."(마태 4:23)

Vox populi, vox Dei.

리스도에 대한 열정적인 신앙 고백과 복종은 그리스도에게서 자비를 쉽게 얻을 수 있는 가장 효과적인 간청임을 유의하자.

그리스도께서 동정심을 나타내시었다. 마르코 복음서에는 "예수님께서 가엾은 마음이 드셔서"41절라고 그리스도의 동정심에 대한 표현이 기록되어, 그리스도의 능력은 불쌍한 영혼들을 구원하시기 위한 동정심에서 나타남을 보여 준다.[18]

예수께서는 이런 불치의 병자를 그냥 지나칠 수 없으셨다. 그는 그를 긍휼히 여기는 마음으로 손을 내밀어 그에게 대시며 "내가 하고자 하니 깨끗하게 되어라." 라고 말씀하시자 곧 그의 병이 그에게서 떠나가고 깨끗해졌다. 그것은 예수님의 신적 능력이었다. 나병을 고쳐주신 예수님, 그는 확실히 하느님의 아들이시다. 오늘날 주 예수 그리스도께서는 나병보다 더 더럽고 나쁜 우리의 죄악을 깨끗이 씻어주셨고 우리에게 의롭다 하심과 영생을 주셨다로마 3:23-24; 요한 3:16.

43-44절 우리가 그리스도에게서 자비를 받으면 무엇을 해야 되는가를 가르쳐 주고 있다. 우리는 주께로부터 은혜를 받으면 그의 명령을 받아들이지 않으면 안 된다. 그리스도께서 그 나병 환자를 고쳐 주셨을 때에 그에게 "단단히 이르셨다"43절. 이 뜻은 "위협함으로 금하신다"라는 의미심장한 뜻을 가지고 있다. 이 말씀이 그리스도께서 그 사람에게 병 나은 사실을 숨기라는 의도로만 언급하셨다고 생각하지 않는다44절. 왜냐하면 그 사람이 나가서 이 일을 많이 전파하여 널리 퍼지게 했기 때문이다.[19]

예수께서는 그에게 엄히 경계하시고 보내시며 말씀하셨다. 예수께서 그에게 엄히 경계하신 것은 그의 사명이 병 고치는 것이 아니고 영혼을 구원하는 것임을 군중들이 오해하지 않고 알게 하기를 원하셨기 때문일 것이다. 또 예수께서 그에게 그의 몸을 제사장에게 보이고 그가 깨끗하게 됨으로 인해 모세가 명한 것을 드리라고 말씀하신 것은 율법의 규례대로레위 14:2-32 하라고 하신 것이다.

18 메튜 헨리 주석, 마가복음 01장.
19 메튜 헨리 주석, 마가복음 01장.

45절 그 나병 환자는 자기의 병 나은 사실을 퍼트리지 말아야 했다. 왜냐하면 그렇지 않아도 많은 무리들이 모여왔는데 그 일로 더 많은 사람들이 모여들게 되기 때문이다. 그리스도께 모여드는 모든 사람들에게 선한 일을 행하기 싫어서 그런 것이 아니고, 할 수 있는 대로 조용히 선을 행하여 정부 당국에도 골칫거리가 되지 않게 하고, 대중의 평온한 분위기를 깨는 방해 거리가 되지 않게 하기 위함이다. 그리고 겉치레 같아 보이는 그 어떤 일이 이루어지거나, 대중들의 박수갈채를 받는 그런 감격 같은 것도 원치 않으셨다. 왜 이 나병 환자가 이 이야기를 널리 전파하여 널리 퍼지게 하였는지 모르겠다. 선량한 사람들의 고상한 인격이나 선행들에 대해서 본인들보다 친구들이 더 못 참고 소문을 낸다. 또한 우리는 겸손한 사람들의 겸손한 명령에 매여 있지를 못한다. 이 나병 환자는 주님의 명령을 지켰어야만 했다.[20]

그 사람은 나가서 이 일을 널리 알리고 퍼뜨리기 시작했다. 그는 이 점에서 주님의 말씀을 순종하지 않았지만, 자신에게 이루어진 그 놀라운 일을 말하지 않고 가만히 있을 수 없었을 것이다. 그러므로 예수께서는 다시 드러나게 동네에 들어가지 못하시고 바깥 한적한 곳에 계셨다. 그러나 사람들은 사방에서 그에게로 나아왔다.

예수님의 첫 번째 사역은 가르침이다.
사람들은 사방에서 그분께 모여들었다.

자료: m.blog.naver.com

Vox populi, vox Dei.

20 메튜 헨리 주석, 마가복음 01장.

마르코 복음서 2장

天聲

중풍 병자를 고치시다 마태 9,1-8; 루카 5,17-26

1 며칠 뒤에 예수님께서는 다시 카파르나움으로 들어가셨다. 그분께서 집에 계시다
는 소문이 퍼지자,
2 문 앞까지 빈자리가 없을 만큼 많은 사람이 모여들었다. 예수님께서는 그들에게
복음 말씀을 전하셨다.
3 그때에 사람들이 어떤 중풍 병자를 그분께 데리고 왔다. 그 병자는 네 사람이 들
것에 들고 있었는데,
4 군중 때문에 그분께 가까이 데려갈 수가 없었다. 그래서 그분께서 계신 자리의 지
붕을 벗기고 구멍을 내어, 중풍 병자가 누워 있는 들것을 달아 내려 보냈다.
5 예수님께서 그들의 믿음을 보시고 중풍 병자에게 말씀하셨다. "얘야, 너는 죄를 용
서받았다."
6 율법 학자 몇 사람이 거기에 앉아 있다가 마음속으로 의아하게 생각하였다.
7 '이자가 어떻게 저런 말을 할 수 있단 말인가? 하느님을 모독하는군. 하느님 한 분
외에 누가 죄를 용서할 수 있단 말인가?'
8 예수님께서는 곧바로 그들이 속으로 의아하게 생각하는 것을 당신 영으로 아시고
말씀하셨다. "너희는 어찌하여 마음속으로 의아하게 생각하느냐?
9 중풍 병자에게 '너는 죄를 용서받았다.' 하고 말하는 것과 '일어나 네 들것을 가지
고 걸어가라.' 하고 말하는 것 가운데에서 어느 쪽이 더 쉬우냐?
10 이제 사람의 아들이 땅에서 죄를 용서하는 권한을 가지고 있음을 너희가 알게 해
주겠다." 그러고 나서 중풍 병자에게 말씀하셨다.
11 "내가 너에게 말한다. 일어나 들것을 들고 집으로 돌아가거라."

Vox populi, vox Dei.

12 그러자 그는 일어나 곧바로 들것을 가지고, 모든 사람이 보는 앞에서 밖으로 걸어
나갔다. 이에 모든 사람이 크게 놀라 하느님을 찬양하며 말하였다. "이런 일은 일
찍이 본 적이 없다."

레위를 부르시고 세리들과 함께 음식을 드시다 마태 9,9-13; 루카 5,27-32

13 예수님께서 다시 호숫가로 나가셨다. 군중이 모두 모여 오자 예수님께서 그들을 가
르치셨다.
14 그 뒤에 길을 지나가시다가 세관에 앉아 있는 알패오의 아들 레위를 보시고 말씀
하셨다. "나를 따라라." 그러자 레위는 일어나 그분을 따랐다.
15 예수님께서 그의 집에서 음식을 잡수시게 되었는데, 많은 세리와 죄인도 예수님과
그분의 제자들과 자리를 함께하였다. 이런 이들이 예수님을 많이 따르고 있었기
때문이다.
16 바리사이파 율법 학자들은, 예수님께서 죄인과 세리들과 함께 음식을 잡수시는 것
을 보고 그분의 제자들에게 말하였다. "저 사람은 어째서 세리와 죄인들과 함께
음식을 먹는 것이오?"
17 예수님께서 이 말을 들으시고 그들에게 말씀하셨다. "건강한 이들에게는 의사가
필요하지 않으나 병든 이들에게는 필요하다. 나는 의인이 아니라 죄인을 부르러
왔다."

단식 논쟁-새것과 헌것 마태 9,14-17; 루카 5,33-39

18 요한의 제자들과 바리사이들이 단식하고 있었다. 사람들이 예수님께 와서, "요한의
제자들과 바리사이의 제자들은 단식하는데, 선생님의 제자들은 어찌하여 단식하
지 않습니까?" 하고 물었다.
19 예수님께서 그들에게 이르셨다. "혼인 잔치 손님들이 신랑과 함께 있는 동안에 단
식할 수야 없지 않으냐? 신랑이 함께 있는 동안에는 단식할 수 없다.
20 그러나 그들이 신랑을 빼앗길 날이 올 것이다. 그때에는 그들도 단식할 것이다.
21 아무도 새 천 조각을 헌 옷에 대고 깁지 않는다. 그렇게 하면 헌 옷에 기워 댄 새
헝겊에 그 옷이 땅겨 더 심하게 찢어진다.

22 또한 아무도 새 포도주를 헌 가죽 부대에 담지 않는다. 그렇게 하면 포도주가 부
대를 터뜨려 포도주도 부대도 버리게 된다. 새 포도주는 새 부대에 담아야 한다."

제자들이 안식일에 밀 이삭을 뜯다 마태 12,1-8; 루카 6,1-5

23 예수님께서 안식일에 밀밭 사이를 질러가시게 되었다. 그런데 그분의 제자들이 길
을 내고 가면서 밀 이삭을 뜯기 시작하였다.
24 바리사이들이 예수님께 말하였다. "보십시오, 저들은 어째서 안식일에 해서는 안
되는 일을 합니까?"
25 그러자 예수님께서 그들에게 말씀하셨다. "다윗과 그 일행이 먹을 것이 없어 배가
고팠을 때, 다윗이 어떻게 하였는지 너희는 읽어 본 적이 없느냐?
26 에브야타르 대사제 때에 그가 하느님의 집에 들어가, 사제가 아니면 먹어서는 안
되는 제사 빵을 먹고 함께 있는 이들에게도 주지 않았느냐?"
27 이어서 그들에게 말씀하셨다. "안식일이 사람을 위하여 생긴 것이지, 사람이 안식
일을 위하여 생긴 것은 아니다.
28 그러므로 사람의 아들은 또한 안식일의 주인이다."

1 A few days later, when Jesus again entered Capernaum, the people
heard that he had come home.
2 So many gathered that there was no room left, not even outside the
door, and he preached the word to them.
3 Some men came, bringing to him a paralytic, carried by four of them.
4 Since they could not get him to Jesus because of the crowd, they made
an opening in the roof above Jesus and, after digging through it, low-
ered the mat the paralyzed man was lying on.
5 When Jesus saw their faith, he said to the paralytic, "Son, your sins are
forgiven."
6 Now some teachers of the law were sitting there, thinking to them-
selves,

Vox populi, vox Dei.

7 "Why does this fellow talk like that? He's blaspheming! Who can forgive sins but God alone?"

8 Immediately Jesus knew in his spirit that this was what they were thinking in their hearts, and he said to them, "Why are you thinking these things?

9 Which is easier: to say to the paralytic, 'Your sins are forgiven,' or to say, 'Get up, take your mat and walk'?

10 But that you may know that the Son of Man has authority on earth to forgive sins . . . ." He said to the paralytic,

11 "I tell you, get up, take your mat and go home."

12 He got up, took his mat and walked out in full view of them all. This amazed everyone and they praised God, saying, "We have never seen anything like this!"

13 Once again Jesus went out beside the lake. A large crowd came to him, and he began to teach them.

14 As he walked along, he saw Levi son of Alphaeus sitting at the tax collector's booth. "Follow me," Jesus told him, and Levi got up and followed him.

15 While Jesus was having dinner at Levi's house, many tax collectors and "sinners" were eating with him and his disciples, for there were many who followed him.

16 When the teachers of the law who were Pharisees saw him eating with the "sinners" and tax collectors, they asked his disciples: "Why does he eat with tax collectors and 'sinners'?"

17 On hearing this, Jesus said to them, "It is not the healthy who need a doctor, but the sick. I have not come to call the righteous, but sinners."

18 Now John's disciples and the Pharisees were fasting. Some people came and asked Jesus, "How is it that John's disciples and the disciples of the Pharisees are fasting, but yours are not?"

19 Jesus answered, "How can the guests of the bridegroom fast while he
is with them? They cannot, so long as they have him with them.
20 But the time will come when the bridegroom will be taken from them,
and on that day they will fast.
21 "No one sews a patch of unshrunk cloth on an old garment. If he
does, the new piece will pull away from the old, making the tear
worse.
22 And no one pours new wine into old wineskins. If he does, the wine
will burst the skins, and both the wine and the wineskins will be ru-
ined. No, he pours new wine into new wineskins."
23 One Sabbath Jesus was going through the grainfields, and as his disci-
ples walked along, they began to pick some heads of grain.
24 The Pharisees said to him, "Look, why are they doing what is unlaw-
ful on the Sabbath?"
25 He answered, "Have you never read what David did when he and his
companions were hungry and in need?
26 In the days of Abiathar the high priest, he entered the house of God
and ate the consecrated bread, which is lawful only for priests to eat.
And he also gave some to his companions."
27 Then he said to them, "The Sabbath was made for man, not man for
the Sabbath.
28 So the Son of Man is Lord even of the Sabbath."

人語

마르코 복음서 입문

집필 이유

형식이나 내용 면에서 볼 때, 단순히 교회에서 내려오는 여러 전승을 한데 모아 후대에 전하기 위해 집필했다는 것이 통설이다. 초기 교회에서 예수의 삶보다는 십자가 죽음과 부활만을 강조하는 모습이 두드러졌는데, 그러한 신자들에게 예수의 삶을 제시함으로써 예수의 삶을 본받는 것이 중요함을 일깨우고자 하였다.

특히 마르코 복음서는 로마 신자, 정확히는 비유대계 그리스도인들을 위해 쓰인 것으로 보인다. 마르코 복음서에는 족보나 구약의 인용이 적다. 또한 마르코 복음서는 코이네 그리스어(헬라어)로 집필되었고, 히브리어와 아람어를 모르는 독자들을 위해 그리스어 설명을 덧붙였다. 이방인(비유대인) 신자의 본보기로 헬라인 시로페니키아 족속 여자(7장 24-30절)나 로마 백인대장(15장 39절)을 언급한 점도 눈에 띤다.

결국 마르코 복음서는 고난에 처했거나 그리스도의 구원에 대한 확신을 얻지 못한 모든 이들에게 위로와 힘을 주기 위해 기록되었다고 보는 것이 타당하다.

마르코는 오늘날 우리가 복음'서'라고 부르는 장르를 최초로 '복음'이라 이름 붙였다. 본래 희랍-로마 문화에서 복음(에우앙겔리온)은 통치자의 후계자 탄생이나 전쟁에서의 승전보 등을 가리킬 때 쓰는 말이었다. 이 용어를 바오로는 그리스도교 뉘앙스를 담아 '하느님의 힘'(로마 1장 16절)과 연결시켜 사용했고, 마침내 마르코에 이르러 복음'서'를 일컫는 말로 쓰인 것이다. 특히 마르코 복음서의 집필 장소로 로마시가 추정된다는 것을 고려하면, 마르코가 '권력의 복음'과 대조되는 '예수

더로우 성경(Book of Durrow)의 채색 필사본으로 7세기경 만들어진 마르코 복음서의 시작 부분이다.

자료: m.blog.naver.com

의 복음'을 의도적으로 맞세우고 있음을 알 수 있다.

그리고 특히나 마르코 복음서가 집필되던 시기에, 베스파시아누스 및 그의 아들 티투스가 이끄는 로마군이 유다인 봉기를 진압했음을 고려하면 '예수 그리스도의 복음'이라는 말의 의미는 더욱 의미심장해진다.

마르코 복음서의 특징

가장 오래된, 그리이스어로 쓰여진 복음서는 초대교회의 구전에 의하면 마르코가 썼다. 예루살렘 출신의 요한 마르코는 초세기 예루살렘에서 신자공동체가 형성된 집의 마리아라는 부인의 아들이라고 한다. 마르코는 바르나바의 친척이자 바오로 사도의 동료였고, 후에는 베드로 사도의 동료가 되기도 했다. 그가 로마에서 복음서를 썼다는 것 또한 초대교회의 구전이다. 예루살렘 멸망 때 마르코 복음서가 이미 있었기 때문에, 이 복음서는 기원후 약 70년경에 형성되었음이 확실하다. 마르코는 이 복음서를 이방인과 이방인 그리스도교 신자들을 위해 썼다. 마르코는 예수님에 대해 전해지는 이야기들 특히 기적에 대한 이야기들과 비유, 예수님의 이야기에서 중요한 이야기들, 수난에 대한 단독적인 말씀들과 증언들을 수집했다.

그는 한 가지 주제를 시간적으로 정확히 정리했다. 그의 복음서는 세례자 요한의 출현으로부터 시작, 부활절 아침에 여인들에 의해 빈 무덤이 발견되는 것으로 끝을 맺는다. 오늘날 볼 수 있는 결말 부분마르 16:9-20은 2세기에 가서야 비로소 첨부되었다. 마르코는 무엇보다도 곤궁한 이방인 그리스도인들에게, 그리스도께서는 모든 박해 속에서도 뜻을 바꾸지 않으셨다고 하면서 용기를 주고자 했다. 성 마르코 축일은 4월 25일이다.

각 절 해석[1]

1-4절 그리스도께서 얼마 동안 지방에서 복음을 전하신 뒤에 이 때쯤이면 그에 대한 소문도 그를 따르던 무리도 많이 감소되었을 것이라는 기대를 걸면서 그의 본부 카파르나움에 돌아와 당신의 모습을 다시 들어냈다.

많은 무리가 그리스도에게로 나왔다. 비록 베드로의 집이거나 예수께서 일시적으로 유숙한 곳이거나 "집에 계시다는 소문이 퍼지자 많은 사람이 모여들었다"1, 2절. 그들은 예수께서 안식일이면 회당으로 나오실 것을 확신했지만 그 시간까지 가만히 있을 수 없었다. 그 사람들은 각기 다른 사람들에게 예수를 보러 가자고 초대를 했다. 그러므로 그 집이 방문객을 다 수용하지 못할 만큼 많은 사람이 모여서 문 앞에라도 용신容身할 수 없게 되었다. 비록 그 집이 초라했지만 비둘기들이 제 집을 찾아 모여들 듯이 많은 사람들이 구름떼와 같이 그리스도가 계신 곳에 밀려오는 것을 보는 것은 복된 장관이 아닐 수 없다.[2]

1 김효성 목사, 마가복음 강해, 2023년 2월 1일 수정.

2 메튜 헨리 주석, 마가복음 02장.

예수께서는 모여온 무리들에게 말씀을 전하셨다. 그는 주로 말씀을 전하며 가르치셨다. 구주 예수께서는 말씀으로 죄인을 구원하신다. 교회의 중심적 사역은 말씀 사역이다. 그러므로 우리는 하느님의 말씀이 바르게 또 풍성하고 힘있게 전파되기를 위해 기도해야 한다.

한 중풍 병자가 예수님 앞에 인도되었다. 중풍은 뇌혈관이 터지거나 막혀서 팔이나 다리 등의 신경이 마비되는 병이다. 세상에는 많은 병들이 있고 많은 불행한 일들이 있다. 그것들의 궁극적인 원인은 죄이다. 그러나 하느님 안에 사람의 모든 불행의 해결책이 있다.

중풍 병자를 데려온 네 사람은 모인 군중 때문에 그를 예수께 데려갈 수 없으므로 그가 계신 곳의 지붕을 뜯어 구멍을 내고 그 병자가 누운 상을 달아 내렸다. 그들은 큰 믿음을 가지고 있었다. 그들은 낙심하거나 포기하지 않고 그런 일을 하였다. 이것은 상당한 비용지출과 집 주인이나 거기 모인 사람들의 비난을 감수해야 하는 일이었다. 그러나 그들은 이런 방법 외에는 그 병자가 고침을 받을 수 있는 방법이 없다고 판단했고 또 그 기회를 놓치면 다른 기회는 없을지도 모른다고 생각했던 것 같다. 그 어떤 대가代價도 중풍의 치료에 비교할 수는 없었다. 그들의 행위는 결코 비난받을 일이 아니었다.

그들의 믿음과 열성은 본받을 만했다. 이제 우리는 병 고침을 위해 그런 열성을

지붕을 뚫고 내려온 중풍 병자

자료: m.blog.naver.com

Vox populi, vox Dei.

내지 말고 영혼 구원과 전도를 위해 그런 열성을 내야 한다. 병 고침은 이 세상에 사는 동안만 필요한 일이지만, 영혼 구원은 이 세상과 오는 세상을 위해 필요한 일이다. 우리는 영혼의 구원을 위해 믿음과 열성을 가지고 기도하고 시간과 돈과 힘을 써야 한다.

5-7절 죄는 우리의 모든 고통과 병의 원인이 된다. 그리스도의 말씀은 질병으로부터 그 원인이 되고 결과가 된 죄에 대한 생각들을 씻어 버리고 죄 사함을 받게 하는 데 더욱 관심을 갖게 한다.[3]

하나님께서 죄를 용서하여 주실 때 병의 고통과 악성을 은혜롭게 제거하여 주신다. 그러므로 질병에서의 회복은 죄의 용서를 받음으로써 베풀어지는 하나님의 자비인 것이다. 어떤 결과를 제거하려면 그 원인을 제거해야 한다. 사죄는, 병이 치유되거나 모든 악령을 물리쳐, 모든 질병을 근절시키는 요인이 된다.

그리스도의 말씀에 대한 율법 학자들의 항의는 옳지 않았으며 그것은 그리스도에 대한 그들의 무식과 적대감의 결과였다. "하나님 한 분 외에 누가 죄를 용서할 수 있단 말인가?"7절라고 한 이 말은 사실이다.

예수님의 말씀은 죄와 질병이 관련이 있음을 보인다. 욥이나 바오로의 경우와 같이, 어떤 특정한 병이 특정한 죄의 결과가 아닌 경우도 있다. 그러나 병은 근원적으로 죄에서 왔다. 죄가 없었던 세상에는 병도 없었다. 질병의 원인이 그렇다면 그 해결책도 분명해진다. 죄사함이 그 해결책이다. 죄사함은 실상 사람의 병뿐만 아니라 사람의 모든 불행의 해결책이다. 그것은 세상의 모든 불행에 대한 해결책이다.

어떤 율법 학자들이 "하나님 한 분 외에 누가 죄를 용서할 수 있단 말인가?"라고 생각한 것은 어떤 점에서 옳았다. 입법자와 재판자이신 하나님 한 분 외에 죄를 사할 권한이 있는 자가 없다는 것은 합당한 생각이다. 그러나 그들은 예수께

3 메튜 헨리 주석, 마가복음 02장.

예수님의 신적 영광

자료: www.bonhd.net

서 하느님의 아들이심을 알지 못하고 있었다. 그들이 예수님의 신적 영광을 보았더라면, 그들은 예수님을 참람僭濫하다고 비난하거나 정죄하지 않았을 것이다.

8-12절 그리스도께서 자신이 하느님의 능력을 소유하고 계심을 충분히 증명해 주셨음에도 그리스도께서 죄를 사하실 수 없다고 하는 것은 옳지 않다. "예수님께서는 곧바로 그들이 속으로 의아하게 생각하는 것을 당신 영으로 아시고 말씀하셨다. '너희는 어찌하여 마음속으로 의아하게 생각하느냐?'" 8절.[4]

예수께서는 그 율법 학자들이 속으로 품은 생각을 그의 영으로 아셨다. 그의 인성人性은 신성神性과 결합되어 있기 때문에 예수께서는 신적 지식을 가지고 계셨다. 하느님이 아니고서는 어떻게 사람의 속을 다 알 수 있겠는가?

예수께서는 그들에게 말씀하셨다. "중풍 병자에게 '너는 죄를 용서받았다.' 하고 말하는 것과 '일어나 네 들것을 가지고 걸어가라.' 하고 말하는 것 가운데에서 어느 쪽이 더 쉬우냐? 이제 사람의 아들이 땅에서 죄를 용서하는 권한을 가지고 있음을 너희가 알게 해 주겠다." '네 들것을 가지고 걸어가라'는 말은 일상적인 말이며 '너는 죄를 용서받았다'는 말보다 쉬운 말이라고 보인다. 그러나 예수께서

4 메튜 헨리 주석, 마가복음 02장.

"일어나 네 들것을 가지고 걸어가라."

자료: home.catholic.or.kr

는 근원적 해결책을 주시고 또 가르치시기 위해 그것보다 더 어려운 말을 택하셨다고 보인다.

여기에 구주 예수 그리스도의 중심적 사역이 있다. 그것은 죄사함의 사역이다. 죄사함은 인생의 근본 문제의 해결이요 그에게는 죄를 사하는 권세가 있었다. 그는 이 권세로 중풍 병자에게 죄사함을 선언하신 것이다. 예수께서는 바로 이 일을 위해 오셨다. 죄인들의 죄를 사해주시는 것이 구주 예수께서 하시는 구원의 일이다.

그는 중풍 병자에게 말씀하셨다. 예수께서 그에게 "일어나 들것을 들고 집으로 돌아가거라"고 하시자, 그는 일어나 곧 자기가 누웠던 들것을 들고 사람들 앞에서 나갔다. 예수께서는 죄사함에 근거하여 그 병자의 중풍을 고쳐주신 것이다. 그 광경을 본 사람들은 다 놀라 영광을 하느님께 돌리며 "이런 일은 일찍이 본 적이 없다."라고 말했다. 인류의 역사에서 예수 그리스도와 같이 불치의 병들을 고쳐주시는 하느님의 능력의 일들을 행한 사람은 아무도 없었다.

오늘날 하느님께서는 일반적으로 이런 유의 기적들을 행하지 않으신다. 그러나 영적으로 중풍 병자 같은 죄인들을 구원하셔서 정상적인 생활, 곧 경건하고 도덕적인 생활을 하게 하신다. 죄인들의 구원은 병자들의 치료보다 훨씬 더 큰 일이다. 죄인들의 구원은 더 의미와 가치가 있는 일이다. 그것은 이 세상에 제한된 것이 아니고 영원한 천국의 삶에 관계된 것이다. 오늘도 하느님께서는 살아계셔서 사람들을 죄에서 구원하시는 놀라운 일을 쉬지 않고 행하신다.

13절 그리스도에게 있어서 두 번째 시험은 어디로 가시나 그 많은 청중을 수용할 만큼 큰 방이나 넓은 길거리를 찾아낼 수 없는 것이었다. 그러나 바닷가에는 얼마든지 모여들어도 되었다. 주 예수께서는 아마 튼튼한 목청을 가지셨으며 큰 소리로 외치실 수 있었고 그렇게 외치셨던 것 같이 생각된다. 예수께서 가시는 곳이면 비록 그게 바닷가라 할지라도 많은 무리가 그에게 나왔다. 그리스도의 교훈이 성실하게 전파되는 곳이면 그곳이 거리의 모퉁이거나 광야기거나 우리는 따르지 않으면 안 된다.[5]

예수님의 사역과 말씀

자료: www.light-of-truth.org

5 메튜 헨리 주석, 마가복음 02장.

예수께서는 사람들이 있는 곳은 어디에서나, 집에서도 바닷가에서도 말씀을 증거하시고 가르치셨다. 하느님의 구원 사역은 하느님의 말씀을 가르치는 말씀 사역이다. 교회는 하느님의 말씀을 증거하고 죄인들을 구원해야 한다. 그것이 하느님의 뜻을 이루는 것이다.

14절 레위는 세관에 앉아 있었다. 그것은 곧 그가 세리였음을 말해 준다. 그 장소는 바닷가에 위치해 있었다고 보며 그리스도께서 그리로 지나가시다가 그곳에 들려 레위를 만나고 그를 제자로 부르셨다. 이 레위는 알패오[6]의 아들이라고 말했는데 알패오글레오바는 동정녀 마리아의 자매나 친척으로서 마리아의 남편이었다고 한다. 만일 그것이 사실이라면 레위는 야고보나 유다나 가나안 사람 시몬의 형제였을 것이며 그들 네 형제는 모두가 사도였다. 마태는 아마 사치를 즐기는 젊은이였을 것이고 그렇지 않았다면 유대인으로서 그가 세리가 되지 않았을 것이다.[7]

이 레위는 마태오 복음서에 증거된 마태오일 것이다마태 9:9-13. 세리, 즉 세무 공무원은 부정과 불법이 많은 직업이었고 죄인으로 여겨졌다. 그러나 그의 마음속에는 하느님을 경외함이 있었다. 그는 하느님의 은혜를 받았고 예수님을 아는 지식과 믿음이 있었다. 예수께서는 그를 주목하셨고 사역자로 부르셨다. 예수님의 관심, 그의 생각, 그의 의도는 영혼을 구원하는 것과 그 일을 위해 사역자를 부르는 것이었다. 그 레위는 주 예수님의 부름을 받자 일어나 그를 좇았다. 그것은 하느님의 은혜였다. 복음의 일꾼은 주 예수님을 따르는 자, 곧 그와 함께 있고 그의 말씀을 배우고 그를 본받는 자이어야 한다.

6 알패오는 신약성경의 한 사람으로, 12사도 중 마태오와 야고보(알패오의 아들)의 아버지이다. 또한 그는 요셉의 아버지라는 암시가 존재하며, 교회의 전통에 의하면 아베르치오와 헬레나의 아버지라고 한다. 일반적으로 가톨릭 교회의 전승에 의하면, 알패오라는 이름을 가진 사내는 두 명이 존재한다. 그들 중 하나는 사도 야고보의 아버지이고, 다른 하나는 레위 마태오의 아버지이다.

7 메튜 헨리 주석, 마가복음 02장.

15절 레위는 그리스도를 따르기 위해 집을 떠나는 마당에서 친구들을 위해 송별회를 마련하고 여기에 예수와 그의 제자들을 초청하였다. 그런 송별회는 엘리사와 같이 그가 모든 것을 등지고 그리스도를 따름에 대하여 즐거움과 하느님께 대한 감사를 표시하기 위하여 마련하였다. 이것은 그가 그리스도의 제자로 부름을 받고 그리스도를 따르는 기념으로서도 의미가 있는 것이었다. 이것은 또한 그리스도께서 자기를 마치 불 속에서 나무토막을 끄집어내듯 세관에서 건져내 주신 그 친절에 대해서 존경과 감사를 표시하는 것이었다. 그들은 예수의 소문을 듣고 예수를 좇았다고 본다. 그들은 사정상 모든 것을 버리고 주를 따르지는 않았지만 호기심에서 그리스도를 보려고 레위의 잔치에 참석하였다. 그들이 어떤 동기에서 여기에 모였든지 그들은 "예수님과 그 분의 제자들과 자리를 함께하였다." 세리들은 여기에서나 다른 곳에서나 죄인들과 같이 취급되었다.[8]

예수께서는 늘 바쁘셨겠지만 사람들과 함께 음식 잡수시기를 피하지 않으셨다. 주와 함께 식탁에 앉은 세리들과 죄인들은 레위의 친구들로서 레위의 전도와 영향을 받았던 것 같다. 그것은 하느님의 은혜였다. 자기가 의롭고 자기의 생각이 항상 옳다고 생각하는 교만한 위선자들은 예수님을 따르지 않았지만, 많은 죄인들은 그를 따랐다. 자기의 죄를 깨닫는 것은 믿음의 길에 들어서는 첫걸음이다.

16절 유대인들은 세리들과 세무직에 대하여 자기 나라의 자유에 대한 모욕이며 자기들의 속박에 대한 상징이라고 혐오를 가졌다. 그러므로 세리들에 대해서 악명을 붙였고 그들의 일행 중에 그런 자가 보이면 불명예스럽게 생각하였다. 그러나 죄인의 모양으로 오신 우리 주님은 이러한 세리들과 기꺼이 대화를 나누셨다.[9]

율법 학자들과 바리사이들이 이 일을 공격하였다. 그들은 예수의 설교를 들으러 나온 것이 아니다. 설교에 그들은 감동을 받을 수 있었고 교화될 수도 있었

8 메튜 헨리 주석, 마가복음 02장.
9 메튜 헨리 주석, 마가복음 02장.

Vox populi, vox Dei.

을 것이다. 그러나 그들은 예수께서 비난을 받아야 마땅한 세리와 죄인들과 더불어 "앉아 잡수시는" 것을 보려고 나왔다. 그들은 제자들에게 그들의 주가 거룩하고 덕을 지닌 그런 훌륭한 분이 아니라고 비난하기에 열심이었다. "저 사람은 어째서 세리와 죄인들과 함께 음식을 먹는 것이오?" 세상에서 가장 지혜로우시고 가장 훌륭하신 분이 훌륭하게 계획하시고 행하신 일이 잘못 판단을 받고 비난을 받은 것은 이번이 처음은 아니었음을 기억하라.

죄인들과 식사하시는 예수님

자료: 1.bp.blogspot.com

율법 학자들은 주로 바리사이파 중에 있었다. 그들은 예수께서 죄인들과 함께 먹는 것을 못마땅하게 생각했다. 그가 의인이라면 왜 죄인들과 함께 음식을 먹는가? 그들은 이것을 죄인들과의 교제라고 잘못 생각했다. 그러나 예수께서는 영혼의 구원과 전도의 차원에서 그들과 함께 음식을 먹은 것이었다. 교제의 차원과 전도의 차원은 구별되어야 한다. 더욱이, 주님과 함께 식사한 자들은 자신의 죄를 깨닫고 뉘우치고 주 예수 그리스도를 믿고자 하는 마음을 가지기 시작한 자들이었다. 회개하고자 하는 진실한 죄인들이 실제로 악을 행하면서도 의인인 척하는 위선자들보다 구원에 가깝다.

17절 그리스도께서는 바리사이들이 공격을 해 왔지만 당신이 행하신 일에 대하여 정당함을 주장하고 나가셨지, 베드로가 훗날에 한 것처럼 물러서지 않았다. 그들은 자기들과 같이 미명 하에 있는 사람들에게는 아주 친절하였으며 그런 사람들과 같이 지내면서 선한 일을 보임으로 그들의 명성을 유지하려고 하였다.[10]

그리스도께서는 결코 그런 것을 원하시지 않았다. 그들은 또한 세리들은 마땅히 증오의 대상이 되어야 한다고 생각했다. 그러나 그리스도께서는 오히려 그들은 동정을 받아야 한다고 하셨으며, 그들은 병들었으니 의원이 필요하고 그들은 죄인이기 때문에 구주가 필요하다는 뜻으로 말씀하셨다. 그리스도께서 세리들과 멀리 하실 줄로 그들은 생각하였다. 그러나 그리스도께서는 당신의 임무는 그들을 찾아가는 것이라고 말씀하셨다.

그리스도께서는 또 다음과 같은 의미로 말씀하셨다. "만일 세상이 의롭다면 회개하고 죄 사함 받으라는 복음을 전파하기 위해 내가 올 필요가 없었을 것이다. 그러므로 내가 보냄을 받은 것은 이 죄 많은 세상이다. 그러므로 나의 임무는 세상에 있는 큰 죄인들을 찾아 구원하는 것이다. 내가 의인을 부르러 온 것이 아니다." 자기들이 옳다고 생각하는 교만한 바리사이들은 "어떻게 하면 저희가 돌아갈 수 있습니까?"말라 3:7 또는 내가 무엇을 하여야 회개할 수 있으리까? 라고 묻는다. 그러나 자기가 죄인이라고 생각하는 불쌍한 세리는 회개하라고 청함을 받거나 권함을 받는 것을 기뻐한다. 희망이 있는 자들을 다루는 것은 잘하는 일이다.

루카 복음서 5:32도 같은 사건을 기록하면서, 예수께서 "나는 의인이 아니라 죄인을 불러 회개시키러 왔다."고 말씀하셨다고 증거한다. 건강한 자에게는 의사나 병원이 필요하지 않다. 의사나 병원은 병자들에게 필요한 것이다. 병자는 고침을 받을 것이나, 건강한 척하는 자는 그 병으로 죽을 것이다. 병자는 병원 가기를 싫어하거나 자기 병을 속이지 말고 병원에 가서 바른 진단과 치료를 받아야 고침을 받을 수 있다. 그렇지 않으면 그는 그 병 때문에 죽고 말 것이다.

10 메튜 헨리 주석, 마가복음 02장.

Vox populi, vox Dei.

이와 마찬가지로, 자기가 의인이라고 생각하는 자들에게는 죄에서 건져주시는 구주가 필요하지 않을 것이다. 구주는 죄인을 위해 필요한 것이다. 죄인이 자신의 죄를 깨우침 받고 그 죄를 깨닫고 그 죄의 씻음 받기를 원하여 예수님을 믿는다면, 그는 죄사함과 의롭다 하심을 받을 것이다. 사람이 자기의 죄를 깨닫는 것이 구원의 첫걸음이다. 그러나 의인인 척하는 죄인들은 자신들의 죄로 인해 멸망할 것이다.

주 예수 그리스도께서는 죄인을 불러 회개시키러 세상에 오셨다. 죄가 인생의 근본 문제요, 죄사함이 인생의 모든 문제의 해결책이다. 그러므로 구주 예수 그리스도는 하나님께서 죄인들에게 주신 가장 놀랍고 감사한 선물이시며, 죄인인 모든 사람들에게 죄사함과 의롭다 하심의 구원보다 더 복되고 감사하고 감격적인 일은 없다.

18-20절 그리스도께서 앞에서 세리와 죄인들과 대화를 가졌던 일에 대하여 자신을 정당화시켰는데 여기서는 제자들을 정당화하였다. 그들이 무엇을 하였든지 당신의 뜻에 따라 행한 것이면 그들을 옳다고 인정하셨고 그들은 결코 좇아보내지 않으셨다.[11]

예수께서 바리사이들이 비난의 초점으로 몰고 온 "제자들의 단식하지 아니함"에 대해서 변명하시었다. 왜 바리사이들과 요한의 제자들은 단식하고 있었을까? 그들은 습관적으로 단식을 하였다. 바리사이들은 "일주일에 두 번 단식하고"루카 18:12 요한의 제자들도 역시 그런 식으로 단식한 모양이다. 그리고 그리스도와 그의 제자들이 레위의 집에서 음식을 잡수시던 바로 그날이 그들의 단식일이었던 것 같다. 이 점이 그들의 공격을 더 가중시켰다. 완고한 사람들은 그들 자신의 실습을 표준으로 삼고 그것에 충분히 미치지 못하는 다른 모든 것을 비난하고 정죄하기 쉽다.

11 메튜 헨리 주석, 마가복음 02장.

그리스도께서 당신의 제자들이 단식하지 않은 일에 대해서 다음과 같은 두 가지 변명을 하시었다.

첫째, 지금은 제자들에게 편안한 시기이므로 단식할 때가 아니지만 이후에 단식할 때가 올 것이다19, 20절. 모든 일에 때가 있는 것이다. 결혼 생활에 들어가려고 하는 사람은 육신에 고난과 염려가 있을 것을 예기해야 할 것이다. 그렇지만 결혼식을 올리는 동안에 그들은 즐거울 것이며 결혼 생활이 그들에게 그렇게 즐거울 것이라고 생각한다.

둘째, 지금은 제자들이 주님을 따르는 초기이므로 그들은 훗날에 가능한 그런 종교적 훈련을 감당할 수 없었다. 바리사이들은 장기간 동안 그러한 엄격한 종교 생활에 익숙해 왔고 세례 요한 자신도 잘 먹지도 못하고 마시지도 못하는 금욕 생활을 해 왔다. 그러므로 그의 제자들은 처음부터 금욕 생활에 자신들을 단련해 왔으므로 엄격하고 빈번한 단식에 대하여 쉽게 견디어 낼 수 있었다. 그러나 그리스도의 제자들은 그러지를 못했다. 그들의 주께서는 잡수시기도 하시고 마시기도 하셨으며 아직까지 어려운 종교 의식을 감당할 수 있도록 교육하시지 않으셨다. 그 이유는 아직까지 모두 즐거운 시간이었기 때문이다. 처음부터 그들을 그렇게 빈번한 단식을 시킨다면 그들은 아마 사기를 잃고 그리스도의 곁을 떠나게 되었을 것이다.

요한의 제자들과 바리사이들의 제자들은 하느님의 뜻과 메시아가 오심을 이해하지 못하고 습관을 따라 단식을 하였다고 본다. 그들은 메시아께서 오셨으나 그를 영접하지 않았고 따르지 않았다. 그러나 예수님의 제자들은 비록 단식하지는 않았지만, 바른 지식과 믿음을 가지고 있었다. 우리는 단지 종교적 형식만 지키는 자가 되지 말고 예수 그리스도에 대한 바른 지식과 믿음을 가지고 하느님을 섬기며 그의 계명을 지키는 자들이 되어야 한다.

예수께서는 자신을 신랑에, 제자들을 혼인집 손님들에 비유하셨다. 혼인집 손님들은 신랑과 함께 있을 때 단식할 수 없을 것이다. 그때는 기쁨과 즐거움의 때이기 때문이다. 이와 같이 제자들은 예수 그리스도와 함께 있을 동안에 단식할 일이 아니었다. 단식은 비상한 기도, 결사적인 기도의 형태이다. 지금은 그들이 주

Vox populi, vox Dei.

님으로 인해 기뻐할 때이지 주님과 함께 있으면서 단식할 때가 아닌 것이다.

그러나 신랑을 빼앗길 날이 올 것이다. 그날에 그들은 단식할 것이다. 그것은 주께서 잡혀 십자가에 달려 죽으실 날을 가리킨다. 그때 제자들은 단식할 것이다. 그들은 단식하면서 하느님의 뜻을 묵상하고 주님의 십자가 고난에 동참하기를 원하며 이후에 그들을 향하신 하느님의 선한 인도하심과 보호하심을 간구할 것이다.

신약시대에 단식이 불필요하거나 폐지된 것은 아니다. 주께서 어느 날 세 제자와 함께 높은 산에서 내려오셨을 때, 한 간질 환자의 아버지가 아들을 데려와 고쳐주시기를 간구했다. 그때 주께서 꾸짖으시니 마귀가 나갔고 그 아이는 나았다. 주께서는 제자들에게 믿음이 적음을 지적하신 후 마르코 복음서 9:29 전통본문에 보면, "그러한 것은 기도가 아니면 다른 어떤 방법으로도 나가게 할 수 없다."고 말씀하셨다. 주께서 단식 기도의 중요성을 말씀하신 것이다.

또 사도행전 13장에 보면, 시리아 안티오키아 교회의 선지자들과 교사들은 주를 섬겨 단식할 때에 "내가 일을 맡기려고 바르나바와 사울을 불렀으니, 나를 위하여 그 일을 하게 그 사람들을 따로 세워라."는 성령의 지시를 받았다. 그들은 단식하며 기도하고 두 사람에게 안수하여 보내었다사도 13:1-3. 시리아 안티오키아 교회는 단식하였고 최초로 선교사를 파송한 교회가 되었다.

단식은 기도의 영혼이고 자선은 단식의 생명이다.

자료: m.post.naver.com

이와 같이, 신약교회에서도 특별한 경우에는 단식 기도가 필요하다. 그러나 그런 단식 기도는 율법적 규례에 의한 것이 아니고, 또 경건 생활의 규칙으로 규정할 것도 아니다. 규칙적 단식이 더 경건한 것도 아니라고 본다. 신약성도는 언제든지 특별한 기도의 제목이 생겼을 때 자원함으로써 단식하며 기도할 수 있고 그렇게 해야 할 것이다.

21-22절 생명력이 결여된 것들에 헌 옷 조각처럼 그 활동력과 생명력이 왕성旺盛한 예수의 새로운 교훈과 복음을 붙이려고 하면 그 해짐이 더하게 되는 것이다마태 9:16. 따라서 예수께서 가르치시는 바 새로운 교훈과 은혜의 복음 및 생명의 진리는 아무리 작은 부분이라 하지만 형식적이고, 바리사이주의적인 옛 율법주의와는 절대로 합할 수가 없는 것이다. 오직 새로운 진리에는 새로운 가치관과 새로운 형식이 요구될 뿐이다. 그리고 '최근에' 만들어진 포도주는 전혀 이상이 없이 탄탄하고 실한 '최상의' 가죽 부대에 담아야 한다는 사실을 깨우치기 위함이라고 할 수 있다.[12]

이 비유에서, 헌 옷과 헌 가죽 부대는 율법 아래서의 옛 생활방식을, 새 천 조각과 새 포도주는 예수 그리스도의 복음을, 새 가죽 부대와, 또 암시된 바, 새 옷은 복음 아래서의 새 생활방식을 가리킨다고 본다. 그것은 신약 아래서 우리가 어떤 법적 규정에 얽매여서 하느님을 섬기기보다 자유스러움과 자원함으로 섬겨야 함을 암시한다. 로마 신자들에게 보낸 서간 7:6은, "우리가 이제는, 우리를 사로잡고 있던 율법과 관련해서는 죽음으로써 그것에서 벗어났습니다. 그리하여 법전이라는 옛 방식이 아니라 성령이라는 새 방식으로 하느님을 섬기게 되었습니다."라고 말한다. 예수님을 믿음으로 의롭다 하심을 얻은 자들은 율법의 속박과 공포로부터의 자유스러움을 가지고 하느님을 섬겨야 할 것이다. 갈라티아 신자들에게 보낸 서간 5:1, "그리스도께서는 우리를 자유롭게 하시려고 해방시켜 주

12 메튜 헨리 주석, 마가복음 02장.

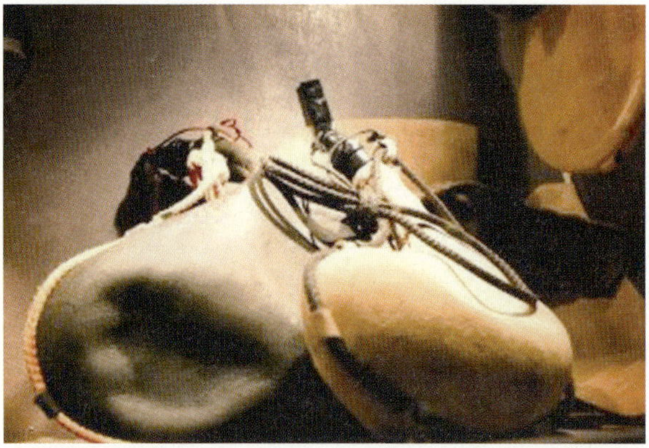

"새 포도주는 새 부대에 담아야 한다."

자료: m.mariasarang.net

셨습니다. 그러니 굳건히 서서 다시는 종살이의 멍에를 메지 마십시오."

23-24절 안식일 아침에 그들이 예배를 드리러 가는 중에 그리스도의 제자들은 얼마나 초라한 조반을 먹었나 보라23절. "그분의 제자들이 ... 이삭을 뜯기 시작하였다." 그것이 그들이 소유한 최선의 것이었다. 그들은 신령한 진미에 여념이 없어 그들에게 필요한 음식도 잊었다. 그리스도의 말씀이 그들에게 음식을 대신했었다. 유대인들은 안식일에 맛있는 음식을 드는 것을 종교의 한 관습으로 여겼다. 그러나 제자들은 무엇으로도 만족하였다.[13]

바리사이들은 "이삭을 뜯"는 일이 "안식일에 하지 못할" 금지되어 있는 육체적 노동이라고 추측하고 예수의 제자들을 간섭하였다24절. 만일 그리스도의 제자들이 "하지 못할 일"을 하였다면 그리스도께서도 같이 계셨으므로 그에게도 좋지 않은 영향이 미칠 것이요, 그것 때문에 비난을 받게 될 것이고 그의 명성에도 불명예스러운 손상을 받게 되었을 것이다.

한 안식일에 예수께서는 밀밭 사이로 지나가실 때 제자들이 길을 열며 이삭을 뜯었다. 밀 추수 때였던 것 같다. 마태오 복음서 12:1은 그들이 배가 고파서 이삭

13 메튜 헨리 주석, 마가복음 02장.

을 뜯어 먹었다고 말한다. 그 당시에 매우 경건하고 보수적이게 보였던 바리사이들이 예수께 말했다. "보십시오, 저들은 어째서 안식일에 해서는 안 되는 일을 합니까?" 남의 밭을 지날 때 이삭을 뜯은 것은 죄가 아니며 율법이 허용한 것이다. 단지 안식일에 행한 그 행위가 문제였다. 바리사이들은 제자들이 안식일을 범한 것이라고 비난했던 것이다.

25-26절 만일 우리가 성서에서 읽은 말씀을 회상하게 된다면 우리의 많은 잘못이나 올바른 사람들에 대한 우리의 그릇된 비난들이 고쳐지게 될 것이다. 성서에 의한 호소는 가장 설득력이 있다. 예수께서는 다윗의 예를 들어 이런 뜻으로 말씀하셨을 것이다. "여러분들은 하느님의 마음을 닮은 다윗이 시장할 때에 율법에 의하여 제사장들과 그들의 가족들에게도 주었던 일을 읽어보았을 것입니다." 의식에 대한 준수는 도덕적 의무에 대하여 관용을 베풀어야만 한다. 그러나 그것은 필요한 경우에 한하며 다른 경우에는 그럴 수 없다.

예수께서는 구약성경에 기록된 다윗의 한 사건을 들어 바리사이들의 비난에 대답하셨다. 사무엘기 상권 21장을 보면, 다윗이 사울을 피하여 도망할 때 사제 아히멜렉을 찾아간 때가 있었다. 아비아달은 아히멜렉의 아들로서 성경 역사에서 그 부친보다 더 알려져 있으므로 그의 이름을 언급하신 것 같다. 다윗과 그와

아히멜렉 대제사장으로부터 골리앗의 칼을 받는 다윗

자료: m.blog.naver.com

Vox populi, vox Dei.

함께 한 자들이 먹을 것이 없어 배가 몹시 고팠으므로, 사제는 그들에게 성전의 거룩한 떡을 주어 먹게 하였었다. 이 일은 구약의 의식법에 저촉되는 듯하였다. 그러나 그 비상한 때에 부득이한 그 일을 하느님께서는 큰 죄로 여기지 않으셨고 다윗과 그 일행들을 용납하셨다. 이와 같이, 이번 경우에도 제자들이 얼마나 배가 고팠으면 이삭을 뜯어 먹었겠는가 하고 이해한다면 큰 비난거리가 될 것이 없다는 뜻일 것이다.

27절 누구를 위하여 안식일이 있는가? 안식일은 거룩하고 신성한 제도이다. 그러므로 우리는 안식일을 하나의 과제나 고역으로서가 아니라 하나의 특권이나 은총으로서 영접하고 환영해야만 할 것이다.[14]

"안식일이 사람을 위하여 생긴 것이지, 사람이 안식일을 위하여 생긴 것은 아니다."

· 자료: foreveralmightygod.tistory.com

14 메튜 헨리 주석, 마가복음 02장.

예수께서는 말씀하시기를, "안식일이 사람을 위하여 생긴 것이지, 사람이 안식일을 위하여 생긴 것은 아니다."라고 하셨다. 이것은 안식일 계명을 포함한 모든 율법의 목적을 나타내는 중요한 말씀이다. 모든 율법은 사람들의 유익을 위해 주신 것이며, 안식일 계명도 그러하다. 안식일 규례는 사람의 육신적 휴식과 영적 성장을 위해 주신 좋은 규례였다. 탈출기 23:12를 보면, "너희는 엿새 동안 일을 하고, 이렛날에는 쉬어야 한다. 이는 너희 소와 나귀가 쉬고, 너희 여종의 아들과 이방인이 숨을 돌리게 하려는 것이다."라고 하셨다.

물론, 사람이 안식일에 자기 마음에 원하는 바를 무엇이나 할 수 있다는 뜻이 아니다. 구약의 안식일 계명은 매우 엄격하여 이 계명을 범하는 것은 큰 죄가 되었다. 또 안식일에 매매 행위나 육신을 위한 오락은 중지되어야 했다. 느헤미야기 13:15-17을 보면, "그때에 나는 유다 지방에서 사람들이 안식일에도 술틀을 밟고 곡식 더미를 날라다가 나귀에 실으며, 안식일인데도 포도주와 포도송이와 무화과와 그 밖의 온갖 짐을 예루살렘으로 들여오는 것을 보았다. 그리하여 나는 안식일에 식품을 팔지 말라고 경고하였다. 예루살렘에 사는 티로인들도 물고기와 온갖 상품을 가져다가, 안식일에 예루살렘에서 유다의 자손들에게 팔았다. 그래서 나는 유다의 귀족들을 꾸짖으며 말하였다. '여러분은 어쩌자고 안식일을 더럽히며 이런 악한 일을 저지르고 있소?'"라고 했다. 그러나 안식일의 본 정신은 사람을 위하는 데 있고, 사람이 안식일을 위해 존재하는 것이 아니다. 안식일은 믿음의 성장을 위해 중요하며 안식일을 구별하여 지키는 자들에게는 복이 약속되어 있었다이사 58:13-14. 실상, 하느님께 예배드리는 것보다 더 귀하고 중요한 일은 없다. 하느님은 우리에게 기쁨과 행복, 평안과 건강을 주시는 자이시다. 다른 날에 할 수 있는 일들을 안식일에 다 허용할 수 있다는 뜻은 아니나, 우리가 안식일의 참 의미를 이해한다면, 상대의 사정을 고려하지 않고 그의 행위를 단순히 정죄定罪하는 잘못을 범하지는 않을 것이다. 특히 생명을 구하는 일이나 의식주에 관한 부득이한 행위는 정죄되어서는 안 된다고 본다.

Vox populi, vox Dei.

28절 "인자는 안식일에도 주인이니라." 그러므로 주께서는 우리의 어떤 부가로 말미암아 안식일의 제도에 대한 당신의 친절한 의도가 좌절되는 것을 보고 싶어하지 않을 것이다. 안식일들은 인자의 날들임을 주의하라. 주는 그 안식일의 주인이시다. 그에 의해서 세상이 창조되었다. 그러므로 그에 의해서 안식일이 처음 제정되었다. 그에 의해서 하느님께서는 시내산에서 율법을 주셨다.[15]

사람으로 오신 하느님의 아들 예수 그리스도께서는 안식일에도 주인이 되신다. 구약의 안식일은 예수 그리스도 안에서 성취되었다. 그러므로 신약시대에는 주일을 지킨다. 예수 그리스도 안에는 참된 안식과 자유가 있다. 콜로새 신자들에게 보낸 서간 2:16-17을 보면, "그러므로 먹거나 마시는 일로, 또는 축제나 초하룻날이나 안식일 문제로 아무도 여러분을 심판하지 못하게 하십시오. 그런 것들은 앞으로 올 것들의 그림자일 뿐이고 실체는 그리스도께 있습니다."라고 했다.

그리스도인의 안식일인 주일은 예수 그리스도 안에서 평안의 복과 자유를 누리는 날이다. 주일은 휴식과 예배의 날이다. 우리는 이날 오락과 세속적 일을 금하고 교회로 모여 하느님께 예배드린다. 우리는 주 안에서 안식일을 즐거이 지키지만, 남의 어려운 형편을 동정함이 없이 그를 정죄하거나 비난하지는 말아야 한다.

15 메튜 헨리 주석, 마가복음 02장.

하늘의 소리 사람의 말씀 III

Vox populi, vox Dei.

마르코 복음서
3장

天聲

안식일에 손이 오그라든 사람을 고치시다 마태 12,9-14; 루카 6,6-11

1 예수님께서 다시 회당에 들어가셨는데, 그곳에 한쪽 손이 오그라든 사람이 있었다.

2 사람들은 예수님을 고발하려고, 그분께서 안식일에 그 사람을 고쳐 주시는지 지켜보고 있었다.

3 예수님께서 손이 오그라든 사람에게 "일어나 가운데로 나와라." 하시고,

4 그들에게 말씀하셨다. "안식일에 좋은 일을 하는 것이 합당하냐? 남을 해치는 일을 하는 것이 합당하냐? 목숨을 구하는 것이 합당하냐? 죽이는 것이 합당하냐?" 그러나 그들은 입을 열지 않았다.

5 그분께서는 노기를 띠시고 그들을 둘러보셨다. 그리고 그들의 마음이 완고한 것을 몹시 슬퍼하시면서 그 사람에게, "손을 뻗어라." 하고 말씀하셨다. 그가 손을 뻗자 그 손이 다시 성하여졌다.

6 바리사이들은 나가서 곧바로 헤로데 당원들과 더불어 예수님을 어떻게 없앨까 모의를 하였다.

군중이 호숫가로 모여들다

7 예수님께서 제자들과 함께 호숫가로 물러가셨다. 그러자 갈릴래아에서 큰 무리가 따라왔다. 또 유다와

8 예루살렘, 이두매아와 요르단 건너편, 그리고 티로와 시돈 근처에서도 그분께서 하시는 일을 전해 듣고 큰 무리가 그분께 몰려왔다.

9 예수님께서는 군중이 당신을 밀쳐 대는 일이 일어나지 않게 하시려고, 당신께서 타
실 거룻배 한 척을 마련하라고 제자들에게 이르셨다.
10 그분께서 많은 사람의 병을 고쳐 주셨으므로, 병고에 시달리는 이들은 누구나 그
분에게 손을 대려고 밀려들었기 때문이다.
11 또 더러운 영들은 그분을 보기만 하면 그 앞에 엎드려, "당신은 하느님의 아드님
이십니다!" 하고 소리 질렀다.
12 그러나 예수님께서는 그들에게 당신을 사람들에게 알리지 말라고 엄하게 이르곤
하셨다.

열두 사도를 뽑으시다 마태 10,1-4; 루카 6,12-16

13 예수님께서 산에 올라가신 다음, 당신께서 원하시는 이들을 가까이 부르시니 그들
이 그분께 나아왔다.
14 그분께서는 열둘을 세우시고 그들을 사도라 이름하셨다. 그들을 당신과 함께 지내
게 하시고, 그들을 파견하시어 복음을 선포하게 하시며,
15 마귀들을 쫓아내는 권한을 가지게 하시려는 것이었다.
16 이렇게 예수님께서 열둘을 세우셨는데, 그들은 베드로라는 이름을 붙여 주신
시몬,
17 '천둥의 아들들'이라는 뜻으로 보아네르게스라는 이름을 붙여 주신 제베대오의 아
들 야고보와 그의 동생 요한,
18 그리고 안드레아, 필립보, 바르톨로메오, 마태오, 토마스, 알패오의 아들 야고보,
타대오, 열혈당원 시몬,
19 또 예수님을 팔아넘긴 유다 이스카리옷이다.

예수님과 베엘제불 마태 12,22-32; 루카 11,14-23; 루카 12,10

20 예수님께서 집으로 가셨다. 그러자 군중이 다시 모여들어 예수님의 일행은 음식을
들 수조차 없었다.

21 그런데 예수님의 친척들이 소문을 듣고 그분을 붙잡으러 나섰다. 그들은 예수님께
서 미쳤다고 생각하였던 것이다.
22 한편 예루살렘에서 내려온 율법 학자들이, "그는 베엘제불이 들렸다."고도 하고,
"그는 마귀 우두머리의 힘을 빌려 마귀들을 쫓아낸다."고도 하였다.
23 그래서 예수님께서는 그들을 부르셔서 비유를 들어 말씀하셨다. "어떻게 사탄이
사탄을 쫓아낼 수 있느냐?
24 한 나라가 갈라서면 그 나라는 버티어 내지 못한다.
25 한 집안이 갈라서면 그 집안은 버티어 내지 못할 것이다.
26 사탄도 자신을 거슬러 일어나 갈라서면 버티어 내지 못하고 끝장이 난다.
27 먼저 힘센 자를 묶어 놓지 않고서는, 아무도 그 힘센 자의 집에 들어가 재물을 털
수 없다. 묶어 놓은 뒤에야 그 집을 털 수 있다.
28 내가 진실로 너희에게 말한다. 사람들이 짓는 모든 죄와 그들이 신성을 모독하는
어떠한 말도 용서받을 것이다.
29 그러나 성령을 모독하는 자는 영원히 용서를 받지 못하고 영원한 죄에 매이게
된다."
30 이 말씀을 하신 것은 사람들이 "그는 더러운 영이 들렸다."고 말하였기 때문이다.

예수님의 참가족 마태 12,46-50; 루카 8,19-21

31 그때에 예수님의 어머니와 형제들이 왔다. 그들은 밖에 서서 사람을 보내어 예수
님을 불렀다.
32 그분 둘레에는 군중이 앉아 있었는데, 사람들이 예수님께 "보십시오, 스승님의 어
머님과 형제들과 누이들이 밖에서 스승님을 찾고 계십니다." 하고 말하였다.
33 그러자 예수님께서 그들에게, "누가 내 어머니고 내 형제들이냐?" 하고 반문하
셨다.
34 그리고 당신 주위에 앉은 사람들을 둘러보시며 이르셨다. "이들이 내 어머니고 내
형제들이다.
35 하느님의 뜻을 실행하는 사람이 바로 내 형제요 누이요 어머니다."

Vox populi, vox Dei.

1 Another time he went into the synagogue, and a man with a shriveled hand was there.

2 Some of them were looking for a reason to accuse Jesus, so they watched him closely to see if he would heal him on the Sabbath.

3 Jesus said to the man with the shriveled hand, "Stand up in front of everyone."

4 Then Jesus asked them, "Which is lawful on the Sabbath: to do good or to do evil, to save life or to kill?" But they remained silent.

5 He looked around at them in anger and, deeply distressed at their stubborn hearts, said to the man, "Stretch out your hand." He stretched it out, and his hand was completely restored.

6 Then the Pharisees went out and began to plot with the Herodians how they might kill Jesus.

7 Jesus withdrew with his disciples to the lake, and a large crowd from Galilee followed.

8 When they heard all he was doing, many people came to him from Judea, Jerusalem, Idumea, and the regions across the Jordan and around Tyre and Sidon.

9 Because of the crowd he told his disciples to have a small boat ready for him, to keep the people from crowding him.

10 For he had healed many, so that those with diseases were pushing forward to touch him.

11 Whenever the evil spirits saw him, they fell down before him and cried out, "You are the Son of God."

12 But he gave them strict orders not to tell who he was.

13 Jesus went up on a mountainside and called to him those he wanted, and they came to him.

14 He appointed twelve—designating them apostles—that they might be
with him and that he might send them out to preach
15 and to have authority to drive out demons.
16 These are the twelve he appointed: Simon (to whom he gave the name
Peter
17 James son of Zebedee and his brother John (to them he gave the name
Boanerges, which means Sons of Thunder
18 Andrew, Philip, Bartholomew, Matthew, Thomas, James son of Alphaeus,
Thaddaeus, Simon the Zealot
19 and Judas Iscariot, who betrayed him.
20 Then Jesus entered a house, and again a crowd gathered, so that he and
his disciples were not even able to eat.
21 When his family heard about this, they went to take charge of him, for
they said, "He is out of his mind."
22 And the teachers of the law who came down from Jerusalem said, "He is
possessed by Beelzebub! By the prince of demons he is driving out de-
mons."
23 So Jesus called them and spoke to them in parables: "How can Satan
drive out Satan?
24 If a kingdom is divided against itself, that kingdom cannot stand.
25 If a house is divided against itself, that house cannot stand.
26 And if Satan opposes himself and is divided, he cannot stand; his end
has come.
27 In fact, no one can enter a strong man's house and carry off his posses-
sions unless he first ties up the strong man. Then he can rob his house.
28 I tell you the truth, all the sins and blasphemies of men will be forgiven
them.

29 But whoever blasphemes against the Holy Spirit will never be forgiven;
he is guilty of an eternal sin."
30 He said this because they were saying, "He has an evil spirit."
31 Then Jesus' mother and brothers arrived. Standing outside, they sent
someone in to call him.
32 A crowd was sitting around him, and they told him, "Your mother and
brothers are outside looking for you."
33 "Who are my mother and my brothers?" he asked.
34 Then he looked at those seated in a circle around him and said, "Here
are my mother and my brothers!
35 Whoever does God's will is my brother and sister and mother."

人語

마르코 복음서 입문

마르코 복음서의 기록목적

마르코 복음서의 제1차적 독자는 로마인, 그리고 이방인이었다. 당시 네로 황제의 박해가 진행되었고, 베드로와 바오로의 순교 후의 방황, 기독교인들의 카타콤로마의 지하공동묘지 동굴의 순교가 고조를 이루었으므로 로마 기독교인들에게 위로와 격려, 그리고 예수님처럼 부활할 것이라고 소망 있는 약속의 메시지를 전하였다.

기록목적을 요약하면, ① 예수님은 하나님의 아들, ② 예수님은 치료자, ③ 예수님은 예언자, ④ 예수님은 메시아, ⑤ 예수님은 부활의 인자, ⑥ 예수님은 재림하실 인자라는 기독론적 입장을 설명하고자 함이다.

예수님은 하나님의 아들

자료: m.post.naver.com

마르코 복음서의 주제와 중심사상

마르코 복음서의 주제는 ① 하느님의 아들 예수 그리스도의 봉사사역과 ② 하느님의 아들 예수 그리스도의 희생사역이다. 마르코는 예수님을 로마 기독교인들에게 표현하기를 "하느님의 아들 예수 그리스도"라고 하였다. 따라서 그분께서 행하신 모든 일과 당하신 수난의 사역과 부활을 우리네 인생과 연결시켜 생각하도록 하였다.

그에 따른 증빙 성경구절은 ① 하느님의 음성1:11, ② 마귀의 고백1:24, 3:11, ③ 변화산 상의 음성9:7, ④ 예수님 자신의 증언12:1-12, 13:32, ⑤ 십자가 앞에서의 백부장의 고백15:39 등이다.

그러므로 마르코 복음서의 중심사상은 성육신하신 하느님의 아들, 예수님의 사역은 겸손한 종의 모습이었다는 것이다.

마르코 복음서의 핵심적 교훈

마르코 복음서는 로마의 그리스도인들에게 그리고 오늘의 우리들에게 복음을 전하는 자는 종의 역할을 감당하였음을 강력하게 그리고 간결하게 가르친다. 따라서 핵심적 신앙교훈은 봉사, 희생, 복음전파이다.

각 절 해석[1]

1-4절 이 앞에서와 같이 여기에서도 우리 주 예수께서는 먼저 회당에서 그리고 다음에 호숫가에서 일하시기에 분주하셨다. 이는 당신께서 어느 한두 곳에만 제한해서 머물러 계시는 것이 아니라 어느 곳에나 당신의 이름으로 모이는 곳에, 그곳이 회당이거나 그 어느 다른 곳이라 하더라도 그들 중에 주님이 같이 계시리라는 사실을 가르쳐 주시기 위함일 것이다. "주님의 이름을 받들어 부

1 김효성 목사, 마가복음 강해, 2023년 2월 1일 수정.

안식일에 손이 오그라든 사람을 고치시다.

자료: m.blog.naver.com

르는 이는 모두"에게로마 10:13 주께서 만나 주시고 축복해 주신다. 믿는 자들이 어느 곳에서나 기도하기를 주께서는 원하시는 것이다.[2]

예수께서는 회당에서 한편 손 마른 사람을 보셨다. 그 병자의 간절한 소원은 병의 치료였을 것이다. 예수께는 그의 병을 치료할 능력이 있으셨다. 그러나 예수님 주위에 있었던 어떤 사람들은 예수님을 비난하기 위해 그가 안식일에 그 사람을 고치는가 엿보고 있었다. 우리는 비난거리를 찾으려고 사람을 엿보는 자가 되지 말고, 예수님을 진실로 믿고 그의 교훈을 배우며 그를 따르는 자가 되어야 한다.

예수님의 사역은 공개적 사역이었다. 그는 은밀히 무엇을 가르치거나 행하지 않으셨다. 그의 가르침과 행하신 일들은 책에 다 기록되어 온 세상에 드러나 있다. 그는 사람들에게 선행과 악행, 생명을 구함과 생명을 죽임 중 안식일에 어느 것이 옳으냐고 질문하셨다. 그의 질문은 그를 비난하는 바리사이들의 마음을 꿰

2 메튜 헨리 주석, 마가복음 03장.

뚫어 보신 것이었다. 그는 손 마른 사람을 고쳐주기를 원하셨다. 그런 행위는 안식일을 범하는 것처럼 보였고 바리사이들은 안식일을 지키는 자들처럼 보였으나, 사실은 그 반대였다. 예수께서는 안식일에 선한 일을 행하려 하셨고 유대인들은 예수님을 죽이는 악한 일을 행하려 하였다. 의로우신 하나님의 아들 예수를 죽이려는 것은 확실히 악한 일이었다.

5-6절 그들이 빛에 대하여 반대하자 주께서 그들의 완고함을 슬퍼하시었다5절. 그리스도는 우리의 심령 속에 있는 고통의 근원과 심령의 무지와 완악함을 보신다.[3]

예수께서는 그들의 마음의 완악함을 근심하시고 노하셨다. 사람의 심령의 온유함과 믿음은 하나님의 은혜로만 가능하다. 하나님께서 버려두시면 사람의 마음은 완악할 수밖에 없다. 예수께서는 그들의 비위를 맞추지 않고 저 불쌍한 병자를 고쳐주기를 원하셨다. 그는 그들을 둘러보시고 그 사람에게 "손을 뻗어라." 라고 말씀하셨다. 그가 그의 손을 뻗자 그것은 회복되었다. 이것은 사람들이 할 수 없는 신적 능력의 사건이었다. 예수 그리스도께서는 신성神性을 가지신 하나님의 아들이시요 참 하나님이시다. 또 그는 이 사건에서 우리가 안식일에 선한 일을 할 수 있음을 증거하셨다.

바리사이들은 당시에 보수주의자들이었다. 헤로데당은 주후 6년 헤로데 아르켈라오스가 파면되고 로마 총독이 임명되었을 때 결성된 헤로데 가문 지지자들이었다. 그들은 세속적 권력과 돈과 명예를 추구했던 것 같다. 바리사이들과 헤로데당은 함께 예수님 죽일 일을 의논했다. 그들은 악한 일을 위해 협력했다. 복음 사역자에게 진실한 동료들도 있지만 원수들도 있다. 그러나 우리는 그것을 겁내지 말아야 한다. 교회 일에는 사탄의 방해가 있지만, 주께서는 언제나 승리케 하신다.

3 메튜 헨리 주석, 마가복음 03장.

7-10절 그리스도께서 호수에 나가셨을 때에 그곳에서도 선을 행하셨다. 그리스도의 원수들이 그를 "죽일" 기회를 찾고 있는 동안에, 주께서 그곳을 빠져 나오셨다. 이것은 환난을 당할 때에 우리의 안전을 위해 자리를 옮겨야 하는 교훈을 주고 있다. 사람들이 예수에게 증오심을 품을 때에 그들은 예수를 자기들 지방에서 내어쫓았다. 그러나 한편 다른 사람들은 예수에게서 참 진리를 발견하였기 때문에 그가 어디로 가시든지 그를 따라갔다.[4]

예수께서 갈릴래아 바다로 물러가셨을 때, 갈릴래아에서 큰 무리가 그를 좇았다. 그는 무리가 에워싸 미는 것을 피하시기 위해 작은 배를 미리 준비하도록 제자들에게 명하셨다. 그가 많은 사람을 고치셨기 때문에 병으로 고생하는 자들이 그를 만지려고 밀치기 때문이었다. 사람들은 진리보다 기적에 더 흥미를 느낀다. 예수께서는 많은 병자들을 고치셨다. 성경은 그 사실을 반복해서 증거하였다 마르 1:34; 마태 4:23-24; 8:16; 9:35; 14:35-36. 복음서들에 기록된 것들은 대표적인 예들에 불과했다. 마태오 복음서에는 14개, 마르코 복음서에는 13개, 루카 복음서에는 17개, 요한 복음서에는 단지 5개, 합하면 중복된 것을 빼고 사복음서에 단지 26개의 병 고친 사건들이 자세히 기록되어 있을 뿐이다. 그러나 주께서는 그보다 훨씬 더 많은 병자들을 고쳐주셨다.

11-12절 마귀들이 효과적으로 정복당하였다. 더러운 마귀들에게 사로잡혀 있는 사람들이 예수를 보면 그 앞에서 두려워 떤다. 그리고 그들은 예수의 은혜를 간청하기 위해서가 아니라, 그의 진노가 임하게 하지 않기 위해서 그 앞에 엎드려 있었다. 그리고 그들은 자기들 스스로의 공포에 의하여 "당신은 하느님의 아드님이십니다!"라고 고백하게 된다11절. 아무런 은혜도 받을 수 없는 마귀가 자주 이 고백을 하게 될 때에 그 신앙 고백으로 은혜를 받을 수 있는 사람들에 의하여 이 귀한 진리가 부정되어야 한다는 말이 있다.[5]

4 메튜 헨리 주석, 마가복음 03장.
5 메튜 헨리 주석, 마가복음 03장.

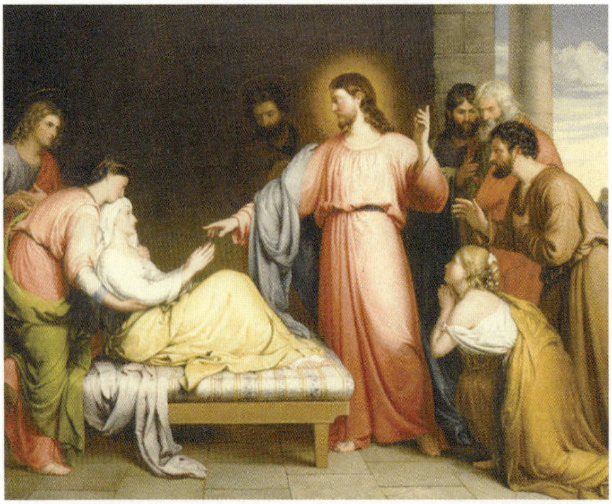

예수께서는 마귀 들린 여러 사람들을
고쳐주셨다.

자료: www.catholicpress.kr

더러운 마귀들은 예수께서 하느님의 아들이심을 알아보았다. 그는 마귀 들린 여러 사람들을 고쳐주셨다마태 4:24; 8:16; 마르 1:34. 마귀는 더러운 영이다. 마귀는 범죄한 영이며 또 사람을 범죄하게 하는 영이다. 우상숭배, 이기주의, 미움, 음란, 쾌락주의, 거짓말은 악령의 활동과 연관이 있다. 오늘날 우리는 질병을 위해 회개하며 기도할 뿐 아니라, 적절한 수면, 영양 있는 식사, 기분 전환, 운동 및 의학적 치료 등의 방편을 감사히 사용해야 한다고 본다.

예수께서는 마귀들에게 자기를 나타내지 말라고 엄히 경계하셨다. 그것은 병고침이 그의 중심적 사역이 아니었기 때문일 것이다. 예수께서는 무리들이 자신의 사역을 오해하지 않게 하시기를 원하셨던 것 같다. 그는 병을 고치기 위해 이 세상에 오지 않으셨고 죄인들을 구원하기 위해 오셨다. 그의 사역의 목표는 단지 육신의 병고침이 아니고 죄사함에서 오는 영육의 구원이었다. 회개와 죄사함의 구원이 중요하다. 그러나 그가 먼저 십자가에 못박혀 죽으셔야 했기 때문에 그때가 되기 전까지는 그의 사역이 충분히 이해되기 어려웠다.

13-15절 사역자는 성령의 충만함을 받기 위해서 조용한 곳을 찾아가 진정한 기도를 드리지 않으면 안 된다. 비록 예수께서 성령의 은사를 주실 수 있

는 권세를 가지고 계셨지만 우리에게 모범을 보여 주시기 위해 그들을 위해 기도하셨다.[6]

예수께서는 그가 원하시는 자들을 부르신다. 그것은 예수께서는 자유스러운 지배자이기 때문이며 그의 은혜는 그 자신의 것이기 때문이다.

루카 복음서에 보면, 예수께서는 산에서 밤새도록 기도하신 후 제자들을 불러 열둘을 세우셨다루카 6:12-13. 그들은 그가 세우기를 원하고 계셨던 자들이었다. 그들은 사도使徒라고 불리었다루카 6:13. 이처럼 사도들은 주께서 직접 택하여 세우신 제자들이었다. 요한 복음서 15:16에 보면, 그는 "너희가 나를 뽑은 것이 아니라 내가 너희를 뽑아 세웠다."라고 말씀하셨다. 그러므로 사도는 주께서 부르시고 세우신 열두 제자들과 바오로에게 제한된다. 오늘날도 교회는 주께서 원하시는 자들을 직분자들로 세워야 할 것이다. 그것은 티모테오에게 보낸 첫째 서간 3장에 기록된 장로와 집사의 자격 요건대로 세우는 것이라고 본다.

주께서 열두 사도를 세우신 목적은, 첫째로, 자기와 함께 있게 하기 위해서였다. 그것은 그와 함께 있음으로써 그의 말씀을 빼놓지 않고 배우며 또 그의 인격과 행위를 배우고 본받을 수 있기 때문이었을 것이다. 제자는 선생에게 듣고 배우며 그를 보며 본받는 자이다.

둘째는 그들을 전도하러 보내기 위해서이었다. 사도는 전도하게 하기 위해 세우심을 받고 보내심을 받은 자였다. 사도의 중심사역은 전도였다. 그러므로 사도 바오로는, 티토에게 보낸 서간 1:3에서, "나는 우리 구원자이신 하느님의 명령에 따라 이 선포의 임무를 맡았습니다."라고 말하였다.

셋째는 그들에게 병을 고치고 마귀를 내어쫓는 권세를 주기 위해서였다. 병 고치는 권세는 특히 사도들에게 주신 권세였다. 사도행전 2:43, "사도들을 통하여 많은 이적과 표징이 일어나므로 사람들은 저마다 두려움에 사로잡혔다." 병 고치는 권세는 사도의 표와 신분증이었다.

6 메튜 헨리 주석, 마가복음 03장.

오늘날도 목사 · 신부와 전도자의 첫 번째 임무는 주님과 함께 있는 것이다. 이것은 기도하고 성경을 읽고 묵상하는 생활을 의미한다. 사도행전 6:4, "우리는 기도와 말씀 봉사에만 전념하겠습니다." 티모테오에게 보낸 첫째 서간 4:13, "내가 갈 때까지 성경 봉독과 권고와 가르침에 열중하십시오." 목사 · 신부는 하느님의 말씀인 성경에 정통하고 하느님과 기도로 많이 교통해야 하고 그의 인격과 삶이 모범이 되어야 한다. 그래야 하느님의 충성되고 능력 있는 일꾼이 될 수 있다.

16-19절 예수께서는 이스라엘의 열두 지파의 수를 따라서 "열둘을 세우셨다." 여기에 나열되어 있는 제자들의 이름은 마태오 복음서에 나와 있는 서열대로 되어 있지 않으며 또 마태오 복음서에 나와 있는 대로 두 사람씩 짝을 지어 나열되어 있지도 않았다. 그러나 마태오 복음서에서와 마찬가지로 여기에서도 베드로의 이름은 제일 먼저 나와 있고 가룟 유다의 이름은 맨 나중에 나와 있다. 여기에서는 마태오의 이름이 토마스의 이름 앞에 나와 있다. 아마 이런 순서로 부름을 받은 것 같다. 그러나 마태오 복음서에서는 마태오가 자신의 이름을 토마스의 뒤에 나타내었다. 마태오는 자기의 성직 수임 순서의 우선권을 주장하기는커녕 오히려 뒤에 두고 있다.[7]

이 열둘 중에서 '베드로와 안드레아'가 형제이고, '야고보와 요한'이 형제이다. 당시 이스라엘에 그렇게 많은 사람 가운데 형제가 함께 주님의 제자가 된다고 하는 것은 정말 큰 복이다. 그래서 형제를 비롯한 가족이 함께 신앙생활을 하는 것은 정말 큰 복이다. 반면에 '토마스'는 '쌍둥이'라는 뜻이다. 토마스는 쌍둥이 형제가 있었던 것으로 보인다. 그럼에도 1명만 제자로 부르심을 받았다. 참 신비한 일이다.

7 메튜 헨리 주석, 마가복음 03장.

야고보와 요한

자료: cafe.chch.kr

베드로의 본래 이름은 '시몬'이었다. 주지하는 바와 같이 '베드로'는 '반석'이라는 뜻이다. 결코 반석이지 않은 사람이 반석이 되어갔다. 야고보와 요한의 별명은 '우레의 아들'인 것으로 보아 성격이 정말로 급했던 것으로 보인다. 야고보는 제자 중에서 첫 순교의 제물이 되었고, 요한은 마지막까지 살아 산 순교자가 되었고, 그의 별명이 '사랑의 사도'였다. 우레의 아들이 사랑의 사도가 된 것이다. 그리고 '바르톨로메오'는 '나다나엘'과 동일 인물이다.

'알패오의 아들 야고보'와 '타대오', '가나나인-열심당원 시몬'은 성경에 거의 이름만 나온다. 그럼에도 그들은 예수님의 열두 제자들이다. 우리는 알려지지 않아도, 우리가 제자로 살아가면, 주님은 우리를 결코 모르시지 않는다. 예수님의 제자 중에는 나중에 예수님을 팔게 될 가룟 유다도 있다. 다른 11제자들이 우리가 걸어가야 할 제자의 길을 보여주는 '진면교사'라고 한다면, 가룟 유다는 그 길을 걷지 말아야 함을 보여주는 '반면교사'와 같다.

20-22절 끝임 없는 무리들이 예수에게 모여들어 복음을 들었다20절. "군중이 다시 모여들어" 그들은 누구의 보냄을 받지 않았고 무리하게 그리스도에게 접근하지도 않았다. 어떤 이는 이런 목적으로 왔을 것이고 어떤 이는 저런

Vox populi, vox Dei.

목적으로 왔을 것이다. 그러므로 그리스도와 그의 제자들은 음식을 들 수조차 없었다. 그럼에도 불구하고 그리스도는 그 간청자들을 되돌려 보내지 않으셨고 그들을 환영하고 그 각 사람에게 "상서로운 대답"을 하시었다창세 41:16. 하느님의 일에 마음을 넓힌 사람들은 그 일을 수행함에 있어서 그들에게 미치는 큰 불편을 쉽게 견딜 수 있다.[8]

22절에는 율법 학자들이 그리스도께서 마귀를 쫓아내는 일을 가지고 뻔뻔스럽고 불경스런 낙인을 찍는 내용이 나와 있다. 그렇게 함으로써 기적을 행하는 그리스도에게 대한 그들의 믿음을 헛되게 하고 무효하게 하며 자기들이 그렇게 나타나는 역사에 대해 그를 신복하지 않는 일에 대해서 어색한 구실을 삼는 내용이 나와 있다. 이들은 예루살렘에서 내려온 율법 학자들이었다. 그들은 그리스도의 복음이 전파되는 그 진로를 방해하기 위한 목적을 가지고 이렇게 긴 여행을 통해 여기까지 온 것이다.

오류를 범하기 위해 그러한 고통을 자처했던 것이다. 그들은 가장 경건하고 가장 학식이 많은 율법 학자들이 살고 있는 예루살렘으로부터 온 것이다. 그들은 아마 예루살렘에서 "주와 그 기름 부음 받은 자"를 대적하기 위해 진지한 의논을 하는 기회를 가졌을 것이다. 그들은 흉계를 꾸밀 수 있는 역량을 가지고 있었다. 예루살렘에서 온 율법 학자들에 대한 명성은 지방 사람들에게뿐만 아니라, 지방에 있는 율법 학자들에게도 큰 영향을 끼쳤을 것이다.

예수님과 제자들은 식사할 겨를도 없이 바쁘게 생활했다. 우리도 이 세상을 오랫동안 살려고만 하지 말고, 바르게, 충실하게, 바쁘게 살다가 천국에 가기를 소원한다. 예수님의 친척들은 그를 붙들러 나왔다. 왜냐하면 사람들이 그가 미쳤다고 말했기 때문이었다. 사도 바오로도 어떤 사람들에게는 칭찬과 사랑을, 그러나 다른 이들에게는 모욕과 핍박을 받았었다. 코린토 신자들에게 보낸 둘째 서간 6:8, "영광을 받거나 모욕을 당하거나, 중상을 받거나 칭찬을 받거나 우리는 늘

8 메튜 헨리 주석, 마가복음 03장.

그렇게 합니다. 우리는 속이는 자같이 보이지만 실은 진실합니다." 오늘날에도 주의 충실한 종들에게 선한 평판도 있지만, 악한 비방도 있을 수 있다.

예루살렘에서 내려온 율법 학자들, 즉 성경학자들이 거기에 있었다. 그러나 그들은 예수님을 믿고 따르기 위하여 거기 있지 않았다. 그들은 그가 마귀의 우두머리 베엘제불에게 사로잡혔고 그를 힘입어 마귀들을 쫓아낸다고 비난하였다. 예나 지금이나, 하느님께 대한 바른 지식과 믿음이 없이도 성경학자가 될 수 있는 것 같다. 종교는 이론적 내용을 가지지만, 경건한 마음이 더 중요하다. 종교가 이론뿐이라면 죽은 것에 불과하다. 참 종교는 이론적 내용을 가진 참 생명이다.

23-27절 그리스도께서 이와 같은 반대에 대해서 그들의 어리석음을 나타내기 위한 대답을 주시었다. 사탄은 대단히 교활해서 그의 소유를 결코 자발적으로 포기하지는 않는다. "어떻게 사탄이 사탄을 쫓아낼 수 있느냐. …… 사탄도 자신을 거슬러 일어나 갈라서면 버티어 내지 못하고 끝장이 난다."23-26절. 예수께서 그들을 부르셔서 그들이 잘못을 깨닫기를 바라는 마음으로 될 수 있는 대로 부드럽고 우의적으로 다정하게 그들을 대하셨다.[9]

그리스도께서는 매우 지혜로우시기 때문에 마귀와 더불어 접전하시게 되면 사람의 몸에서나 영혼에서나 어디서든지 마귀들을 만나게 되면 그 악한 세력들을 공격하시게 된다27절.

사탄은 사탄을 쫓아낼 수 없다. 나라가 스스로 분쟁하면 설 수 없고, 집이 스스로 분쟁하면 설 수 없듯이, 사탄이 자기를 거슬러 분쟁하면 설 수 없고 망한다. 그러므로 사탄을 힘입어 사탄을 쫓아낸다는 것은 불가능하다. 사람이 먼저 강한 자를 결박하고서야 그 집 물건을 빼앗을 수 있듯이, 사탄보다 강한 자만이 그를 내쫓을 수 있다. 하느님의 아들 예수 그리스도께서만 사탄을 내쫓으실 수 있다.

마태오 복음서 12:28, "내가 하느님의 영으로 마귀들을 쫓아내는 것이면, 하느

9 메튜 헨리 주석, 마가복음 03장.

Vox populi, vox Dei.

"그때에 사람들이, 마귀 들려 눈이 멀고 말을 못하는 사람을 예수님께 데려왔다. 예수님께서 그를 고쳐 주시자, 말을 못하던 그 사람이 말도 하고 보게도 되었다."(마태오 12:22)

자료: m.blog.naver.com

님의 나라가 이미 너희에게 와 있는 것이다." 평행본문[10]인 마태오 복음서와 루카 복음서에는 이 말씀이 있다. 예수님께서 사탄의 힘으로 마귀를 쫓아내는 것이 아니라 하느님의 성령을 힘입어 마귀를 쫓아내는 것이면 하느님의 나라가 이미 너희에게 임하였다고 하신다. 예수님께서 천국 복음을 전하시는 것 자체가 하느님의 나라가 임하고 있는 것이다. 그러므로 예수님의 성육신과 공생애를 통하여 하느님의 나라를 펼쳐내고 있는데 이 모습을 마귀의 힘으로 보는 것 자체가 정말로 마귀 들린 자들의 모습이다.

이런 자들이 어떻게 스스로 예수님을 믿을 수가 있겠는가?

28-30절 그리스도께서 피로 값 주고 사셨으니 제아무리 큰 죄나 큰 죄인들도 용서받을 수 있다는 복음의 약속은 사실이다28절. 십자가에 달리신 그리스도를 욕하던 많은 사람들이 이 일은 인자이신 그리스도를 훼방하는 죄였으므로 한결 더 무거운 것이다 용서의 자비를 얻게 되었다. 그것은 그리스도 자신이 "아버지, 저들을 용서해 주십시오. 저들은 자기들이 무슨 일을 하는지 모릅니다."루카 23:34 하고 기도하셨기 때

10 성경을 읽다 보면 구약과 신약에서 비슷한 내용의 본문이 있는 것을 알 수 있는데, 이것을 평행본문이라고 한다.

문이다. 그러나 여기에서 이들이 한 말은 성령을 훼방하는 죄가 되는 것이다. 왜냐하면 그리스도께서 마귀를 쫓아내는 일은 성령으로 말미암아 하시는데 그들은 더러운 마귀로 말미암아 행한다고 하였기 때문이다30절.[11]

주께서 말씀하신 대로, 죄는 사하심을 얻는 죄가 있고 사하심을 얻지 못하는 죄가 있다. 모든 죄들이 다 사하심을 얻을 수 있으나, 단지 성령 훼방의 죄를 범하는 자는 사하심을 얻지 못하고 영원한 정죄를 당할 수밖에 없다. 사도 요한도 요한의 첫째 서간 5:16에, "누구든지 자기 형제가 죄를 짓는 것을 볼 때에 그것이 죽을죄가 아니면, 그를 위하여 청하십시오. 하느님께서 그에게 생명을 주실 것입니다. 이는 죽을죄가 아닌 죄를 짓는 이들에게 해당됩니다. 죽을죄가 있는데, 그러한 죄 때문에 간구하라고 말하는 것은 아닙니다." 즉, 사망에 이르는 죄와 사망에 이르지 않는 죄를 구분하며 사망에 이르는 죄를 지은 자는 구원의 가능성이 없음을 암시하였다.

성령을 훼방하는 죄는, 어떤 일이 성령의 활동이 분명한 데도 그것을 부정하고 비난하는 것을 가리켰다고 본다. 율법 학자들은 예수께서 성령으로 병을 고치시고 마귀들을 내어쫓으시는 것을 더러운 마귀에게 돌리며 비난하였다. 그것은 성

성령을 모독하는 죄는 절대 용서 받을 수 없다. 예수가 바리사이[12]들을 꾸짖다.

자료: thepromiseofgod.tistory.com

[11] 메튜 헨리 주석, 마가복음 03장.

[12] 서구권과 기독교 문화권에서는 경건한 체 하는 위선자들(특히 종교적인 맥락에서)을 바리사이라고 하는 표현이 있다. 유대교 측에서는 자신들을 바리사이파의 후예로 보기 때문에 그러한 표현을 불쾌하게 여긴다.

령께서 하시는 명백한 일을 부정함으로 스스로 회개할 수 없게 하는 지극히 완고한 마음이다. 이런 유의 죄는 오늘날 이단들에게서 볼 수 있다. 그들은 성경에 증거된 명백한 사실들을 고의적으로 부정하고 악하게 비난한다. 그들은 고의적으로 성령의 활동을 대항한다. 그러므로 그들은 성령께서만 주실 수 있는 회개를 할 수 없고, 회개가 없으면 죄사함의 구원도 없다.

31-32절 예수 그리스도께서 복음을 전하고 계실 때에, 혈육에 의해서 예수와 친족되는 분들은, 예수에게 무례한 일을 범하게 되었다그들은 예수께서 그 당시에 그분의 적소에 계심을 잘 알고 있었던 것이다. 그들은 집안으로 들어가서 예수가 전하는 복음을 듣고 싶지 않았기 때문에 밖에 서서 있었을 뿐만 아니라, 마치 그리스도께서 그들의 무례한 말을 듣기 위해 그분이 하시던 복음의 일을 그만두어야만 하는 것처럼, "사람을 보내어 예수를 부르려"31, 32절 하였던 것이다.[13] 아마도 그들은 예수와는 직접 상관하지 않고 그가 하던 일을 중단하게 할 목적으로 사람을 보내어 불러내려 하였던 것 같다. 그러나 그리스도께서는 그들을 따라서 가고 싶지 않았다. 그리스도께서는 당신 자신을 위한 생보다 영혼들을 구원하는 일이 더 귀한 일임을 알고 있기 때문이다. 그리고 곧 예수께서는 이 일을 증거로 나타내었던 것이다. 그러므로 예수를 간섭하는 것은 다만 예수 자신에게 지장만을 주게 되는 것이다. 그리고, 만일 그들이 예수와 같이 일을 해 보았더라면, 그들은 예수께서 다른 어떤 일보다도 구주로서 이 복음 사업을 하려고 하였음을 알게 되었을 것이다.

예수께는 동생들이 있으셨다. 마르코 복음서 6:3과 마태오 복음서 13:55에는 야고보, 요셉, 유다, 시몬 등 그의 남동생들의 이름이 나온다. 그 외에도 성경의 여러 구절들이 예수님의 남동생들과 누이들에 대해 말한다.

예수님의 어머니 마리아와 동생들이 나자렛에서 카파르나움가버나움까지 예수님

13 메튜 헨리 주석, 마가복음 03장.

카파르나움에 있는 고대 대 회당 유적

자료: ko.wikipedia.org

을 찾아왔다. 이때 예수님은 율법 학자들과 베엘제불[14] 논쟁을 하고 있었다. 저희들이 예수님을 찾아온 것은 예수님의 소문을 듣고 데려가고자 함이었다. 예수님의 어머니와 동생들은 억지로라도 예수님을 나자렛으로 데리고 가야 한다고 생각했다. 그들은 그것이 예수님을 보호할 수 있는 최선의 길이라고 여겼다. 그러나 군중들이 너무 많아 가까이 접근하지를 못했다. 그래서 밖에 서서 사람을 보내어 예수님을 불렀다. 예수님의 명성이 높아짐에 따라 예수님의 모친과 동생들도 사람들에게 귀하게 대우를 받았다고 볼 수 있다. 가족에 관한 언급에서 아버지 요셉에 관한 언급이 없는 것으로 보아 이때는 이미 요셉이 세상을 떠났던 것 같다. 마르코 복음서 6:3을 보면 형제들은 야고보와 요셉과 유다와 시몬이었다. 그리고 누이들도 있었다. 이들은 예수님의 동정녀 잉태와 탄생 이후에 마리아와 요셉 사이에서 태어난 예수님의 친동생들이었다.

또한 그들은 성경에 나오는 예수님의 형제들과 누이들이 실상은 예수님의 사

14 베엘제불(바알제붑)은 에크론의 도시 팔레스타인에서 숭배받았던 신 가운데 하나이다. 고대 시절 다신교도인 셈족의 신으로 유명한 바알을 가리키는 명칭 가운데 하나로 알려졌지만, 둘 사이에는 작지만 중요한 차이점이 있다. 일신교도인 유대인 사이에서는 사탄을 달리 이른 말로 종종 사용했기 때문에 어느 정도 경멸적인 뜻을 담고 있다. 이 이름은 나중에 악마 또는 마신의 이름 가운데 하나로 종종 바알세불과 번갈아가며 등장하게 된다.

촌들을 가리킬 수도 있다는 주장을 펼치기도 한다. 이러한 견해들은 마리아를 높이려는 잘못된 태도에서 나온 것이다. 성경에는 전혀 근거가 없다. 예수님이 계신 집은 입추의 여지없이 사람들이 들어와 있었다. 무리들은 제자들과 더불어 예수님을 중심으로 빽빽이 둘러앉아 있었다. 무리가 예수님의 모친과 동생들이 와서 찾고 있음을 예수님께 알렸다.

33-35절 예수 그리스도께서 영적인 친족들이 누구임을 가르쳐 주심으로써 관심을 보여 주었다. 이때에도 그리스도께서는 다른 때에 그러한 것처럼 당신의 모친에게 대해서 비교적 무관심을 보여 주셨다. 그것은 인간들이 예수의 어머니 마리아에게 숭배심을 갖기 쉽기 때문에 그 어머니에게 지나친 숭배심을 갖지 않도록 미연에 방비하고 방지하기 위해 일부러 그렇게 하신 것같이 보인다. 우리가 누구에게 가져야 할 숭배심도 그리스도에게 인도하심을 받아야 하고 지배를 받아야만 한다. 그리고 동정녀 마리아 곧 그리스도의 어머니는, 그리스도께서 여기에서 최상의 존경을 보여 준 일반적인 그리스도인들과 동등할 수 없고 그 다음인 것이다.[15]

예수께서는 육신의 가족보다 믿음의 가족을 더 중시하셨다. 하느님의 뜻을 행하는 자들은 예수 그리스도의 형제와 자매요 가족들이다. 구원받은 성도들의 모임인 참된 교회는 하느님의 한 큰 가정이다. 성경에 계시된 하느님의 뜻은 믿음과 순종이다. 첫째로, 우리가 예수 그리스도를 믿음으로 죄사함과 의롭다 하심을 받는 것이 하느님의 뜻이다. 둘째로, 순종은 율법에 명령된 하느님의 뜻이다. 신명기 10:12-13, "이제 이스라엘아, 주 너희 하느님께서 너희에게 요구하시는 것이 무엇이겠느냐? 그것은 주 너희 하느님을 경외하고, 그분의 모든 길을 따라 걸으며 그분을 사랑하고, 마음을 다하고 목숨을 다하여 주 너희 하느님을 섬기는 것, 그리고 너희가 잘되도록 오늘 내가 너희에게 명령하는 주님의 계명과 규정들을 지키

15 메튜 헨리 주석, 마가복음 03장.

는 것이다." 계명 순종은 사람이 예수님 믿고 구원받은 후에도 여전히 유효한 의무이다. 순종의 삶은 서로 사랑함과 거룩함과 선행 등으로 표현된다. 요한 복음서 13:34, "내가 너희에게 새 계명을 준다. 서로 사랑하여라. 내가 너희를 사랑한 것처럼 너희도 서로 사랑하여라."

열두 사도의 상징

1. 베드로 사도는 십자의 열쇠를 한 개 또는 두 개 가지고 있다.

마태오 복음서 16:19에 보면 "또 나는 너에게 하늘 나라의 열쇠를 주겠다. 그러니 네가 무엇이든지 땅에서 매면 하늘에서도 매일 것이고, 네가 무엇이든지 땅에서 풀면 하늘에서도 풀릴 것이다."라고 말씀하신 것을 상징하여, 금과 은 혹은

베드로와 안드레아(오른쪽)

자료: ko.wikipedia.org

금과 철로 된 두 개의 열쇠를 지니고 있는데 각각 천국과 지옥의 열쇠를 뜻한다. 베드로 대성당에 가보면 왼쪽에 못생긴 얼굴에 열쇠를 들고 있는 곱슬머리에 대머리인 사람이 있는데 베드로라는 것을 쉽게 알 수 있다.

원래 이름은 시몬이었는데, 베드로라는 이름은 '게파 - 바위, 반석'이라는 뜻으로 예수님께서 직접 지어 주셨다. 사도 베드로는 생긴 모습이 잘생기지 못했다고 전해지므로, 곱슬머리 대머리에 수염도 짧고 얼굴은 촌스럽게 표현된다. 성화聖畫에서는 보통 청색 또는 녹색의 내의에 금색 망토를 걸치고 있다.

베드로 사도임을 나타내는 다른 상징으로는 그가 처형될 때 십자가에 거꾸로 달려 죽었으므로 거꾸로 된 십자가와 그가 새벽 닭이 울기 전에 스승인 주님을 세 번이나 모른다고 부인하였으므로마르 14:66-72 이를 뜻하는 수탉, 천국과 지옥과 연옥을 뜻하는 3층의 복십자 지팡이三層杖, 그리고 복음의 상징인 책을 들고 있는 모습으로 묘사된다.

2. 안드레아 사도는 X자형의 십자가, 또는 한 개의 오랏줄을 가지고 등장한다.

그는 베드로의 동생으로서 원래는 세례자 요한의 제자였으나, 요한이 예수를 높여 "보라! 하느님의 어린 양이시다."라고 이르는 말을 듣고, 친형인 시몬 베드로와 함께 카파르나움으로 이사하면서까지 예수님을 따르게 되었다.

그가 어디서 어떻게 죽었는지는 불확실하나 가장 오래된 초기 동방교회의 전승에 따르면, 그리스 아카이아Achaia의 파트라이Patrai에서 순교하였다고 한다. 4세기경의 문헌에 의하면 십자가에 못박혀 순교했다고 하나, 중세 말에 덧붙여진 이야기로는 X자 형태의 십자가에 매달려 순교했다고 한다. 안드레아 사도가 러시아의 수호성인인데, 이것은 그가 러시아에서 설교했다는 미확인 전승에 따른 것이다. 백발의 노인으로 묘사되며, X자형의 라틴 십자가, 혹은 그의 순교 형구인 오랏줄을 상징으로 한다. 소아시아와 그리스 지방에 전도 여행을 하였다는 전승에 따라, 그리스와 스코틀랜드의 수호성인으로도 추앙되었다.

3. 야고보 사도의 상징은 순례 지팡이, 돈주머니, 조개껍질, 순교형구인 칼이다.

갈릴래아 어부 출신으로 제베데오의 아들인 야고보는 예루살렘에서 헤로데왕의 손자인 아그리빠에 의해 처형되었다. 스페인의 기사, 수호성인으로 추앙된다. 베드로 성당 앞에 칼과 돈주머니를 들고 서 있는 이가 곧 야고보이다.

4. 요한 사도의 상징은 두루마리 책, 매, 뱀이 있는 잔이다.

요한 복음서, 요한의 첫째 서간, 요한의 둘째 서간, 요한의 셋째 서간의 저자로서 야고보와 형제이다. 주님으로부터 가장 사랑받는 사도임과 동시에 진실한 마음으로 따르는 제자로서, 〈최후의 만찬〉 그림에서는 예수님의 가슴에 얼굴을 묻고 있는 사람으로 표현된다. 이는 '나의 사랑하는 제자'의 뜻을 나타내기 위해서이다.

야고보(제베데오의 아들)와 요한(오른쪽)

자료: ko.wikipedia.org

Vox populi, vox Dei.

5. 필립보 사도의 상징은 거꾸로 달린 십자가이다.

스키타이 지방을 전도했으며, 히에라폴리스에 있는 마르스의 신전에서 신전 사제들에게 잡혀 십자가형에 처해졌다. 그리스 정교회에서는 베드로 사도와 같이 거꾸로 된 십자가로 그의 상징을 나타낸다.

최후의 만찬에서 성체성사를 세운 예식이 있은 후 예수가 "너희가 나를 알았으니 나의 아버지도 알게 될 것이다. 이제부터 너희는 그 분을 알게 되었다. 아니, 이미 만났다."라고 한 말에 대해 "저희에게 아버지를 뵙게 해 주십시오. 그러면 우리가 만족하겠습니다." 하고 간청하자, 예수는 필립보에게 "내가 언제나 너희와 함께 있었는데 아직도 나를 알지 못하느냐? 누구든지 나를 보았으면 곧 아버지를 본 것이다."라고 대답하였다.

필립보와 바르톨로메오(오른쪽)

자료: ko.wikipedia.org

6. 바르톨로메오 사도의 상징은 그의 순교 형구인 정육용 칼이다.

필립보의 친구로 처음에는 주님을 의심하였으나, 후에는 아주 믿음이 굳은 제자가 되었으며, 갈릴래아의 카나 출신이다. 인도에 전도 여행을 하였으며, 아르메니아에서 피부를 벗기는 형으로 순교당하였다.

7. 토마스 사도의 상징은 삼각자, 허리띠, 순교형구인 창이다.

부활하신 예수께서 사도들에게 발현하셨다는 말을 믿지 못하고 있을 때, 예수님께서 그에게 다시 나타나시어 "네 손가락을 여기 대 보고 내 손을 보아라. 네 손을 뻗어 내 옆구리에 넣어 보아라. 그리고 의심을 버리고 믿어라." 하고 말씀하셨다요한 20:24-27. 이때 그는 "저의 주님, 저의 하느님!"요한 20:28이라고 고백함으로써 그리스도의 신성을 최초로 인정하는 발언을 한 사람이 되었다. 또 예수님께서 티베리아스 호숫가에서 발현하셨을 때에도 그 현장에 있었다요한 21:1 이하.

토마스와 마태오(오른쪽)

자료: ko.wikipedia.org

자료: m.catholictimes.org

Vox populi, vox Dei.

교회사가 에우세비우스Eusebius에 의하면 성 토마스는 나중에 파르티아Parthia, 고대 이란의 왕국에서 설교하였고, 또 다른 옛 전승에 따르면 그는 인도로 가서 복음을 선포하던 중에 순교하여 마드라스Madras 교외 밀라포르Mylapore에 묻혔다고 한다. 성 토마스는 건축가의 수호성인이고, 1972년에 교황 바오로 6세Paulus VI에 의하여 인도의 사도로 선언되었다.

8. 마태오 사도의 상징은 저술가로서의 기구인 책, 펜, 뿔로 만든 잉크병 등과 세리였던 직업을 나타내는 돈주머니이다.

마태오 복음서의 저자로서, 본래의 직업이 세리였기 때문에 돈주머니를 상징으로 한다. 당시 세리는 같은 유대인이면서 로마를 위하여 세금을 거두었으므로 미움을 받는 직업이었다. 그는 다마스쿠스와 지중해 해변 사이의 노른자위 관세 통로에서 일하며 큰 부자가 되었으나, 모든 부와 명예를 버리고 주님의 부름에 응하여 제자가 되었다.

9. 소 야고보 사도의 상징은 큰 방망이이다.

알패오Alphaeus의 아들인 성 야고보Jacobus는 복음서에 그리스도의 12사도 중 한 명으로 기록되어 있고, '주님의 형제' 야고보와 같은 인물로 가끔씩 등장한다. 그리고 예수님의 승천 후에 예루살렘의 어느 2층 방에 모여 있던 열 한 제자 중 한 명이다사도 1:13. 성 야고보는 분명히 주님의 형제로 언급되고마태 13:55, '주님의 동생'으로 불린다갈라 1:19. 사도 베드로Petrus가 자신이 기적적으로 감옥을 빠져나온 사실을 알려주라고 이른 사람이 바로 성 야고보이다사도 12:17. 후대에 생긴 전승에 의하면 성 야고보는 팔레스티나Palestina와 이집트에 정착해서 복음을 전하다가 이집트의 오스트라키네Ostrakine 또는 시리아에서 순교하였다고 한다. 그는 복음을 열심히 전하였는데, 그의 설교가 군중을 노하게 만들었고 그로 인해 신전 지붕에서 내던져졌다고 한다. 그리고 군중들로부터 곤봉과 방망이로 매를 맞아 순교하였다고 전해지고 있다. 그래서 교회미술에서 그의 모습은 곤봉이나 방망이를 든 모습으로 자주 그려진다.

소 야고보와 타대오(오른쪽)

자료: ko.wikipedia.org

10. 타대오 사도의 상징은 곤봉과 창이다.

루카 복음서 6장 16절과 사도행전 1장 13절의 12사도 명단을 보면 그의 이름은 유다Judas이고, 마태오 복음서와 마르코 복음서에서는 타대오라 부르나 분명한 것은 그가 가룟 사람 유다가 아니라는 것이다. 유다의 편지에서 저자는 자신을 야고보Jacobus의 동생이라 하고, 마태오 복음서 13장 55절과 마르코 복음서 6장 3절에는 주님의 형제라는 언급이 나온다. 그러나 오늘날 학자들은 유다가 12제자의 유다이지만 유다의 편지의 저자는 아니라고 한다. 전설에 의하면 성 유다는 메소포타미아에서 설교하였고, 위경인 시몬과 유다의 수난기에는 페르시아에서 이들 두 사도가 설교하다가 순교하였다고 기록되어 있다. 스승인 예수께 왜 제자들에게는 자기를 나타내면서 세상에는 나타나지 않는지 질문한 적이 있는 제자이다.

11. 시몬 사도의 상징은 순교 형구였던 톱이다.

루카 복음서 6장 15절과 사도행전 1장 13절에 등장하는 유대법을 철저히 준수하는 혁명당원이란 별명이 붙어 있는 성 시몬은 가나안 사람으로서마태 10:4, 마르 3:18 그리스도의 제자였다. 서방 전승에 의하면 성 시몬은 이집트에서 설교하였고, 성 유다 타데오Judas Thaddaeus와 함께 시리아와 메소포타미아에서 복음을 선포하였고, 페르시아Persia로 갔다가 그곳에서 함께 순교하였다고 전한다.

하지만 어떻게 순교하였는지는 분명하게 알려져 있지 않다. 전해 오는 여러 가지 전승 중에는 십자가형을 받았다는 것도 있고, 톱으로 몸의 절반이 잘려 순교하였다고도 한다. 그래서 예술적으로 시몬을 표현할 때는 큰 톱이나 십자가와 함께 묘사를 한다. 동방 교회 카에사리아Caesarea의 바실리우스Basilius에 따르면 성 시몬은 에데사Edessa에서 평화로이 운명하였다고 한다.

12. 마티아 사도의 상징은 도끼와 열린 책이다.

기술자의 주보성인인 성 마티아는 열두 사도 중 유다Judas의 배반과 죽음으로 비어 있는 자리를 채우기 위해 사도로 선출된 예수님의 제자사도 1:15-26이다. 성 마티아는 당시 그리스 문화권에서 흔한 이름인 마티티아Mattithiah, 야훼의 선물의 약칭이다. 열두 사도로 선출된 사실 이외에 그에 관해 알려진 바는 없으나 후대 전설에 의하면 성 마티아는 예수님께서 파견하였던 72명의 제자루카 10:1-12 가운데 하나라고 한다. 또 자캐오Zachaeus 아니면 성 바르나바Barnabas, 6월 11일와 동일 인물이라고도 하고, 그의 죽음에 대해서는 십자가형 또는 참수형을 받았다는 두 개의 다른 이야기가 전해지고 있다. 이와 같이 마티아 사도의 선출 이야기 외에는 신약성경의 다른 어느 곳에도 마티아라는 이름은 나오지 않으며 그에 관한 전승을 아주 불확실하다.

다소 불완전한 전설이긴 하지만 그에 따르면, 그는 거의 30년 이상 유대아Iudaea와 카파도키아Cappadocia, 이집트, 에티오피아 등지에서 설교하였고, 카스피해Caspian Sea 연안에서 큰 박해를 맞이하여 콜키스Colchis 또는 예루살렘Jerusalem에서 순교하였다고 전해온다. 교회 전승에 의하면 성 마티아 사도의 유해는 콘스탄티누

시몬과 마티아(오른쪽)

자료: ko.wikipedia.org

스 대제에 의하여 독일의 트리어Trier로 옮겨졌고, 노르만족의 침략으로 분실되었다가 다시 발견되어 안장되었다고 전해진다.

유다의 상징은 밧줄과 돈주머니이다.

그가 12사도의 회계를 담당하였으므로 돈주머니와 사탄의 귓속말을 듣는 모습, 검은 피부로 그려지고 있으며, 그가 자살할 때 목매 죽은 밧줄로도 나타낸다.

가룟 유다

자료: churchofgod.wiki

가룟 유다는 신약성서에 따르면, 예수 그리스도의 열두 사도 가운데 한 사람이었다. '가룟 유다'라는 호칭은 열두 사도 중에 동명이인인 타대오 유다와 구별하기 위해 썼다. 나중에 예수를 배반하여 기독교에서는 최대의 죄인이자 악마의 하수인, 배신자의 대명사로 불린다. '이스가리옷'이란 말에는 남부 유대의 지명인 '가리옷 사람' 외에 '암살자', '가짜', '위선자', '거짓말쟁이', '단검' 등의 의미를 가지고 있다.

마르코 복음서 4장

天聲

씨 뿌리는 사람의 비유 마태 13,1-9; 루카 8,4-8

1 예수님께서 다시 호숫가에서 가르치기 시작하셨다. 너무 많은 군중이 모여들어,
그분께서는 호수에 있는 배에 올라앉으시고 군중은 모두 호숫가 뭍에 그대로 있
었다.
2 예수님께서 그들에게 많은 것을 비유로 가르치셨다. 그렇게 가르치시면서 말씀하
셨다.
3 "자, 들어 보아라. 씨 뿌리는 사람이 씨를 뿌리러 나갔다.
4 그가 씨를 뿌리는데, 어떤 것은 길에 떨어져 새들이 와서 먹어 버렸다.
5 어떤 것은 흙이 많지 않은 돌밭에 떨어졌다. 흙이 깊지 않아 싹은 곧 돋아났지만,
6 해가 솟아오르자 타고 말았다. 뿌리가 없어서 말라 버린 것이다.
7 또 어떤 것은 가시덤불 속에 떨어졌는데, 가시덤불이 자라면서 숨을 막아 버려 열
매를 맺지 못하였다.
8 그러나 어떤 것들은 좋은 땅에 떨어져, 싹이 나고 자라서 열매를 맺었다. 그리하여
어떤 것은 서른 배, 어떤 것은 예순 배, 어떤 것은 백 배의 열매를 맺었다."
9 예수님께서는 이어서 말씀하셨다. "들을 귀 있는 사람은 들어라."

비유로 말씀하신 이유 마태 13,10-17; 루카 8,9-10

10 예수님께서 혼자 계실 때, 그분 둘레에 있던 이들이 열두 제자와 함께 와서 비유들
의 뜻을 물었다.

Vox populi, vox Dei.

11 예수님께서 그들에게 대답하셨다. "너희에게는 하느님 나라의 신비가 주어졌지만,
저 바깥 사람들에게는 모든 것이 그저 비유로만 다가간다.
12 '보고 또 보아도 알아보지 못하고 듣고 또 들어도 깨닫지 못하여 저들이 돌아와 용
서받는 일이 없게 하려는 것이다.'"

씨 뿌리는 사람의 비유를 설명하시다 마태 13,18-23; 루카 8,11-15

13 예수님께서 또 그들에게 말씀하셨다. "너희는 이 비유를 알아듣지 못하겠느냐? 그
러면서 어떻게 모든 비유를 깨달을 수 있겠느냐?
14 씨 뿌리는 사람은 실상 말씀을 뿌리는 것이다.
15 말씀이 길에 뿌려지는 것은 이러한 사람들을 두고 하는 말이다. 그들이 말씀을 들
으면 곧바로 사탄이 와서 그들 안에 뿌려진 말씀을 앗아 가 버린다.
16 그리고 말씀이 돌밭에 뿌려지는 것은 이러한 사람들이다. 그들은 말씀을 들으면
곧 기쁘게 받는다.
17 그러나 그들에게 뿌리가 없어서 오래가지 못한다. 그래서 말씀 때문에 환난이나
박해가 일어나면 곧 걸려 넘어지고 만다.
18 말씀이 가시덤불 속에 뿌려지는 것은 또 다른 사람들이다. 이들은 말씀을 듣기는
하지만,
19 세상 걱정과 재물의 유혹과 그 밖의 여러 가지 욕심이 들어가, 그 말씀의 숨을 막
아 버려 열매를 맺지 못한다.
20 그러나 말씀이 좋은 땅에 뿌려진 것은 이러한 사람들이다. 그들은 말씀을 듣고 받
아들여, 어떤 이는 서른 배, 어떤 이는 예순 배, 어떤 이는 백 배의 열매를 맺는다."

등불의 비유 루카 8,16-18

21 예수님께서 또 그들에게 말씀하셨다. "누가 등불을 가져다가 함지 속이나 침상 밑
에 놓겠느냐? 등경 위에 놓지 않느냐?
22 숨겨진 것도 드러나기 마련이고 감추어진 것도 드러나게 되어 있다.
23 누구든지 들을 귀가 있거든 들어라."

24 예수님께서 다시 그들에게 말씀하셨다. "너희는 새겨들어라. 너희가 되어서 주는
만큼 되어서 받고 거기에 더 보태어 받을 것이다.
25 정녕 가진 자는 더 받고 가진 것 없는 자는 가진 것마저 빼앗길 것이다."

저절로 자라는 씨앗의 비유

26 예수님께서 또 말씀하셨다. "하느님의 나라는 이와 같다. 어떤 사람이 땅에 씨를
뿌려 놓으면,
27 밤에 자고 낮에 일어나고 하는 사이에 씨는 싹이 터서 자라는데, 그 사람은 어떻
게 그리되는지 모른다.
28 땅이 저절로 열매를 맺게 하는데, 처음에는 줄기가, 다음에는 이삭이 나오고 그다
음에는 이삭에 낟알이 영근다.
29 곡식이 익으면 그 사람은 곧 낫을 댄다. 수확 때가 되었기 때문이다."
30 예수님께서 다시 말씀하셨다. "하느님의 나라를 무엇에 비길까? 무슨 비유로 그것
을 나타낼까?
31 하느님의 나라는 겨자씨와 같다. 땅에 뿌릴 때에는 세상의 어떤 씨앗보다도 작다.
32 그러나 땅에 뿌려지면 자라나서 어떤 풀보다도 커지고 큰 가지들을 뻗어, 하늘의
새들이 그 그늘에 깃들일 수 있게 된다."

비유를 들어 가르치시다 마태 13,34-35

33 예수님께서는 그들이 알아들을 수 있을 정도로, 이처럼 많은 비유로 말씀을 하
셨다.
34 비유를 들지 않고는 그들에게 말씀하지 않으셨다. 그러나 당신의 제자들에게는 따
로 모든 것을 풀이해 주셨다.

풍랑을 가라앉히시다 마태 8,23-27; 루카 8,22-25

35 그날 저녁이 되자 예수님께서 제자들에게, "호수 저쪽으로 건너가자." 하고 말씀하
셨다.

Vox populi, vox Dei.

36 그래서 그들이 군중을 남겨 둔 채, 배에 타고 계신 예수님을 그대로 모시고 갔는데, 다른 배들도 그분을 뒤따랐다.

37 그때에 거센 돌풍이 일어 물결이 배 안으로 들이쳐서, 물이 배에 거의 가득 차게 되었다.

38 그런데도 예수님께서는 고물에서 베개를 베고 주무시고 계셨다. 제자들이 예수님을 깨우며, "스승님, 저희가 죽게 되었는데도 걱정되지 않으십니까?" 하고 말하였다.

39 그러자 예수님께서 깨어나시어 바람을 꾸짖으시고 호수더러, "잠잠해져라. 조용히 하여라!" 하시니 바람이 멎고 아주 고요해졌다.

40 예수님께서는 그들에게, "왜 겁을 내느냐? 아직도 믿음이 없느냐?" 하고 말씀하셨다.

41 그들은 큰 두려움에 사로잡혀 서로 말하였다. "도대체 이분이 누구시기에 바람과 호수까지 복종하는가?"

---

1 Again Jesus began to teach by the lake. The crowd that gathered around him was so large that he got into a boat and sat in it out on the lake, while all the people were along the shore at the water's edge.

2 He taught them many things by parables, and in his teaching said:

3 "Listen! A farmer went out to sow his seed.

4 As he was scattering the seed, some fell along the path, and the birds came and ate it up.

5 Some fell on rocky places, where it did not have much soil. It sprang up quickly, because the soil was shallow.

6 But when the sun came up, the plants were scorched, and they withered because they had no root.

7 Other seed fell among thorns, which grew up and choked the plants, so that they did not bear grain.

8 Still other seed fell on good soil. It came up, grew and produced a crop, multiplying thirty, sixty, or even a hundred times."

9 Then Jesus said, "He who has ears to hear, let him hear."

10 When he was alone, the Twelve and the others around him asked him
about the parables.
11 He told them, "The secret of the kingdom of God has been given to you.
But to those on the outside everything is said in parables
12 so that, 'they may be ever seeing but never perceiving, and ever hearing
but never understanding; otherwise they might turn and be forgiven!'"
13 Then Jesus said to them, "Don't you understand this parable? How then
will you understand any parable?
14 The farmer sows the word.
15 Some people are like seed along the path, where the word is sown. As
soon as they hear it, Satan comes and takes away the word that was
sown in them.
16 Others, like seed sown on rocky places, hear the word and at once re-
ceive it with joy.
17 But since they have no root, they last only a short time. When trouble or
persecution comes because of the word, they quickly fall away.
18 Still others, like seed sown among thorns, hear the word;
19 but the worries of this life, the deceitfulness of wealth and the desires for
other things come in and choke the word, making it unfruitful.
20 Others, like seed sown on good soil, hear the word, accept it, and pro-
duce a crop—thirty, sixty or even a hundred times what was sown."
21 He said to them, "Do you bring in a lamp to put it under a bowl or a
bed? Instead, don't you put it on its stand?
22 For whatever is hidden is meant to be disclosed, and whatever is con-
cealed is meant to be brought out into the open.
23 If anyone has ears to hear, let him hear."
24 "Consider carefully what you hear," he continued. "With the measure you
use, it will be measured to you—and even more.

25 Whoever has will be given more; whoever does not have, even what he has will be taken from him."

26 He also said, "This is what the kingdom of God is like. A man scatters seed on the ground.

27 Night and day, whether he sleeps or gets up, the seed sprouts and grows, though he does not know how.

28 All by itself the soil produces grain—first the stalk, then the head, then the full kernel in the head.

29 As soon as the grain is ripe, he puts the sickle to it, because the harvest has come."

30 Again he said, "What shall we say the kingdom of God is like, or what parable shall we use to describe it?

31 It is like a mustard seed, which is the smallest seed you plant in the ground.

32 Yet when planted, it grows and becomes the largest of all garden plants, with such big branches that the birds of the air can perch in its shade."

33 With many similar parables Jesus spoke the word to them, as much as they could understand.

34 He did not say anything to them without using a parable. But when he was alone with his own disciples, he explained everything.

35 That day when evening came, he said to his disciples, "Let us go over to the other side."

36 Leaving the crowd behind, they took him along, just as he was, in the boat. There were also other boats with him.

37 A furious squall came up, and the waves broke over the boat, so that it was nearly swamped.

38 Jesus was in the stern, sleeping on a cushion. The disciples woke him and said to him, "Teacher, don't you care if we drown?"

39 He got up, rebuked the wind and said to the waves, "uiet! Be still!" Then
the wind died down and it was completely calm.
40 He said to his disciples, "Why are you so afraid? Do you still have no
faith?"
41 They were terrified and asked each other, "Who is this? Even the wind
and the waves obey him!"

Vox populi, vox Dei.

人語

마르코 복음서 입문

복음

마르코 복음서는 제1장에서부터, "하느님의 복음"1:14, 더 짧게는 그냥 "복음"1:15이라고도 하는 "하느님의 아드님 예수 그리스도의 복음"1:1이 주된 관심사임을 분명히 한다. 복음은 바오로 사도에게처럼 마르코에게도 모든 사람을 위한 '기쁜 소식'이다. 그리고 이 기쁜 소식을 받아들이느냐 받아들이지 않느냐에 따라, 하느님께서 예수님을 통하여 모든 사람을 위한 당신의 약속을 실현시키셨음을 믿는 그리스도교 신앙이 결정된다. 복음은 만민에게 선포되어야 한다13:10, 14:9. 제자들은 예수님에게서 이 사명을 받는다. 이 사명에 따라 제자들이 당면하는 현실도 결정된다. 마르코는 예수님의 말씀을 과감히 이 새로운 상황에 적용시키기도 한다. 곧 예수님께서 부활하시어 이 세상을 떠나신 이제, 자신을 포기하고 그분을 위하여 모든 것을 버리는 것이 복음을 위하는 길이라는 것이다. 예수님의 삶과 죽음과 부활로 드러난 하느님의 구원 행위는, 제자들에게 맡겨진 말씀을 통하여 이 세상에 존속한다. 그렇기 때문에 제자들은 이 말씀 곧 복음을 위하여 자신을 온전히 투신해야 한다. 복음은 바로 사람들 사이에 계속되는 하느님의 구원 행위이다. 그래서 복음은 예수 그리스도와 관련된 하느님의 메시지 그 이상의 것이다. 바로 이러한 상황이 복음서를 저술하는 마르코가 서 있는 현주소이다. 그는 단순한 전기 작가가 아니다. 그는 사람들에게 단순히 옛날 이야기를 하지 않는다. 현재에 서서 현재를 위하여 이야기하는 것이다. 이 복음서 저자는 현재에

태어나신 아기 예수에게 동방박사들이 경배를 함. 복음서는 예수의 탄생으로부터 죽음과 부활에 이르기까지 예수의 생애를 기록한 자서전 형식이다.

자료: johnkchung.tistory.com

서 출발하여 과거로 돌아가 현재의 "시작"을 이야기하고1:1, 또 그러한 빛으로, 현재를 살아가는 그리스도인들의 실존을 조명하고 특징짓는다.[1]

마르코 복음서의 기원

이 복음서를 쓴 사람 역시 다른 복음서 저자들처럼 자기 이름을 밝히지 않는다. 현재 우리가 알고 있는 바로는, 이 복음서 저자의 이름을 처음으로 말한 이는 기원후 150년경, 소아시아 지방 히에라폴리스의 주교였던 파피아스이다. 곧 베드로가 로마에 있을 때에 그의 '통역'으로 일하였던 마르코라는 것이다. 또 기원후

1 주석 성경 > 마르코 복음서, 가톨릭 성경.

Vox populi, vox Dei.

2세기의 이레네오 성인에 따르면 베드로 사도가 순교한 다음에, 그리고 알렉산드리아의 클레멘스에 따르면 베드로가 살아 있을 때에 마르코 복음서가 저술된다. 이 마르코가 바로 사도행전 12:25에 나오는 예루살렘 출신으로, 바르나바와 사울이 선교 여행을 할 때에 동행한 사람이라고 생각하기도 한다. 베드로의 첫째 서간 5:13에는 이 마르코가 나중에 바빌론 곧 로마에 있는 베드로의 협조자가 된 것으로 나온다.

이 복음서가 기원후 64년 네로 황제의 박해가 있고 난 다음에 로마에서 저술되었다는 것은 상당히 널리 받아들여진다. 라틴 말에서 온 낱말들이나 라틴 말투의 여러 어법 등이 그러한 설명을 뒷받침할 수 있다. 적어도 유다인들의 관습을 설명하고7:3-4, 14:12, 15:42, 아람 말을 쓸 경우에는 그것을 그리스 말로 번역하며, 또 복음이 다른 민족들에게 갖는 중요성을 강조하려는 노력은7:27, 10:12, 11:17, 이 책이 팔레스티나 밖에 사는 비非유다인들을 대상으로 하고 있음을 생각하게 한다. 그리고 자기의 십자가를 지고 예수님을 따라야 하는 필요성을 역설하는 것은, 네로의 박해로 충격을 받은 공동체 안에 일어난 특수한 현실을 반영하는 것일 수 있다. 이 밖에도 성전이 파괴되리라고 예고되는데, 만일 이 복음서가 기원후 70년 예루살렘과 성전이 실제로 파괴된 다음에 저술되었다면, 구체적으로 일어난 사건들이 그 예고에 반영되었을 것이다. 그러나 마태오 복음서22:7나 루카 복음서21:20와 달리, 마르코 복음서에서는 그러한 것을 볼 수가 없다. 그래서 이 복음서의 저작 시기를 기원후 65년에서 70년 사이로 잡는 데에 별다른 어려움이 없다고 할 수 있다.

베드로의 '통역'이었다는 마르코가 저술한 이 복음서와 베드로의 가르침 사이의 관계를 규명하는 문제는 더 까다롭다. 우선 마르코가 베드로의 '통역'이었다는 파피아스 주교의 표현이 무엇을 뜻하는지 분명하지 않다. 그러나 다른 한편으로 이 복음서에서는 서술적인 세부 사항들이 제시될 뿐만 아니라, 그것들은 직접 사건을 목격한 이들의 증언 형태를 취하고 있다. 이 밖에도 마르코 복음서에서는 베드로가 특별히 중요한 위치를 차지하는데, 이는 베드로를 중심으로 하는 어떤 전통이 있었다는 점을 말한다고 할 수 있다. 그렇다고 베드로가 이 복음서에서 미화된다는 말은 아니다. 또 반대로 그가 늘 좋은 역할만 하지는 않는데, 이 역시 그에 대한 어떤 논쟁의 표지가 되지는 않는다.

이렇게 해서 마르코 복음서가 저술될 때에 이용된 사료의 문제는 여전히 그대로 남는다. 이 사료에 관한 학자들의 생각은, 마태오 복음서와 루카 복음서를 마르코 복음서와 비교하면서 서로 엇갈리게 된다. 한쪽에서는, 앞의 두 복음서가 편집될 때에 마르코 복음서가 자료로 이용되었다는 의미에서 이 복음서의 중요성이 강조된다. 다른 쪽에서는, 지금은 소실되고 없지만 마르코 복음서가 저술되기 이전에 이미 예수님에 관한 전통을 나름대로 정리한 첫 문헌이 있었다고 전제하기도 한다.

복음서는 어느 날 갑자기 저술되지 않았다. 그것은 예수님에게서 시작된 큰 전통의 흐름 가운데 한 단계로서, 그 전통의 일부를 글로 고정시킨 것이다. 모든 사항을 고려할 때에, 마르코 복음서 이전에 이미 형성된 전통의 단계를 다음과 같이 생각할 수 있다. 예수님의 생애 또는 그분의 가르침 전체를 온전하게 제시하지는 않는다 할지라도, 그분의 언행이 모아져 전승되었고, 처음에는 여러 일화가 엮어진 형태로 예수님의 수난 이야기가 제시되었을 것이다. 이어서 '카파르나움 활동'1:21-38이라든가 '적대자들과의 논쟁'2:1-3, 6과 같이, 활동 장소라든가 주제에 따른 자료들의 단순 결집이 상당히 일찍이 이루어졌던 것 같다. 이러한 것들이 마르코가 복음서를 저술하면서 사용한 사료 가운데에 들어가 있었던 것이다.

아직도 해답을 찾지 못하는 문제가 또 하나 있다. 곧 이 복음서가 본디 어떻게 끝났느냐는 문제이다. 현재의 끝맺음인 16:9-20이 복음서 저자가 직접 쓴 것이 아니라 나중에 덧붙여졌다는 점은 일반적으로 받아들여진다. 복음서가 16:8로 너무나 갑작스럽게 끝나 버리기 때문에, 후대의 사람이 16:9-20으로 보충하였다는 것이다. 그러나 이 책의 원래 맺음말이 소실되었는지, 아니면 처음부터 8절로, 곧 마르코가 독자들에게 이미 알려진 갈릴래아 발현의 전통을 참조하라는 말로 자기의 이야기를 충분히 끝맺을 수 있다고 생각하였는지, 지금은 물론 앞으로도 명백히 알 수 있는 방도가 없다.

Vox populi, vox Dei.

마르코 복음서의 중요성

마르코 복음서는 네 복음서 가운데에서 가장 먼저 저술되었다. 그래서 이 책은 '복음서'라고 불리는 문학 유형에서, 우리가 알고 있는 첫 본보기이다. 복음서들을 교회 안에서 사용할 때에, 흔히 마르코 복음서보다 나중에 저술되고 또 분량이 더 많은 마태오 복음서와 루카 복음서를 선호하곤 하였다. 그러나 19세기와 20세기에 이루어진 성경의 문학 연구와 역사 연구로, 마르코 복음서의 중요성이 다시 부각되었다. 물론 오늘날에는 더 이상 마르코 복음서의 순서만을 바탕으로 예수님의 전기를 구상하지는 않는다. 그러나 다른 한편으로 매끄럽지 못한 문장, 꾸밈없는 서술, 많은 셈족 말 표현, 그리고 신학적 숙고를 하는 데에서 드러나는 미숙함 등은, 이 복음서에서 사용된 자료들이 옛것이라는 사실을 말해 준다. 이 복음서에 등장하는 인물들이나 거기에서 언급되는 장소들은 매우 오래된 전통에서 유래한다. 또 예수님의 가르침, 하느님의 나라가 곧 도래한다고 강조하는 것, 비유, 논쟁, 더러운 영을 쫓아내는 일 등이 벌어지는 역사적 상황은, 팔레스티나에서 사신 예수님의 생애 안에서만 그 기원을 찾을 수 있다. 물론 이 복음서가 회상하는 것들이 개인적인 기억에서 직접 유래하지는 않는다. 먼저 첫 제자들의 증언이 있었다. 이 증언이 복음 선포, 교리 교육, 이교도들과의 논쟁, 교회 전례 등, 여러 상황에 알맞은 형태로 구성되어 사용되었고, 이렇게 사용되던 자료들이 복음서 안으로 들어온 것이다.

마르코의 공로는, 팔레스티나 밖으로 퍼져나간 교회, 그리고 여러 이교 문화와의 접촉으로 자극을 받아 이루어진 신학적인 숙고가 복음의 원천과 직접적인 접촉을 상실할 위험이 있는 시점에서, 교회의 전통을 글로 고정시킨 데에 있다. 그리고 그는 파란만장하고 수수께끼 같은 한 존재의 모습을 지워지지 않도록 생생하게 보존하는 데에 성공하였다. "도대체 이분이 누구시기에 바람과 호수까지 복종하는가?"4:41. 예수님이라는 이 존재는 누구이신가? 이 물음에 대해서 마르코는 그분의 첫 증인들, 곧 첫 신앙인들의 답변을 들려준다. 그러나 이 복음서를 읽는 이가 그들의 답변을 되풀이하는 것으로는 결코 충분하지 않다. 마르코는 독자들에게도 예수님의 존재에 대해서 같은 질문을 던진다. 그러면서 신앙은 타협 없

〈마르코 복음서를 상징하는 사자〉, 비토레 카르파초, 1516

자료: artsandculture.google.com

는 투신과 함께 예수님을 따르는 가운데, 또 사람들 사이에서 그들을 위하여 일하는 가운데 드러난다는 사실을 상기시킨다.

각 절 해석[2]

1-9절 앞의 장에서는 그리스도께서 "회당에 들어 가시"는1절 장면부터 시작하였는데 이 4장에서는 그리스도께서 "다시 호숫가에서 가르치기 시작"하는 장면에서 시작하고 있다. 개역개정, 개역한글 등 버전에서는 '바닷가'로 번역하고 공동번역, 공용번역 등 버전에서는 '호숫가'로 번역하고 있다.[3] 가능한 한 모든 사람들이 그에게 이를 수 있고 그를 통해서 역사하심을 받게 하기 위하여 그렇게 그의 방법을 바꾸셨던 것이다. 회당에서 좌석이나 상좌를 차지한 신분이나 가문이 좋은 사람들을, 다시 말해서 회당 외에는 다른 장소에서는 말씀을 듣는

2 김효성 목사, 마가복음 강해, 2023년 2월 1일 수정.

3 갈릴래아 호수에서 갈릴래아라는 이름은 '구역'을 뜻하는 히브리어 단어 '갈릴'에서 나왔고 구약성경과 신약성경에 모두 등장한다. 신약성경에는 주로 '바다'로 기록되어 있고 예수와 관련해 유명하다. 구약성경에는 킨네렛 호수로 나오고, 신약성경에는 게네사렛 호수, 갈릴라이아스 바다, 티베리아스 바다 등으로 기록되어 있다.

Vox populi, vox Dei.

데 관심을 두지 않는 사람들을 만족케 하기 위하여, 그리스도께서 항상 "호숫가에" 가시어서 말씀을 전하시지는 않으셨다. 그러나 자유스럽게 회당 안에 들어가실 수가 있었고 거기에서 복음을 가르치실 수가 있었지만 회당 안에 들어갈 수 없는 가난한 사람들과 어중이떠중이들을 만족스럽게 하기 위하여, 그리스도께서 항상 회당에서만 복음을 전하시지 않으셨다. 그리하여 그러한 모든 자들이 다 나와서 들을 수 있도록, "다시 호숫가에서 가르치"기 시작하신 것이다.

예수께서 전에도 호숫가에서 복음을 가르치신 일이 있지만마르 2:13 여기에서는 새로운 편리한 방법을 알아내신 것 같다. 그것은 배를 타시고 복음을 전하신 일이다. "그분께서는 호수에 있는 배에 올라앉으시고 군중은 모두 호숫가 뭍에 그대로 있었다." 디베리아Tiberias 바다[4]는 내해內海이기 때문에 조수가 아니므로 썰물과 밀물이 없다. 그러므로 예수께서 배를 타고 말씀을 가르치시는 데 지장을 받지 않으셨다.

그리스도께서 교훈의 말씀을 가지고 배 안에 들어가시어 거기에서 그 말씀을 가르치시는 일은, 구원의 복음을 이방인의 섬들에게로 보내는 것과, "하느님의 나라"라는 아주 풍부한 짐을 배에다 싣고, 그 하늘 나라의 열매를 더 많이 맺는 나라에 보내려고 유대 나라를 출항하려는 것을 보여 주는 전조前兆인 듯하였다.[5]

예수께서는 호수 위에 배에서 앉아 가르치셨고 온 무리는 호수 곁 육지에 있었다. 그는 어느 곳에서나 기회 있는 대로 가르치셨다. 그는 설교하는 장소에 구애받지 않으셨다. 그는 여러 가지를 비유로 가르치셨다. 비유는 일상적 사건이나 사실을 들어 하느님의 진리를 증거하는 것이다. 그는 씨 뿌리는 자의 비유를 하셨다. 예수께서는 "들을 귀 있는 사람은 들어라."4:9라고 말씀하셨다. 귀에 장애가 없는 일반 사람들은 들을 귀를 다 가지고 있으므로 모두가 그의 말씀을 듣고 깨달아야 할 것이나, 육신의 귀는 누구나 가지고 있지만, 듣고 깨닫는 영적인 귀는

4 갈릴래아 호수는 하프(Harp) 같이 생겼다고 하여 그 악기를 히브리어로 긴놀(Kinnor)이라고 부르는 데서 유래했다. 구약시대에 긴네렛 바다라 했고, 신약시대는 게네사렛 호수라고 불렀다. 그래서 이 바다를 갈릴래아 바다(마태 4:18), 긴네렛 바다(민수 34:11, 여호 12:3), 디베리아 바다(요한 6:1), 게네사렛 호수(루카 5:1) 등으로 불렀다.

5 메튜 헨리 주석, 마가복음 04장.

밀레, 〈씨 뿌리는 사람〉, 씨 뿌리는 사람의 비유

자료: labortoday.co.kr

하느님께서 택하시고 은혜 주시는 자들만 가질 것이다.

10-12절 예수께서 당신의 제자들에게 사용한 설명의 방법을 가리킨다. "예수께서 혼자 계실 때, 그분 둘레에 있던 이들이 열두 제자와 함께 와서" 그 비유의 뜻을 예수께 물었다10절. 그들은 그리스도와 함께 있는 일이 좋다는 것을 알게 되었다. 그들은 예수에게 가까이 하면 할수록 더 좋다는 것을 알게 되었다. 그들은 또한 열두 제자와 함께 있고, 예수와 가까운 그 제자들과 사귀는 것이 그들에게 좋다는 것도 알게 되었다. 그리고 그리스도께서 그들에게 '하느님 나라의 신비'가 그들에게 알게 되었으니, 이 얼마나 특별한 은혜가 그들에게 부여되었는가를 말씀하시었다11절. 주님의 비밀이 그들에게 허락된 것이다. 다른 사람들은 다만 즐기는 것뿐인데 그들에게는 가르침이 된 것이다. 그리고 모든 비유의 말씀마다 그들의 지식을 증가시켜 주었던 것이다.[6]

6 메튜 헨리 주석, 마가복음 04장.

예수께서는 하나님의 나라에 관한 진리를 '하느님 나라의 신비'라고 표현하셨고, 또 '너희'와 '바깥 사람,' 즉 하느님의 택하신 자들과 버려두신 자들을 구별하셨다. 사람을 구원하시는 하느님의 뜻은 확실히 제한적이다. 비유는 예화와 다르다. 예화는 사람의 이해를 돕는 이야기이지만, 비유는 하느님께서 버려두신 자들이 진리를 이해하지 못하게 하는 뜻이 있다. 비유에는 표면적 내용과 이면적 내용이 있다. 비유의 표면적 내용은 사람이 이해하기 어렵지 않다. 그러나 그것이 가지는 이면적 진리는 쉽게 이해할 수 있는 것이 아니다. 특히 하느님께서 택하지 않으신 자들, 그래서 불신앙과 죄악으로 그 마음이 굳어진 자들은 예수님의 비유들을 이해하지 못하고 주께로 돌아오지도 못한다. 그러나 우리에게 깨닫는 마음의 눈이 열렸다면, 우리는 하느님의 택하심을 받은 하느님의 은혜를 감사해야 한다.

13-15절 그리스도께서 씨 뿌리는 사람의 비유를 제자들에게 설명하여 주셨다. 그리스도께서 그들에게 이 비유를 설명하여 주시기 전에 그들에게 질문 한 가지를 하셨는데, 이것은 마태오 복음서에는 나와 있지 않은 질문이다. "너희는 이 비유를 알아듣지 못하겠느냐? 그러면서 어떻게 모든 비유를 깨달을 수 있겠느냐?"13절 [7]

이 질문을 하신 예수의 의도를 다음과 같이 자세히 설명해 볼 수 있을 것이다. "만일 너희가 이런 평범한 비유도 알지 못한다면 더 어렵고 희미한 다른 비유들을 알 수 있겠느냐? 그 비유를 들은 사람들에게 아주 평범하게 말씀을 전하여서 독특한 효과를 내다볼 수 있으므로, 너희는 쉽게 알 수 있을 것인데, 이것을 가지고 이렇게 너희가 당황하고 이해를 못한다면 너희가 전혀 상상도 못한 유대인들에 대한 하느님의 거부와 이방인들에 대한 하느님의 부름에 대하여 이후로 말할 비유를 어떻게 알 수 있겠느냐?" 이 질문은 우리에게 기도와 말씀의 지식을 위한

7 메튜 헨리 주석, 마가복음 04장.

노력을 불러일으켜 주어야 할 것이다. 우리가 마땅히 알아야 할 말씀들이 많다.

예수께서는 그 비유를 설명해주셨다. 씨를 뿌리는 자는 하느님의 말씀을 뿌리는 것이다. 하느님의 말씀은 씨처럼 생명이 있다. 마른 씨를 땅에 심으면 싹이 나듯이, 평범하게 보이는 하느님의 말씀을 통해 사람 속에서 하느님의 생명 역사役事가 일어난다. 마태오 복음서 13:37-43, "좋은 씨를 뿌리는 이는 사람의 아들이고, 밭은 세상이다. 그리고 좋은 씨는 하늘 나라의 자녀들이고 가라지들은 악한 자의 자녀들이며, 가라지를 뿌린 원수는 악마다. 그리고 수확 때는 세상 종말이고 일꾼들은 천사들이다. 그러므로 가라지를 거두어 불에 태우듯이, 세상 종말에도 그렇게 될 것이다. 사람의 아들이 자기 천사들을 보낼 터인데, 그들은 그의 나라에서 남을 죄짓게 하는 모든 자들과 불의를 저지르는 자들을 거두어, 불구덩이에 던져 버릴 것이다. 그러면 그들은 거기에서 울며 이를 갈 것이다. 그때에 의인들은 아버지의 나라에서 해처럼 빛날 것이다. 귀 있는 사람은 들어라."라고 이르셨다. 그 후에 그의 사도들과 오늘날까지 목사·신부들과 전도자들이 그 직무를 이어받는다.

주께서는 씨가 뿌려진 땅을 네 종류로 말씀하셨다. 그것은 하느님의 말씀을 받은 사람들의 마음을 가리킨다. 첫째로, 길가에 뿌려졌다는 것은 하느님의 말씀을 들으나 깨닫지 못하고 사탄이 즉시 와서 그들의 마음에 뿌려진 말씀을 빼앗는 것을 가리켰다. 주께서는 말씀을 뿌리는 일을 하시지만, 사탄은 그 말씀을 빼앗는 일을 한다. 사탄은 하느님의 말씀을 가장 싫어하며 그 말씀을 듣는 자들이 그것을 깨닫지 못하게 방해한다. 그는 하느님의 말씀을 듣는 자들의 생각을 흐트러뜨리고 진지하게 받지 못하도록 방해한다. 그러므로 우리는 말씀을 들을 때 생각을 집중하고 진지하게, 졸지 말고 그 말씀을 들어야 하고 그 말씀을 깨닫고 믿고 마음에 새기고 실천하도록 해야 한다. 그래야 그 말씀이 우리에게 생명이 되고 구원이 된다.

16-17절 둘째로, 씨가 돌밭에 뿌려졌다는 것은 하느님의 말씀을 들을 때에 즉시 기쁨으로 받으나 그 속에 뿌리가 없어서 잠깐 견디다가 말씀으로 말미

Vox populi, vox Dei.

암아 환난이나 핍박이 일어나는 때에 곧 넘어지는 것을 가리켰다. 세상에는 질병이나 궁핍 등 여러 가지 어려움이 많다. 또 특히 성도에게는 하느님의 말씀으로 말미암아 환난과 핍박도 있다. 하느님 말씀의 뿌리, 즉 하느님의 말씀에 대한 확고한 지식과 믿음이 없는 자들은 환난 중에 넘어질 수밖에 없다. 하느님께서 우리의 믿음의 견고함을 위해 성경을 주셨으므로, 우리는 성경을 읽고 묵상함으로써 하느님의 진리에 대한 확고한 지식과 믿음을 가져야 한다.

많은 사람들은 그들의 신앙 고백을 버릴 만큼, 공적으로 잘못을 범하지 않는다 해도 '돌밭'에 떨어진 씨가 그러한 것처럼, 그들은 말씀에 대하여 효험을 보지만 그들도 모르게 그 말씀은 성장을 못하고 질식하게 되어 아무런 결실을 못내는 것이다. 그들은 다만 속이 텅 빈 외식적인 신앙 고백만을 되풀이하게 되므로 아무런 성장도 결실도 못 보게 되고, 분명하게 그리고 그럴 듯하게 지옥을 향하여 내리막길을 걸어가게 되는 것이다.[8]

말씀으로 인한 인상이 깊지 않고 오래 계속되지 못하고 시련이나 근심이 올 때에 곧 사라져 버리는 것이다. 마치 바다의 모래사장에 남아있는 발자국들이 다

주께서는 씨가 뿌려진 땅을 네 종류로 말씀하셨다.

자료: m.blog.naver.com

8 메튜 헨리 주석, 마가복음 04장.

음에 밀려오는 조수에게 씻겨 버리듯이, 박해의 거센 조수가 밀어닥칠 때에 모든 말씀에 의해 받은 인상이 씻겨지는 것이다. 부정한 일이 많이 행해질 때에 하느님에 대한 많은 사람의 사랑이 식어간다. 평화의 날에 그들의 신앙고백을 지켜 오던 많은 사람들도 폭풍우가 밀어닥칠 때에 다 버리고 말게 된다.

18-19절 셋째로, 씨가 가시덤불 속에 뿌려졌다는 것은 하느님의 말씀을 듣되 이 세상의 염려와 재물의 유혹과 기타 욕심이 들어와 그 말씀을 막아 결실치 못하게 되는 것을 가리켰다. 루카 복음서 8:14는 거기에 '쾌락'을 추가하였다. 재물은 사람에게 행복을 주고 모든 문제를 해결할 것처럼 사람을 속인다. 그러나 실상 재물은 환난 날에 사람들을 구원하지 못한다. 잠언 11:4, "재물은 진노의 날에 소용이 없지만 의로움은 죽음에서 구해 준다." 잠언 23:5, "네 눈길이 재물을 향해 날아가려 하면 그것은 바로 없어지고 만다. 날개를 달아 독수리처럼 하늘로 날아가 버린다." 티모테오에게 보낸 첫째 서간 6:9-10, "부자가 되기를 바라는 자들은 사람들을 파멸과 멸망에 빠뜨리는 유혹과 올가미와 어리석고 해로운 갖가지 욕망에 떨어집니다. 사실 돈을 사랑하는 것이 모든 악의 뿌리입니다. 돈을 따라다니다가 믿음에서 멀어져 방황하고 많은 아픔을 겪은 사람들이 있습니다." 그러므로 우리는 돈 욕심을 버리고 하느님과 재물을 함께 섬기려는 마음을 버리고 또 세상 염려를 버리고, 성경 교훈대로 먹을 것과 입을 것이 있은즉 자족하며 살아야 한다1티모 6:6, 8.

결실은 하느님께서 복음을 달게 받는 사람들에게서 기대하시고 요구하시는 것이다. 씨의 종류에 따라서 그 결실은 마음의 성질이 될 수도 있고 인생의 진로가 될 수 있고, 복음에 일치하는 것이 될 수 있을 것이다. 그리스도인의 은혜란 매일 매일 연단을 받아야 되고 그리스도인의 의무는 올바르게 수행되어야 한다. 이것이 바로 결실하는 길이요, 그리고 이것은 우리로 풍성한 열매를 맺게 해 주는 것이다.[9]

9 메튜 헨리 주석, 마가복음 04장.

Vox populi, vox Dei.

20절 넷째로, 씨가 좋은 땅에 뿌려졌다는 것은 하느님의 말씀을 듣고 그대로 행하여 서른 배, 예순 배, 백 배의 열매를 맺는 것을 가리켰다. 식물의 씨앗 하나는 심어져서 자라 많은 열매를 맺는다. 이와 같이, 구원받은 한 사람은 많은 선한 일들을 할 수 있다. 그러나 모든 것이 하느님의 은혜로 된다. 단지 인간 편에서 성실히 노력해야 하는 것이다. 루카 복음서 8:15는 "좋은 땅에 떨어진 것은, 바르고 착한 마음으로 말씀을 듣고 간직하여 인내로써 열매를 맺는 사람들이다."라고 했다. 우리는 하느님의 말씀을 들을 때 진지하게 듣고 깨닫고 확고한 지식과 믿음을 가지고 인내하며 그것을 지켜 선한 열매를 맺어야 한다. 사람은 그의 충성의 정도대로 차등의 열매를 맺을 것이다.

좋은 결실은 좋은 씨에서만 기대할 수 있다는 것이다. 만일에 좋은 씨가 좋은 옥토에 뿌려진다면, 만일에 씨를 받는 심령이 겸손하고, 거룩하고 하늘의 고상한 마음을 가졌다면, 좋은 결실을 내게 될 것이요, 마치 옛날에 이삭이 많은 곡식을 거둔 것처럼 백 배의 풍부한 결실을 내게 될 것이다창세 26:12.[10]

21-23절 선한 사람들은 그들이 마땅히 좋은 일을 행해야 할 그 의무가 무엇인가를 고려해 보지 않으며 안 된다. 그것은 이 앞의 비유에서 생각해 본 바와 같이 결실을 내는 일이다. 하느님께서는 우리에게서 당신이 베풀어주신 은사에 대해서 감사의 보답과, 우리 안에 허락하여 주신 은사에 대한 유용한 활용을 기대하시는 것이다21절. "누가 등불을 가져다가 함지 속이나 침상 밑에 놓겠느냐? 등경 위에 놓지 않느냐?" 사도들이 임명된 것은 그들 자신만을 위해 복음을 받도록 한 것이 아니라, 다른 사람들의 유익을 위해 그 복음을 그들에게 전하여 주도록 하기 위함이었다.[11]

'함지'는 열 되짜리 큰 통을 뜻하고, '침상'은 평상을 뜻하고, '등경'은 등잔대를 뜻한다. 등불은 큰 통 아래나 침상 아래 두지 않고 등잔대 위에 둔다. 이처럼, 빛

[10] 메튜 헨리 주석, 마가복음 04장.
[11] 메튜 헨리 주석, 마가복음 04장.

등경 위의 등불

자료: monteluca12.tistory.com

Vox populi, vox Dei.

되신 하느님의 말씀은 어두운 세상을 밝히라고 주신 것이다. 하느님의 말씀은 모든 사람에게 전파되어야 한다. 하느님의 복음은 은밀하게 전해질 것이 아니고 세상 만민에게 공개적으로 전해지고 알려져야 한다. 그것은 오늘날 성경책에 기록되어 세상 만민에게 공개되어 있고 모든 사람이 읽고 듣고 확인할 수 있다.

24-25절 "너희는 새겨들어라. 너희가 되어서 주는 만큼 되어서 받고 거기에 더 보태어 받을 것이다."24절. 이 말씀은 복음의 말씀을 들을 때에 주의 깊게 들으라는 것이다. 하몬드 박사Dr. Hammond는 "너희가 듣는 바를 숙고하라"고 표현하였다. 우리가 무엇을 들을 때에 그것을 숙고하지 않으면 우리에게 아무런 유익을 못 주게 되는 것이다. 특별히 남을 가르치는 자들은, 그들 자신들이 하느님의 일들에 대해서 매우 주의 깊지 않으면 안 된다. 그리고 그들이 말씀에 정확하기 위해서, 그들에게 전해지는 말씀에 주의를 기울이지 않으면 안 된다. 우리가 빠르게 파악할 수 있는 모든 유익한 말씀을 증거하기 위해서, 우리도 그와 같이 우리가 듣는 바에 주의를 집중하지 않으면 안 된다. 우리가 속지 않기 위해서 우리는 조심하고, 경계를 게을리 해서는 안 된다.[12]

12 메튜 헨리 주석, 마가복음 04장.

우리는 듣고 배운 말씀에 주의해야 한다. 하느님께서는 그의 말씀에 대한 우리의 태도에 따라 우리를 취급하실 것이다. 하느님의 말씀을 진지하게 듣고 받으면 하느님께서는 우리를 선대하실 것이지만, 하느님의 말씀에 대해 무관심하고 불신앙적이면 그는 우리를 버리실 것이다. 주께서는 "정녕 가진 자는 더 받고 가진 것 없는 자는 가진 것마저 빼앗길 것이다."라고 말씀하셨다. '가진 자'는 하느님의 말씀에 대한 깨달음과 믿음이 있는 자라는 뜻일 것이다. 그 사람은 하느님의 은혜를 더 받을 것이다. 그러나 그 말씀에 대한 깨달음과 믿음이 없는 자는 이미 가진 지식과 은혜도 빼앗길 것이다. 모든 것들이 하느님의 은혜이지만, 우리가 하느님의 말씀을 진지하게 읽고 듣고 음미하고 간직하고 실행함이 필요하다. 우리는 들은 말씀이 떠내려가지 않도록 삼가며 굳게 지켜야 한다. 히브리인들에게 보낸 서간 2:1, "그러므로 우리는 우리가 들은 것을 더욱더 명심하여, 빗나가지 않도록 해야 하겠습니다."

26-29절 세상에 뿌려지고 인간의 심령에 뿌려진 복음의 좋은 씨는 점차적으로 놀라운 효과를 내게 되지만 아무런 소리도 없이 그렇게 된다26절. 그러므로, 좋은 땅에 심겨진 씨처럼, 하느님 나라와 복음도 인간의 마음에 뿌려지고 받아들여질 때에 그와 같이 말없이 성과를 내게 된다. 뿌려진 씨는 곧 싹이 나온다. 비록 그 씨는 흙 속에 묻혀서 잃어버린 것 같지만 그 씨는 흙을 뚫고 싹을 내게 하는 것이다.[13]

농부는 어떻게 그 씨에서 싹이 나오는가를 묘사할 수 없는 것이다. 그것은 자연의 신비의 하나인 것이다. 농부는 씨가 나서 자란 것은 볼 수 있으나, 그것이 어떠한 모양으로 자라남과 그 성장의 원인과 방법이 무엇인가를 말할 수 없다. 우리가 바람 소리를 듣고 바람이 불고 있는 것을 알 수 있지만, 그 바람이 어디에서 불어와서 어디로 불어 가는지 말할 수 없다. 그처럼, 어떻게 성령께서 말씀을 통해서 우리의 심령 안에 변화를 일으켜 주시는지 우리는 알 수 없는 것이다.

13 메튜 헨리 주석, 마가복음 04장.

농부는 씨를 땅에 뿌리고 나서, 그 씨가 나오게 하려고 한 일은 아무것도 없다. "밤에 자고 낮에 일어나고 하는 사이에 씨는 싹이 터서 자라는데, 그 사람은 어떻게 그리되는지 모른다."27절 그 농부는 저녁에 잠자고 아침에 일어나는 생활을 반복해 가면서도, 그가 뿌려 놓은 씨에 대해서는 별로 생각하지도 않았으며 들여다보지도 않고, 즐거운 일이나 사업에 분주하였다. 그러나 "씨는 싹이 터서 자라"게 되었고 "땅이 저절로 열매를 맺게" 되었으니, 이는 자연의 일반적인 성장 법칙에 따라 된 것이며, 자연에 대한 하느님의 지배력에 의한 것이다. 그러므로 은혜의 말씀이 신앙으로 받아들여졌을 때에, 말씀을 전한 자는 그 말씀이 싹이 나오고 열매를 맺게 하는 데 아무것도 할 수 없는 것이다.

사람이 씨를 땅에 심으면 어느 날 씨에서 싹과 가지와 잎이 나와 자라서 이삭이 생기고 그 이삭이 충실한 곡식이 되면 낫을 대어 추수를 한다. 이 비유는 천국의 성장성을 가리킨다. 하느님의 나라는 이와 같이 하느님의 말씀, 곧 복음의 전파를 통해 세상에서 시작되며 처음에는 잎이 나듯이 작은 단체이지만 점차 성장한다. 이 세상에 심어져 잎이 나며 성장하는 천국은 지상의 교회를 가리킨다. 하느님의 구원 역사가 온 세상에 충만히 이루어지고 그가 택한 백성이 다 구원을 얻게 되면, 그때 하느님의 마지막 심판이 있을 것이다. 세계복음화와 복음 전도는 주께서 신약교회에 명령하신 최대의 사명이며 과제이다.

30-32절 은혜의 역사는 그 시작에 있어서 미약하지만 결국에는 창대하고 주목할 만하게 된다30-32절. "내가 하느님의 나라를 무엇과 같다고 할까? 이 하느님의 나라는 지금 메시아에 의해서 수립되어야 하였다. 이 하느님 나라에 대해서 내가 어떠한 방법으로 너희에게 이해시킬 수 있을까?" 그리스도께서 이 하느님 나라에 대해서 어떻게 적당한 비유를 가지고 설명할 수 있을까 하고 혼자서 생각하는 것처럼 아니면 당신 자신과 의논하시는 것처럼 말씀하셨다.[14]

14 메튜 헨리 주석, 마가복음 04장.

아주 작지만 무한한 확장성을 지닌 희망의 상징, 겨자씨

자료: simpaschal.tistory.com

하느님의 나라의 성장성은 겨자씨 비유를 통해 다시 한번 더 증거된다. 겨자씨는 씨들 중에서 매우 작은 씨이지만, 심은 후에 자라면 모든 채소보다 더 커지며 큰 가지를 내므로 공중의 새들이 그 그늘에 깃들일 만큼 된다. 겨자씨 나무는 키가 3미터 이상이라고 한다. 이와 같이 천국, 즉 복음 전파와 교회 설립은 처음에는 매우 보잘것없는 모습으로 시작되지만 나중에는 놀랄 만큼 대단히 커질 것이다. 이것은 전체 교회를 두고 하신 말씀이지만, 성도들 개인의 성화나 지교회나 전체 교회들의 영적 건립과 영적, 수적 성장도 그러하다. 그러나 공중의 새가 깃들인다는 말씀은 세계 교회가 심지어 마귀와 악령들이 그 안에 자리를 잡을 만큼 커질 것을 암시하신 것 같다. 그렇다면 그 점도 교회 역사를 통해 이미 성취되었다. 오늘날 기독교회 안에는 마귀와 악령들의 종인 많은 이단자들과 거짓 목사들이 들어와 있다.

33-34절 그리스도께서 그와 같이 상세하게 비유의 말씀을 마친 뒤에, 복음서 작가는 그리스도의 가르치심에 대하여 결론적인 말로써 "예수님께서는 그들이 알아들을 수 있을 정도로, 이처럼 많은 비유로 말씀을 하셨다"라고 하였

다33절. 아마 그렇게 표현한 그 의도는 우리로 하여금 이와 같은 종류의 비유들에 대하여 관심을 갖게 하기 위함인 듯하다. 그런데 이와 같은 비유들은 우리가 이미 살펴보았던 마태오 복음서 13장에도 나와 있는 것이다. 예수께서는 "그들이 알아들을 수 있을 정도로" 말씀하셨다. 예수께서는 그들이 많이 볼 수 있고, 생소하지 않은 그런 것들이나 그들의 수준에 알맞은 것들을 비유로 채택하여 그들이 이해할 수 있도록 쉬운 표현으로 가르치셨다. 비록 그리스도께서 모든 청중들이 다 비유의 비밀을 다 알게 하시지는 않으셨지만, 그분의 표현 방법은 쉽게 하셨다. 그렇게 함으로써 그들이 그 후로 그런 비유의 말씀을 쉽게 회상할 수 있는 것이다.[15]

예수께서는 많은 비유들로 말씀을 가르치셨다. 비유는 그의 설교 방식의 한 특징이었다. 비유들은 표면적 내용은 이해하기 어렵지 않으나, 그 이면적 의미는 해석이 필요하였다. 예수께서는 혼자 계실 때에 그 제자들에게 모든 것을 해석해주셨다. 오늘날 성경은 수수께끼 같은 책이 아니고 어려운 부분이 해석된, 이해할 만한 책이다. 그러므로 우리는 성경을 읽을 때 주관적으로 그 뜻을 해석하려 하지 말고, 성경 자체가 밝게 보이는 뜻, 특히 성경의 전체적인 뜻을 파악해야 한다. 우리는 성경의 진리의 개요를 어느 정도 알게 되었다. 그것은 사람의 죄악됨, 예수 그리스도의 속죄사역, 회개와 믿음으로 말미암은 죄사함과 의롭다 하심, 경건과 도덕성의 새 삶에 관한 것이다.

35-38절 이 기적은 예수께서 배를 타고 바다에서 말씀을 전하신 같은 날 이루어졌다. "그날 저녁이 되자"35절 그리스도께서 온종일 말씀을 전하시고 가르치시기에 수고하셨지만, 스스로 휴식을 취하시는 대신에 자신이 활동을 계속하셨음은 우리가 하늘 나라에 가기까지는 이 땅에서 만족스런 참된 휴식을 생각하지 말라는 교훈을 주시는 듯하다. 수고의 결과가 풍랑의 시작이 되는 수도 있

15 메튜 헨리 주석, 마가복음 04장.

Vox populi, vox Dei.

다. 그러나 생각할 것은, 그리스도께서 강단으로 사용하였던 그 배는 바로 그리스도의 특별한 보호 하에 있는 것이다. 그러므로 그것이 제아무리 위험에 처해 있더라도 물속에 빠질 우려가 없는 것이다. 그리스도께서 사용하시는 것은 무엇이나 그리스도께서 특별한 관심을 가지시는 것이다.[16]

그리스도께서는 시간을 낭비하지 않으시려고 밤에 배를 타고 바다를 건너자고 제의하셨다.

날이 저물 때에 예수께서는 제자들과 함께 갈릴래아 바다 건너편으로 가셨다. 제자들은 무리를 보낸 후에 예수님을 배에 계신 그대로 모시고 갔다. 다른 배들도 함께했다. 그런데 큰 광풍이 일어났고 물결이 부딪혀 배에 들어와 배에 가득하게 되었다. 제자들이 주님과 함께 가는데도 큰 풍랑이 있었다. 이 세상에는 마귀의 시험이 많다. 세상의 주권자는 하느님 한 분이심에도 불구하고 세상에는 하느님의 허락하심 속에서 여러 가지 어려운 일들이 많다.

그런데 예수께서는 배 뒷쪽에서 베개를 베시고 주무시고 계셨다. 육지를 떠난 지 얼마 되지 않았을 것 같은데, 그는 깊은 잠이 드셨던 것 같다. 잠이 드신 것은 그가 사람의 본질을 가지신 분이시며 몸의 피곤을 느끼셨고 잠이 필요하셨음을 증거한다. 비록 그의 신성神性으로 큰 풍랑의 상황을 아셨겠지만 그는 그런 중에도 잠잠하셨다. 주께서는 성도의 고난의 현실에서도 때때로 잠자듯이 조용하시다.

제자들은 그를 깨우며 말했다. "스승님, 저희가 죽게 되었는데도 걱정되지 않으십니까?" 제자들은 예수께서 하느님의 아들이심을 아직 알지 못하고 그를 단지 '스승님'으로 부르고 있는 것 같다. 그러나 그날 밤 그들은 예수께서 신적 구주이심을 알게 될 것이다.

39-41절 그리스도께서 바람을 꾸짖으신 명령의 말씀은 마태오 복음서에는 나와 있지 않았으나, 여기에는 언급되어 있다39절. 우리에게 위로의 말씀

16 메튜 헨리 주석, 마가복음 04장.

이 되는 것이다. 고난의 폭풍이 아무리 요란하고 아무리 강하더라도 그리스도께서는 말씀 한마디로 이것을 잠잠하게 하실 수 있는 것이다.

그리스도께서 제자들에게 그들의 두려워함에 대하여 책망하신 말씀이 마태오 복음서보다 여기에 더 자세하게 표현되어 있다.[17]

예수께서는 깨셔서 바람을 꾸짖으시며 바다에게 말씀하셨다. "잠잠해져라. 조용히 하여라!" 주 예수께서 그렇게 말씀하시니 바람이 그치고 아주 잔잔해졌다. 바람과 바다가 인격이 아닌데도, 주 예수의 말씀에 순종하였다. 자연만물도 예수님께 순종한 것이다. 하느님께서는 영계靈界와 인간계뿐만 아니라 자연계도 다스리신다. 그는 천사들과 사람들을 주관하실 뿐만 아니라, 자연만물도 주관하신다. 사람들 중에 바다에서 일어나는 큰 풍랑을 제어할 자가 아무도 없지만, 예수께서는 그것을 제어하실 수 있었다. 이와 같이, 인생의 삶에 일어나는 크고 작은 풍랑을 제어할 자가 사람들 중에서는 아무도 없지만, 주 예수께서는 그것을 제어하실 수 있다. 그는 오늘도 살아계셔서 우리를 도우시는 주님이시다.

예수께서는 제자들에게, "왜 겁을 내느냐? 아직도 믿음이 없느냐?"고 말씀하셨다. 그들은 심히 두려워하며 "도대체 이분이 누구시기에 바람과 호수까지 복종하는가?" 하고 서로 말하였다. 이 사건은 예수께서 하느님의 아들 그리스도이심, 즉 예수 그리스도의 신성神性을 증거하는 것이다. 바람과 호수를 명령하여 복종시키는 그는 단순히 사람이 아니고 신성을 가지신 자, 곧 사람이시며 하느님이신 자이시다. 사복음서에 기록된 예수 그리스도의 기적들은 그가 하느님의 아들 그리스도이심을 증거하는 풍성한 증거들이다.

또 이 사건은 하느님께서 자연환경까지도 주관하심을 증거한다. 그는 풍랑뿐 아니라, 홍수와 가뭄, 태풍과 폭설을 주관하신다. 그는 우리의 건강이나 가정의 일들도 주관하시고 우리 사회의 크고 작은 일들도 주관하신다. 예수 그리스도께서는 우리의 신적 구주이시다. 그는 우리의 죄사함과 영생의 문제뿐만 아니라, 우

Vox populi, vox Dei.

17 메튜 헨리 주석, 마가복음 04장.

리의 현실의 모든 문제들을 도우시며 해결하실 수 있는 구주이시다. 그러므로 우리는 어려운 문제들을 만날 때 낙심하지 말고 두려워하거나 겁내지 말고 하느님을 의지하고 모든 일을 그에게 간구해야 한다. 그러므로 사도 바오로는 필리피 신자들에게 보낸 서간[18] 4:6-7에서 "아무것도 걱정하지 마십시오. 어떠한 경우에든 감사하는 마음으로 기도하고 간구하며 여러분의 소원을 하느님께 아뢰십시오. 그러면 사람의 모든 이해를 뛰어넘는 하느님의 평화가 여러분의 마음과 생각을 그리스도 예수님 안에서 지켜줄 것입니다."라고 교훈하였다.

예수님께서는 고물에서 베개를 베고 주무시고 계셨다.

자료: m.blog.naver.com

예수의 비유

예수의 비유는 기독교의 사복음서와 정경에 속하지 않는 복음서 일부에서 볼 수 있는 이야기로, 주로 세 개의 공관복음서에서 다룬다. 이들은 예수의 가르침

18 '필리피 신자들에게 보낸 서간'이 쓰여진 시대의 상황: 저자인 사도 바오로가 마케도니아의 도시 필리피에 처음 간 것은 2차 선교여행(50~52년쯤) 때였고, 그곳에서 필리피 사람들에게 복음을 전하게 되지만, 필리피 사람들의 박해로 감옥에 갇히는 등 고통을 당하기도 했다.

의 중요한 부분을 차지하는데, 다시 말해 기록된 예수의 가르침의 약 3분의 1이 비유에 속한다. 예수는 씨뿌리는 이야기, 겨자씨 이야기, 물고기를 잡아서 고르는 어부 이야기, 일용직 노동자 이야기, 한 알의 밀알 비유처럼 갈릴래아 민중들이 쉽게 만날 수 있는 소재들을 활용하여 하느님의 나라라는 새로운 세상에 대해 말했다. 그분이 비유로써 이야기한 이유는 청중들이 배우지 못한 사람들이었기 때문이다. 기독교인들은 이러한 비유를 매우 강조하는데 그 까닭은 요한 복음서 8:28과 14:10에 나온 바와 같이 이 비유들은 예수의 말씀이요, 아버지가 가르친 바와 같음을 믿기 때문이다.

예수와 비유의 사용

예수는 교훈을 할 때 비유를 아주 많이 사용한 것으로 유명하다. 마르코 복음서 4:33-34에서는 "예수님께서는 그들이 알아들을 수 있을 정도로, 이처럼 많은 비유로 말씀을 하셨다. 비유를 들지 않고는 그들에게 말씀하지 않으셨다. 그러나 당신의 제자들에게는 따로 모든 것을 풀이해 주셨다."라고 기록할 정도였다. 이 표현은 과장법적 표현으로 예수의 가르침 전체가 비유였다는 의미라기보다는 그만큼 비유를 많이 사용했음을 나타내는 표현이다.

오늘은 우리들이 잘 알고 있는 소금과 빛의 비유에 관해 생각해 보자. 성경에 관심이 좀 있는 사람들은 다 알겠지만, 대부분의 신학자나 주석가들 그리고 강해 설교자들이 이 이야기를 "세상의 빛과 소금이 되어 세상을 비추고 세상의 부패를 막는 훌륭한 사람이 되자."로 결론을 짓는다. 우리들 중에서도 이 이야기의 메시지를 그렇게 정리하고 있는 사람들이 많이 있을 것이다. 그래서 많은 이들이 세상의 빛과 소금이 되기 위해 열심히 선행도 하고, 사회 개혁에도 참여하고 있지 않은가? 마태오 복음서 5:13-16을 보면, "너희는 세상의 소금이다. 그러나 소금이 제 맛을 잃으면 무엇으로 다시 짜게 할 수 있겠느냐? 아무 쓸모가 없으니 밖에 버려져 사람들에게 짓밟힐 따름이다. 너희는 세상의 빛이다. 산 위에 자리 잡은 고을은 감추어질 수 없다. 등불은 켜서 함지 속이 아니라 등경 위에 놓는다. 그렇게 하여 집 안에 있는 모든 사람을 비춘다. 이와 같이 너희의 빛이 사람들 앞을 비추어, 그들이 너희의 착한 행실을 보고 하늘에 계신 너희 아버지를 찬양하게 하여라."

비유 해석의 역사

예수의 비유를 해석하는 방법으로는 오래 전부터 비유에 등장하는 모든 요소들에 각각의 의미가 있다는 전제하에서 해석하는 방법인 알레고리가 많이 사용되었다. 예를 들어, 선한 사마리아인의 비유를 어거스틴은 예수를 통한 구원의 진리를 나타내는 것으로 해석한 바 있다. 예리코[19]로 내려가다가 강도를 만난 사람은 아담을 상징하고, 제사장과 레위인이 그냥 지나간 것은 율법과 선지자로서는 구원을 받을 수 없는 것을 상징한다. 선한 사마리아인이 도와준 것은 예수님을 의미하며, 여관은 교회를 상징하고, 다시 온다는 것은 예수의 재림을 의미한다는 식이다. 이러한 알레고리적 해석은 칼빈을 비롯한 종교개혁가들에 의해서 배격되었고, 결국 율리허Adolf Jülicher는 알레고리를 배격하고 비유에는 오직 하나의 뜻만이 있다고 주장하였다.

그러나 시대가 흘러 포스트모더니즘 시대에 들어서게 되자, 비유 자체는 어떤 하나의 의미에 매여 있는 것이 아니라 하나의 예술작품처럼 다양한 의미에 열려 있어서 해석자가 나름대로 창의적을 해석하는 것을 환영하게 되었다. 하지만 여전히 예수가 비유를 말했을 때, 그때에 의도했던 원래의 의미가 무엇인가를 밝히는 것은 의미 있는 과제일 것이다.

19 예리코(Jericho, 여리고)는 요단강 서안에 있는 BC 9000년경부터 있었던 것으로 추정되는 세계에서 가장 오래된 도시 가운데 하나이다. 행정 구역상으로는 팔레스타인 요단강 서안 지구에 속하며 예리코주의 주도이기도 하다.

하늘의 소리 사람의 말씀 III

마르코 복음서 5장

天聲

마귀들과 돼지 떼 마태 8,28-34; 루카 8,26-39

1 그들은 호수 건너편 게라사인들의 지방으로 갔다.
2 예수님께서 배에서 내리시자마자, 더러운 영이 들린 사람이 무덤에서 나와 그분께
마주 왔다.
3 그는 무덤에서 살았는데, 어느 누구도 더 이상 그를 쇠사슬로 묶어 둘 수가 없
었다.
4 이미 여러 번 족쇄와 쇠사슬로 묶어 두었으나, 그는 쇠사슬도 끊고 족쇄도 부수어
버려 아무도 그를 휘어잡을 수가 없었다.
5 그는 밤낮으로 무덤과 산에서 소리를 지르고 돌로 제 몸을 치곤 하였다.
6 그는 멀리서 예수님을 보고 달려와 그 앞에 엎드려 절하며,
7 큰 소리로 "지극히 높으신 하느님의 아들 예수님, 당신께서 저와 무슨 상관이 있습
니까? 하느님의 이름으로 당신께 말합니다. 저를 괴롭히지 말아 주십시오." 하고 외
쳤다.
8 예수님께서 그에게 "더러운 영아, 그 사람에게서 나가라." 하고 말씀하셨기 때문
이다.
9 예수님께서 그에게 "네 이름이 무엇이냐?" 하고 물으시자, 그가 "제 이름은 군대입
니다. 저희 수가 많기 때문입니다." 하고 대답하였다.
10 그러고 나서 예수님께 자기들을 그 지방 밖으로 쫓아내지 말아 달라고 간곡히 청
하였다.
11 마침 그곳 산 쪽에는 놓아 기르는 많은 돼지 떼가 있었다.

12 그래서 더러운 영들이 예수님께, "저희를 돼지들에게 보내시어 그 속으로 들어가
게 해 주십시오." 하고 청하였다.
13 예수님께서 허락하시니 더러운 영들이 나와 돼지들 속으로 들어갔다. 그러자 이천
마리쯤 되는 돼지 떼가 호수를 향해 비탈을 내리 달려, 호수에 빠져 죽고 말았다.
14 돼지를 치던 이들이 달아나 그 고을과 여러 촌락에 알렸다. 사람들은 무슨 일이
일어났는지 보려고 왔다.
15 그들은 예수님께 와서 마귀 들렸던 사람, 곧 군대라는 마귀가 들렸던 사람이 옷을
입고 제정신으로 앉아 있는 것을 보고는 그만 겁이 났다.
16 그 일을 본 사람들이 마귀 들렸던 이와 돼지들에게 무슨 일이 일어났는지 그들에
게 이야기해 주었다.
17 그러자 그들은 예수님께 저희 고장에서 떠나 주십사고 청하기 시작하였다.
18 그리하여 예수님께서 배에 오르시자, 마귀 들렸던 이가 예수님께 같이 있게 해 주
십사고 청하였다.
19 그러나 예수님께서는 허락하지 않으시고 그에게 말씀하셨다. "집으로 가족들에게
돌아가, 주님께서 너에게 해 주신 일과 자비를 베풀어 주신 일을 모두 알려라."
20 그래서 그는 물러가, 예수님께서 자기에게 해 주신 모든 일을 데카폴리스 지방에
선포하기 시작하였다. 그러자 사람들이 모두 놀랐다.

야이로의 딸을 살리시고 하혈하는 부인을 고치시다 마태 9,18-26; 루카 8,40-56

21 예수님께서 배를 타시고 다시 건너편으로 가시자 많은 군중이 그분께 모여들었다.
예수님께서 호숫가에 계시는데,
22 야이로라는 한 회당장이 와서 예수님을 뵙고 그분 발 앞에 엎드려,
23 "제 어린 딸이 죽게 되었습니다. 가셔서 아이에게 손을 얹으시어 그 아이가 병이
나아 다시 살게 해 주십시오." 하고 간곡히 청하였다.
24 그리하여 예수님께서는 그와 함께 나서시었다. 많은 군중이 그분을 따르며 밀쳐
댔다.
25 그 가운데에 열두 해 동안이나 하혈하는 여자가 있었다.
26 그 여자는 숱한 고생을 하며 많은 의사의 손에 가진 것을 모두 쏟아 부었지만, 아

무 효험도 없이 상태만 더 나빠졌다.

27 그가 예수님의 소문을 듣고, 군중에 섞여 예수님 뒤로 가서 그분의 옷에 손을 대었다.

28 '내가 저분의 옷에 손을 대기만 하여도 구원을 받겠지.' 하고 생각하였던 것이다.

29 과연 곧 출혈이 멈추고 병이 나은 것을 몸으로 느낄 수 있었다.

30 예수님께서는 곧 당신에게서 힘이 나간 것을 아시고 군중에게 돌아서시어, "누가
내 옷에 손을 대었느냐?" 하고 물으셨다.

31 그러자 제자들이 예수님께 반문하였다. "보시다시피 군중이 스승님을 밀쳐 대는
데, '누가 나에게 손을 대었느냐?' 하고 물으십니까?"

32 그러나 예수님께서는 누가 그렇게 하였는지 보시려고 사방을 살피셨다.

33 그 부인은 자기에게 일어난 일을 알았기 때문에, 두려워 떨며 나와서 예수님 앞에
엎드려 사실대로 다 아뢰었다.

34 그러자 예수님께서 그 여자에게 이르셨다. "딸아, 네 믿음이 너를 구원하였다. 평안
히 가거라. 그리고 병에서 벗어나 건강해져라."

35 예수님께서 아직 말씀하고 계실 때에 회당장의 집에서 사람들이 와서는, "따님이
죽었습니다. 그러니 이제 스승님을 수고롭게 할 필요가 어디 있겠습니까?" 하고 말
하였다.

36 예수님께서는 그들이 말하는 것을 곁에서 들으시고 회당장에게 말씀하셨다. "두려
워하지 말고 믿기만 하여라."

37 그리고 베드로와 야고보와 야고보의 동생 요한 외에는 아무도 당신을 따라오지
못하게 하셨다.

38 그들이 회당장의 집에 이르렀다. 예수님께서는 소란한 광경과 사람들이 큰 소리로
울며 탄식하는 것을 보시고,

39 안으로 들어가셔서 그들에게, "어찌하여 소란을 피우며 울고 있느냐? 저 아이는 죽
은 것이 아니라 자고 있다." 하고 말씀하셨다.

40 그들은 예수님을 비웃었다. 예수님께서는 그들을 다 내쫓으신 다음, 아이 아버지
와 어머니와 당신의 일행만 데리고 아이가 있는 곳으로 들어가셨다.

41 그리고 아이의 손을 잡으시고 말씀하셨다. "탈리타 쿰!" 이는 번역하면 '소녀야, 내
가 너에게 말한다. 일어나라!'는 뜻이다.

Vox populi, vox Dei.

42 그러자 소녀가 곧바로 일어서서 걸어 다녔다. 소녀의 나이는 열두 살이었다. 사람
들은 몹시 놀라 넋을 잃었다.

43 예수님께서는 아무에게도 이 일을 알리지 말라고 그들에게 거듭 분부하시고 나서,
소녀에게 먹을 것을 주라고 이르셨다.

1 They went across the lake to the region of the Gerasenes.

2 When Jesus got out of the boat, a man with an evil spirit came from the
tombs to meet him.

3 This man lived in the tombs, and no one could bind him any more, not
even with a chain.

4 For he had often been chained hand and foot, but he tore the chains
apart and broke the irons on his feet. No one was strong enough to sub-
due him.

5 Night and day among the tombs and in the hills he would cry out and
cut himself with stones.

6 When he saw Jesus from a distance, he ran and fell on his knees in front
of him.

7 He shouted at the top of his voice, "What do you want with me, Jesus,
Son of the Most High God? Swear to God that you won't torture me!"

8 For Jesus had said to him, "ome out of this man, you evil spirit!"

9 Then Jesus asked him, "What is your name?" "My name is Legion," he re-
plied, "for we are many."

10 And he begged Jesus again and again not to send them out of the area.

11 A large herd of pigs was feeding on the nearby hillside.

12 The demons begged Jesus, "Send us among the pigs; allow us to go into
them."

13 He gave them permission, and the evil spirits came out and went into the
pigs. The herd, about two thousand in number, rushed down the steep

bank into the lake and were drowned.

14 Those tending the pigs ran off and reported this in the town and countryside, and the people went out to see what had happened.

15 When they came to Jesus, they saw the man who had been possessed by the legion of demons, sitting there, dressed and in his right mind; and they were afraid.

16 Those who had seen it told the people what had happened to the demon-possessed man—and told about the pigs as well.

17 Then the people began to plead with Jesus to leave their region.

18 As Jesus was getting into the boat, the man who had been demon-possessed begged to go with him.

19 Jesus did not let him, but said, "Go home to your family and tell them how much the Lord has done for you, and how he has had mercy on you."

20 So the man went away and began to tell in the Decapolishow much Jesus had done for him. And all the people were amazed.

21 When Jesus had again crossed over by boat to the other side of the lake, a large crowd gathered around him while he was by the lake.

22 Then one of the synagogue rulers, named Jairus, came there. Seeing Jesus, he fell at his feet

23 and pleaded earnestly with him, "My little daughter is dying. Please come and put your hands on her so that she will be healed and live."

24 So Jesus went with him. A large crowd followed and pressed around him.

25 And a woman was there who had been subject to bleeding for twelve years.

26 She had suffered a great deal under the care of many doctors and had spent all she had, yet instead of getting better she grew worse.

Vox populi, vox Dei.

27 When she heard about Jesus, she came up behind him in the crowd and
touched his cloak,
28 because she thought, "If I just touch his clothes, I will be healed."
29 Immediately her bleeding stopped and she felt in her body that she was
freed from her suffering.
30 At once Jesus realized that power had gone out from him. He turned
around in the crowd and asked, "Who touched my clothes?"
31 "You see the people crowding against you," his disciples answered, "and
yet you can ask, 'Who touched me?'"
32 But Jesus kept looking around to see who had done it.
33 Then the woman, knowing what had happened to her, came and fell at
his feet and, trembling with fear, told him the whole truth.
34 He said to her, "Daughter, your faith has healed you. Go in peace and be
freed from your suffering."
35 While Jesus was still speaking, some men came from the house of Jairus,
the synagogue ruler. "Your daughter is dead," they said. "Why bother the
teacher any more?"
36 Ignoring what they said, Jesus told the synagogue ruler, "Don't be afraid;
just believe."
37 He did not let anyone follow him except Peter, James and John the brother of James.
38 When they came to the home of the synagogue ruler, Jesus saw a commotion, with people crying and wailing loudly.
39 He went in and said to them, "Why all this commotion and wailing? The
child is not dead but asleep."
40 But they laughed at him. After he put them all out, he took the child's
father and mother and the disciples who were with him, and went in
where the child was.

41 He took her by the hand and said to her, "Talitha koum!" (which means,
"Little girl, I say to you, get up!").
42 Immediately the girl stood up and walked around (she was twelve years
old). At this they were completely astonished.
43 He gave strict orders not to let anyone know about this, and told them to
give her something to eat.

人語

마르코 복음서 입문

마르코의 순교를 기점으로 이집트 전역에 복음이 확산되다

전승에 의하면, 콥트 교회[1]의 설립자인 마르코 복음서의 저자 요한 마르코는 1세기 중엽 알렉산드리아에서 한 구두 수선공 안니아누스의 손을 고치며 복음을 전했다. 마르코는 그의 집에 가서 복음과 성경을 설명하고 마침내 그는 예수 그리스도를 영접했다. 그리고 안니아누스는 가족과 이웃들에게 복음을 전하고 세례를 받게 했다. 마르코는 그를 안수하여 알렉산드리아의 주교로 삼고, 3명의 사제와 7명의 집사를 세웠다.

이집트인들은 AD 68년 알렉산드리아에서 프톨레미 왕조의 신神 세라피스를 기념하는 축제를 열면서 필요한 희생제물로 마르코를 붙잡아갔다. 그들은 요한 마르코를 잡아 목에다 밧줄을 걸어 저녁때까지 거리에서 끌고 다녔다. 거의 초죽음 상태에 이른 마르코는 잠시 감옥에 갇혔다.

그해 5월 8일 다시 이교도들에게 끌려 나간 요한 마르코는 말에 매여 죽을 때까지 도로 위로 끌려다녔다. 그의 몸은 찢어지고 피를 흘리며 죽어갔다. 그리고

1 콥트 교회(Coptic church, '콥틱 교회'라고도 함)란 이집트의 토착 그리스도 교회를 말한다. 콥트 교회는 그리스도교 중 오리엔트 정교회의 한 종파이다. 비칼케돈파 알렉산드리아 총대주교를 수장으로 하는 교회로 이 교회에서는 고대 이집트 교회가 가지고 있던 전통을 많이 지니고 있다. 이슬람의 확산 이전까지는 비칼케돈파 교회의 총본산이었으며 이슬람의 오랜 종교적 탄압에도 굴하지 않고 현대까지 교세를 이어와 현재에도 많은 신자들이 남아 있다.

그의 몸은 불타는 장작더미에 올려졌다. 불이 활활 타오르는데 갑자기 하늘에서 폭우가 내려 장작더미의 불이 꺼졌다.

그의 동료들이 마르코의 시신을 잘 싸서 예배드리던 장소에 가서 마지막 예배를 드리고 제단 밑에 안치하였다. 마르코의 순교를 기점으로 이집트 전역에서 복음이 확산되기 시작했다. 그리고 마르코 요한의 영성과 예배 의식과 교리 등이 확립되어 갔다.

마르코 교회, 마르코 무덤 St. Mark tomb, Alexandria

이집트 카이로 북쪽에 알렉산드리아라는 알렉산더대왕이 세운 도시다. 이곳에 마르코의 교회가 있다. 마르코 교회는 아프리카에서 가장 먼저 지어진 교회다. 교회 안에는 마르코 시대 이후부터 그 교회를 대표했던 사람들의 이름을 적어놓은 비석이 있고, 바로 그 자리 밑에는 마르코가 묻혀있는 무덤이 있다. 교회사가인 유세비우스에 따르면 전도자 마르코가 이집트의 알렉산드리아로 와서 기독교를 전파하고 교회를 세웠다고 한다. 마르코는 사도 바오로와 함께 전도여행을 떠났던 전도자로, 마르코가 말년에 이집트로 건너와 기독교 복음을 전하면서 콥틱 교회가 시작되었다는 것이다. 성 마르코 교회 안으로 들어가면 그 교회를 책임 맡았던 역대 성직자들의 이름이 돌판에 기록되어 있다. 그 첫 번째 이름이 희미

성 마르코의 무덤

자료: maria.catholic.or.kr

하지만 '전도자 마르코'라고 남아있음을 확인할 수 있다. 마르코는 68년경 이곳 알렉산드리아에서 순교했다. 그가 감옥에 갇혔을 때, 천사가 나타나 순교하게 될 것을 알려 주었다고 하는데, 마르코는 로마 병사의 말에 묶여 끌려다니다가 절명했다. 마르코가 죽자 기독교인들은 그의 시신을 수습하여 아니아누스의 집으로 모셔 봉헌했다. 그 후 아니아누스의 집터 위에 교회가 생겼다. 현재 이 교회 내부에는 마르코의 유해를 모신 지하 동굴이 있다. 실제로 교회 내부 오른쪽에는 그의 유골이 모셔져 있었던 동굴로 내려가는 계단이 있다. 그 입구에는 콥틱 기독교의 역대 대주교교황의 이름이 쓰여진 석판이 있고, 그 초대 대주교가 바로 마르코이다. 그 계단을 내려가면, 마르코가 이곳에서 전도하고 순교하는 장면의 이야기가 그려진 모자이크가 보인다. 그 아래로 돌아 내려가면 그의 유해를 모신 동굴이 있다.

네 복음사가 이야기

신약성경 앞부분에 등장하는 네 개의 이야기 복음서는 마태오, 마르코, 루카, 요한이 각각 저술한 것으로 전해진다. '복음사가'福音史家는 일반적으로 복음을 선포하는 사람들을 가리키지만, 3세기 이래 이 말은 그리스도의 말과 행적 또 삶과 죽음이 담긴 복음서를 쓴 네 명을 지칭하는 의미로 사용됐다. 이들은 각각 사람, 사자, 황소, 독수리 등 고유한 상징으로 표현된다. 10월 18일 성 루카 복음사가 축일을 맞아 네 복음사가에 얽힌 이야기를 살펴본다.

복음사가

예수에 관한 이야기는 입에서 입으로 전해진 구두 전승口傳과 문서 전승으로 나뉠 수 있는데, 복음사가들은 이 두 전승을 모아 각자의 편집 원칙에 따라 적절히 분류하고 순서를 정해 복음서를 쓴 것으로 추정한다. 사가들은 무작위로 전승들을 선택한 것이 아니라 전승을 수집한 다음 세심하게 살피면서 예수의 가르침과 그 모습을 잘 전달할 수 있을지 고민했을 것이라고 본다. 『가톨릭대사전』은

복음서를 쓴 마태오·마르코·루카·요한(왼쪽부터). 아래에는 각각의 복음사가를 상징하는 사람·사자·황소·독수리가 그려져 있다. 타데오 디 바르톨로의 작품.

자료: maria.catholic.or.kr

"이들을 '전승의 수집자' 혹은 '전승을 옮겨 쓴 이'라 부르지 않고 복음사가라고 부르는 이유가 바로 여기에 있다"라고 밝힌다.

복음사가들을 상징과 연결한 것은 에제키엘서 1장 10절과 요한 묵시록 4장 7절에 언급된 '살아있는 네 생물'에서 유래한다. 상징은 2세기경 프랑스 리옹의 주교 이레네오로부터 비롯됐으나 4세기 말경 성 예로니모에 의해 복음서와 일치됐다. 그리스도교 미술에서 상징들이 사용된 것은 5세기 이후부터다.

마태오

12사도의 한 사람이다. 마르코 복음서와 루카 복음서 두 군데서 그를 레위Levi라고 부르고 있다. 알패오Alpheus의 아들이고 예수를 따르기 전까지는 로마제국을 위해 세금을 징수하는 카파르나움의 관리였다. 성령 강림 후 팔레스티나에서 선교 활동을 했다. 전승에 의하면 이방인에게 복음을 전했다고 한다. 마태오는 족보를 통해 그리스도의 인간적인 혈통을 강조하며 인간성을 뚜렷이 부각하고 있기에 '사람'을 상징으로 나타낸다.

마르코

히에라폴리스의 주교 파피아스에 의하면 베드로의 통역이었다. 에우세비오의 『교회사』는 "베드로가 예수님 말씀과 행적에 대해 가르친 것을 충실히 기록했다"고 전한다. 바오로와 바르나바를 따라 전교 여행에 동행하기도 했던 마르코는 베드로에게 '나의 아들'1베드 5,13이라 여겨질 정도로 친근한 동료였다. 전승에 따르면 마르코는 알렉산드리아의 주교를 역임하고 그곳에서 순교했다.

마르코는 사막에서 외친 요한 세례자의 이야기로 복음서를 시작하기에 '사자'로 묘사된다. '광야에서 외치는 소리'마르1,3로 표현한 데서 예술적 전승은 그 소리를 사자 울음으로 비유했다. 눈을 뜨고 잠을 자는 사자는 무덤에 있는 신성神性을 뜻한다.

마태오와 마르코(오른쪽)

자료: maria.catholic.or.kr

자료: hd.cathms.kr

루카

마태오와 마르코가 복음서 저자로 130년경에 이미 증언된 것과 달리, 루카는 180년경 로마에서 작성된 무라토리 경전 목록에서 비로소 루카 복음서 저자로 밝혀졌다. 전통적으로 그는 바오로의 협력자인 의사 루카로 알려진다. 바오로의 죽음 직전 함께 남아있던 유일한 사람이다. 이교도 출신 개종자이며 토로아스에서 처음 바오로를 만났다. 전승에 따르면 미혼이었고 84세에 아카이아에서 사망했다.

유다교 성직자인 즈카리야를 언급했기에 '황소'로 그려진다. 즈카리야에 의해 성전에서 희생 제물로 황소 또는 송아지가 선택됐고 새 법에서 희생 제물로 그리스도가 선택됐기 때문이다.

루카와 요한(오른쪽)

자료: gabgot.com

자료: m.blog.naver.com

Vox populi, vox Dei.

요한

예수 그리스도의 첫 제자들 가운데 한 명이며 제베대오의 아들이고 야고보대의 동기다. 십자가 밑에 남아있던 유일한 제자로서 성모 마리아를 어머니로 모셨다. 예루살렘 사도 회의 이후 그는 소아시아로 가서 성모 마리아를 돌봤다. 후에 로마 여행을 했고 순교를 피해 파트모스 섬에 가 살았다고 한다. 에페소로 돌아와서는 복음서와 세 통의 서간을 썼다.

그에게는 '독수리'의 상징이 부여돼 있다. 창공을 높이 나는 독수리처럼 예수님의 신성을 기록했다는 평가에서다. 신학적으로 특출하고, 특별히 복음서의 서두가 매우 높은 위치에 있다는 해석이다. 독수리는 예수님의 신성을 입증하면서 '말씀'의 영원한 세대를 응시하는 요한의 시선을 드러낸다.

각 절 해석[2]

1-4절 게라사[3]인의 지방은 갈릴래아 호수 동남쪽 10킬로미터 지점 야르묵 강에 인접한 마을이다. 예수께서 배에서 나오실 때에 곧 더러운 영이 들린 사람이 무덤 사이에서 나와 그를 만났다. 더러운 영은 더러운 생각과 감정과 의지로 사람을 더럽히는 마귀이다. 그 사람은 무덤 사이에 거처하는데 여러 번 고랑과 쇠사슬을 끊었다. 아무도 그를 제어할 힘이 없었다. 그러나 세상은 어떤 의미에서 그러하다. 인생은 죽음의 그늘진 곳에서 방황하는 존재이다. 오늘도 지옥의 문 앞에서 방황하는 인생, 이것이 세상을 살고 있는 사람들의 현실이다. 인생의 방황과 광기狂氣를 제어할 수 있는 자는 아무도 없다. 오직 하느님께서 그들을 불쌍히 여기심이 아니고서는 그들에게 소망이 없다.

예수님과 제자들이 배에서 내리자마자 '광풍'을 뚫고 오신 예수님께서 이제 '광

2 김효성 목사, 마가복음 강해, 2023년 2월 1일 수정.

3 갈릴래아 호수 동편에 있는 게라사(Kursi)는 예수님이 악령에 사로잡힌 광인을 구해주시고 돼지 떼에게 옮겨 넣으신 곳이다. 게라사는 율법적으로 금지된 돼지가 떼로 사육되고 있었기 때문에 전형적인 이방인 도시였다.

인'을 만나신 것이다. 구약의 율법에 의하면, 시체를 만지면 부정하게 되는데, 이 곳은 시체가 있는 곳이다. 이 사람은 무덤 사이에 살면서 무덤을 마구 파헤치고 시체를 만지며 지냈을 것이다. 그러니까 지금 예수님이 도착하신 이곳은 모든 것이 다 부정하다. 사람도, 장소도 다 부정하다. 그럼에도 불구하고 예수님은 이곳에 오셨다. 그것도 폭풍을 뚫고서 오셨다.

지금 이 사람의 상황은 어떠한가? 한마디로 말해서 그는 가장 비참한 인생이다. 이 사람이 언제, 어떻게 마귀에 들렸는지는 모르지만, 루카 복음서를 보면 이러한 상태가 오래 되었으며 옷도 입지 않고 살고 있다고 말한다루카 8:27. 사람들과 함께 정상적인 생활을 할 수 없는, 짐승과도 같은, 아니 더 위험한 사람이다. 그는 완전한 인생의 실패자이고, 사회로부터 따돌림 받고 격리된 사람이며, 게다가 이 사람은 초인간적인 힘을 갖고 있어서 여러 번 쇠사슬로 묶어 놓아도 다 끊어 버리고 도망을 가는, 아무도 컨트롤할 수 없는 사람이다.

5-8절 "그는 밤낮으로 무덤과 산에서 소리를 지르고 돌로 제 몸을 치곤 하였다."5:5 이 내용을 보고 이 사람의 모습이 어땠을지를 상상해 보자. 돌로 자기 몸을 상하게 하니까 온몸에 줄줄 피가 흐른다. 씻은 적이 없을 테니까 때국

"더러운 영아, 그 사람에게서 나가라." (마르 5:8)

자료: m.blog.naver.com

Vox populi, vox Dei.

물이 흐른다. 머리는 산발이고 엄청난 냄새가 난다. 입에는 흰 거품을 물고 짐승처럼 우어어 짖어댄다. 눈은 제멋대로 돌아가고, 살기가 보이는 눈빛이다. 무시무시하다.

그것은 일종의 미친 증세였다. 오늘날도 마귀의 작용으로 미친 자가 있는 것은 확실하다. 밤낮 무덤 사이에서나 산에서 늘 소리지르며 또 돌로 자기 몸을 상하게 하고 있었으니 이것은 정상적 사람의 행동이 아니다. 사람이 마귀가 들리면 이렇게 비정상이게 된다. 이렇게 미친 증세를 가지지 않는다 할지라도, 악령의 작용으로 많은 사람들이 방황하며 헛된 것을 구한다. 사람들은 자신을 절제하는 힘이 없어 자기의 몸을 광란적 활동들에 내맡긴다. 마귀 들린 사람은 예수님을 알아보았다. 마귀들은 예수님을 두려워하였다. 악령도 예수님에 대한 지식이 있었고 그의 신적 권세를 인정하였다. 예수께서는 과연 영의 세계를 다스리며 악령을 내쫓을 수 있는 권세가 있으시다.

9-12절 그 악령의 이름은 '군대'였다. '군대'라는 원어레기온[4]는 6,000명가량의 인원으로 구성된 로마의 부대 단위를 가리킨다. 이렇게 많은 악령들이 그 사람 속에 들어갔다. 많은 더러운 악령들이 그에게 들어갔기 때문에 그는 그렇게 힘이 세고 난폭했던 것이다. 그 마귀들은 자기들을 그 지방에서 내어 보내지 마시기를 간절히 구했다. 마침 거기 돼지의 큰 떼가 산 곁에서 먹고 있었다. 돼지는 풀이나 곡식을 잘 먹는다. 그 마귀들은 예수께 간구하기를, 자기들을 돼지 떼에게로 보내어 들어가게 하시기를 간구하였다.

"예수님께서 그에게 '네 이름이 무엇이냐?' 하고 물으시자, 그가 '제 이름은 군대입니다. 저희 수가 많기 때문입니다.' 하고 대답하였다."5:9 여기서 이상한 것은, 왜 예수님은 일부러 이곳에 와서 이 사람과 만나셨느냐는 점이다. 굳이 그렇게

4 라틴어로는 주격으로 레기오(Legio)이고 복수형은 레기오네스(Legiones)이며, 흔히 알려진 발음 '레기온'은 그리스어 발음이다. 한국과 일본에서는 군단으로 번역된다. 번역상 군단이라 하지만 편제 인원수나 여러 상황으로 봤을 때 일대일 대응은 무리지만 현대의 군대로 따지면 사단에 대응된다.

브리튼 리비에르, 〈게라사의 기적〉

자료: pds.catholic.or.kr

할 필요가 전혀 없었는데도, 왜 이곳에 오셨을까? 이곳에 오지 않으셨더라도 아무도 비난하거나 뒤에서 욕할 사람은 없다. 예수님이 갈릴래아에서 실패하고 새로운 곳에 가서 뭘 좀 새롭게 해볼까 해서 이곳에 오신 것도 아니다. 오히려 주님의 명성은 날로 높아가고, 사람들 사이에서 폭발적인 인기를 끌고 계셨다. 그런데도 왜 오셨을까? 그것은 오직 잃어버린 한 영혼을 찾기 위하여 오신 것이다.

주님은 자신을 필요로 하는 불쌍한 영혼이 있음을 아시고 일부러 이곳에 오셨다. 수만 명의 사람들이 예수님의 말씀을 듣고 병 고침을 받으러 왔지만, 이 게라사 지방의 마귀 들린 사람은 아무리 자기가 원해도 주님께 올 수도 없고 누가 그를 데려올 수도 없다. 그래서 이 불쌍한 영혼을 위해 주님께서 직접 오신 것이다. 그것도 그 위험한 폭풍을 뚫고 이 한 사람을 위해서 오셨다.

13-17절 그리스도께서 그 마귀들에게 돼지 속으로 들어갈 것을 허락하셨고 그렇게 하여 결국 돼지들은 갑자기 몰사 당하게 되었다. "허락하시니"13절

Vox populi, vox Dei.

그리스도께서 금하시거나 제지시킨 것이 아니고, 그것들이 마음먹은 대로 하도록 내버려두었다. 그렇게 함으로써 게라사[5] 지방 사람들로 하여금 이 마귀들이 얼마나 강하고 약한 원수들인가를 볼 수 있고, 그렇게 함으로써 오직 홀로 그것들을 지배하실 수 있고 정복할 수 있는 당신을 그들의 친구로 삼아 주기를 원하였던 것이다.[6]

예수께서는 마귀들의 간청을 허락하셨다. 허락하실 권세가 그에게 있었다. 더러운 마귀들은 그 사람에게서 나와서 돼지 떼에게로 들어갔다. 그러자 2천 마리나 되는 떼가 바다를 향하여 비탈로 내리달아 바다에서 몰사하였다. 예수 그리스도의 신적 인격과 능력이 증거되었다. 또 예수께서 한 명의 영혼을 돼지 2천 마리보다 더 귀하게 여기심도 증거되었다. 돼지 한 마리를 40만 원만 쳐도 돼지 2천 마리의 값은 8억 원이다. 사람의 가치는 돼지 2천 마리보다 크다.

돼지 치던 자들은 도망하여 고을과 촌락에 고하였다. 사람들은 그 일이 어떻게 된 것을 보러 와서 예수께 나아와 그 마귀 들렸던 사람 곧 군대 지폈던 자가 옷을 입고 정신이 온전해 앉은 것을 보고 두려워하였다. 마귀 들렸던 자가 당한 것과 돼지의 일을 본 사람들은 그들에게 고하였다. 이 사건을 본 증인들이 많았다.

그러나 그 지방 사람들은 예수께 그 지경에서 떠나시기를 간구하였다. 그것은 2천 마리나 되는 돼지의 손실 때문이었을 것이다. 그들은 인생의 참가치가 무엇인지와 그 불쌍한 사람을 고쳐주신 신적인 구주를 깨닫지 못하고 있었다. 그들은 예수에 대한 무지無知 때문에 그를 영접하며 경배하는 대신에 오히려 그를 배척하였다.

물질적 손해는 돼지 떼의 주인들에 대한 하나님의 징벌이었을 것이다. 그러나

5 게라사는 성경에서 '게라사인들의 지방' 또는 '게라사인의 지역'으로 등장한다. 예수님이 게라사인들의 지방에 내렸을 때 더러운 영이 들린 사람이 무덤에서 나와 그분께 마주 왔다. 예수님 앞에 엎드려 절하며 자신을 괴롭히지 말고 떠나달라고 간청했다. 그의 속에는 더러운 영의 수가 많기 때문에 '군대'라고 불렸다. 예수님은 이 더러운 영들을 돼지떼에게 보내셨다. 그러자 2000마리쯤 되는 돼지 떼가 호수를 향해 비탈을 내리 달려 호수에 빠져 죽고 말았다. 성경이 자세하게 전하고 있는 마귀와 돼지떼 이야기다(마르 5,1-20 참조). 마태오 복음서에서는 이 지역을 '가다라'라고 기록하고 있다(마태 8:28).

6 메튜 헨리 주석, 마가복음 05장.

그럼에도 불구하고 그들이 예수 그리스도의 신적 영광을 보았다면 그들의 손실은 충분히 보상되고도 남았을 것이다. 예수께서는 돼지 2천 마리보다 더 가치 있으시며, 그를 통한 인생의 구원도 돼지 2천 마리보다 더 가치 있다. 우리는 이 지식과 깨달음을 가지고 하느님 중심, 예수님 중심, 믿음 중심, 성경 중심으로 살아야 한다. 즉 예수 그리스도를 배척하지 말고 그를 환영하고 따라야 한다.

18-20절 더러운 마귀 들린 사람이 온전한 정신을 가지게 된 것은 참으로 큰일이었다. 그는 가서 예수께서 자기에게 어떻게 큰일 행하신 것을 데카폴리스에 전파하였고 모든 사람은 기이하게 여겼다. 오늘날도 주께서는 죄와 사망과 악령의 권세 아래 있는 사람들을 구원하여 성령의 사람, 곧 바른 정신을 가진 인격적인 사람을 만드신다. 그것은 영원한 죽음과 형벌로부터 영생과 행복으로 이전시키는 일, 곧 구원의 일이다. 이 세상에서 이보다 더 크고 가치 있는 일은 없다.

"그러나 예수님께서는 허락하지 않으시고 그에게 말씀하셨다. '집으로 가족들에게 돌아가, 주님께서 너에게 해 주신 일과 자비를 베풀어 주신 일을 모두 알려라.'" 5:19 왜 예수님은 이 사람이 자신과 함께 있지 못하게 하시고 집으로 돌려보내실까? 예수님은 그를 이전에 자신이 속해 있던 사회에 다시 돌아가게 해 주시는 것이다. 그동안 마귀에 들려 따돌림당하고 고립되었던 이 사람이 다시 사회에 복귀하도록 도와주시는 것이다. 동시에, 예수님은 이 사람에게 하느님이 자신에게 한 일을 증거하라는 사명을 주셨다. 그리고 그는 가서 그대로 전한다.

"그래서 그는 물러가, 예수님께서 자기에게 해 주신 모든 일을 데카폴리스 지방에 선포하기 시작하였다. 그러자 사람들이 모두 놀랐다." 5:20 그에게 있어서 집이란 어떤 곳인가? 물론 편하게 쉴 수 있고 사랑하는 사람들과 함께 사는 곳이다. 동시에 자신만이 유일하게 예수님을 통한 하느님의 은혜를 체험한 곳이다.

예수님을 믿고 1년, 2년, 10년, 20년이 지나다 보면 주변에 안 믿는 사람들이 없어진다. 전부 믿는 사람들뿐이다. 그게 편하기 때문이다. 그래서 우리는 예수를 믿고 크리스천들과만 같이 지내고자 하는 유혹을 받는다. 사실 주 안에서 형제

Vox populi, vox Dei.

자매들과 참된 교제를 갖는 것은 신앙생활에서 가장 중요한 일들 중 하나다. 그러나 그 안에만 머물러선 안 된다.

21-24절 게라사 지방 사람들이 그리스도에게 그 지방을 떠나 주시기를 바라므로, 그리스도께서 그곳에 오래 머물러 그들의 마음을 귀찮게 하지 않으려고 곧 "배를 타시고 다시 건너편으로 가시자 많은 군중이 그분께 모여들었다."21절. 그리스도를 영접해 들이기를 거절하는 사람들이 있는가 하면 한편에서는 그리스도를 크게 환영하면서 영접하는 다른 사람들이 있다. 멸시를 받은 복음은 "다시 건너편으로 가시자" 복음을 잘 받아들이는 곳으로 가게 된 것이다. 그런데 그리스도를 환영하고 그리스도에게 간청한 사람들 중에는 다음과 같은 사람들이 있었다.

자기 병든 아이를 고쳐 주시기를 바라서 예수께 나와 간구한 사람이 있다. 그런데 그 사람은 지위가 당당한 '회당장'이었다. 여기에는 은밀하게 그리스도로부터 병 고침을 받으려는 다른 한 사람이 있다. 그런데 이 여자는 자기가 의도하고 예수께 나와 '구원'을 얻었다.[7]

'회당장'은 회당에서 예배를 준비하며 주관하는 자이다. 그는 유대 사회에서 존귀한 직분이었을 것이다. 사람은 사회적 신분이 높아지면 마음이 교만해지기 쉽다. 그러나 회당장 야이로는 그렇지 않았다. 그는 예수께 와서 겸손히 그의 발 앞에 엎드려 자기 딸의 병 치료를 소원하였다. 그 딸은 열두 살이었고42절 외동딸이었다루카 8:42. 주께서는 그의 청을 즉시 들어주지 않으신 것 같다. 그러나 그 회당장의 믿음은 컸다. 그는 예수께서 죽게 된 자기 딸에게 손을 얹어주시면 그 딸이 살게 될 것을 믿었다. 그는 예수님의 신적 능력을 믿은 것이다. 또 그는 금방 허락을 받지 못했다고 해서 낙망하거나 포기하지 않고 많이 간구하였다. 마침내 그의 간구는 응답을 얻었다. 예수께서는 그 회당장의 요청대로 그와 함께 그의 집으로 가셨다.

7 메튜 헨리 주석, 마가복음 05장.

회당장 야이로의 딸과 만나 손을 잡는 예수

자료: newsdg.jinbo.net

25-26절 열두 해를 피가 흐르는 상태에 있는 한 여자가 있었다. 그것은 피가 흐르는 병, 혈루증개역개정, 하혈증공동번역, 유출병, 출혈병이었다레위 15:2. 그는 많은 의원들에게 많은 괴로움을 받았다. 좋다는 의원은 다 찾아다녔고 좋다는 약을 다 복용했을 것이다. 그러나 아무 효험이 없었고 도리어 더 심해졌다. 12년 동안 그러했으니 몸도 마음도 몹시 쇠약해졌고 돈도 많이 허비하였다. 이제 죽을 날만 기다리게 되었다. 오늘날도 의술과 약이 유익하지만 여전히 완전하지 못하고 치료의 한계성을 가진다.

여기서 혈루증subject to bleeeding, NIV은 현대의학 용어인 '혈루병'이 아니다. '혈루병'은 여자에게 유전 인자로 잠재할 수는 있어도 병으로 나타나지 않는다. 다만 남자에게는 유전으로 잠재성과 병으로 모두 나타난다. 따라서 여기서의 혈루증은 만성 하혈증下血症인 것으로 볼 수 있다. 즉 자궁uterus 안에 종기가 생기거나 어떤 이상이 생겨 불규칙적으로 피가 흐르는 증세일 것으로 간주했다레위 15:25. 따라서 종교 생활뿐 아니라 사회적 활동에 많은 제약을 받았다. 특히 이 여인의 병이 12년이나 된 병이라고 말하는 것은 이 병이 치유될 수 없는 불치의 병임을 암시하고 있다. 또 이 여인이 병으로 받는 육체적 고통이나 정신적 고통이 헤아릴 수 없을 만큼 처참悽慘하다는 것을 시사하고 있다.

혈루증을 앓는 이 여인은 많은 의사를 찾아다니며 치료를 위한 노력을 한 것으로 소개된다. 그러나 이러한 자의적 노력을 더하면 할수록 오히려 그 의원들은 그녀에게 더 심한 고통만을 안겨 주었다. 이에 대해 의사 출신인 루카는 "아무도 그를 고쳐 주지 못하였다."루카 8:43는 말로써 동료 의사들의 한계 상황을 깊이 배려하며 적절히 묘사하고 있다. 한편 당시의 시대적 배경으로 보아 이 여인의 가정은 어느 정도 부자였을 가능성이 있다. 왜냐하면 당시는 부자가 아니면 의사를 찾아갈 수 없었던 시대였기 때문이다. 그러나 많은 재산을 치료비로 다 써버리고 이제는 가난한 처지가 된 것으로 보인다. 그리고 병은 더 악화되었다는 묘사는 25절에서 12년 동안 병을 앓아왔다는 표현과 함께 ① 병의 불치성과 ② 의술의 무력함을 나타내 보이고 ③ 인간적인 모든 수고가 허사로 돌아갔다는 절망적인 상황 묘사와 ④ 그 여인이 받고있는 고통이 진퇴양난進退兩難의 절박한 상황임을 암시하고 있다. 재산을 치료비로 다 허비하고 남은 것은 병든 몸 하나이고 그나마 병은 더욱 악화되고 병의 부정함 때문에 사람들과 사회로부터 소외된 여인의 모습은 인간 최악의 한계 상황에 다다른 것이다. 이처럼 그 혈루증의 여인은 더 이상 자기의 힘으로 어찌할 수 없는 절박한 상황에 처했을 때 비로소 구원자 예수를 찾게 된 것이다.

믿음의 길을 만든 여인

자료: www.facebook.com

27-29절 그 여자는 감사하게도 예수께서 많은 불치의 병자들을 고쳐 주셨다는 소문을 들었다. 또 그뿐 아니라, 그의 속에는 믿음이 생겼다. 그것은 하느님의 은혜였다. 그는 예수님에게서 마지막 희망을 발견하고 그에게로 나왔다. 그런데 많은 무리들이 그를 에워싸고 있어서 그에게 접근하는 것은 결코 쉽지 않았다. 그러나 그는 무리 가운데 섞여 뒤로 와서 그의 옷에 손을 대었다. 그는 자신의 누추한 모습을 사람들 앞에 드러내기가 부끄러웠을 것이지만, 예수님의 옷에만 손을 대어도 구원을 얻으리라는 믿음이 있었다. 그의 믿음은 다른 사람들 모르게 조용히 예수님의 옷에 손을 대는 행동으로 표현되었다. 참된 믿음은 어떤 고정된 신앙고백으로만 표현되는 것이 아닌 것 같다. 그런데 그가 예수님의 옷에 손을 대었을 때 그의 혈루증 근원이 곧 말랐다. 그의 치료는 즉각적이었다. 그는 병이 나은 줄을 몸에 깨달았다.

12년 동안 절망 속에 살면서 병이 더 심해졌던 차에 뭔가 사건이 일어나는데, 그것은 바로 '예수의 소문'을 들은 것이다. 갈릴래아에서 온 예수라는 분이 이전에 본 적이 없는 일들을 행한다는 소식을 들었다. 맹인의 눈을 뜨게 하고, 다리를 못 쓰던 사람을 일으키고, 중풍 병자가 뛰어가게 하고, 날 때부터 말 못하던 사람의 말문이 트이게 하고, 귀가 안 들리던 사람이 듣게 하는 등, 놀라운 일을 일으킨다는 것이다.

병으로 인해 모든 것을 잃어버린 이 여인은 이제 아무도 신뢰할 수 없었다. 그동안 사기꾼들에게 얼마나 당했으면 가진 재산을 다 날렸겠는가? 그런데 예수라는 분은 돈을 받고 병을 고쳐주는 사람이 아니라고 한다. 그는 하느님 나라를 선포했고, 죄를 회개하라고 선포했으며, 가난한 자가 복이 있다고 하는 놀라운 메시지를 전했다.

예수의 소문을 들은 이 여인은 그때부터 예수를 마음에 품고 계속 그분을 생각하게 된다. 예수라는 분의 소문이 사실이라면 분명 어떤 병도 고칠 수 있는 능력을 가졌을 것이고, 자기도 이 예수를 만나기만 하면 자신의 병이 나을 수 있다는 확신이 들었다. 그러자 예수를 보고 싶고 만나고 싶다는 생각이 간절해지기 시작했다.

"그러므로 믿음은 들음에서 오고 들음은 그리스도의 말씀으로 이루어집니다."로마 10:17 이 말씀처럼 믿음은 들음에서 난다는 것을 알 수 있다. 물론 아무거나 듣는다고 되는 게 아니라 주님의 말씀을 들어야 한다. 복음을 먼저 들어야 믿음이 생기고, 믿음이 생기면 귀한 열매가 맺히게 된다. 믿음은 결코 가만히 있는데 생기는 것이 아니다. 일단은 들어야 생긴다. 그러니까 외부로부터의 도움을 먼저 받는 것이다. 외부에서 들어와야 한다는 것이다.

30-33절 예수께서도 그의 능력이 자기에게서 나간 줄을 곧 아셨다. 또 그는 자기의 옷에 손을 댄 여자가 있음을 아셨고 그를 보려고 둘러보셨다. 그 여자는 자기에게 이루어진 일을 알고 두려워하여 떨며 와서 그 앞에 엎드려 모든 사실을 고백하였다.

그러자 제자들이 예수님께 반문하였다. "보시다시피 군중이 스승님을 밀쳐 대는데, '누가 나에게 손을 대었느냐?' 하고 물으십니까?" 31절

이 말은 이런 뜻이다. "아니 주님, 지금 이렇게 많은 사람들이 밀고 당기고 하는 판에 누가 손을 대었느냐고요? 그 대답을 드리죠. 모든 사람이 다 주님을 만졌습니다. 됐습니까?" 그랬더니 예수님은 어떻게 반응하십니까? "그러나 예수께서는 누가 그렇게 하였는지 보시려고 사방을 살피셨다."32절

예수님이 "누가 나에게 손을 대었느냐?"라고 물으셨을 때, 누가 만졌는지를 알고 질문하셨을까, 아니면 정말 모르셔서 질문하셨을까? 당연히 예수님은 이 여인이 자신을 만지고 병이 나았다는 것을 아셨다. 그런데 왜 누가 만졌느냐고 질문을 하실까?

지금 예수님 주위에 엄청나게 많은 사람들이 몰려서 그분을 만지는데, 오직 이 여인 한 사람만이 치유를 받았다. 예수님 안에는 무한한 능력이 있지만, 지금 그 능력을 체험한 사람은 이 여인뿐이다. 실제로 그때 그 자리에 있던 수많은 사람들이 예수님을 에워싸 밀며 만졌다. 그러나 그들은 주님의 능력을 체험하지 못했

다. 무엇이 차이일까? 그 차이는 바로 믿음이다. 그러니까, 아무리 예수님을 만져도 믿음으로 만지지 않으면 소용이 없고, 오직 믿음으로만 주님의 능력을 체험할 수 있다는 말이다.

34절 그 여자의 믿음은 예수님의 신적인 능력을 믿는 믿음이었다. 그는 믿음으로 불치의 병의 고침을 받았다. 믿음으로 구원을 얻는 원리는 병 고침에서나 영혼 구원에서나 비슷하다. 12년 된 불치의 혈루증을 고쳐주신 이는 예수 그리스도이시다. 오늘날도 도덕적으로 불치병자와 같은 죄인들이 예수 그리스도를 믿음으로 구원을 얻는다.

여기서 예수님은 사실상 이렇게 말씀하신 것과 같다. "너의 믿음이 너를 치유한 것이다. 이제 네 삶을 변화시키는 나와의 관계가 시작된 것이다. 그것이 믿음이다." 예수님은 이 여인이 주님과의 개인적인 만남을 통해 인격적 믿음을 갖기를 원하셨다. 병만 낫고 그냥 가버린다면 그것은 인격적인 믿음이 아니다. 나중에 다시 병에 걸리게 되면 또 소망이 없어지고 절망하게 된다. 예수님은 질병의 치유와 함께 이 여인이 진정한 의미의 구원을 깨닫기 바라셨다. 병만 낫고 가버리는 것이 아니라, 예수님을 따르는 제자가 되기를 원하신 것이다. 그러면 나중에 다른 병에 걸리거나 재발해도 아무 문제가 안 된다.

"딸아, 네 믿음이 너를 구원하였다."(5:34)

자료: m.blog.naver.com

Vox populi, vox Dei.

35-36절 질병과 죽음이 세상에 들어온 것은 첫째 아담의 죄와 불순종에 의해서이다. 그러나 둘째 아담 되시는 그리스도에 의해서 이 두 가지는 정복된 것이다. 그리스도께서 불치의 병을 고치시고 나서, 지금 여기에서 죽음을 정복하려고 당당히 행군하고 계시는 것이다. 마치 본 장의 서두에서 포악한 마귀를 그리스도께서 정복하고 승리하신 것처럼 말이다.[8]

예수께서 가시는 중에 회당장의 딸이 죽었다는 통보가 왔다. 그가 예수께 간청한 일은 불가능하게 된 듯했다. 사람들은 딸을 위한 그의 간청을 포기하라고 했다. 그러나 이 모든 상황은 인간 편에서의 상황이었다. 하느님께서는 현실의 모든 상황과 정반대로 이루실 수 있고, 하느님을 믿는 자는 낙망하지 않고 어려운 현실을 거슬러 행할 수 있다. 예수께서는 사람들이 하는 말을 즉시 들으시고 회당장에게 "두려워하지 말고 믿기만 하시오" 하고 말씀하셨다. 두려워 말고 믿기만 해야 할 까닭은 병든 자를 고치실 수 있고 죽은 자도 살리실 수 있는 자가 그와 함께 있으시고 그가 그의 딸을 살리기를 원하시기 때문이다. 사람의 모든 일들은 하느님의 뜻에 따라 이루어진다. 그가 원하시기만 하면 세상에 불가능한 일은 없다. 오늘날 하느님의 뜻을 분별하는 기준은 성경뿐이다. 따라서 우리는 어떤 상황에서나 오직 성경말씀을 읽고 묵상하며 하느님의 뜻을 분별하고 믿고 실천해야 한다.

37-39절 그리스도께서 죽은 아이가 누워 있는 집에 들어가시면서 몇 사람만 택해서 동행하게 하시었다. 그리스도께서 그를 따르던 무리들로 말미암아 혈루증 앓는 여인에게 신유의 은혜를 받을 수 있는 유익을 얻게 하였으나, 지금은 그 무리들을 다 떼어놓고 "아무도 당신을 따라오지 못하게" 하시고 다만 제자들 중에 대표격인 베드로와 야고보와 요한만을 데리고 들어가시었다. 이 세 사람의 수는 예수께서 행하시는 기적에 대해서 증인으로서 소임을 감당할 수 있

8 메튜 헨리 주석, 마가복음 05장.

는 수인 것이다. 그러나 그리스도께서 그런 소임을 감당할 만한 인원만을 동행하게 허락하신 것은 헛된 영광을 보도록 한 것이 아니다.[9]

베드로와 야고보와 요한, 그 세 제자는 예수님의 최측근의 사람들이었다. 그들은 죽은 자를 살리실 그 현장에 있을 산 증인들이었다. 죽음은 과연 사람들에게 가장 슬픈 일이며 사람에게 어찌할 수 없는 원수이다. 그러므로 사람은 죽음 앞에서 안정을 잃고 슬퍼하며 소동한다. 죽음 앞에서 모든 사람은 자신의 무능함과 무력함을 절감한다. 그러나 예수께서는 그들에게 "그 어린이는 죽은 것이 아니라 자고 있습니다" 하고 말씀하셨다. 세상 사람들은 죽음을 생의 끝으로 본다. 그들에게는 부활의 소망이 없다. 그러나 실상은 죽음이 생의 끝이 아니고 부활이 있다. 그러므로 주께서는 그 아이를 잔다고 표현하셨다. 죽음은 자는 것과 같고 부활은 깨는 것과 같다. 주께서는 이제 그 아이를 깨우실 것이다. 또 그는 마지막 날에 모든 죽은 사람들을 깨우실 것이다.

40-41절 그리스도께서 죽은 아이를 살려 주셨다. 여기에 나온 이 사건의 이야기는 우리가 마태오 복음서에서 살펴본 이야기와 같은 점이 많다. 그 어린아이는 대단히 많은 사랑을 받았다. 그것은 그 친척들과 이웃 사람들이 울며 심히 통곡함을 보아서 알 수 있다. 마치 꽃이 채 피기도 전에 곧 꺾이고 시드는 것처럼, 어린아이가 다 자라기도 전에 죽음이 그에게 찾아온다면 이것은 슬픈 일이 아닐 수 없다. 그러한 불행한 일이 우리를 슬프게 할 때에 우리는 이 일에 대해서 "이 아이가 우리를 위로해 줄 것이다." 창세 5:29 하며 울게 된다.[10]

사람들은 예수님의 말을 이해하지 못하고 그를 비웃었다. 그들이 비웃은 까닭은 예수님을 알지 못하였기 때문이다. 그들이 예수께서 누구신 줄 알았다면 그들은 그의 말씀을 믿었을 것이다. 그러나 그들은 자신들의 제한된 생각으로 주님과 그의 말씀을 판단하고 멸시하였다. 예수께서는 그들을 다 내쫓으신 후 아이

9 메튜 헨리 주석, 마가복음 05장.
10 메튜 헨리 주석, 마가복음 05장.

Vox populi, vox Dei.

"탈리다 쿰"

자료: m.mariasarang.net

의 부모와 또 자기와 함께한 자들을 데리고 아이 있는 곳에 들어가셨다. 그들은 증인들이 될 것이다. 다른 이들을 내보내신 것은 그들이 주님을 믿기보다는 기적이나 구경하려 하기 때문일 것이다. 기적은 단지 사람의 호기심이나 만족시키는 것이 아니고 오직 사람을 불쌍히 여기심에서 나온 것이며 사람을 회개와 믿음의 길로 이끄는 목적이 있다.

예수께서는 그 아이의 손을 잡고 말씀하셨다. "탈리다 쿰"전통본문. 그것은 번역하면 곧 "어린 소녀야, 너에게 이르노니 일어나거라"는 뜻이다. 이것이 주께서 그 죽은 소녀를 깨우신 행동이었다. 그것은 단순하고 쉬웠다. 그러나 그의 말씀은 하느님의 능력의 말씀이었다. 태초에 하느님께서 '빛이 있으라' 하고 말씀하실 때 빛이 있었듯이, 하느님의 아들께서는 원하시는 일을 행할 수 있으셨다.

42-43절 이 소녀와 같이 "열두 살" 되는 모든 소녀들도 그들이 그리스도에 의해서 살아난 자들처럼 걷지 않으면 안 된다. 무엇보다도 그들의 타고 난 허영심에서 일어나서 걸어야 되는 것이다. 이 기적의 사실에 대해서 보거나 들은 모든 사람들은 그 기적에 대해서나, 그 기적을 나타내신 분에게 대해서 놀라움

을 금할 수 없었다. "사람들은 몹시 놀라 넋을 잃었다." 그들은 그 기적 안에 무엇인가 비범하고 위대함이 있다는 것을 인정하지 않을 수 없었다. 그렇지만 그들은 그것이 무엇이라 단정하거나 추론할 수는 없었다. 그들의 놀람은 활기 있는 신앙에 이르도록 역사했어야만 하였다. 그러나 그것은 경탄과 감탄에 머무르고 말았다.[11]

그리스도께서 그 기적을 소문내지 않으려고 노력하시었다. "예수님께서는 아무에게도 이 일을 알리지 말라고 그들에게 거듭 분부하시고 나서" 이 사건은 다만 수행했던 세 사람만이 알고 있었다. 그러나 그리스도께서는 더 알게 하려고 하시지 않으셨다. 그 이유는 그리스도 자신의 부활이 사망을 이기시는 당신의 능력을 보여 줄 좋은 실례가 될 것이기 때문이다. 그러므로 다른 사건에 대한 실례는 당신 자신의 부활의 기적이 증거되기까지는 당분간 비밀로 간직하시려고 한 것이다. 기본적인 중점이 놓여 있는 증거의 다른 일부가 준비되기까지는 다른 일부의 증거는 보류되어야 했다.

그리스도께서 그 살아난 "소녀에게 먹을 것을 주라"고 말씀하시었다. 이 사실로 말미암아 알 수 있는 것은 그 소녀는 다시 살아났을 뿐만 아니라 음식에 대한 식욕을 가질 만큼 좋은 건강 상태로 회복이 되었다는 것이다.

그리스도께서 태초에 인간을 창조하셨을 때에 곧 그에게 먹을 것을, 즉 그가 바로 지음을 받은 그 흙에서 나온 식물을 주어서 먹게 하였던 것이다. "이제 내가 온 땅 위에서 씨를 맺는 모든 풀과 씨 있는 모든 과일나무를 너희에게 준다. 이것이 너희의 양식이 될 것이다. 땅의 모든 짐승과 하늘의 모든 새와 땅을 기어 다니는 모든 생물에게는 온갖 푸른 풀을 양식으로 준다."창세 1:29. 그와 같이, 지금 그리스도께서 새 생명을 주시고 나서 무엇을 먹게 하기 위해서 염려하시는 것이다.

그 소녀는 곧 일어나서 걸었다. 예수님의 말씀에는 즉각적 효력이 있었다. 이것은 신적 능력이었다. 이것은 그의 신적 인격의 증거였다. 예수 그리스도, 그는 단

11 메튜 헨리 주석, 마가복음 05장.

순히 사람이 아니고 그 이상이셨다. 그가 사람이신 것이 사실이지만, 그는 동시에 참 하느님이셨다. 그 속에는 온전히 충만한 신성이 육신의 형태로 그리스도 안에 머무르고 있다골로 2:9.

다시 살아난 그 소녀는 나이가 열두 살이었다. 사람들은 곧 크게 놀랐다. 그의 부모와 세 제자들은 그 기적의 현장에 있었다. 그 외에 그 집에 모였던 모든 사람들도 그 사건의 증인이었다. 예수님의 기적 사건들은 이와 같이 많은 증인들의 확실한 증거들로 확인된 바였고 그 증거들은 신약성경에 기록되어 있다. 그러므로 후시대의 사람들은 이 기록된 증거의 말씀들 곧 신약성경에 의지하여 예수 그리스도를 확실히 알고 믿어야 한다.

예수께서는 이 일을 아무도 알지 못하게 하라고 그들을 많이 경계하셨다. 그 까닭은 병고치는 일이 그의 사명이 아니었기 때문일 것이다. 주께서는 단지 병을 고치거나 기적을 행하기 위해 오지 않으셨다. 많은 사람들의 생각은 육체적, 물질적 차원에 머물러 있는 것 같다. 그들은 더 근원적인 영혼의 죄 문제를 깨닫지 못하고 또 해결받기를 원하지 않는다. 그러나 예수 그리스도께서는 죄인들의 구주로 세상에 오셨고, 죄인들을 구원하시기 위해 십자가에 죽으실 것이다.

예수께서는 그 살아난 소녀에게 먹을 것을 주라고 말씀하셨다. 그것은 그가 일반적 자연법칙을 인정하셨음을 보인다. 사람은 기적으로 사는 것이 아니고 일반

소녀는 곧 일어나서 걸었다.

자료: m.post.naver.com

적 자연법칙으로 산다. 기적은 역사상 특별한 경우에 주신 하느님의 은혜이지 성도의 일상적 생활법칙이 아니다. 그러므로 신자는 하느님께서 주신 일반적 자연법칙을 무시하고 기적주의로 기울어져서는 안 된다. 예를 들어, 사람은 건강을 위하여 소식小食을 하고 적당히 운동도 하고 적당히 잠을 자고 평안한 마음을 유지하고 의약적 처방도 감사히 사용해야 한다.

마르코 복음서 6장

天聲

나자렛에서 무시를 당하시다 마태 13,54-58; 루카 4,16-30

1 예수님께서 그곳을 떠나 고향으로 가셨는데 제자들도 그분을 따라갔다.

2 안식일이 되자 예수님께서는 회당에서 가르치기 시작하셨다. 많은 이가 듣고는 놀
라서 이렇게 말하였다. “저 사람이 어디서 저 모든 것을 얻었을까? 저런 지혜를 어
디서 받았을까? 그의 손에서 저런 기적들이 일어나다니!

3 저 사람은 목수로서 마리아의 아들이며, 야고보, 요세, 유다, 시몬과 형제간이 아
닌가? 그의 누이들도 우리와 함께 여기에 살고 있지 않는가?” 그러면서 그들은 그
분을 못마땅하게 여겼다.

4 그러자 예수님께서 그들에게 이르셨다. “예언자는 어디에서나 존경받지만 고향과
친척과 집안에서만은 존경받지 못한다.”

5 그리하여 예수님께서는 그곳에서 몇몇 병자에게 손을 얹어서 병을 고쳐 주시는 것
밖에는 아무런 기적도 일으키실 수 없었다.

6 그리고 그들이 믿지 않는 것에 놀라셨다. 예수님께서는 여러 마을을 두루 돌아다
니며 가르치셨다.

열두 제자를 파견하시다 마태 10,1; 마태 10,5-15; 루카 9,1-6

7 그리고 열두 제자를 부르시어 더러운 영들에 대한 권한을 주시고, 둘씩 짝지어 파
견하기 시작하셨다.

8 그러면서 길을 떠날 때에 지팡이 외에는 아무것도, 빵도 여행 보따리도 전대에 돈
도 가져가지 말라고 명령하시고,

Vox populi, vox Dei.

9 신발은 신되 옷도 두 벌은 껴입지 말라고 이르셨다.
10 그리고 그들에게 말씀하셨다. "어디에서나 어떤 집에 들어가거든 그 고장을 떠날
때까지 그 집에 머물러라.
11 또한 어느 곳이든 너희를 받아들이지 않고 너희 말도 듣지 않으면, 그곳을 떠날 때
에 그들에게 보이는 증거로 너희 발밑의 먼지를 털어 버려라."
12 그리하여 제자들은 떠나가서, 회개하라고 선포하였다.
13 그리고 많은 마귀를 쫓아내고 많은 병자에게 기름을 부어 병을 고쳐 주었다.

헤로데가 예수님의 소문을 듣다 마태 14,1-2; 루카 9,7-9

14 예수님의 이름이 널리 알려져 마침내 헤로데 임금도 소문을 듣게 되었다. 사람들
은 "세례자 요한이 죽은 이들 가운데에서 되살아난 것이다. 그러니 그에게서 그런
기적의 힘이 일어나지." 하고 말하였다.
15 그러나 어떤 이들은 "그는 엘리야다." 하는가 하면, 또 어떤 이들은 "옛 예언자들과
같은 예언자다." 하였다.
16 헤로데는 이러한 소문을 듣고, "내가 목을 벤 그 요한이 되살아났구나." 하고 말하
였다.

세례자 요한의 죽음 마태 14,3-12

17 이 헤로데는 사람을 보내어 요한을 붙잡아 감옥에 묶어 둔 일이 있었다. 그의 동
생 필리포스의 아내 헤로디아 때문이었는데, 헤로데가 이 여자와 혼인하였던 것
이다.
18 그래서 요한은 헤로데에게, "동생의 아내를 차지하는 것은 옳지 않습니다." 하고 여
러 차례 말하였다.
19 헤로디아는 요한에게 앙심을 품고 그를 죽이려고 하였으나 뜻을 이루지 못하였다.
20 헤로데가 요한을 의롭고 거룩한 사람으로 알고 그를 두려워하며 보호해 주었을 뿐
만 아니라, 그의 말을 들을 때에 몹시 당황해하면서도 기꺼이 듣곤 하였기 때문
이다.

21 그런데 좋은 기회가 왔다. 헤로데가 자기 생일에 고관들과 무관들과 갈릴래아의
유지들을 청하여 잔치를 베풀었다.
22 그 자리에 헤로디아의 딸이 들어가 춤을 추어, 헤로데와 그의 손님들을 즐겁게 하
였다. 그래서 임금은 그 소녀에게, "무엇이든 원하는 것을 나에게 청하여라. 너에게
주겠다." 하고 말할 뿐만 아니라,
23 "네가 청하는 것은 무엇이든, 내 왕국의 절반이라도 너에게 주겠다." 하고 굳게 맹
세까지 하였다.
24 소녀가 나가서 자기 어머니에게 "무엇을 청할까요?" 하자, 그 여자는 "세례자 요한
의 머리를 요구하여라." 하고 일렀다.
25 소녀는 곧 서둘러 임금에게 가서, "당장 세례자 요한의 머리를 쟁반에 담아 저에게
주시기를 바랍니다." 하고 청하였다.
26 임금은 몹시 괴로웠지만, 맹세까지 하였고 또 손님들 앞이라 그의 청을 물리치고
싶지 않았다.
27 그래서 임금은 곧 경비병을 보내며, 요한의 머리를 가져오라고 명령하였다. 경비병
이 물러가 감옥에서 요한의 목을 베어,
28 머리를 쟁반에 담아다가 소녀에게 주자, 소녀는 그것을 자기 어머니에게 주었다.
29 그 뒤에 요한의 제자들이 소문을 듣고 가서, 그의 주검을 거두어 무덤에 모셨다.

오천 명을 먹이시다 마태 14,13-21; 루카 9,10-17; 요한 6,1-14

30 사도들이 예수님께 모여 와, 자기들이 한 일과 가르친 것을 다 보고하였다.
31 그러자 예수님께서 그들에게, "너희는 따로 외딴곳으로 가서 좀 쉬어라." 하고 말씀
하셨다. 오고 가는 사람들이 너무 많아 음식을 먹을 겨를조차 없었던 것이다.
32 그래서 그들은 따로 배를 타고 외딴곳으로 떠나갔다.
33 그러자 많은 사람이 그들이 떠나는 것을 보고, 모든 고을에서 나와 육로로 함께
달려가 그들보다 먼저 그곳에 다다랐다.
34 예수님께서는 배에서 내리시어 많은 군중을 보시고 가엾은 마음이 드셨다. 그들이
목자 없는 양들 같았기 때문이다. 그래서 그들에게 많은 것을 가르쳐 주기 시작하
셨다.

Vox populi, vox Dei.

35 어느덧 늦은 시간이 되자 제자들이 예수님께 다가와 말하였다. "여기는 외딴곳이
고 시간도 이미 늦었습니다.
36 그러니 저들을 돌려보내시어, 주변 촌락이나 마을로 가서 스스로 먹을 것을 사게
하십시오."
37 예수님께서 "너희가 그들에게 먹을 것을 주어라." 하고 이르시니, 제자들은 "그러면
저희가 가서 빵을 이백 데나리온어치나 사다가 그들을 먹이라는 말씀입니까?"하
고 물었다.
38 예수님께서 그들에게, "너희에게 빵이 몇 개나 있느냐? 가서 보아라." 하고 이르셨
다. 그들이 알아보고서, "빵 다섯 개, 그리고 물고기 두 마리가 있습니다." 하고 대
답하였다.
39 예수님께서는 제자들에게 명령하시어, 모두 푸른 풀밭에 한 무리씩 어울려 자리
잡게 하셨다.
40 그래서 사람들은 백 명씩 또는 쉰 명씩 떼를 지어 자리를 잡았다.
41 예수님께서는 빵 다섯 개와 물고기 두 마리를 손에 들고 하늘을 우러러 찬미를 드
리신 다음 빵을 떼어 제자들에게 주시며, 사람들에게 나누어 주도록 하셨다. 물고
기 두 마리도 모든 사람에게 나누어 주셨다.
42 사람들은 모두 배불리 먹었다.
43 그리고 남은 빵 조각과 물고기를 모으니 열두 광주리에 가득 찼다.
44 빵을 먹은 사람은 장정만도 오천 명이었다.

물 위를 걸으시다 마태 14,22-33; 요한 6,16-21

45 예수님께서는 곧 제자들을 재촉하시어 배를 타고 건너편 벳사이다로 먼저 가게 하
시고, 그동안에 당신께서는 군중을 돌려보내셨다.
46 그들과 작별하신 뒤에 예수님께서는 기도하시려고 산에 가셨다.
47 저녁이 되었을 때, 배는 호수 한가운데에 있었고 예수님께서는 혼자 뭍에 계셨다.
48 마침 맞바람이 불어 노를 젓느라고 애를 쓰는 제자들을 보시고, 예수님께서는 새
벽녘에 호수 위를 걸으시어 그들 쪽으로 가셨다. 그분께서는 그들 곁을 지나가려
고 하셨다.

49 제자들은 예수님께서 호수 위를 걸으시는 것을 보고, 유령인 줄로 생각하여 비명
을 질렀다.
50 모두 그분을 보고 겁에 질렸던 것이다. 예수님께서는 곧 그들에게 말씀하셨다. "용
기를 내어라. 나다. 두려워하지 마라."
51 그러고 나서 그들이 탄 배에 오르시니 바람이 멎었다. 그들은 너무 놀라 넋을 잃
었다.
52 그들은 빵의 기적을 깨닫지 못하고 오히려 마음이 완고해졌던 것이다.

겐네사렛에서 병자들을 고치시다 마태 14,34-36

53 그들은 호수를 건너 겐네사렛 땅에 이르러 배를 대었다.
54 그들이 배에서 내리자 사람들은 곧 예수님을 알아보고,
55 그 지방을 두루 뛰어다니며 병든 이들을 들것에 눕혀, 그분께서 계시다는 곳마다
데려오기 시작하였다.
56 그리하여 마을이든 고을이든 촌락이든 예수님께서 들어가기만 하시면, 장터에 병
자들을 데려다 놓고 그 옷자락 술에 그들이 손이라도 대게 해 주십사고 청하였다.
과연 그것에 손을 댄 사람마다 구원을 받았다.

1 Jesus left there and went to his hometown, accompanied by his disciples.
2 When the Sabbath came, he began to teach in the synagogue, and many
who heard him were amazed. "Where did this man get these things?"
they asked. "What's this wisdom that has been given him, that he even
does miracles!
3 Isn't this the carpenter? Isn't this Mary's son and the brother of James,
Joseph, Judas and Simon? Aren't his sisters here with us?" And they took
offense at him.
4 Jesus said to them, "Only in his hometown, among his relatives and in
his own house is a prophet without honor."

Vox populi, vox Dei.

5 He could not do any miracles there, except lay his hands on a few sick people and heal them.

6 And he was amazed at their lack of faith. Then Jesus went around teaching from village to village.

7 Calling the Twelve to him, he sent them out two by two and gave them authority over evil spirits.

8 These were his instructions: "Take nothing for the journey except a staff—no bread, no bag, no money in your belts.

9 Wear sandals but not an extra tunic.

10 Whenever you enter a house, stay there until you leave that town.

11 And if any place will not welcome you or listen to you, shake the dust off your feet when you leave, as a testimony against them."

12 They went out and preached that people should repent.

13 They drove out many demons and anointed many sick people with oil and healed them.

14 King Herod heard about this, for Jesus' name had become well known. Some were saying, "John the Baptist has been raised from the dead, and that is why miraculous powers are at work in him."

15 Others said, "He is Elijah." And still others claimed, "He is a prophet, like one of the prophets of long ago."

16 But when Herod heard this, he said, "John, the man I beheaded, has been raised from the dead!"

17 For Herod himself had given orders to have John arrested, and he had him bound and put in prison. He did this because of Herodias, his brother Philip's wife, whom he had married.

18 For John had been saying to Herod, "It is not lawful for you to have your brother's wife."

19 So Herodias nursed a grudge against John and wanted to kill him. But she was not able to,

20 because Herod feared John and protected him, knowing him to be a righteous and holy man. When Herod heard John, he was greatly puzzled; yet he liked to listen to him.

21 Finally the opportune time came. On his birthday Herod gave a banquet for his high officials and military commanders and the leading men of Galilee.

22 When the daughter of Herodias came in and danced, she pleased Herod and his dinner guests. The king said to the girl, "Ask me for anything you want, and I'll give it to you."

23 And he promised her with an oath, "Whatever you ask I will give you, up to half my kingdom."

24 She went out and said to her mother, "What shall I ask for?" "The head of John the Baptist," she answered.

25 At once the girl hurried in to the king with the request: "I want you to give me right now the head of John the Baptist on a platter."

26 The king was greatly distressed, but because of his oaths and his dinner guests, he did not want to refuse her.

27 So he immediately sent an executioner with orders to bring John's head. The man went, beheaded John in the prison,

28 and brought back his head on a platter. He presented it to the girl, and she gave it to her mother.

29 On hearing of this, John's disciples came and took his body and laid it in a tomb.

30 The apostles gathered around Jesus and reported to him all they had done and taught.

31 Then, because so many people were coming and going that they did not even have a chance to eat, he said to them, "Come with me by yourselves to a quiet place and get some rest."

32 So they went away by themselves in a boat to a solitary place.

33 But many who saw them leaving recognized them and ran on foot from all the towns and got there ahead of them.

34 When Jesus landed and saw a large crowd, he had compassion on them, because they were like sheep without a shepherd. So he began teaching them many things.

35 By this time it was late in the day, so his disciples came to him. "This is a remote place," they said, "and it's already very late.

36 Send the people away so they can go to the surrounding countryside and villages and buy themselves something to eat."

37 But he answered, "You give them something to eat." They said to him, "That would take eight months of a man's wages! Are we to go and spend that much on bread and give it to them to eat?"

38 "How many loaves do you have?" he asked. "Go and see." When they found out, they said, "Five—and two fish."

39 Then Jesus directed them to have all the people sit down in groups on the green grass.

40 So they sat down in groups of hundreds and fifties.

41 Taking the five loaves and the two fish and looking up to heaven, he gave thanks and broke the loaves. Then he gave them to his disciples to set before the people. He also divided the two fish among them all.

42 They all ate and were satisfied,

43 and the disciples picked up twelve basketfuls of broken pieces of bread and fish.

44 The number of the men who had eaten was five thousand.

45 Immediately Jesus made his disciples get into the boat and go on ahead of him to Bethsaida, while he dismissed the crowd.

46 After leaving them, he went up on a mountainside to pray.

47 When evening came, the boat was in the middle of the lake, and he was alone on land.

48 He saw the disciples straining at the oars, because the wind was against them. About the fourth watch of the night he went out to them, walking on the lake. He was about to pass by them,

49 but when they saw him walking on the lake, they thought he was a ghost. They cried out,

50 because they all saw him and were terrified. Immediately he spoke to them and said, "Take courage! It is I. Don't be afraid."

51 Then he climbed into the boat with them, and the wind died down. They were completely amazed,

52 for they had not understood about the loaves; their hearts were hardened.

53 When they had crossed over, they landed at Gennesaret and anchored there.

54 As soon as they got out of the boat, people recognized Jesus.

55 They ran throughout that whole region and carried the sick on mats to wherever they heard he was.

56 And wherever he went—into villages, towns or countryside—they placed the sick in the marketplaces. They begged him to let them touch even the edge of his cloak, and all who touched him were healed.

人語

마르코 복음서 입문

명화 속 불멸의 성 마르코

마르코 복음서의 저자인 성 마르코에 대해서는 많은 정보가 알려져 있지 않다. 전해지는 자료에 의하면 그는 베드로 성인에 의해 세례를 받고 그리스도인이 되었다. 사도행전은 베드로가 감옥에 갇혔다가 천사의 도움으로 감옥에서 나와 간

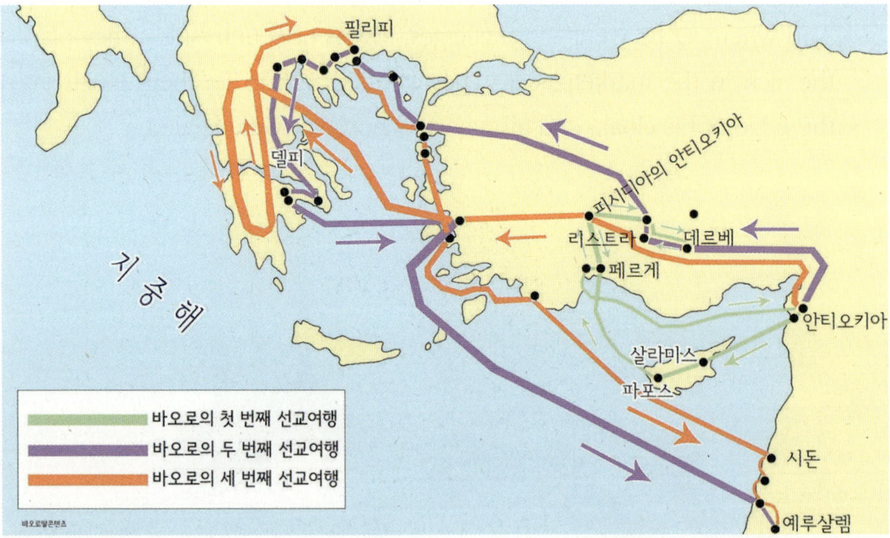

바오로의 선교여행

자료: contents.pauline.or.kr

곳이 바로 마르코의 집이라며 "마르코라 하는 요한의 어머니 마리아의 집으로 갔다. 거기에는 많은 사람이 모여 기도하고 있었다. 베드로가 바깥문을 두드리자 로데라는 하녀가 누구인지 보려고 문으로 갔다"라고 기록하고 있다.

초기 공동체 시절에는 아직 교회가 존재하지 않았기 때문에 사람들은 비밀리에 가정집에 모여서 집회를 가졌는데 집회를 제공한 주인은 많은 신자들을 수용할 수 있는 규모가 큰 저택을 소유한 귀족인 경우가 많았다.

위의 성경 말씀으로 미루어 보건대 마르코의 집 역시 집회를 제공한 집이었고, 하녀도 있었다는 것으로 보아 마르코는 귀족 출신이었을 가능성이 있다. 사도행전에 따르면 바오로의 일차 선교 여행 때 마르코는 예루살렘에서 안티오키아를 거쳐 키프로스 섬까지 바오로를 동행했다고 한다.

전승에 의하면 베드로가 마르코를 알렉산드리아로 보냈으며 거기서 주교가 되었다. 부활절 미사를 드리던 중 마르코는 이교도들의 습격을 받고 붙잡혔는데 이들은 주교인 마르코의 목에 밧줄을 걸어서 성인을 거리에서 끌고 다녔으며, 이튿날 같은 일을 되풀이했고, 성인은 살점이 떨어져 나가고 피가 낭자하여 순교했다고 전해진다. 이교도들이 시신을 불태우려 하자 천둥과 번개가 쳤고, 사람들은 시신을 방치한 채 도망치기에 급급했는데 그 틈을 타 신자들이 성인의 시신을 수습하여 교회에 모셨다고 한다. 알렉산드리아에 모셔졌던 성인의 유해는 829년 베네치아의 상인들에 의해 베네치아로 옮겨졌으며, 이를 기념하여 베네치아 사람들은 성인의 이름을 따 성 마르코 대성당을 짓고 그곳에 유해를 보존하여 오늘날에 이르고 있다.

마르코 성인이 대중적 인기를 누린 데에는 복음서 저자라는 사실 외에도 베네치아의 수호성인이라는 사실이 큰 몫을 했다. 베네치아에서 마르코 성인은 특별한 공경을 받았으며, 성 마르코 대성당이 도시의 수호성인 성 마르코께 헌정된 것을 비롯하여 베네치아 곳곳에서는 복음서 저자 성 마르코를 상징하는 사자상을 흔히 볼 수 있다. 과거 베네치아 상인들은 긴 여행을 떠나면서 성 마르코께 무사안일을 기원했고, 돌아와서도 안전한 여행과 도시의 번영을 이룩해준 것에 대해 감사드렸다.

성 마르코의 생애를 그림으로 보여준 화가는 베네치아를 대표하는 화가 중의 한 사람인 틴토레토Tintoretto, 본명 야코포 로부스티 Jacopo Robusti, 1518 1594이다.

이 그림의 배경은 성 마르코가 생존했던 고대 로마시대가 아니라 화가가 살았던 16세기 중반 베네치아의 모습이다. 성인의 시신을 불태우기 위해 쌓여진 장작더미가 광장 한복판에 놓여져 있고, 하늘에서 천둥 번개가 치자 사람들이 모두 건물 안으로 피신하고 있는 사이에 신자들이 성인의 시신을 구출하는 장면을 그리고 있다.

성인의 몸은 발가벗겨진 채 사람들에 의해 옮겨지고 있는데, 후기 르네상스 시대의 그림답게 인물들의 동작이 역동적으로 표현되었고, 인체의 단축법이 강조되었으며, 누드로 표현된 성인의 모습은 당시 화가들이 인체묘사에 특별한 관심이 있었음을 보여준다. 색채와 빛의 대가였던 틴토레토답게 이 작품은 갈색과 먹구름으로 표현된 검은색 그리고 건물을 표현한 흰색 정도의 색채만을 사용했으나 성인의 최후의 모습을 생동감 넘치게 보여주고 있다.

산 마르코 대성당

산 마르코 대성당Basilica di San Marco은 이탈리아 베네토주 베네치아의 성당이다. 비잔틴 건축 양식의 대표적인 건축물 가운데 하나로 손꼽히며 산 마르코 광장과

종탑에서 내려다 본 산 마르코 대성당의 돔

자료: www.korea.kr

두칼레 궁전과 인접해 있다. 원래 두칼레 궁전에 소속된 성당이었으나, 1807년에 베네치아 대주교가 이 곳으로 주교좌를 옮기며 바티칸 소유의 대성당으로 승격되었다.

대성당의 기본적인 골격은 1060년과 1100년 사이에 대부분 완성되었고, 후에 추가적으로 이루어진 공사들은 대부분 대성당 건물을 장식하거나 더 화려하게 꾸미는 것에 그 중점을 두었다. 대성당은 고딕 양식의 돔으로 꾸며져 있으며, 성당을 덮고 있는 황금 모자이크를 만드는 데는 몇 세기나 걸렸다. 13세기에 원래 돔 위에 철골로 새로운 돔을 만들어 씌웠다. 내부의 돔 공간 자체의 크기를 확장한 것이 아니기 때문에, 실제로 안으로 들어가 보면 밖에서 볼 때보다 훨씬 더 낮다.

대성당의 아름다운 디자인, 황금 모자이크, 베네치아의 부와 명성으로 인해, 산 마르코 대성당은 11세기에 '황금 교회'라고도 불렸다. 당시 이탈리아 건축가들이 독창적인 방식으로 비잔틴 양식과 이슬람 양식을 섞어 이국적인 분위기를 풍긴다.

산 마르코 대성당의 특징으로 다섯 개의 쿠폴라돔는 축제 분위기를 자아내는 듯하다. 이 성전은 9세기에 이집트 알렉산드리아에서 가져온 산 마르코의 유골을 보존하기 위해 1046년에 세운 것인데, 산 마르코San Marco는 다름 아닌 신약성서의 마르코 복음서의 저자 성 마르코의 이탈리아식 이름이다. 산 마르코의 상징은 날개 달린 사자인데 이는 또한 베네치아의 상징이기도 하다.

산 마르코 대성당은 베네치아 공화국의 모든 중요한 행사가 이루어지던 곳이다. 이곳의 음악은 옛날 베네치아 공화국이 국가차원에서 감독했으며, 국가는 수준 높은 음악의 전통을 지키기 위해 지원을 아끼지 않았다. 따라서 이 성당의 음악감독이나 오르간 주자, 또는 오케스트라 연주자 자리는 당시 유럽에서 선망의 대상이 되었다.[1]

1 정태남, 베네치아 악파의 산실, 산 마르코 대성당, 대한민국 정책브리핑, 2021년 4월 5일.

Vox populi, vox Dei.

1527년 산 마르코 대성당 음악감독에 플랑드르 출신의 유명한 음악가 아드리안 빌라르트가 초빙되어 왔다. 플랑드르는 현재의 벨기에 북부지방이지만 당시는 네덜란드 땅으로 영어로는 플란더스Flanders 현지어로는 플람스Flaams라고 한다. 그곳은 예나 지금이나 기후가 별로 좋지 않다.

빌라르트는 햇빛 찬란한 남국의 하늘과 지중해, 운하 위에 눈부시게 어리는 햇살, 운하 주변에 가볍게 떠 있는 듯한 석조 건물들, 축제의 장식처럼 아름다운 창, 이국적 정취가 넘쳐흐르는 산 마르코 대성당과 날렵하고 우아한 도제Doge 베네치아의 최고통치자의 궁전, 심지어 그늘 속에도 찬란한 빛깔이 숨어 있는 환상적인 도시의 모습에 완전히 매료되었다.

이때부터 그의 음악은 완전히 바뀌기 시작했다. 즉, 그의 이전 작품은 선율들이 정교하게 엇갈리면서 진행되는 것이 특징이었으나 베네치아에 발을 디디고 나서부터는 그의 작곡기법에 풍부한 화성 효과가 많이 도입되었던 것이다.

특히 그는 산 마르코 대성당과 같은 돔의 배열을 가진 내부공간에서는 아주 묘한 음향 효과를 얻을 수 있다는 것을 알아내고는 작곡할 때 음색의 대비, 음향의 대응 효과 등을 염두에 두었다. 그를 비롯해 제자 안드레아 가브리엘리와 그의 조카 조반니 가브리엘리는 산 마르코 대성당이 지닌 독특한 내부 공간 구조를 이용하여 '분리된 합창'이라는 형식을 시도했다. 즉, 좌우 양쪽 돔 아래에 멀리 떨

금빛 모자이크로 처리된 산 마르코 대성당의 내부

자료: www.korea.kr

어져 있는 두 개의 합창석과 두 대의 오르간의 선율이 함께 울려 퍼지는 오묘한 음향의 대응 효과를 시도했던 것이다.

각 절 해석[2]

1-2절 그리스도께서 당신의 고향을 방문하시었다. 그곳은 예수께서 태어나신 곳이 아니고 자라나신 곳인데, 그곳 이름은 나자렛이다. 그곳에는 예수의 친족들이 살고 있었다. 그리스도께서는 그 고향에서 향민들로부터 생명의 위험까지 당하신 적이 있었다루카 4:29. 그런데 지금 다시 그들을 방문하신 것이다. 예수께서는 대단히 이상하리 만큼 당신의 원수들의 구원을 은혜스럽게 기다리고 구하고 계셨다. 이러하셨기 때문에, 비록 위험 속에 뛰어드는 격인 이곳을 또다시 방문하신 것이다.[3]

예수께서는 고향 나자렛으로 가셨다. 마태오 복음서 2장의 증거대로, 아기 예수께서는 얼마간의 애굽의 피난생활 후 이스라엘 땅으로 돌아와서 갈릴래아 지방의 나자렛이라는 동네에 와서 사셨고, 그래서 그는 나자렛 사람이라고 불리었다. 또 요한 복음서 1:45에 보면, "이 필립보가 나타나엘을 만나 말하였다. '우리는 모세가 율법에 기록하고 예언자들도 기록한 분을 만났소. 나자렛 출신으로 요셉의 아들 예수라는 분이시오.'" 신약성경은 예수님을 열일곱 번이나 '나자렛 예수'라고 부른다마태 26:71, 마르 14:67, 16:6; 루카 4:34, 18:37, 24:19.

안식일이 되어 예수께서는 회당에서 가르치셨다. 그는 30세까지 안식일마다 참석하셨을 그 회당에서 안식일에 가르치셨다. 이제는 그가 일하시는 때였다. 사람은 겸손히 배우며 자라야 할 때가 있고, 또 일하며 가르쳐야 할 때가 있다. 우리는 하느님께서 정하신 때에 또 교회가 요청하는 때에 일해야 할 것이다. 그러나

2 김효성 목사, 마가복음 강해, 2023년 2월 1일 수정.
3 메튜 헨리 주석, 마가복음 06장.

Vox populi, vox Dei.

나자렛 동네의 많은 사람들은 예수 그리스도의 신성神性을 아는 지식이 없었다. 그들은 그가 가르치는 말을 듣고 그가 어떻게 그러한 지혜와 능력을 가질 수 있는가 하고 놀라며 말하였다. 그러나 그들의 말을 통해 그가 사람의 지혜와 능력 이상의 것을 소유하신 분이심이 증거되었다. 하느님과 사람의 차이는 무엇보다 지혜와 능력의 차이이다.

3절 그들은 그리스도를 멸시하고, 그분에게 반대하는 편견을 사람들의 마음속에 일으켜 주려고 연구하였다. "저 사람의" 이 모든 "지혜"와 이 모든 "기적"이 별로 가치가 없는 것이다. 왜냐하면 그는 다만 집에서 교육받은 것뿐이고, 어디로 여행을 다녀온 일도 없고, 어느 대학교에 다닌 일도 없으며, 어느 유명한 박사의 밑에서 교육을 받은 일도 없기 때문이다. "저 사람은 목수로서 마리아의 아들이다." 마태오 복음서에서는 예수를 목수의 아들이라고 그들은 비난하였다. 그것은 예수의 육신의 아버지 요셉이 그런 직업을 가졌었기 때문이다.[4]

나자렛 사람들은 예수님을 마리아의 아들 목수로 알고 있었고 또 그의 동생들이 야고보와 요세와 유다와 시몬이며 또 그의 누이들도 그들과 함께 있다고 말하며 예수님을 배척했다. 마태오 복음서 13:54-56, "예수님께서 고향에 가시어 회당에서 사람들을 가르치셨다. 그러자 그들은 놀라서 이렇게 말하였다. '저 사람이 어디서 저런 지혜와 기적의 힘을 얻었을까? 저 사람은 목수의 아들이 아닌가? 그의 어머니는 마리아라고 하지 않나? 그리고 그의 형제들은 야고보, 요셉, 시몬, 유다가 아닌가? 그의 누이들도 모두 우리와 함께 살고 있지 않는가? 그런데 저 사람이 어디서 저 모든 것을 얻었지?'" 즉, 그들이 그를 목수의 아들로 알고 있었다고 말하며 또 그의 동생들의 이름도 언급했다. 그들에게 예수는 목수의 아들 목수이며 그의 동생들의 형제, 즉 단지 한 사람이었다. 그들은 그가 신적 본질과 속성을 가진 자가 될 수 없다고 본 것이다. 그의 형제들과 누이들처럼 그

4 메튜 헨리 주석, 마가복음 06장.

는 사람이며 그 이상이 될 수 없었다. 그래서 그들은 예수님을 배척했다. 그들은 예수님의 은혜로운 말을 듣고 그의 능력의 일들을 보았지만 무지와 완고함 때문에 그를 거절하고 배척했던 것이다.

그러나 지금은 그들이 그의 어린 시절을 가지고 판단할 때가 아니고 그의 가르침과 행위를 가지고 판단해야 할 때이다. 그가 마리아의 아들 목수이며 야고보와 요세와 유다와 시몬의 형제일지라도 그의 교훈과 행위가 그의 신성神性을 증거한다면, 그들은 교만과 완고함을 버리고 겸손하게 그를 영접하고 그를 인정하고 그를 따라야 할 것이다. 그러나 그들은 아직 하느님의 은혜를 받지 못하였다.

예수께서는 "스승님은 살아 계신 하느님의 아드님 그리스도이십니다."라고 신앙을 고백했던 베드로에게 "시몬 바르요나야, 너는 행복하다! 살과 피가 아니라 하늘에 계신 내 아버지께서 그것을 너에게 알려 주셨기 때문이다."라고 말씀하셨다마태 16:16-17. 또 사도 바오로는 코린토 신자들에게 보낸 둘째 서간에서 "'어둠 속에서 빛이 비추어라.' 하고 이르신 하느님께서 우리 마음을 비추시어, 예수 그리스도의 얼굴에 나타난 하느님의 영광을 알아보는 빛을 주셨습니다."라고 말하였다2코린 4:6. 믿음은 하느님께서 주시는 고귀한 은혜이다. 그가 은혜 주시지 않으면 아무도 참된 믿음을 가지지 못할 것이다.

예수가 자라난 마을 나자렛

자료: 100.daum.net

4-6절 목회자들이 낯선 곳에서보다 자기들의 고향에서는 환대를 받기가 어렵고 목회의 성공이 어려운 것이다. 어려서 친숙하게 된 분들에게는 멸시를 받게 되며, 출세길에서 뒤진 사람들에게서는 시기를 받게 된다. 그리고 사람들은, 그들의 가축 떼들을 사냥개에게 맡길 준비는 하면서도 그들의 영혼을 지도하는 아버지들에게 자기들을 맡기려고 하지 않는다. 그러므로 그러한 경우에 그리스도의 그 말씀을 어렵게 생각해서는 안 된다. 그 말씀은 평범하게 생각해야 한다. 이 말씀은 그리스도의 말씀인 것이다. "지혜롭게 일해야 성과가 오른다."전도 10:10.[5]

우리는 그리스도께서 특별히 신앙에 관해서 놀라시는 장면을 다음과 같이 세 번 볼 수 있다. 즉 그리스도께서 이방인이며 낯선 사람인 로마 백인대장의 신앙과마태 8:8-10, 가나안 여인의 신앙과마태 15:28, 당신이 고향 사람들인 이 유다 사람들의 불신앙에 대해서 기이히 여기시며 놀라신 것이다. 하느님의 은혜 받는 것을 싫어하는 불신앙과 같이 이상한 일은 없다.

예언자선지자는 자기 고향과 친척과 자기 집에서는 존경을 받지 못한다. 사람들은 예언자의 어린 시절의 연약한 모습을 기억하고 그를 무시하기 쉽기 때문이다. 예수께서는 자기 고향 나자렛에서는 몇 사람의 병자들에게만 안수해 고치셨다. 그는 믿지 않는 자들 가운데서 기적을 행치 않으셨다. 믿을 만한 상황에서도 믿지 않는 그들의 불신앙은 기이한 일이었다. 그러나 그는 사람들이 그를 영접하든지 영접하지 않든지 모든 마을 이곳저곳 두루 다니시며 가르치셨다. 하느님의 종들은 환경 여건에 흔들리지 말고 오직 맡은 일에 충성해야 한다.

7절 만일 우리가 원하는 곳에 선을 행하지 못하면, 우리가 할 수 있는 곳에 선을 행하지 않으면 안 되는 것이다. 비록 벽촌이라 하더라도 우리가 그리스도를 섬기고 영혼들을 구원할 수 있는 기회를 우리가 갖게 된 것을 기뻐하지 않으면 안 되는 것이다. 때로는 그리스도의 복음은 부와 허영과 환락과 교활함이

5 메튜 헨리 주석, 마가복음 06장.

적은 농촌 마을이 인구가 많은 도시보다 더 나은 환대를 받는 것이다.[6]

열두 제자들이 전도를 위해 둘씩 보냄을 받은 것은 예비적 일이었다. 장차 주님이 부활하신 후 그들은 성령을 받아 땅끝까지 주님의 증인으로 보내질 것이다. 마태오 복음서 28:19-20, "너희는 가서 모든 민족들을 제자로 삼아, 아버지와 아들과 성령의 이름으로 세례를 주고, 내가 너희에게 명령한 모든 것을 가르쳐 지키게 하여라. 보라, 내가 세상 끝 날까지 언제나 너희와 함께 있겠다." 오순절에 성령께서 제자들에게 내려오신 후 그들은 세계복음화의 사명을 수행하여야 했다.

주께서 제자들을 둘씩 보내신 것은 증거의 확실성과 상호협력을 위함이었을 것이다. 한 사람의 증거보다 두 사람의 증거는 더 힘이 있고 확실하다. 또 제자들은 서로 위로하고 협력하는 것이 필요하다. 하느님을 위하여 함께 일하는 동역자同役者들은 서로를 위해 기도하고 서로의 부족을 보충하며 서로를 붙들어 줄 수 있다.

주께서는 제자들을 보내실 때 그들에게 더러운 영마귀들을 제어하는 권세를 주셨다. 그것은 하느님께서 주신 신분증이었다. 오늘날 말씀의 사역자들은 비록 그런 외적인 권세의 표는 없지만, 말씀의 권위의 표징을 가진다고 본다. 말씀의 권위는 하느님께서 함께하시는 표징이다. 주께서는 주의 종들을 말씀의 권위로 붙들고 사용하신다고 본다.

8-9절 주께서 제자들에게 여행을 위해 지팡이 외에는 빵이나 돈이나 가지지 말고 신발만 신고 두 벌 옷도 입지 말라고 하셨다. 그것은 하느님께서 그의 일꾼들의 필요를 채우신다는 사실을 교훈하시기 위함이었을 것이다. 전도자의 삶은 하느님의 공급하심을 받는 삶이므로, 전도자는 세상의 걱정 근심을 가급적 초월하며 살아야 한다. 그러나 오늘날 전도자들이 저축이나 보험이 필요 없다고 지나치게 생각할 것은 없다고 본다. 범사에 낭비하지 않고 절약하고 저축하며 사는 것은 모든 성도의 기본적 생활 태도여야 할 것이다.

6 메튜 헨리 주석, 마가복음 06장.

Vox populi, vox Dei.

"길을 떠날 때에 지팡이 외에는 아무것도, 빵도 여행 보따리도 전대에 돈도 가져가지 말라고 명령하시고, 신발은 신되 옷도 두 벌은 껴입지 말라고 이르셨다."(6:8-9)

자료: m.blog.naver.com

주님만이 나의 도움이시다. 주님이 들려주셨던 그 여호와 하느님의 말씀을 의지하고 나아가라고 하시는 것이다. 우리에게는 눈앞에 보이는 빵양식이 더 중요할지 모른다. 우리는 눈앞에 보이는 돈이 더 중요할지 모른다. 그런데 아무 소용이 없을 것 같은, 지팡이와 신발만 신고 가라고 하시는 것이다. 주님만을 의지하고 나아가라고 하시는 것이다. 주님께서 'take nothing'이라고 했을 때는 예수님과 일치된 길을 가라고 하시는 것이다. 결국 거룩의 옷을 입으라는 것이다. 거룩의 옷을 입어야 세상에서 더러운 마귀를 쫓아낼 수 있는 능력이 거기서부터 나오기 때문이다.

10절 그리스도께서 그들에게 어느 도성에 가든지 그들을 영접하는 그 집에 들어가 그들의 처음 거처를 삼고, 그곳으로 그들의 본부를 삼으라고 지시하시었다. 이 말씀은 이러한 표현으로 나타낼 수 있을 것이다. "너희는 어디까지나 심부름을 하는 것을 알고 충분한 환영을 받도록 하라. 그리고 너희를 처음에 초대하는 집에 들어가거든 그들이 너를 귀찮게 생각하지 않음을 믿고 너희의 친구들에게 대하는 듯한 그러한 우정을 가지고 대하도록 하라."[7]

이것은 전도자가 한 지역에서 이 집 저 집 이동함으로써 부덕不德한 행위를 하지 말라는 뜻일 것이다. 전도자의 삶은 편안함을 위해 택한 길이 아니고 주와 함

[7] 메튜 헨리 주석, 마가복음 06장.

께 고난에 참여해야 할 길이다. 그러므로 처음에 거하게 된 집의 환경이 어떠하든지 거기에 만족하며 더 나은 곳을 찾아 이동해서는 안 된다. 우리는 먹을 것과 입을 것이 있으면, 그것으로 만족하며 살아야 한다1티모 6:8. 하느님께서는 결코 자기의 백성과 자기의 종들을 굶주리게 하지 않고 필요한 것을 주실 것이다.

11절 그리스도께서 그들에게 그들이 전하는 복음을 받아들이지 않는 그런 사람들에게 행할 대단히 무거운 명령을 내리셨다. "어느 곳이든 너희를 받아들이지 않고 너희 말도 듣지 않으면, 그곳을 떠날 때에 그들에게 보이는 증거로 너희 발밑의 먼지를 털어 버려라." 이 말씀은 이렇게 표현할 수 있을 것이다. "그들로 하여금 그들이 하느님으로부터 생명과 복을 받아서 오늘의 그들이 된 것을 먼지로 증거를 삼아 알게 하라. 그러나 그들이 복음을 거절한다면 그들은 다른 기회를 기대할 수 없을 것이다. 그들로 그들 집에 있는 먼지를 취하도록 너희 발에 먼지를 떨어버려라. 아마 그들의 운명이 그렇게 될 것이다." 그 먼지는 마치 애굽의 먼지와 같이 그들에게 재앙으로 변할 것이며탈출 9:9, 그 진노의 날에 그들이 받을 심판은 소돔성의 그것보다 더 참혹할 것이다.[8] 소돔성에 하느님의 사자들이 보냄을 받았지만, 그들은 그곳에서 모욕을 당했으며, 그들은 하느님의 큰 심판을 당하게 된 것이다.

고대 팔레스타인 신발은 샌들 형태이다. 그렇기 때문에 걷는 것 자체가 많은 먼지가 묻게 되는 행위다. "어느 곳이든 너희를 받아들이지 않고 너희 말도 듣지 않으면, 그곳을 떠날 때에 그들에게 보이는 증거로 너희 발밑의 먼지를 털어 버려라."(6:11)

자료: 392766.tistory.com

8 메튜 헨리 주석, 마가복음 06장.

Vox populi, vox Dei.

하나님을 경외하는 자들은 전도자들을 영접할 것이며 그들이 전하는 말을 들을 것이다. 그것은 그가 하나님의 백성이라는 표시이다. 전도자를 영접하는 것은 그를 보내신 예수 그리스도를 영접하는 것이다마태 10:40. 그러나 전도자는 그를 영접하지 않는 자들을 떠나갈 때 발의 먼지를 떨어버려 그들이 하느님과 상관없음을 증거해야 했다. 이것은 하느님의 말씀을 거절하는 자들에 대한 경고이다. 주께서 보내신 전도자의 말을 거절하는 죄는 죄들 중에 매우 큰 죄로 간주되었다. 주께서는 전도자의 말을 거절하는 죄가 옛날 유황불비로 소멸되었던 소돔과 고모라 성 사람들의 죄보다 더 크다고 말씀하셨다.

12-13절 그리스도께서 그들에게 임명하신 대로 순종한 사도들, 비록 그들은 자기들 자신들이 얼마나 약하며, 도저히 자기들이 이 귀한 임무를 안전하게 수행할 수 없음을 잘 알고 있었다. 그렇지만 그들은 예수에게 순종하기 위해서, 주 예수의 힘을 의지하고 마치 아브라함이 갈 바를 알지 못하고 출발하였듯이 나갔던 것이다.

복음을 전하는 자들이 무엇보다도 가져야 할 계획과 복음 전도의 의도하는 바는 사람들로 하여금 회개하여 새 마음과 새 길을 취하게 하는 것이어야 한다. 그들은 우스운 농담으로 사람들을 즐겁게 하지 않았고, 마땅히 회개하여 하느님께 돌아와야 할 것을 전한 것이다. 그들이 행한 기적으로 그리스도께서 '마귀를 제어하는 권세를' 제자들에게 주심은 무효하지 않았다. 그들은 이것을 헛되이 받지 않은 것이고 그 권세를 행사하였다. 그것은 그들이 나가서 "많은 마귀를 쫓아내고 많은 병자에게 기름을 부어 병을 고쳐 주었기" 때문이다13절.[9]

제자들은 나가서 회개하라 전파하였고 많은 병자들을 고쳤다. 그들이 나가서 한 활동은 두 가지였다. 하나는 회개하라고 전파한 것이다. 세례 요한도 회개를 전파했다마르 1:4. 예수께서도 회개를 전파하셨다마르 1:15. 사도 바오로도 전도 활동

[9] 메튜 헨리 주석, 마가복음 06장.

을 할 때 회개를 전파했다고 증거했다사도 20:21. 하느님의 뜻은 회개, 즉 죄를 버리고 떠나는 것이다. 모든 사람은 죄를 깨닫고 버리고 떠나야 한다.

제자들이 나가서 한 또 하나의 활동은 많은 병자들을 고친 것이었다. 제자들은 많은 마귀들을 쫓아내며 많은 병자들에게 기름을 부어 고쳤다. '기름을 붓는 것'은 성령의 능력의 활동을 상징한 것 같다. 병자들의 치료는 오직 성령의 능력으로 된 것이었다. 병자들의 치료는 사도들이 전하는 복음이 하느님의 진리임을 보증하는 표시였다.

14-16절 헤로데는 예수의 이름과 그분의 평판에 대해서, 그분이 무슨 말을 하며, 무슨 일을 행하심을 들었다. 신앙이 없는 곳에는 공상이 생기는 것이다. 사람들은 말하기를 이분은 죽은 자 가운데서 살아난 '선지자'라 하였다. 헤로데 말하기를 "세례자 요한이 죽은 이들 가운데에서 되살아난 것이다."라고 하였다. 이 일로 미루어 보건대 "죽은 자 가운데서 선지자 중의 하나가 살아나 능력을" 그들에게 행해 주기를 기대하였다고 생각된다. 그러나 그러한 생각은 있을 수 있고 또 있음직한 것이다. 그리고, 곧 그것이 사실이 아니었을 때에 쉽게 의심이 생기는 것이다. 그러나 그 후에 예수 그리스도에게 있어서 이런 생각이 사실로 이루어지고, 그 진리가 부인할 수 없을 만큼 증거되었을 때에는 이 사실이 그들에 의해서 반박을 당하고 부인된 것이다. 진리에 대해서 가장 믿지 않으려고 하는 그런 사람들이 보통 거짓과 공상에는 가장 잘 속는다.[10]

하느님으로부터 나온 일에 반대해서 싸우는 자들은, 비록 그들이 승리자들이라고 스스로 생각할 그 때에도 그들 자신이 낭패를 당했다는 것을 알게 될 것이다. 주의 말씀이 끝까지 견딜 것이므로 그들이 득점할 수 없는 것이다.

열두 제자들의 전도를 통해 예수 그리스도의 이름이 온 유대 땅에 더욱 알려졌다. 헤로데 임금도 예수 그리스도의 소문을 들었다. 사람들은 "세례자 요한이

10 메튜 헨리 주석, 마가복음 06장.

Vox populi, vox Dei.

"내가 목을 벤 그 요한이 되살아났구나."(6:16)

자료: t1.daumcdn.net

죽은 이들 가운데에서 되살아난 것이다. 그러니 그에게서 그런 기적의 힘이 일어나지."라고 말했다. 어떤 사람들은 그를 엘리야라 했고 또 어떤 이는 그를 예언자 곧 옛 예언자들 중의 하나와 같다고 말했다. 그러나 헤로데 임금은 예수님의 소문을 듣고 그가 목 베어 죽인 세례 요한이 죽은 자 가운데서 살아났다고 말하였다. 본문의 헤로데는 마태오 복음서 2장에 나오는 헤로데 대왕의 아들 헤로데 안티파스로서 갈릴래아와 베뢰아를 통치하였었다주전 4년-주후 39년. 루카 복음서 9:7에 보면, 헤로데는 예수님에 관한 모든 일을 듣고 심히 당황해하였다.

17-20절 헤로데가 세례 요한을 옥에다 감금시킨 일에 대한 이야기로 이 이야기는 마태오 복음서에서도 그러했지만 이 경우에도 기록되어 있다. 헤로데가 세례 요한에 대해서 얼마동안 가졌던 평가와 존경은 다만 이 복음서 기자에 의해서만 나타내었다20절. 우리는 여기에서 한 인간이 하느님의 은혜와 영광을 향하여 얼마나 위대한 길을 걸어나갈 수 있으며, 그러나 불행하게 그 길을 끝까지 계속하지 못하고 영원히 멸망할 수 있다는 사실을 보게 되는 것이다.[11]

11 메튜 헨리 주석, 마가복음 06장.

헤로데 안티파스는 그의 이복형제인 필리포스의 아내 헤로디아와 결혼하였고 세례 요한은 그것이 옳지 않은 행위라고 지적했었다. 그의 지적을 불쾌하게 생각했던 헤로디아는 요한에 대해 원한을 품고 죽이고자 하였으나 헤로데가 요한을 의롭고 거룩한 사람으로 알고 두려워해 보호하며 그의 말을 들을 때에 달게 듣고 그의 교훈을 따라 선한 일들을 많이 행했기 때문에 죽이지 못하였다.

21-29절 세례 요한의 목을 베기 위한 음모가 꾸며졌다. 헤로데 자신도 이 음모에 가담한 것으로 생각된다. 비록 헤로데가 싫어하고 놀라는 빛을 보였다 하더라도 그가 이 음모에 가담을 하였고, 그 일은 그와 헤로디아 사이의 동의에 의해 추진되었다고 보는 것이다. 왜냐하면 "좋은 기회가 왔다"21절라고 기록되었기 때문이다. 그것은 그러한 목적을 달성하는 데 적합하였다. 헤로데 왕의 생일에 궁정에서 무도회가 열리게 될 것이며 많은 손님들을 위해서 만찬이 준비될 것이 틀림없었다. 위엄한 식전에서 헤로디아의 딸이 춤을 추게 될 것이 틀림없다. 그리고 헤로데는 그 헤로디아의 딸의 춤에 미칠 듯이 매혹될 것이다.[12]

본문은 세례 요한이 어떻게 순교로 생을 마쳤는지 증거한다. 세례 요한은 옥에 갇혀 있다가 죽음을 맞게 되었다. 헤로데의 생일이었다. 헤로데 임금은 자기 생일에 고관들 무관들과 갈릴래아의 유지들을 청하여 함께 잔치를 베풀었다. 그때 헤로디아의 딸이 들어와 춤을 추어 헤로데와 함께 앉은 자들을 기쁘게 하였다. 임금이 그 소녀에게 말했다. "무엇이든 원하는 것을 나에게 청하여라. 너에게 주겠다." 임금은 맹세까지 하면서 말했다. "네가 청하는 것은 무엇이든, 내 왕국의 절반이라도 너에게 주겠다." 그 딸은 어머니에게 가서 "무엇을 청할까요?"라고 묻자, 그 어머니는 딸에게 "세례자 요한의 머리를 요구하여라."고 말했다. 그 딸은 곧 임금에게 급히 들어가 말하였다. "당장 세례자 요한의 머리를 쟁반에 담아 저에게 주시기를 바랍니다." 임금이 심히 근심하였으나 자기가 맹세한 것과 손님들 앞이라 그 딸의 요청을 거절할 수 없었다. 임금은 곧 경비병 하나를 보내어 요한

12 메튜 헨리 주석, 마가복음 06장.

Vox populi, vox Dei.

〈세례자 요한의 머리를 든 살로메[13]〉, 카라바조, 1607년경

자료: m.blog.naver.com

의 머리를 가져오라 명하였고 그 사람이 나가 옥에서 요한의 목을 베어 그 머리를 쟁반에 담아다가 그 소녀에게 주었고 그 소녀는 그것을 그 어머니에게 주었다. 세례 요한은 이렇게 죽음을 맞았다. 그의 제자들은 듣고 와서 시체를 가져다가 장사하였다. 헤로데 임금은 공의보다 자기의 명예와 체면을 중시하였다.

30-33절 그리스도께서 복음을 전파하고 기적을 행하도록 파송하였던
7절 제자들이 돌아왔다. 그들은 얼마동안 그 나라의 여러 지방으로 흩어졌었다. 그러나 그들이 몇 가지 약속을 잘 지켰을 때에 그들 스스로 모여 그들의 전도 기행문을 비교해 보았다. 그리고 나서 그들의 공동체의 본부인 예수에게 와서 그들의 받은 임명에 따라서 그들이 행한 바를 모두 보고하기로 한 것이다. 마치 잔치에 사람들을 초청하러 보냄을 받은 종들이, 손님들로부터 대답을 듣고 돌아와 모든 사실을 다 보고 한 것처럼, 여기에 사도들도 자기들의 행한 것과 가르친 것을 낱낱이 고하였던 것이다. 사역자들은 그들이 무엇을 행하였고 무엇을 가르쳤는가에 대해서 계산을 하게 될 것이다.[14]

13 살로메는 신약성서에 등장하는 인물이며, 전통적으로 헤로디아의 딸로 여긴다. 요세푸스 기록에 따르면, 살로메의 아버지는 헤로데 필리포스 2세로 헤로데 대왕과 그의 세 번째 부인 미리암의 아들이고, 어머니는 유명한 헤로디아로 대제사장 시몬의 딸이었다.

14 메튜 헨리 주석, 마가복음 06장.

사도들은 돌아와 예수님께 모여 그들이 행한 것과 가르친 것을 낱낱이 보고하였다. 그들이 행한 것은 병 고친 일들이며 그들이 가르친 것은 회개하고 믿으라는 내용이었다. 그들은 선포했을 뿐 아니라 또한 가르쳤다. 그들은 회개와 믿음이 무엇인지, 사람이 왜 회개하고 믿어야 하는지 설명했을 것이다. 전도는 선포와 가르침을 포함한다.

예수께서는 제자들의 전도 보고를 들으신 후, "너희는 따로 외딴곳으로 가서 좀 쉬어라." 하고 말씀하셨다. 그것은 그들이 음식을 먹을 겨를도 없었기 때문이다. 사람은 하루 몇 번 음식의 섭취와 휴식이 필요하다. 하느님께서는 우리 몸의 연약함을 아시고 우리 몸이 때때로 휴식이 필요함을 아신다. 그래서 그는 우리에게 날마다 밤을 주셔서 잠을 자고 쉬게 하시며 또 7일에 하루를 휴식의 날로 주시는 것이다. 제자들은 배를 타고 따로 한적한 곳으로 갔다. 그러나 그들이 가는 것을 보고 많은 사람들은 예수님과 그의 제자들 일행이 쉬는 곳까지 따라왔다. 그들의 사모함과 열성은 매우 컸다.

34절 그리스도께서 그 사람들을 환대하셨다. 예수께서 많은 군중을 보았다. 그들이 제아무리 많은 사람들이고 많은 무리라 하였을지라도, 당신이 따로 있고 싶었는데 그들이 방해를 하므로 불쾌함을 느끼실 수 있었을 것이다. 그러나 그리스도께서는 "목자 없는 양들 같았기 때문에" 더욱 관심을 가지시고 그들을 바라보시었다. 그들은 양으로서 잘 양육을 받고 인도를 받고 싶은 듯 보였으며, 잘 가르침을 받기를 원하는 듯하였으나 그들에게는 목자가 없었다. 그들을 올바른 길로 인도하고 안내해 줄 자가 아무도 없었으며, 그들을 좋은 말씀으로 가르쳐 줄 자가 아무도 없었다.[15]

예수께서는 나오셔서 많은 군중을 보시고 그들이 목자 없는 양들 같아서 불쌍히 여기셨다. 군중들은 바른 교훈과 인도를 받지 못했으나 바른 말씀을 갈망하여 원근 각처에서 모여왔다. 그들은 바른 말씀에 흥미가 없는 교인들과 달랐다.

15 메튜 헨리 주석, 마가복음 06장.

Vox populi, vox Dei.

예수께서는 말씀을 사모하는 그들에게 여러 말씀으로 가르치셨다. 마태오 복음서의 증거대로 그는 그때 병자들도 고치셨지만마태 14:14 더 중요한 것은 가르치시는 일이었다. 물론, 그가 후에 십자가에 죽으신 것이 그의 생에 있어서 가장 중요한 일이었지만, 그는 주로 군중을 가르치는 일을 하셨다. 그의 뒤를 이은 사도들도 그러하였다. 그들은 기도와 말씀 봉사에 전념했다사도 6:4. 배교와 혼란의 말세에도 우리는 여전히 성경으로 돌아가야 한다. 우리는 성경을 읽고 연구해야 하고 성경을 전하고 가르쳐야 한다. 그것이 옛길이며 바른 길이다.

35-37절 그리스도께서는 그 모든 청중들을 당신의 손님들로 정중히 맞이하였으며 그들에게 놀라운 환대를 하시었다. 그러므로 이 일은 하나의 기적이라고 부를 만한 것이다. 제자들은 그 무리들을 보내야 한다고 제안하였다. "여기는 외딴곳이고 시간도 이미 늦었습니다. 그러니 저들을 돌려보내시어, 주변 촌락이나 마을로 가서 스스로 먹을 것을 사게 하십시오."35, 36절. 이렇게 제자들은 그리스도에게 제안하였다. 그러나 우리는 무리가 자기들 스스로 그렇게 한 것을 우리는 보지 못한다. 그들은 "우리를 보내소서, 그 무리들이 비록 배가 고프다 하여도, 그들은 그리스도의 입에서 나오는 말씀을, 그들의 필요한 양식보다 더 낫게 여기고 있으니 말입니다."라고 말하지 않았다. 그리고 그 무리들이 그리스도에게서 말씀을 듣고 있을 때에 그들을 잊지 않았다. 그러나 제자들은 그들을 해산해서 돌려보내는 것이 그들에게 친절을 베푸는 일로 생각하였던 것이다. 원하는 마음은 선한 일을 하게 될 때가 그가 기대하는 것보다 더 많은 일을 하게 될 것이며 오래 지속하게 할 것이다.[16]

요한 복음서 6:7에 보면, 필립보는 "저마다 조금씩이라도 받아 먹게 하자면 이백 데나리온어치 빵으로도 충분하지 않겠습니다."라고 말했다. 이백 데나리온의 돈도 없었겠지만, 비록 그런 큰 돈이 있다 하더라도 갑자기 어디서 그 많은 수량의 빵을 구하며, 또 그것을 어떻게 싣고 올 수 있겠는가? 그러나 주께서는 그 저

16 메튜 헨리 주석, 마가복음 06장.

녁에 불가능한 일을 가능케 하시는 신적 능력을 나타내실 것이다.

38절 그리스도께서 모든 무리에게 배불리 먹이셨다. 그들은 배 안에서 먹으려고 가지고 왔던 빵 다섯 개와 그들이 여기에 오면서 잡았을 것으로 보는 물고기 두 마리를 가지고 있었다. 이것이 그들의 음식에 대한 식단표였다. 이것은 그리스도와 제자들을 위해서도 오히려 부족한 것이다. 그러나 이것을 그들은 그리스도에게 드리지 않으면 안 되었다. 마치 어려운 과부가 '두 렙돈'[17]을 헌금하였듯이, 그리고 마게도니아 교회가 "극한 가난이 저희로 풍성한 연보를 넘치도록 하게 하였던" 것처럼 말이다. 우리는 그리스도께서 다른 사람의 식탁에 초대를 받아 가셨을 때에 다른 사람들을 데리고 가서 같이 식사하시는 것을 자주 볼 수 있다. 그런데 여기에서는 그리스도께서 많은 무리에게 음식을 먹이시는 것이다.[18]

사람들에게는 먹을 빵이 없었다. 제자들이 알아보고 얻은 음식은 단지 빵 다섯

오병이어의 기적

자료: t1.daumcdn.net

[17] 두 렙돈 = 한 고드란트, 네 고드란트 = 한 앗사리온, 열 여섯 앗사리온 = 한 데나리온(노동자 하루 품삯). 따라서 두 렙돈은 노동자 하루 품삯의 64분의 1에 해당하는 돈이다. 우리 돈으로는 건설현장 일반잡부 노임이 하루 80,000원인데 이 중에 인력소개업체에 소개료 10,000을 주고 점심값 5,000원을 빼고 나면 65,000원이 하루 품삯이다.

[18] 메튜 헨리 주석, 마가복음 06장.

개와 물고기 두 마리뿐이었다. 이것들은 그 많은 무리들에게 거의 없는 것과 마찬가지였다. 그러나 빵 다섯 개와 물고기 두 마리가 있었다는 것도 감사했다. 요한 복음서에 보면, 그것은 한 아이가 가지고 있던 보리 빵 다섯 개와 물고기 두 마리였다요한 6:9. 그 아이는 그것을 예수님께 기꺼이 바쳤다. 그것을 바치기 싫어했다면, 강제로 빼앗아 주님 앞에 가지고 올 수는 없었을 것이다. 그 아이는 자기도 배가 고팠을 텐데 그것을 바쳤다. 이 작은 것, 그러나 그 귀한 것을 가지고 주께서는 그 저녁에 기적을 행하셨다.

우리는 한 알의 밀이 어떻게 많은 밀 이삭들을 맺고 한 마리의 물고기가 어떻게 그렇게 많은 알들을 낳는지 그 이치를 이해하지 못하지만 그것을 믿을 수 있다. 우리는 창조주 하느님께서 자연 세계에서 이미 그런 일을 많이 하고 계심을 알고 있다. 그렇다면, 전지전능하신 하느님께서 빵 다섯 개로 많은 빵을 만드시고 물고기 두 마리로 많은 물고기를 만드시는 것은 결코 불가능한 일은 아닐 것이다.

39-40절 광야의 만찬은 간소하였다. 만일 그리스도께서 원하시기만 한다면 광야의 이 식탁에 그렇게 준비하실 수 있었지만 여기에 진수 성찬은 마련되지 않았다. 그렇게 함으로써 그리스도께서는 우리에게 손쉬운 간소한 음식으로 만족하고 진미를 탐하지 말라는 교훈을 주시기를 원하시는 것이다. 만일에 우리가 필요한 것을 취하게 된다면 비록 우리가 진미나 별미를 취하지 않는다 해도 문제가 안 되는 것이다. 하느님은 사랑으로 굶주리는 우리에게 식물을 주신다. 그 손님들은 질서정연하였다. "모두 푸른 풀밭에 한 무리씩 어울려 자리 잡게 하셨다." 이렇게 한 것은 그들에게 음식을 나누어 줄 때에 좀더 쉽고 질서 있게 하기 위함이다. 왜냐하면 "하느님은 무질서의 하느님이 아니라 평화의 하느님이시기 때문입니다."1코린 14:33. 예수께서는 그 광야에 온 모든 사람들이, 한 사람도 빠지거나 과식하지 않고 흡족하게 먹을 수 있도록 그토록 세밀하게 보살펴 주신 것이다.[19]

19 메튜 헨리 주석, 마가복음 06장.

다른 복음서들과 달리, 마르코 복음서는 주께서 무리들을 '푸른 풀밭' 위에 앉게 하셨다고 더 생생하게 증거한다. 푸른 풀밭은 그날 저녁 무리들의 야외식당이 되었다. 주께서는 무리를 백 명씩, 오십 명씩 질서정연하게 앉히셨고 그러므로 그 저녁 그 기적의 빵을 먹은 자들의 수는 쉽게 파악되었다. 무리들은 무슨 음식이 나올 것인가 궁금했을 것이다. 그보다 제자들은 어디에서 이 많은 무리를 먹일 음식이 공급될지 도무지 이해하지 못하고 염려하고 있었을 것이다. 사람은 하느님이 하실 일을 한 치 앞도 알지 못한다. 그러므로 우리는 조용히 그가 하시는 일을 기다려야 한다.

41절 이 간단한 음식은 하느님의 축복을 필요로 하였다. 그리스도께서 제자 중의 하나를 불러서 축사하라고 부탁하시지 않고, 당신 자신이 축사하시었다.[20]

'찬미를 드리다'의 원어율로게오는 '감사하다, 축복하다'는 뜻이다. 예수께서는 감사하시고 빵을 떼어 제자들에게 주어 사람들 앞에 놓게 하시고 또 물고기 두 마리도 모든 사람에게 나누어주셨다. 그런데 그 저녁에 놀라운 일이 일어났다. 그 빵 다섯 개와 물고기 두 마리가 줄어들지 않고 없어지지 않았다. 제자들과 무리들, 또 그 음식을 주님께 드렸던 아이는, 너무 감격적인 광경을 보았을 것이다. 그들의 기억 속에서 그날 저녁의 일은 결코 잊혀질 수 없었을 것이다.

42-44절 그리스도께서 축사하시자 빵과 물고기가 이상하게 불어나서 모두 배불리 먹고 남았다. 그리고 이들의 수는 오천 명이 넘었던 것이다. 이 기적은 의미심장한 것이며, 그리스도께서 이 세상에 오신 것은 대 의원이 되시기 위함인 것처럼 대 양육자가 되시기 위함인 것을 보여 주는 것이다. 그리고 영적인 생명을 회복시켜 주실 뿐만 아니라, 이 영적인 생명을 건강하게 보호하고 양육하

20 메튜 헨리 주석, 마가복음 06장.

오병이어로 오천 명을 먹이심

자료: m.blog.naver.com

기 위해 오신 것을 보여 주시기 원하시는 것이다. 그리고 그리스도 안에는 그에게 나오는 모든 자들에게 줄 수 있는 충분한 것이 준비되어 있어, 그들의 영혼들을 채워 주시기에 넉넉하며 그들의 값진 그릇들을 채워 주시기에 넉넉한 것이다. 아무도 그리스도에게 채움을 받지 못하고 빈 그릇으로 돌아가지 않으며 그에게 나오는 자들은 충만한 채움을 받게 되는 것이다.[21]

그날 밤 거기에 있었던 사람들은 다 그 기적의 빵을 배불리 먹었다. 예수께서는 사람의 육신적 필요를 풍성히 공급하셨다. 남은 빵을 거두게 하신 것은 기적의 빵이 오용되지 않게 하시는 뜻도 있었을 것이다. 어떤 기념물을 신성시하는 것은 우상숭배의 위험이 있다. 빵을 먹은 사람들은 남자가 5천 명이었다. 마태오 복음서는 여자와 아이 외에 5천 명가량이라고 증거한다마태 14:21. 여자와 아이들을 포함하면 만 명은 넘었을 것이다. 빵 기적의 일은 만여 명의 증인을 가진 사건이었다.

45절 사람들은 흩어지기를 싫어하였다. 그러므로 그들을 돌려보내는데 적지 않은 시간과 수고를 허비해야 하였다. 그들은 지금 좋은 만찬을 들었기 때문에 그리스도의 곁을 쉽게 떠나려고 하지를 않았다. 우리가 이 세상에 살고

21 메튜 헨리 주석, 마가복음 06장.

있는 한, 언제까지라도 그리스도와의 교제만을 계속할 수는 없는 것이다. 그리스도와 즐길 수 있는 영원한 잔치는 미래의 나라에서나 가능한 것이다.[22]

무리들이 오병이어五餠二魚의 기적의 빵과 물고기를 다 먹었을 때는, 이미 날이 어두웠던 것 같다. 예수께서는 즉시 제자들을 재촉하셔서 자기가 무리를 보내는 동안에 배 타고 앞서 벳사이다 건너편으로 가게 하셨다. 루카 복음서 9:10은 오병이어의 기적이 벳사이다에서 일어났다고 증거한다. 벳사이다는 갈릴래아 호수의 북동쪽 해안 지역에 있고, 북에서 갈릴래아 호수로 들어오는 요단강의 동쪽에 있다. 또 본문 53절과 마태오 복음서 14:34는 그들이 겐네사렛 땅에 이르렀다고 말하고 요한 복음서 6:17, 24는 그들이 카파르나움에 왔다고 말한다. 겐네사렛 땅은 벳새다Bethsaida 건너편 곧 갈릴래아 호수의 북서쪽에 있는 카파르나움가버나움과 겐네사렛 마을을 포함하는 넓은 지역 명칭이었다고 보인다.

쉴 시간도 없이 계속 무리를 대해야 했던 제자들은 몹시 피곤했을 것이다. 빵 기적 사건이 있은 후 예수께서는 그들을 재촉하여 먼저 배 타고 갈릴래아 바다를 건너가게 하셨고, 자신은 무리를 보내기 위해 남으셨다. 이것은 제자들을 위한 그의 배려였고 또 원근 각처에서 모여왔다가 돌아가는 무리들 한 영혼, 한 영혼에 대한 그의 겸손한 관심과 사랑이었다. 주께서는 한 사람의 영혼을 귀히 여기시고 또 한 명의 잃어버린 영혼을 불쌍히 여기신다.

46절 그리스도께서 기도하시었다. 비록 그리스도께서 당신에게 나오는 사람들에게 많은 설교를 하시었지만 또한 기도도 많이 하시었다. 예수께서는 자주 기도하셨고 오래 기도하시었다. 그리스도께서 하느님의 우편에서 우리를 위해서 끊임없는 중보의 기도를 하신다는 것은 우리에게 큰 격려가 아닐 수 없다.[23]

무리를 다 보내셨을 때는 이미 날이 저물었고 밤이 깊었을 것이다. 그는 무리를 작별하신 후 홀로 기도하러 산으로 가셨다. 그가 밤 4경, 곧 새벽 3시부터 6시 사

22 메튜 헨리 주석, 마가복음 06장.
23 메튜 헨리 주석, 마가복음 06장.

Vox populi, vox Dei.

이에 바다 위로 걸어서 제자들에게 가신 것을 보면, 그는 그 밤에 여러 시간 동안 기도하셨다. 그는 우리를 위하여 친히 기도의 모범을 보이셨다. 그는 새벽기도에 힘쓰셨고마르 1:35 밤기도에도 힘쓰셨다. 신성神性을 가진 그에게는 기도가 필요하지 않으셨을 터인데도 그는 기도에 힘쓰심으로 우리의 모범이 되셨다. 그것은 모두 우리에게 교훈을 주시기 위함이었을 것이다.

특히 그는 큰일을 이루신 후에 기도하는 본을 보이셨다. 사람은 어려울 때 기도하기는 쉬워도 큰일을 행한 후 기도하기는 쉽지 않다. 그러나 우리는 그런 때 자만과 해이의 시험에 떨어지지 않도록 기도해야 한다. 예수께서는 우리와 똑같은 인성人性을 가지셨으나 그의 신성神性이 그의 인성을 보호하며 지도하셨을 것이다. 우리는 연약한 사람이지만, 우리 속에 거하시는 성령께서는 우리의 연약함을 도우시고 우리를 바르고 선한 길로 인도하신다. 우리는 심령으로 힘을 얻기 위해 시시때때로 하느님께로 나아가야 한다.

47-48절 그리스도께서 혼자서 기도하러 가셨다. 비록 그리스도께서 마음의 산만함이나 허탈함을 피하시기 위해 조용한 곳에 찾아가실 필요는 없으셨지만 우리에게 모범을 보여 주시고 우리로 하여금 하느님과 은밀한 대화를 나눌 수 있도록 격려해 주시기 위해 홀로 하느님께 나가 기도하셨다. 그리고 골방이 필요해서 산을 찾아가셨다. 선량한 사람은 하느님과 홀로 있을 때 말고는 혼자 있을 수 없게 된다. 제자들이 바다에서 조난을 당하였다. "마침 맞바람이 불어"48절, 제자들은 열심히 노를 저어 보았지만 앞으로 나아갈 수가 없었다. 이 일은 이후에 그들이 복음을 전하기 위해 그리스도에 의해서 사방으로 파송될 때에 예상할 수 있는 고난에 대한 예표일 수 있다. 그것은 마치 이때에 그들을 거스르는 바람을 향하여 보내는 것 같은 것이다. 그들은 이 역풍을 향하여 노 젓는 수고를 해야만 하는 것이다. 그들은 세찬 물결과 싸우기 위해 열심히 일하지 않으면 안 되는 것이다.[24]

24 메튜 헨리 주석, 마가복음 06장.

날은 저물어 밤이 깊었고 배는 바다 가운데 있었고 예수님은 홀로 육지에 계셨다. 그런데 마귀가 빵 기적 사건을 샘내어 바람을 격동시키기라도 한 듯이, 이상하게도 거친 바람이 제자들의 길을 방해하고 있었다. 전날 저녁에는 기쁨과 감격이 넘쳤으나 지금 그들은 어려움을 겪고 있다. 세상에는 평안과 고난이 뒤섞여 있다. 그러므로 평안한 때에 우리는 너무 기뻐하여 자만하지 말고, 고난의 때에 너무 낙심하여 하느님이 어디 계신가 하며 불신앙에 빠지지 말아야 한다.

주께서는 바람 때문에 제자들이 괴롭게 노 젓는 것을 보셨다. 그는 멀리서도 모든 것을 보셨다. 새벽녘에 그는 바다 위로 걸어서 그들에게 오셨다. 그 바다 가운데에서 두려움에 사로잡힐 수밖에 없었을 제자들에게 그는 친히 가까이 오셨다. 그는 오늘날에도 세상의 풍랑 속에서 분투하는 성도들에게 가까이 오셔서 그들을 위로하시고 도우실 것이다.

49-51절 그리스도께서 물 위를 걸으셔서 그들을 방문하시었다. 그리스도께서는 당신이 계시는 그곳에서 바람의 강세를 측정하시고 그들을 구하기 위해 천사를 보내실 수도 있었다. 그러나 그리스도께서는 가능한 한 사랑의 정을 나타낼 수 있는 최선의 방법을 택하시어 그들을 보살피려고 하신 것이다. 그러므로 당신 자신이 직접 그들에게 걸어오신 것이다. 그리스도께서 물 위로 걸어서 오셨다. 바다에는 지금 풍랑이 거세었다. 그러나 그리스도께서 물 위로 걸어서 그들에게 오셨다. "큰 물의 소리보다, 바다의 파도보다 엄위하십니다. 높은 데에 계시는 주님께서는 엄위하십니다." 시편 93:4. 정한 시간이 이르게 될 때에는 어떠한 난관도 자기의 백성들에게 나타나는 그리스도의 은혜를 방해할 수 없는 것이다. 그리스도께서는 그들을 구원하시기 위해 험한 파도 속에서도 찾아오시는 것이다.[25]

제자들은 그가 바다 위로 걸어오심을 보고 유령인가 하고 놀라서 소리를 질렀다. 예수께서는 그들에게 "용기를 내어라. 나다. 두려워하지 마라." 하고 말씀하셨

25 메튜 헨리 주석, 마가복음 06장.

Vox populi, vox Dei.

다. 그가 배에 오르시자 바람은 그쳤다. 제자들은 마음에 심히 놀라고 의아해 하였다. 예수께서 바다 위로 걸어오신 것은 기적이지만, 하느님의 능력으로는 가능한 일이다. 물건이 공중에서 아래로 떨어지고 물 위에서 가라앉는 것은 자연법칙이지만, 육신의 눈에 보이지 않는 영의 힘이 붙들면 물 위에 떠 있을 수 있다.

52절 우리 주 예수께서는 당신의 일을 비록 언제나 동일한 격식과 관찰에 의해서 하지 않더라도 효과적으로 수행하실 수 있는 것이다. 비록 우리가 그리스도의 명령하심을 듣지 않았다 하더라도 바람은 그와 같이 그치게 된 것이며 우리는 그와 같은 고요함에 대해서 위로를 받게 되는 것이다.[26]

빵 다섯 개와 물고기 두 마리로 오천 명 이상을 먹이신 것은 그가 물 위로 걸어오심보다 더 놀라운 기적이었다. 그들이 그때에 예수께서 하느님의 아들이심을 깨달았다면 그가 물 위로 걸어오심을 그렇게 놀라지 않았을 것이다. 그러나 그들은 곧 깨닫게 되었다. 마태오 복음서 14:33에 보면, 배에 있는 사람들은 예수께 절하며 "스승님은 참으로 하느님의 아드님이십니다."라고 고백하였다. 제자들은 예수께서 하느님의 아들이시라는 그의 신적 영광을 보았고 깨닫고 고백하였던 것이다.

53-55절 제자들은 갈릴래아 호수 북동쪽 해안의 벳사이다에서 갈릴래아 북서쪽의 땅으로 건너갔다. 요한 복음서는 그들이 카파르나움가버나움으로 갔다고 기록한다요한 6:17, 24-25. 겐네사렛 땅은 겐네사렛과 카파르나움을 포함한 넓은 지역을 일컫는 명칭이다. 사람들은 곧 예수이신 줄을 알고 그 온 지방으로 달려 돌아다니며 그가 어디 계시다는 말을 듣는 대로 병자를 침상 채로 메고 나아왔다. 사람들은 병고침을 위해서 열성을 다했다. 그들은 이제 자신의 죄 문제 해결을 위해 열성을 품어야 한다.

26 메튜 헨리 주석, 마가복음 06장.

예수님이 병자들을 고치신 겐네사렛 땅

자료: dusng.tistory.com

그들의 태도는 분명했다. 좌고우면하지 않았다. 그들은 적극적으로 기쁜 소식을 선포했다. 보이는 대로 예수님께서 왔다는 사실을 선포하고, 만나는 환자마다 예수님께로 데려 왔다. 심지어 들것째로 예수님께 데려오기까지 하였다. 그들의 이러한 모습은 진정한 희망, 진정한 좋은 소식을 들은 자의 당연한 반응이었다. 누군가 무료로 집을 나누어주고, 명품을 나누어준다고 한다면 우리는 즉각 줄을 설뿐더러, 우리 곁에 있는 친구들과 가족들에게 이 소식을 바로 전할 것이다. 너무도 좋은 소식이기에 고민하지 않고 최선을 다해 그 소식을 전할 것이다.

56절 예수께서 돌아가시는 마을이나 도시나 촌이나 그 어디라도 수많은 병자들이 모여들었다. 그들은 예수께서 지나가시는 가로변에 병자들을 데려다 놓고 혈루증 앓은 여인이 한 것처럼 예수의 "옷자락 술에 그들의 손이라도 대게 해 주십사고" 청하였던 것이다. 그리고 "과연 그것에 손을 댄 사람마다 구원을 받았다." 그런데 그 사람들은 예수로 말미암아 다만 병고침 받기를 원하였지 예수에게 복음의 말씀을 가르침 받으려고 원한 일은 없다. 만일 그리스도께서 그러하심 같이 그리스도의 일꾼들이 병든 자들을 고치게 되면 얼마나 많은 무리들이 찾아 나오게 되겠는가! 그러나 얼마나 많은 사람들이 그들의 영혼에 대해서보다 육신에 대해서 더 많이 관심을 갖는가를 생각할 때에 슬프지 않을 수 없다.[27]

병자를 장터에 두었다는 표현은 주께서 사람들이 많은 장터에서 전도하셨기 때문이다. 이전에 혈루증 여인처럼, 사람들은 예수님의 옷자락만이라도 손을 대기를 원했고 옷자락에 손을 대는 자는 다 병고침을 얻었다. 이것은 하나님의 은혜였고 또 예수 그리스도의 신적 능력과 영광을 나타낸 일들이었다.

우리는 두 가지를 깊이 생각해보아야 한다. 첫째는 내가 예수님의 정체를 아는 사람인가? 둘째는 내가 예수님을 전함으로 내 이웃을 더불어 살리는 사람인가? 이 두 가지는 동떨어져 있는 것이 아니라 동전의 앞·뒷면과 같다. 예수님의 정체를 알 때 우리는 진심으로 예수님을 전할 수 있다. 예수님을 전하는 사람을 통해 예수님의 정체가 온 세상 가운데 드러나게 된다.

예수의 "옷자락 술에 그들의 손이라도 대게 해 주십사고" 청하였던 것이다.

자료: www.joongang.co.kr

27 메튜 헨리 주석, 마가복음 06장.

Vox populi, vox Dei.

마르코 복음서 7장

天聲

조상들의 전통에 관한 논쟁 마태 15,1-20

1 예루살렘에서 온 바리사이들과 율법 학자 몇 사람이 예수님께 몰려왔다가,

2 그분의 제자 몇 사람이 더러운 손으로, 곧 씻지 않은 손으로 음식을 먹는 것을 보았다.

3 본디 바리사이뿐만 아니라 모든 유다인은 조상들의 전통을 지켜, 한 움큼의 물로 손을 씻지 않고서는 음식을 먹지 않으며,

4 장터에서 돌아온 뒤에 몸을 씻지 않고서는 음식을 먹지 않는다. 이 밖에도 지켜야 할 관습이 많은데, 잔이나 단지나 놋그릇이나 침상을 씻는 일들이다.

5 그래서 바리사이들과 율법 학자들이 예수님께 물었다. "어째서 선생님의 제자들은 조상들의 전통을 따르지 않고, 더러운 손으로 음식을 먹습니까?"

6 예수님께서 그들에게 이르셨다. "이사야가 너희 위선자들을 두고 옳게 예언하였다. 성경에 이렇게 기록되어 있다. '이 백성이 입술로는 나를 공경하지만 그 마음은 내게서 멀리 떠나 있다.

7 그들은 사람의 규정을 교리로 가르치며 나를 헛되이 섬긴다.'

8 너희는 하느님의 계명을 버리고 사람의 전통을 지키는 것이다."

9 또 이어서 그들에게 말씀하셨다. "너희는 너희의 전통을 고수하려고 하느님의 계명을 잘도 저버린다.

10 모세는 '아버지와 어머니를 공경하여라.' 그리고 '아버지나 어머니를 욕하는 자는 사형을 받아야 한다.'고 말하였다.

11 그런데 너희는 누가 아버지나 어머니에게 '제가 드릴 공양은 코르반, 곧 하느님께 바치는 예물입니다.' 하고 말하면 된다고 한다.

12 그러면서 아버지나 어머니에게 더 이상 아무것도 해 드리지 못하게 한다.
13 너희는 이렇게 너희가 전하는 전통으로 하느님의 말씀을 폐기하는 것이다. 너희는
이런 짓들을 많이 한다."
14 그러고 나서 예수님께서는 다시 군중을 가까이 불러 그들에게 말씀하셨다. "너희
는 모두 내 말을 듣고 깨달아라.
15 사람 밖에서 몸 안으로 들어가 그를 더럽힐 수 있는 것은 하나도 없다. 오히려 사
람에게서 나오는 것이 그를 더럽힌다."
(16) 누구든지 들을 귀가 있거든 들어라.
17 예수님께서 군중을 떠나 집에 들어가시자, 제자들이 그 비유의 뜻을 물었다.
18 예수님께서 그들에게 대답하셨다. "너희도 그토록 깨닫지 못하느냐? 밖에서 사람
안으로 들어가는 것은 무엇이든 그를 더럽힐 수 없다는 것을 알아듣지 못하느냐?
19 그것이 마음속으로 들어가지 않고 배 속으로 들어갔다가 뒷간으로 나가기 때문이
다." 예수님께서는 이렇게 모든 음식이 깨끗하다고 밝히신 것이다.
20 또 이어서 말씀하셨다. "사람에게서 나오는 것, 그것이 사람을 더럽힌다.
21 안에서 곧 사람의 마음에서 나쁜 생각들, 불륜, 도둑질, 살인,
22 간음, 탐욕, 악의, 사기, 방탕, 시기, 중상, 교만, 어리석음이 나온다.
23 이런 악한 것들이 모두 안에서 나와 사람을 더럽힌다."

시리아 페니키아 여자의 믿음 마태 15,21-28

24 예수님께서 그곳을 떠나 티로 지역으로 가셨다. 그리고 어떤 집으로 들어가셨는
데, 아무에게도 알려지기를 원하지 않으셨으나 결국 숨어 계실 수가 없었다.
25 더러운 영이 들린 딸을 둔 어떤 부인이 곧바로 예수님의 소문을 듣고 와서, 그분발
앞에 엎드렸다.
26 그 부인은 이교도로서 시리아 페니키아 출신이었는데, 자기 딸에게서 마귀를 쫓아
내 주십사고 그분께 청하였다.
27 예수님께서는 그 여자에게, "먼저 자녀들을 배불리 먹여야 한다. 자녀들의 빵을 집
어 강아지들에게 던져 주는 것은 옳지 않다." 하고 말씀하셨다.

28 그러자 그 여자가, "주님, 그러나 상 아래에 있는 강아지들도 자식들이 떨어뜨린 부
스러기는 먹습니다." 하고 응답하였다.
29 이에 예수님께서 그 여자에게 말씀하셨다. "네가 그렇게 말하니, 가 보아라. 마귀
가 이미 네 딸에게서 나갔다."
30 그 여자가 집에 가서 보니, 아이는 침상에 누워 있고 마귀는 나가고 없었다.

귀먹고 말 더듬는 이를 고치시다

31 예수님께서 다시 티로 지역을 떠나 시돈을 거쳐, 데카폴리스 지역 한가운데를 가
로질러 갈릴래아 호수로 돌아오셨다.
32 그러자 사람들이 귀먹고 말 더듬는 이를 예수님께 데리고 와서, 그에게 손을 얹어
주십사고 청하였다.
33 예수님께서는 그를 군중에게서 따로 데리고 나가셔서, 당신 손가락을 그의 두 귀
에 넣으셨다가 침을 발라 그의 혀에 손을 대셨다.
34 그러고 나서 하늘을 우러러 한숨을 내쉬신 다음, 그에게 "에파타!" 곧 "열려라!" 하
고 말씀하셨다.
35 그러자 곧바로 그의 귀가 열리고 묶인 혀가 풀려서 말을 제대로 하게 되었다.
36 예수님께서는 이 일을 아무에게도 말하지 말라고 그들에게 분부하셨다. 그러나 그
렇게 분부하실수록 그들은 더욱더 널리 알렸다.
37 사람들은 더할 나위 없이 놀라서 말하였다. "저분이 하신 일은 모두 훌륭하다. 귀
먹은 이들은 듣게 하시고 말못하는 이들은 말하게 하시는구나."

1 The Pharisees and some of the teachers of the law who had come from
Jerusalem gathered around Jesus and
2 saw some of his disciples eating food with hands that were "unclean,"
that is, unwashed.
3 (The Pharisees and all the Jews do not eat unless they give their hands a
ceremonial washing, holding to the tradition of the elders.

4 When they come from the marketplace they do not eat unless they wash. And they observe many other traditions, such as the washing of cups, pitchers and kettles.)[1]

5 So the Pharisees and teachers of the law asked Jesus, "Why don't your disciples live according to the tradition of the elders instead of eating their food with 'unclean' hands?"

6 He replied, "Isaiah was right when he prophesied about you hypocrites; as it is written: "'These people honor me with their lips, but their hearts are far from me.

7 They worship me in vain; their teachings are but rules taught by men.'

8 You have let go of the commands of God and are holding on to the traditions of men."

9 And he said to them: "You have a fine way of setting aside the commands of God in order to observe your own traditions!

10 For Moses said, 'Honor your father and your mother,' and, 'Anyone who curses his father or mother must be put to death.'

11 But you say that if a man says to his father or mother: 'Whatever help you might otherwise have received from me is Corban' (that is, a gift devoted to God),

12 then you no longer let him do anything for his father or mother.

13 Thus you nullify the word of God by your tradition that you have handed down. And you do many things like that."

14 Again Jesus called the crowd to him and said, "Listen to me, everyone, and understand this.

15 Nothing outside a man can make him 'unclean' by going into him. Rather, it is what comes out of a man that makes him 'unclean.'"

1 Some early manuscripts *pitchers, kettles and dining couches*(일부 초기 원고 투수, 주전자 및 식탁)

16 ["If anyone has ears to hear, let him hear."](NASB)
17 After he had left the crowd and entered the house, his disciples asked
him about this parable.
18 "Are you so dull?" he asked. "Don't you see that nothing that enters a
man from the outside can make him 'unclean'?
19 For it doesn't go into his heart but into his stomach, and then out of his
body." (In saying this, Jesus declared all foods "clean.")
20 He went on: "What comes out of a man is what makes him 'unclean.'
21 For from within, out of men's hearts, come evil thoughts, sexual immo-
rality, theft, murder, adultery,
22 greed, malice, deceit, lewdness, envy, slander, arrogance and folly.
23 All these evils come from inside and make a man 'unclean.'"
24 Jesus left that place and went to the vicinity of Tyre. He entered a house
and did not want anyone to know it; yet he could not keep his presence
secret.
25 In fact, as soon as she heard about him, a woman whose little daughter
was possessed by an evil spirit came and fell at his feet.
26 The woman was a Greek, born in Syrian Phoenicia. She begged Jesus to
drive the demon out of her daughter.
27 "First let the children eat all they want," he told her, "for it is not right to
take the children's bread and toss it to their dogs."
28 "Yes, Lord," she replied, "but even the dogs under the table eat the chil-
dren's crumbs."
29 Then he told her, "For such a reply, you may go; the demon has left your
daughter."
30 She went home and found her child lying on the bed, and the demon
gone.
31 Then Jesus left the vicinity of Tyre and went through Sidon, down to the
Sea of Galilee and into the region of the Decapolis.

Vox populi, vox Dei.

32 There some people brought to him a man who was deaf and could hard-
ly talk, and they begged him to place his hand on the man.
33 After he took him aside, away from the crowd, Jesus put his fingers into
the man's ears. Then he spit and touched the man's tongue.
34 He looked up to heaven and with a deep sigh said to him, "Ephphatha!"
(which means, "Be opened!").
35 At this, the man's ears were opened, his tongue was loosened and he be-
gan to speak plainly.
36 Jesus commanded them not to tell anyone. But the more he did so, the
more they kept talking about it.
37 People were overwhelmed with amazement. "He has done everything
well," they said. "He even makes the deaf hear and the mute speak."

人語

마르코 복음서 입문 – 산 마르코 대성당

개요

산 마르코 대성당Basilica di San Marco은 이탈리아 베네치아에 위치한 동로마 건축 양식의 가톨릭 성당으로 복음사가 마르코에게 봉헌되었고, 베네치아 총대주교좌가 있는 곳이자 세계적인 관광명소이다. 산 마르코 광장 동쪽 끝부분에 자리하고 있으며 인근에 있는 두칼레 궁전과 연결되어 있다. 금박 모자이크로 벽면이 가득 장식되어 있기 때문에 '황금의 교회Chiesa d'Oro'라는 별칭으로도 불린다. 과거 베네치아 전성기의 가공할 재력을 엿볼 수 있는 부분이다.

산 마르코 대성당 외부 전경

자료: ko.wikipedia.org

창건

현재 베네치아의 수호성인은 성 마르코이지만 처음부터 그랬던 건 아니고, 원래는 아마세아의 성 테오도로를 수호성인으로 모셨다. 테오도로에게 봉헌된 성당은 9세기 초 지금의 산 마르코 대성당 부근에 세워졌다. 828년 베네치아 상인들은 당시 아바스 왕조 치하 알렉산드리아에 매장되어 있던 성 마르코의 유해를 도굴하였는데, 이슬람교도가 혐오하는 돼지고기 속에 유골을 숨겨 발각되지 않았다. 성 마르코의 유해가 알렉산드리아를 떠나 베네치아로 옮겨지면서 베네치아 도제는 성 마르코를 베네치아의 새로운 수호성인으로 선언했다. 이에 따라 마르코의 유해를 안장하기 위한 새로운 성당의 건축이 결정되었다.

국제적인 무역항이라서 해외와의 교류가 활발했던 베네치아는 새 성당의 구조를 당시 일반적인 라틴 십자가 평면이 아니라 동로마 제국 콘스탄티노폴리스의 성 사도 대성당[2] 을 모방하여 그리스식 십자가 평면으로 결정하고 거대한 돔 5개를 십자가 가운데에 하나, 십자가의 4개 곁가지에 각 하나씩 배치하였다. 산 마르코 대성당의 건설은 832년에 마무리되었으나 976년에 일어난 폭동으로 소실되고 978년에 재건된 후, 1063~1094년에 오늘날과 같은 모습으로 완성되었다. 베네치아 교구의 주교좌 성당이 아니라 도제의 개인 성당으로 사용되었던 산 마르코 대성당은 1807년에 이르러서야 주교좌 성당으로 바뀌었다.

베네치아 부의 상징

오랜 세월에 걸쳐 대성당이 건설되는 동안 나르텍스와 정면이 새로 추가되고 납을 입힌 목조 돔 지붕이 올라갔지만 무엇보다도 내부와 외부의 모자이크가 대성당의 백미를 장식했다. 약 8,000㎡에 달하는 공간에 황금과 청동, 유리, 기타

2 콘스탄티노폴리스에서 하기아 소피아 다음으로 큰 성당이었으며, 콘스탄티누스 대제부터 테오도라 여제에 이르는 황제와 황후 26명이 안장된 황실 영묘이기도 했다. 산 마르코 대성당의 모체가 된 성 사도 대성당은 1453년 동로마의 콘스탄티노폴리스가 오스만 투르크에 의해 함락된 직후, 오스만이 파티흐 모스크를 건설하면서 모스크로 향하는 길을 내기 위해 파괴되었다.

값비싼 광석을 사용해 눈부시게 빛나는 모자이크는 동로마와 고딕 양식의 영향을 받았으며, 예수와 관련된 내용을 담고 있다.

전리품 혹은 약탈품

1204년 제4차 십자군 원정 때 가라는 성지는 안 가고 콘스탄티노폴리스를 공격해 함락시킨 십자군은 막대한 재화와 보물들을 약탈했고, 약탈품들은 베네치아로 흘러들어왔다. 이때 유입된 유물의 일부가 산 마르코 대성당을 장식해 오늘날까지 이르고 있다. 대성당의 내부에 깔린 대리석 판석들도 하기아 소피아에서 이때 뜯어온 것들이다. 이 때문에 대성당을 장식하고 있는 대리석 판석들과 조각상들이 대성당 자체보다 훨씬 더 오래된 경우가 많다.

청동으로 제작된 4마리의 말 조각상이다. '콰드리가(quadriga)'라고 부르는데 이것은 고대 로마 시대에 전차경주 때 사용된 4두 2륜 전차를 뜻하는 단어이다. 산 마르코 대성당의 콰드리가는 원래 테오도시우스 2세 황제 때 그리스의 히오스 섬에서 콘스탄티노폴리스로 가져온 것으로, 수도의 대전차경기장 히포드로무스(hippodromus)를 장식하고 있었다. 그러나 1204년 제4차 십자군 원정 때 약탈당해 베네치아로 옮겨졌으며, 1254년부터는 산 마르코 대성당의 정면 위쪽 테라스에 놓여 '산 마르코의 말(Cavalli di San Marco)'로 둔갑했다.

자료: namu.wiki

건축

콘스탄티노플의 하기아 소피아의 영향을 받은 이탈리아-비잔틴 양식의 성당이지만 외관이 상대적으로 수수했던 탓에 13세기에는 새로운 배랑Narthex이 지어지면서 화려한 고딕 풍의 정면으로 탈바꿈하였다. 기존의 돔 위에 높은 목조 돔을 추가로 건설하여 화려하게 만들었다. 내부의 인테리어 장식은 시대에 따라 계속 추가되었지만 금빛 모자이크로 장식된 비잔틴 양식에서 크게 벗어나진 않았다. 구조도 크게 변한 것은 없다. 벽돌이 기본 재료지만 마감재로 덮여있어 보이진 않는다. 중앙에 큰 돔을 가진 하기아 소피아와 달리 산 마르코의 평면은 각 부분에 비슷한 크기의 4개의 돔을 가진 그리스 십자가의 형태다.

기타

성당과 베네치아, 그리고 성 마르코와의 흥미로운 관계가 하나 있는데, 먼저 베네치아는 총대주교좌가 명예상, 명목상 존재한다. 실제로 추기경과 동급의 대주교좌이다. 이런 이유를 전부 설명하기엔 너무 복잡한데, 이 베네치아 총대주교는 원래 아퀼레이아 총대주교였는데 거긴 고대도시로 랑고바르드족이 이탈리아로 들어오면서 파괴되고 지금은 만 명도 채 안 사는 작은 마을로 전락했다.[3] 그러다 보니 일대에서 가장 큰 베네치아에 총대주교좌가 넘어온 것인데, 이 총대주교좌가 위치한 성당이 바로 이 산 마르코 대성당이다. 여기서 흥미로운 사실은, 베네치아는 랑고바드르족에게 파괴된 아퀼레이아 유민들이 석호로 피신하여 세운 도시고, 로마제국 시기 아퀼레이아에 처음으로 교회를 세우고 전도한 사람이 성 마르코이다. 또한 성 마르코는 베네치아 상인들이 그의 유골을 훔쳤던 알렉산드리아의 초대 총대주교이기도 하다.

[3] 로마제국 당시에는 로마제국에서 다섯 손가락 안에 드는 대도시였다고 한다.

각 절 해석[4]

1-5절 그리스도께서 오신 큰 의도 중의 하나는 하느님께서 제정하신 의식적인 율법을 폐기시키고 종지부를 찍기 위한 것이었다. 그렇게 하시기 위한 방도로써 주께서는 먼저 인간이 만든 그리고 하느님께서 제정하신 법에 부가한 예법에서부터 착수하신 것이다. 그리고 당신의 제자들을 그것에 대한 의무에서 해방시키신 것이다. 그리고 예수께서는 바리사이들이 그들이 이것을 지키지 않는다고 트집을 잡은 이 경우에 있어서 그 뜻을 충분히 나타내어 행하시었다. 예수와 더불어 논쟁을 벌인 이 바리사이들과 서기관들은 팔십 내지 일백 마일 떨어진 예루살렘에서 갈릴래아에 온 것인데, 이는 예수께서 이곳에서 큰 인기와 명성을 얻고 있음을 그들이 생각하고 예수와 시비를 걸기 위해서인 것이다. 만일 그들이 예수에게서 배우기 위해서 그렇게 먼 길을 왔다면 그들의 열성은 칭찬을 받을 만할 것이다. 그러나 그렇게 먼 길을 예수를 반대하고 그분의 복음의 진로를 저지하기 위해서 왔으니 큰 악이 아닐 수 없다.[5]

예수께서는 씻지 않은 손으로 음식을 먹는 것을 중요하게 여기지 않으셨으나 바리사이들과 율법 학자들은 그것을 크게 여겼고 거기에서 흠을 찾았다. 그들은 유다인 조상들의 전통을 지키어 손을 부지런히 씻지 않으면 먹지 않았고 또 시장에서 돌아와서는 물로 씻지 않으면 먹지 않았고 그 외에도 잔과 단지와 놋그릇과 침상들을 씻는 것 등을 지켜왔다. 그들은 예수님의 제자들이 왜 조상들의 전통을 지키지 않는지 예수님께 물었다. 그들의 지적은 그의 제자들에 대한 비난일 뿐 아니라 예수님 자신에 대한 비난이었다고 보인다. 즉 조상들의 유전을 버리는 것은 잘못이며 그것을 용납한 선생에게도 책임이 있다는 뜻이다. 또 그것은 자기들의 경건 생활이 예수님과 그 제자들보다 낫다는 것을 은근히 과시하는 교만한 태도도 나타낸다고 보인다.

4 김효성 목사, 마가복음 강해, 2023년 2월 1일 수정.
5 메튜 헨리 주석, 마가복음 07장.

Vox populi, vox Dei.

6-9절 예수께서 바리사이들과 더불어 어떤 권세에 의해서 이 의식이 부과되었는가에 대해서 논쟁을 하시었다. 그리고 이 문제에 대한 심한 잔소리꾼들인 그들은 여기에 대해 논하기에 가장 적합한 상대들이었다. 그러나 예수께서 이 일에 대해서 무리들에게 공개적으로 말씀하시지 않으셨다. 그것은 예수께서 그들을 자극하여 당파를 만들고 그들의 통치자들에게 불만을 갖게 하였다는 인상을 받지 않으시려고 한 것이다. 그러나 여기에 관계된 자들에게 여기에 대해서 책망하시면서 언급하신 것이다. 왜냐하면 "누구나 자기에게 합당한 것을 취하라"는 규율이 있기 때문이다.

예수께서 그들이 그들의 종교적 의식에 있어서 실제로는 그렇지 못하면서 하느님을 경외하는 것처럼 하는 그들의 외식外飾에 대해서 책망을 하시었다6, 7절. 그들은 "입술로는 나를 공경하지만" 그런 일들을 그들에게 부과하고 그들을 이방인들과 구별하는 것이 하느님의 영광을 위하는 것처럼 하였다. 그러나 그들은 "그 마음은 내게서 멀리 떠나 있다." 이는 그들이 야망과 탐욕의 지배를 받기 때문이다. 그들은 그들의 생각에서 사실은 멀지만 그들의 주 하느님께 자신들이 거룩한 백성으로 인정되고 있는 것처럼 하였다.[6]

주께서는 "이 백성이 입술로는 나를 공경하지만 그 마음은 내게서 멀리 떠나

십계명

자료: www.catholicworker.kr

6 메튜 헨리 주석, 마가복음 07장.

있다. 그들은 사람의 규정을 교리로 가르치며 나를 헛되이 섬긴다."라는 이사야서의 말씀을 인용하시며 그들의 위선의 악을 지적하셨다. 그 위선자들은 입술로는 하느님을 고백하나 마음으로는 그렇지 않았다. 또 그들은 하느님의 계명 대신에 사람의 계명으로 교훈을 삼았다. 예수께서는 그들이 하느님의 계명은 버리고 사람의 전통을 지키고 있으며 사람의 전통을 지키려고 하느님의 계명을 잘 저버린다고 지적하셨다. 그들이 진정으로 하느님을 경외하였더라면 하느님의 계명을 지켰을 것이다. 그러나 그들에게 그런 마음이 없었으므로 하느님의 계명을 지킴도 없었고 사람의 전통이나 붙들고 위선적이었던 것이다. 그들은 겉모습으로만 경건하고 의로워 보였던 것이다.

10-13절 여기에서 예수께서는 그들에게 특별히 잘못된 예를 들어 말씀하시었다. 하느님께서 모세의 율법을 통해서뿐만 아니라, 그 이전에는 자연의 법에 의하여 자녀들은 부모를 공경하라고 하셨으며 "아버지나 어머니를 욕하는 자는 사형을 받아야 한다."라고 하시었다10절. 그러므로, 만일 그들의 부모가 빈곤하게 되었을 때에 힘이 미치는 대로 정성껏 잘 봉양해야 하며, 그리고 만일 그 부모를 저주하거나 부모를 굶어 죽게 하였다면 그 자녀는 죽어 마땅하다는 추론을 쉽게 내릴 수 있는 것이다. 그러나 사람이 철저하게 장로의 유전들을 따르기만 하면 부모에 대한 이런 의무는 준행치 않아도 된다는 구실을 그들은 내세운다는 것이다11절.[7]

예수께서는 그들이 사람의 전통으로 하느님의 계명을 저버린 예를 드셨다. 율법에는 "너희는 부모를 공경하여라. 그래야 너희는 너희 하느님 야훼께서 주신 땅에서 오래 살 것이다.", "부모를 업신여기는 자는 반드시 사형에 처하여야 한다."라고 명령되었으나탈출 20:12; 21:17, 조상들은 사람이 하느님께 무엇을 드렸으면 부모에게 드리지 않아도 된다고 가르쳤다. 이것은 하느님의 뜻과 교훈에 반대된

7 메튜 헨리 주석, 마가복음 07장.

다. '코르반'은 예물이라는 뜻이다. 헌금이 부모님에 대한 자녀들의 물질적 보답의 의무를 면제시키지 않는다. 하느님을 사랑하였다고 해서 부모를 공경하지 않아도 되는 것은 아니다. 우리의 신앙생활의 기준은 사람의 전통이 아니고, 오직 하느님의 말씀, 즉 성경뿐이다. 사람의 교훈은 그 자체로 권위를 가지는 것이 아니고 단지 그것이 성경적일 때에만 권위가 있다. 우리의 신앙생활의 기준은 오직 성경뿐이다.

14-19절 예수께서 사람들에게 이 의식이 근거한 원리들에 대해서 가르치신 것이다. 지금 예수에게 이야기를 듣고자 나온 이 무리들에게도 공개할 필요가 있는 것이다. 왜냐하면 그것은 매일 실행하는 것이며, 많은 사람들이 그들의 장로들에 의하여 잘못 인도되는 큰 오류를 그들이 범할 것이기 때문이다. 악습은 악한 생각을 고침으로써 가장 효과적으로 바로 잡을 수 있는 것이다. 지금 예수께서 그들을 바로 잡아 주시려고 하시는 그 잘못은 우리가 피해를 입을 위험성이 있는 것이다15절.[8]

위선자들은 외적 정결만 힘썼다. 그러나 밖에서 사람에게 들어가는 것이 사람을 더럽게 하지 못한다. 하느님 앞에서 정결과 부정결은 도덕적 문제이지 단지 위생적 문제가 아니다. 사람을 더럽게 하는 것은 오히려 사람 안에서 나오는 것들이다.

예수께서는 들을 귀 있는 자는 들으라고 말씀하셨다. 주의 말씀을 듣고 배울 때는 깨달음이 있어야 한다. 주께서 아무리 바른 말씀을 하셔도 영적인 귀가 없는 자들은 그 말씀을 깨닫지 못한다. 이 말씀뿐 아니라 모든 말씀들이 그렇다. 아무리 많은 말씀들이 선포될지라도 깨달은 말씀만 유익하게 된다. 그러므로 말씀을 듣고 바르게 깨달아야 한다. 그것은 오직 하느님의 은혜로 된다.

주께서 군중을 떠나 집에 들어가셨을 때 제자들이 그 비유에 대해 묻자 그는 무엇이든지 밖에서 들어가는 것은 마음에 들어가지 않고 배 속에 들어가 뒷간으

8 메튜 헨리 주석, 마가복음 07장.

사람들은 행동에 대한 거짓말보다 자신의 인격, 인간 됨됨이에 대해 강조하다가 거짓말을 할 때 더 충격을 받는다.

자료: m.dongascience.com

로 나감으로 사람을 더럽힐 수 없다고 설명해주셨다. '뒷간'으라는 원어아페드론는 '변소'를 뜻한다. 사람이 먹는 것들은 유익한 영양분들은 몸에 다 흡수되고 나머지는 다 배출되는 것이다. 그러므로 사람의 먹는 것들 자체가 사람을 더럽게 하지 못한다. 그러므로 음식물 자체는 더러운 것이 아니고 깨끗하다.

20-23절 우리가 드는 음식이 어떤 종교적인 씻음이 필요할 만큼 우리를 더럽히는 것이 아님을 알게 될 것이다. 이는 음식이 배에 들어가 여러 소화 작용과 분비 작용을 거쳐서 영양분은 체내에서 흡수되고 불결하다고 할 수 있는 것은 체외로 배설돼 버리는 것이기 때문이다. 부패한 인간의 마음에서 나오는 것이 우리를 더럽게 하는 것이다. 규례에 의하면 무엇이나 거의 사람에게서 나오는 것이 사람을 더럽게 하는 것이다. 그러므로 사람의 마음에서 나오는 것이 하느님 앞에서 그를 더럽게 하며, 종교적 씻음이 필요하게 되는 것이다21절.[9]

마음에서 나오는 여러 가지 악한 생각들이 사람을 더럽게 한다. 그 악한 생각들은 간음, 탐욕, 악의, 사기, 방탕, 시기, 중상, 교만, 어리석음 등이다. 사람은 죄로 심히 부패되어 있어서 육신적 욕망에 지배를 받고 있다. 모든 인류는 전적으로

9 메튜 헨리 주석, 마가복음 07장.

Vox populi, vox Dei.

부패되었고 무능력해져 있다. 구약의 역사가 이 사실을 증거한다. 그러므로 예레미야서 17:9는, "사람의 마음은 만물보다 더 교활하여 치유될 가망이 없으니 누가 그 마음을 알리오?"라고 말하였고, 예레미야서 13:23은, "에티오피아 사람이 자기 피부색을, 표범이 자기 얼룩을 바꿀 수 있겠느냐? 그럴 수만 있다면 악에 익숙해진 너희도 선을 행할 수 있으리라."라고 했다. 아담의 자손인 사람은 누구든지 하느님의 은혜가 아니고서는 참된 의와 선을 행할 수 없다.

24절 그리스도께서 얼마나 겸손하게 당신 자신을 나타내시지 않으려고 하셨나를 볼 수 있다. 어느 누구도 예수께서 갈릴래아에서 얻은 바와 같은 인기를 얻지 못한 것이다. 그러므로 예수께서는 선을 행할 수 있는 어떤 기회를 거절하지는 않더라도 대중들의 인기의 박수를 기뻐하지 말라고 우리에게 가르치시는 것이다.[10]

예수께서는 갈릴래아 해변 마을들에서 전도하신 후 일어나셔서 거기를 떠나 티로 지역으로 가셨다. 티로 지역은 갈릴래아 서북쪽 지중해 연안 지역이다. 그는 하느님의 긍휼과 구원이 필요한 곳은 어디나 방문하셨다. 그는 한 집에 들어가 아무도 모르게 하시려 하였으나 숨길 수 없으셨다. 그가 병자들을 고치고 기적들을 행하셨다는 소문은 그곳까지도 퍼져 있었다. 그러나 그런 소문은 그의 사명을 왜곡시킬 위험이 있었다. 그래서 그는 아무도 모르게 하려 하셨다. 그는 병자를 고치거나 기적을 행하러 세상에 오신 것이 아니고, 죄인들의 죄를 대속하고 그들을 구원하기 위해 오신 것이기 때문이다.

25절 고난과 근심 중에 있는 불쌍한 한 여인이 예수께 나와 간청하였다. 그 여자는 이방인인 헬라인으로서, "이스라엘 공동체에서 멀리 떨어져 있었으며, 약속의 계약과도 무관하였고, 이 세상에서 아무 희망도 가지지 못한 채 하느님 없이 살았다는" 것이었다에페 2:12. 그 여자는 수로보니게 족속으로서, 유대

10 메튜 헨리 주석, 마가복음 07장.

종교에 개종이 어려운 자였다. 그 여자는 "더러운 영이 들린 딸"이 있었다. 이 여자는 대단히 겸손하고도 끈기 있게 매어 달려 간구하였다. 그리스도에게서 자비를 얻기를 원하는 자들은 그분의 발 앞에 엎드리지 않으면 안 되며, 그분에게 자신들을 맡기지 않으면 안 되며, 그분 앞에 겸손하지 않으면 안 된다. 그분이 다스리도록 자신들을 그분에게 내어 주지 않으면 안 된다.[11]

더러운 영이 들린 어린 딸을 둔 한 여자가 예수님의 소문을 듣고 곧 와서 그 발 앞에 엎드렸다. 모든 것을 아시는 주께서는 그 여자를 아셨고 그가 올 것도 알고 계셨을 것이다. 은혜와 긍휼이 풍성하신 주께서 그 여자와 그의 병든 딸을 위해 그곳에 가셨는지도 모른다. 그 병든 어린 딸은 더러운 마귀 곧 더러운 영이 들려 있었다. 더러운 영은 불경건하고 부도덕한 정신을 가리킨다. 그것은 하느님을 두려워함이 없고 부모에게 대항하고 이웃에 대하여 원망하고 거짓되고 음란한 정신이다. 그것은 사람의 마음속에서 나오는 악한 성질들과 습관들을 사용한다. 그 딸은 이런 더러운 영의 지배를 받고 있었다.

26절 이 여자가 예수에게 나와서 무엇을 자기가 원하고 있음을 말씀드린 것은 특별한 일이다. 그리스도께서는 불쌍한 간청자들을 자유롭게 돌아가도록 해 주시는 것이다. 이 여자는 예수께 나와서 "자기 딸에게서 마귀를 쫓아내 주십사고 그분께 청하였다."26절. 우리가 우리의 자녀들을 위해서 그리스도에게 구할 수 있는 가장 큰 축복은, 그리스도께서 그들의 영혼들로부터 사탄의 세력을, 즉 죄의 세력을 깨뜨려 주시기를 구하는 것이며, 특히 그들이 성령의 전[12]들이 되도록, 그리고 그리스도께서 그들 안에 거하실 수 있도록 "더러운 영"을 추방케 해 주시도록 간구하는 일이다.[13]

그 여자는 시리아 페니키아 출신이었다. 마태오 복음서 15:22는 그가 '가나안

11 메튜 헨리 주석, 마가복음 07장.
12 교회가 성령의 전(殿)이라는 것은 교회가 거룩의 영이 거하시는 영적 공동체임을 의미한다.
13 메튜 헨리 주석, 마가복음 07장.

Vox populi, vox Dei.

티로와 시돈 지방

자료: m.catholictimes.org

부인'이라고 말한다. 티로와 시돈 지방은 이스라엘 백성의 거주 지역이 아니고 이방인들의 지역이었다. 그는 이방 여자였다. 그는 예수께 자기 딸에게서 마귀 쫓아 주시기를 간구했다. 기도는 구하는 것이다. 기도는 어떤 형식을 갖춰야 하거나 주문처럼 말을 많이 해야 하는 것이 아니고, 기도할 소원들을 하느님께 아뢰는 것이다. 그의 소원은 "나의 딸에게서 마귀를 쫓아내 주십시오."였다.

마태오 복음서 15:22에 보면, 그 여자는 예수께 나와서 "다윗의 자손이신 주님, 저에게 자비를 베풀어 주십시오. 제 딸이 호되게 마귀가 들렸습니다."라고 말했다. 그에게는 예수께서 이스라엘 백성에게 약속된 메시아라는 지식과 믿음이 있었다. 또 그는 예수께서 각종 불치의 병들을 고치시고 기적들을 행하시는 신적 구주이심을 믿었다. 그렇지 않았더라면 그는 감히 예수께 나아와 그의 딸의 치료를 간청하지 못했을 것이다. 마태오 복음서에 보면, 예수께서는 처음에는 대답지 않으셨다. 그러자 그는 예수께 절하며 "주님, 저를 도와주십시오."라고 다시 말했다.

27절 이 여인의 간구에 대해서 예수께서 실망적인 말씀을 하시었다. 예수께서 그 여자에게 말씀하시기를 "먼저 자녀들을 배불리 먹여야 한다. 자녀들의 빵을 집어 강아지들에게 던져 주는 것은 옳지 않다."27절. 이 말씀은 이런 의도에서 말씀하시었을 것이다. "먼저 유대인들에게 그들이 기회를 얻는 대로, 모든 기적을 행해야 한다. 왜냐하면, 그들은 특별히 하느님께서 택한 백성이기 때문이다. 그리고 그들에게 주려고 의도한 것을 하느님의 가족이 아닌 자들에게, 즉 하느님에 대하여 아는 바도 없고 하느님에게 흥미도 못 가지므로, 유대인들에게 비하면 마치 개와 같이 부도덕하고 불경스러운 자들에게 줄 수 없다. 그들은 마치 개와 같이 유대인들에게 으르렁거리고, 그들에게 앙심을 가지고 있으며, 그들에게 염려를 끼칠려고 하고 있는 것이다."[14]

예수께서는 이스라엘 백성과 이방인들을 자녀들과 강아지들에 비교하셨다. 그의 처음 반응은 매우 무정하게 보였다. 그의 말씀은 그 여자의 자존심을 상하게 하는 말씀이었다. 누가 우리의 자존심을 상하게 할 때 우리의 태도는 어떠하겠는가? 주님의 말씀은 그 여자를 시험하는 것이었다. 그러나 그 여자는 그 시험을 잘 통과하였다.

28절 그 여자는 자기에게 거스리게 말씀하신 이 그리스도의 말씀을 반기면서, 이 말씀에서 한 걸음 더 나아가서 말하였다. "주님, 그러나 상 아래에 있는 강아지들도 자식들이 떨어뜨린 부스러기는 먹습니다." 그리고 아마 이렇게 계속하였을 것이다. "제가 구하는 것은 빵 한 덩이나 한 조각이 아니고 다만 남는 부스러기입니다. 저에게 그것을 거절하지 말아 주소서." 그렇다고 해서 그 여자가 결코 예수의 자비를 과소평가하거나 그것을 가볍게 생각해서 그렇게 말한 것이 아니고, 그 여자가 들은 풍성한 병 고침의 기적을 유대인들이 받고 있는 것에 비

14 메튜 헨리 주석, 마가복음 07장.

Vox populi, vox Dei.

하면 자기에게 베푸는 이 하나의 병 고침은 마치 부스러기와 같음을 의미한 것이다.[15]

그 여자는 마음의 상처를 받는 대신에 매우 겸손하게 대답하였다. 그는 이스라엘 백성이 하느님의 언약과 특권과 복을 누리나 이방인들에게는 그런 것들이 없으며 또 이방인들에게는 경건도, 도덕성도 부족하다는 것을 인정했다. 단지 그는 상 아래 있는 강아지들도 자식들이 먹던 부스러기를 먹는다고 말하였다. 마태오 복음서에 보면, 그는 강아지들도 주인의 상에서 떨어지는 부스러기를 먹는다고 말하였다마태 15:27. 이것은 모든 사람이 하느님 앞에서 가져야 할 바른 마음가짐이다. 사람은 자신이 피조물이요 부족한 죄인임을 알아야 한다. 그 여자는 겸손하게 그러나 간절하게 딸의 병고침을 간구하였다.

29-30절 그렇게 하여 그리스도께서는 그 여자의 요구를 허락해 주신 것이다. 도대체 이 여자가 이렇게 겸손하고 열심일 수가 있을까? 이렇게 생각하신 예수께서 "네가 그렇게 말하니, 가 보아라. 마귀가 이미 네 딸에게서 나갔다."29절 라고 하시었다. 이 사실은 우리가 기도하고 약하지 말아야 함과, 최후로 승리할 것을 믿고 항상 기도를 꾸준히 계속하라는 용기를 북돋아 준다. 그 비전vision은 결국 거짓이 아님을 말해 줄 것이다. 그리스도께서 "네가 그렇게 말하니"라고 하신 말씀은 다른 경우에 "될지어다"란 말과 다름없이 효과적으로 역사를 이루어 주신 것이다30절. 왜냐하면 말씀하신 대로 "그 여자가 집에 가서 보니, 아이는 침상에 누워 있고 마귀는 나가고 없기" 때문이다. 그리스도께서는 멀리 떨어져 계시면서도 사탄을 정복하신 것이다.[16]

마태오 복음서에는, 주께서 "아, 여인아! 네 믿음이 참으로 크구나. 네가 바라는 대로 될 것이다."라고 말씀하셨다마태 15:28. 그 여자가 집에 돌아가 보니 놀랍게도 아이가 침상에 누웠고 마귀가 나갔고 아이는 치료되어 있었다.

15 메튜 헨리 주석, 마가복음 07장.
16 메튜 헨리 주석, 마가복음 07장.

"네가 그렇게 말하니, 가 보아라. 마귀가 이미 네 딸에게서 나갔다."(7:29)

자료: m.mariasarang.net

31-32절 우리 주 예수께서는 한 곳에서 오래 머무르시지 않으셨다. 그것은 예수께서 당신의 하실 일이 어디에 있음을 잘 아시기 때문에, 당신의 일을 고르게 하시기 위함이었다. 예수께서 그 가나안 여인의 딸을 고치셨을 때에, 그곳에서 하시려던 일은 다 하신 것이다. 그러므로 곧 그곳을 떠나시어 당신께서 항상 거주하시던 갈릴래아 호수에 돌아오신 것이다. 지금 여기에 예수께서 행하신 병 고침의 이야기가 나와 있는데, 이 기록은 다른 복음서 기자들이 기록하지 않은 기사이다. 이것은 "귀먹고 말 더듬는 이"를 예수께서 고치신 기사이다. 귀먹은 자를 사람들이 데리고 예수께 나왔다. 어떤 이들은 이가 나면서부터 귀먹은 자라고 생각하는데, 그러하다면 이는 벙어리도 되는 것이다. 다른 어떤 이들은 이가 어떤 병이나 재난으로 귀먹었다고 생각하는 것이다. 그는 "말 더듬는 이"였다.[17]

티로와 시돈은 갈릴래아 호수 서북쪽 바닷가의 도시들이다. 주께서는 그곳을 떠나 다시 갈릴래아 호수 쪽으로 내려오셨다. 데카폴리스 지역은 갈릴래아 호수 남쪽의 일부와 남동쪽의 요단강 건너편 일부를 가리킨다.

사람들은 귀먹고 말을 더듬는 자를 데리고 예수께 나아와 안수하여 주시기를 간구하였다. 병자 자신이 예수님께 나아와 고침 받기를 간구한 경우도 있지만, 주

17 메튜 헨리 주석, 마가복음 07장.

위의 사람들이 병자를 예수께 데려오기도 했다. 그들은 예수께서 그에게 안수하여 주시기를 간구했다. 세상에는 병자들이 많다. 사람의 불행은 하느님께서 창조하신 세상의 본래 모습이 아니다. 이것은 첫 사람 아담의 범죄의 결과이다. 이 세상은 참으로 슬프고 고통스럽고 불행한 일들이 많은 세상이다. 그런 불행한 일들은 장차 죄 없는 천국에서는 찾아볼 수 없을 것이다.

33-34절 그 사람의 병나음은 엄숙하게 이루어졌다. 이 병나음의 경우는 독특한 점이 있다. 보통 예수께서는 모든 사람들 앞에서 공개적으로 기적을 나타내시어 그들이 엄밀한 관찰과 조사를 하도록 하시었다. 그러나 이 기적은 그리스도께서 은밀하게 행하시어 당신이 자신의 영광을 구하시지 않으심과 허식의 냄새를 풍기는 모든 것을 당신이 피하심을 보여 주시려고 하신 것이다. 겸손하기 위해서 그리스도를 배우자. 그리고 아무도 보는 자가 없었지만 그리스도께서 늘 보고 계시는 은밀한 가운데 선을 행하자. 그리스도께서 이 사람의 병을 고치시는데 있어서, 다른 보통 때보다 더 의미심장한 행동을 보이셨다.[18]

예수께서 그를 따로 데리고 군중을 떠나신 것은 사람들이 그가 이 세상에 온 목적을 오해하지 않게 하기 위해서였을 것이다. 그것은, 그가 뒤에 사람들을 경계하시며 아무에게도 말하지 말라고 말씀하신 것을 볼 때 알 수 있다. 그가 세상에 오신 목적은 병자를 고쳐주시기 위함이 아니고 죄인들의 죄를 대속하시기 위함이었다.

그가 손가락을 그의 두 귀에 넣고 침을 발라 그의 혀에 손을 대신 것은, 그 귀먹고 말을 더듬는 자의 문제가 무엇이며 그가 지금 그를 위해 무엇을 할 것인지를 보여주기 위함이었다. 그의 문제는 귀와 혀에 있었다. 특히 혀의 장애는 그의 말의 기능을 어렵게 했다. 사람의 말은 목청과 입뿐 아니라, 혀의 움직임에 의해 이루어지기 때문이다. 예수께서는 그의 문제가 되는 바로 그곳에 그의 치료의 손

18 메튜 헨리 주석, 마가복음 07장.

을 얹으셨다. 그의 이 특이한 행동은 그 귀머거리가 이해하는 데 도움이 되었을 것이다. 그는 예수께서 그를 고치고 계심을 느낄 수 있었을 것이다.

예수께서는 하늘을 우러러 탄식하시며 그에게 "에파타!"라고 말씀하셨다. 그것은 "열려라!"는 뜻이다. 그는 하늘을 향하여 탄식하셨다. 하늘은 하느님께서 계신 곳이다. 예수께서는 기도하실 때 하늘을 우러러 기도하시곤 하셨다마르 6:41, 요한 11:41, 17:1. 그는 하느님을 향하여 탄식의 기도를 드리신 것이라고 본다. 그것은 죄의 결과로 인한 사람의 불행을 보시고 탄식하신 것이다.

35-37절 그리스도께서 메시아임을 증거해 준다. 왜냐하면 그리스도의 능력에 대해서 예언되기를 "그때에 눈먼 이들은 눈이 열리고 귀먹은 이들은 귀가 열리리라. 그때에 다리저는 이는 사슴처럼 뛰고 말못하는 이의 혀는 환성을 터뜨리리라. 광야에서는 물이 터져 나오고 사막에서는 냇물이 흐르리라."이사 35:5-6라고 하신 말씀이 이루어졌기 때문이다. 이 사실은 인간들의 마음에 대한 그리스도의 복음의 작용에 대한 예를 보여 준다. 불쌍한 죄인들에 대한 복음의 큰 사명과 그리스도의 은혜는 '에파타' 곧 '열려라'는 것이다. 그로티우스Grotius는 이 말씀을 인용하여 말하기를 신체의 장애가 그리스도의 말씀으로 말미암아 제거되는 것이라고 하였다. 그리스도의 성령께서 루디아의 마음을 열 듯이 우리의 마음을 열어 주시며, 그렇게 하심으로써 하느님의 말씀을 들을 수 있도록 귀를 열어 주시며, 기도와 찬미를 드리도록 입을 열어 주시는 것이다. 예수께서 이 일을 비밀로 하고 소문을 내지 못하게 하였으나 이 일이 널리 전파되어 소문이 난 것이다.[19]

그런데 곧 그의 귀가 열리고 혀의 맺힌 것이 풀려 말이 분명해졌다. 주님의 치료는 신속하고 완전하였다. 이것은 예수 그리스도의 신적인 능력이었다. 누가 예수님처럼 병자를 고칠 수 있겠는가? 아무도 그런 일을 할 수 없다. 오직 하느님의

19 메튜 헨리 주석, 마가복음 07장.

Vox populi, vox Dei.

아들 예수께서만 하실 수 있다. 오늘날도 구원은 오직 예수 그리스도께 있다. 그는 지금도 살아계셔서 일하시며 죄인들을 구원하시고 영적 불구자들을 치료하신다.

예수께서는 그 병자를 데려온 자들에게 경계하시며 아무에게도 말하지 말라고 하셨다. 그러나 그가 경계하실수록 그들은 더욱 널리 전파하였다. 사람들은 심히 놀라, "저분이 하신 일은 모두 훌륭하다. 귀먹은 이들은 듣게 하시고 말못하는 이들은 말하게 하시는구나."라고 말하였다. 예수님의 하신 일들은 다 잘하신 것뿐이다. 그는 참으로 좋으신 구주이시다.

Vox populi, vox Dei.

하늘의 소리 사람의 말씀 III

마르코 복음서
8장

天聲

사천 명을 먹이시다 마태 15,32-39

1 그 무렵에 다시 많은 군중이 모여 있었는데 먹을 것이 없었다. 예수님께서 제자들을 가까이 불러 말씀하셨다.

2 "저 군중이 가엾구나. 벌써 사흘 동안이나 내 곁에 머물렀는데 먹을 것이 없으니 말이다.

3 내가 저들을 굶겨서 집으로 돌려보내면 길에서 쓰러질 것이다. 더구나 저들 가운데에는 먼 데서 온 사람들도 있다."

4 그러자 제자들이 "이 광야에서 누가 어디서 빵을 구해 저 사람들을 배불릴 수 있겠습니까?" 하고 대답하였다.

5 예수님께서 "너희에게 빵이 몇 개나 있느냐?" 하고 물으시자, 그들이 "일곱 개 있습니다." 하고 대답하였다.

6 예수님께서는 군중에게 땅에 앉으라고 분부하셨다. 그리고 빵 일곱 개를 손에 들고 감사를 드리신 다음, 떼어서 제자들에게 주시며 나누어 주라고 하시니, 그들이 군중에게 나누어 주었다.

7 또 제자들이 작은 물고기 몇 마리를 가지고 있었는데, 예수님께서는 그것도 축복하신 다음에 나누어 주라고 이르셨다.

8 사람들은 배불리 먹었다. 그리고 남은 조각을 모았더니 일곱 바구니나 되었다.

9 사람들은 사천 명가량이었다. 예수님께서는 그들을 돌려보내시고 나서,

10 곧바로 제자들과 함께 배에 올라 달마누타 지방으로 가셨다.

바리사이들이 표징을 요구하다 마태 16,1-4

11 바리사이들이 와서 예수님과 논쟁하기 시작하였다. 그분을 시험하려고 하늘에서 오는 표징을 요구하였던 것이다.

12 예수님께서는 마음속으로 깊이 탄식하며 말씀하셨다. "어찌하여 이 세대가 표징을 요구하는가? 내가 진실로 너희에게 말한다. 이 세대는 어떠한 표징도 받지 못할 것이다."

13 그러고 나서 그들을 버려두신 채 다시 배를 타고 건너편으로 가셨다.

바리사이들과 헤로데의 누룩을 조심하여라 마태 16,5-12

14 그런데 제자들이 빵을 가져오는 것을 잊어버려, 그들이 가진 빵이 배 안에는 한 개밖에 없었다.

15 예수님께서 그들에게, "너희는 주의하여라. 바리사이들의 누룩과 헤로데의 누룩을 조심하여라." 하고 분부하셨다.

16 그러자 제자들은 자기들에게 빵이 없다고 서로 수군거렸다.

17 예수님께서는 그것을 아시고 그들에게 말씀하셨다. "너희는 어찌하여 빵이 없다고 수군거리느냐? 아직도 이해하지 못하고 깨닫지 못하느냐? 너희 마음이 그렇게도 완고하냐?

18 너희는 눈이 있어도 보지 못하고 귀가 있어도 듣지 못하느냐? 너희는 기억하지 못하느냐?

19 내가 빵 다섯 개를 오천 명에게 떼어 주었을 때, 빵 조각을 몇 광주리나 가득 거두었느냐?" 그들이 "열둘입니다." 하고 대답하였다.

20 "빵 일곱 개를 사천 명에게 떼어 주었을 때에는, 빵 조각을 몇 바구니나 가득 거두었느냐?" 그들이 "일곱입니다." 하고 대답하자,

21 예수님께서 그들에게 "너희는 아직도 깨닫지 못하느냐?" 하고 말씀하셨다.

벳사이다의 눈먼 이를 고치시다

22 그들은 벳사이다로 갔다. 그런데 사람들이 눈먼 이를 예수님께 데리고 와서는 그
에게 손을 대어 주십사고 청하였다.
23 그분께서는 그 눈먼 이의 손을 잡아 마을 밖으로 데리고 나가셔서, 그의 두 눈에
침을 바르시고 그에게 손을 얹으신 다음, "무엇이 보이느냐?" 하고 물으셨다.
24 그는 앞을 쳐다보며, "사람들이 보입니다. 그런데 걸어다니는 나무처럼 보입니다."
하고 대답하였다.
25 그분께서 다시 그의 두 눈에 손을 얹으시니 그가 똑똑히 보게 되었다. 그는 시력이
회복되어 모든 것을 뚜렷이 보게 된 것이다.
26 예수님께서는 그를 집으로 보내시면서, "저 마을로는 들어가지 마라." 하고 말씀하
셨다.

베드로가 예수님을 그리스도라고 고백하다 마태 16,13-20; 루카 9,18-21

27 예수님께서 제자들과 함께 카이사리아 필리피 근처 마을을 향하여 길을 떠나셨
다. 그리고 길에서 제자들에게, "사람들이 나를 누구라고 하느냐?" 하고 물으셨다.
28 제자들이 대답하였다. "세례자 요한이라고 합니다. 그러나 어떤 이들은 엘리야라
하고, 또 어떤 이들은 예언자 가운데 한 분이라고 합니다."
29 예수님께서 다시, "그러면 너희는 나를 누구라고 하느냐?" 하고 물으시자, 베드로가
"스승님은 그리스도이십니다." 하고 대답하였다.
30 그러자 예수님께서는 제자들에게, 당신에 관하여 아무에게도 말하지 말라고 엄중
히 이르셨다.

수난과 부활을 처음으로 예고하시다 마태 16,21-23; 루카 9,22

31 예수님께서는 그 뒤에, 사람의 아들이 반드시 많은 고난을 겪으시고 원로들과 수
석 사제들과 율법 학자들에게 배척을 받아 죽임을 당하셨다가 사흘 만에 다시 살
아나셔야 한다는 것을 제자들에게 가르치기 시작하셨다.

32 예수님께서는 이 말씀을 명백히 하셨다. 그러자 베드로가 예수님을 꼭 붙들고 반
박하기 시작하였다.

33 그러나 예수님께서는 돌아서서 제자들을 보신 다음 베드로에게, "사탄아, 내게서
물러가라. 너는 하느님의 일은 생각하지 않고 사람의 일만 생각하는구나." 하며 꾸
짖으셨다.

예수님을 어떻게 따라야 하는가 마태 16,24-28; 루카 9,23-27

34 예수님께서 제자들과 함께 군중을 가까이 부르시고 그들에게 말씀하셨다. "누구
든지 내 뒤를 따르려면 자신을 버리고 제 십자가를 지고 나를 따라야 한다.

35 정녕 자기 목숨을 구하려는 사람은 목숨을 잃을 것이고, 나와 복음 때문에 목숨
을 잃는 사람은 목숨을 구할 것이다.

36 사람이 온 세상을 얻고도 제 목숨을 잃으면 무슨 소용이 있느냐?

37 사람이 제 목숨을 무엇과 바꿀 수 있겠느냐?

38 절개 없고 죄 많은 이 세대에서 누구든지 나와 내 말을 부끄럽게 여기면, 사람의
아들도 아버지의 영광에 싸여 거룩한 천사들과 함께 올 때에 그를 부끄럽게 여길
것이다."

1 During those days another large crowd gathered. Since they had nothing
to eat, Jesus called his disciples to him and said,

2 "I have compassion for these people; they have already been with me
three days and have nothing to eat.

3 If I send them home hungry, they will collapse on the way, because
some of them have come a long distance."

4 His disciples answered, "But where in this remote place can anyone get
enough bread to feed them?"

5 "How many loaves do you have?" Jesus asked. "Seven," they replied.

6 He told the crowd to sit down on the ground. When he had taken the
seven loaves and given thanks, he broke them and gave them to his dis-

ciples to set before the people, and they did so.

7 They had a few small fish as well; he gave thanks for them also and told the disciples to distribute them.

8 The people ate and were satisfied. Afterward the disciples picked up seven basketfuls of broken pieces that were left over.

9 About four thousand men were present. And having sent them away,

10 he got into the boat with his disciples and went to the region of Dalmanutha.

11 The Pharisees came and began to question Jesus. To test him, they asked him for a sign from heaven.

12 He sighed deeply and said, "Why does this generation ask for a miraculous sign? I tell you the truth, no sign will be given to it."

13 Then he left them, got back into the boat and crossed to the other side.

14 The disciples had forgotten to bring bread, except for one loaf they had with them in the boat.

15 "Be careful," Jesus warned them. "Watch out for the yeast of the Pharisees and that of Herod."

16 They discussed this with one another and said, "It is because we have no bread."

17 Aware of their discussion, Jesus asked them: "Why are you talking about having no bread? Do you still not see or understand? Are your hearts hardened?

18 Do you have eyes but fail to see, and ears but fail to hear? And don't you remember?

19 When I broke the five loaves for the five thousand, how many basketfuls of pieces did you pick up?" "Twelve," they replied.

20 "And when I broke the seven loaves for the four thousand, how many basketfuls of pieces did you pick up?" They answered, "Seven."

21 He said to them, "Do you still not understand?"
22 They came to Bethsaida, and some people brought a blind man and
begged Jesus to touch him.
23 He took the blind man by the hand and led him outside the village.
When he had spit on the man's eyes and put his hands on him, Jesus
asked, "Do you see anything?"
24 He looked up and said, "I see people; they look like trees walking
around."
25 Once more Jesus put his hands on the man's eyes. Then his eyes were
opened, his sight was restored, and he saw everything clearly.
26 Jesus sent him home, saying, "Don't go into the village."
27 Jesus and his disciples went on to the villages around Caesarea Philippi.
On the way he asked them, "Who do people say I am?"
28 They replied, "Some say John the Baptist; others say Elijah; and still oth-
ers, one of the prophets."
29 "But what about you?" he asked. "Who do you say I am?" Peter answered,
"You are the Christ."
30 Jesus warned them not to tell anyone about him.
31 He then began to teach them that the Son of Man must suffer many
things and be rejected by the elders, chief priests and teachers of the law,
and that he must be killed and after three days rise again.
32 He spoke plainly about this, and Peter took him aside and began to re-
buke him.
33 But when Jesus turned and looked at his disciples, he rebuked Peter. "Get
behind me, Satan!" he said. "You do not have in mind the things of God,
but the things of men."
34 Then he called the crowd to him along with his disciples and said: "If
anyone would come after me, he must deny himself and take up his
cross and follow me.

35 For whoever wants to save his life will lose it, but whoever loses his life
for me and for the gospel will save it.
36 What good is it for a man to gain the whole world, yet forfeit his soul?
37 Or what can a man give in exchange for his soul?
38 If anyone is ashamed of me and my words in this adulterous and sinful
generation, the Son of Man will be ashamed of him when he comes in
his Father's glory with the holy angels."

Vox populi, vox Dei.

人語

마르코 복음서 8장 요약

많은 군중이 먹을 것이 없자 예수님께서 기적으로 그들을 먹이신다. 칠병이어의 기적으로 사천 명을 먹이신다. 일곱 광주리가 남는다. 배를 떠나 가시면서 바리사이들과 헤로데의 누룩을 주의하라 경계하신다. 벳사이다에서 맹인을 고치신다.

카이사리아 필리피 근처 마을에서 베드로가 예수님을 향해 "스승님은 그리스도이십니다." 하고 고백한다. 예수님께서 장차 자신의 죽음을 예고하시자 베드로가 말린다. 예수님은 베드로를 향해 책망하신다.

각 절 해석[1]

1-3절 그 무렵에 많은 군중이 주 앞에 모여 있었고 그들에게는 먹을 것이 없었다. 그 시대에는 일반 백성들에게 물질적 유여함이 없었던 것 같다. 더욱이, 그곳은 광야였고 그들은 이미 사흘 동안 예수님과 함께 있었다. 그들은 예수님의 말씀을 듣는 일에 큰 열성이 있었다. 예수께서는 그들을 굶겨 집으로 보내면 그들이 길에서 기진할 것을 염려하셨다. 그들 중에는 멀리서 온 사람들도 있었다. 이런 딱한 상황에서, 예수께서는 무리를 불쌍히 여기셨고 그래서 빵 기적

1 김효성 목사, 마가복음 강해, 2023년 2월 1일 수정.

칠병이어

자료: m1.daumcdn.net

을 행하셨던 것이다. 이와 같이, 예수님의 두 번째 빵 기적은 무리를 불쌍히 여김에서 나왔다.

우리는 전에 이와 매우 흡사한 기적의 기사를 본 복음서에서마르 6:30-44 살펴본 일이 있다. 그리고 이와 같은 기적의 기사를 마태오 복음서에서도 살펴보았던 것이다마태 15:32-39. 여기에 나온 기사는 마태오 복음서의 경우와 별로 다르거나 더하지 않은 것이다.

예수께서 "저들 가운데에는 먼 데서 온 사람들도 있다." 하시며 돌아갈 길이 먼 것을 생각하셨다. 우리가 말씀을 듣기 위해 참석한 군중을 볼 때에 우리는 비록 모를지라도 그리스도께서는 저들이 어디서 왔는지 알고 계심을 생각하고 다행스럽게 여기는 것이다. "나는 네가 어디에 사는지를 안다."묵시 2:13. 그리스도께서는 결코 그들을 굶겨서 돌려보내실 수 없었다. 왜냐하면 그리스도께서는 당신의 말씀을 들으려고 정중하게 성회에 참석한 그들을 굶겨서 돌려보낸다는 것은 당신으로서 하실 도리가 아니기 때문이다.

4-7절 도무지 인간적으로는 대책이 서지 않는 상황이었다. 그 많은 군중을 위해 빵을 살 돈도 없었겠지만, 돈이 있다 하여도 그 많은 분량의 빵을 어디서 구할 수 있겠는가! 그들이 가진 것은 빵 일곱 개뿐이었다. 그러나 예수께서는

오병이어

자료: m1.daumcdn.net

군중에게 명하여 땅에 앉게 하시고 빵 일곱 개를 가지고 하느님께 감사하시며 떼어 제자들에게 주어 군중 앞에 놓게 하셨다. 그는 작은 것으로도 하느님께 감사하셨다. 제자들은 그 빵을 군중에게 나누어 주었다. 또한 작은 생선 몇 마리가 있었는데, 주께서는 축복하시고 그것도 그들 앞에 놓게 하셨다.

비록 그리스도께서 "빵 다섯 개로 오천 명을 먹였으니 빵 네 개면 사천 명을 먹일 수 있을 것이다"라고 말씀하실 만도 했을 것이지만, 예수께서 빵 일곱 개를 다 받아서 그것을 통해서 사천 명을 먹이신 것이다. 왜냐하면 예수께서 무엇이나 있는 그대로 취하고 그것에 우리 자신을 적응시키라는 교훈을 주시고 우리가 가지고 있는 것을 활용하여 최선의 것이 되게 하라는 교훈을 주시기 위함이다. 여기에서 하느님께서 만나를 내려 주실 때에 "더 많이 거둔 이도 남지 않고, 더 적게 거둔 이도 모자라지 않았다. 저마다 먹을 만큼 거두어들인 것이다."탈출 16:18라는 것과 같은 의미를 보여주고 있다.

8-10절 그리스도의 풍부함은 무진장한 것이다. 그리고 그리스도께서 이 기적을 반복하심은 그리스도께서는 당신을 따르는 사람들에게 항상 구원과 양식을 주시는 증거를 보여 주시기 위함이다. 그리스도의 은혜는 우리의 원함과 필요를 항상 새롭게 허락하여 주시는 것이다. 이 앞서 있었던 기적에서 그리스도께서 당신이 받은 빵 다섯 덩이를 전부 활용하시어 당신에게 나온 모든 사람들, 즉 오천 명을 먹이셨던 것이다. 여기에서도 마찬가지이다. 우리 아버지의 집에, 우리 주님의 집에 배부르게 할 수 있고 남음이 있는 빵이 있는 것이다. 그리스도 안에는 충만함이 있는 것이다. 그리고 그 충만함은 그분의 거룩한 손을 통해서 모든 사람에게 임하시는 것이다. 그리스도를 따르는 자들은 보조를 같이 하는 것이 유익한 것이다. 이 그리스도를 따르는 자들은, 그들 사천 명이 한 공동체를 이루고 있었으며, 그리스도께서 그들을 다 먹이신 것이다. 그리스도의 양들은 양무리 가까이 있어야만 하며 그들과 보조를 같이 해야 하는 것이다. 그러므로 그들은 참으로 배불리 먹을 수 있는 것이다.[2]

그날, 놀라운 기적이 다시 일어났다. 제자들과 군중은 다 배불리 먹었고 남은 조각을 일곱 바구니에 거두었다. 그 빵을 먹은 사람들은 약 4천 명이었다. 마태오 복음서 15:38은 빵을 먹은 사람이 '여자들과 아이들 외에 남자만도 사천 명'이라고 증거한다. 예수께서는 그들을 흩어 보내시고 곧 제자들과 함께 배에 오르셔서 달마누타 지방으로 가셨다. 마태오 복음서 15:39에서는 그들이 '마가단' 고장으로 가셨다고 증거한다.

마가단은 디베랴의 서북쪽 약 5km 지점에 위치한 길벳 메즈델Khirbet Mejdel이 현재의 막달라 옛터로 보고 있다. 영문 성경KJV에는 막달라Magdala라고 하였다

마가단은 갈릴래아 바다의 서쪽 해안 중간지점에 있는 마을이었다.

2 메튜 헨리 주석, 마가복음 08장.

마가단(막달라) 고장의 지도

자료: kcm.co.kr

11-13절 예수께서 "하늘에서 오는 표징을" 구하면서 당신에게 도전하는 바리사이들을 만족시켜 주기를 어떻게 거절하시는가를 보여 준다. 그들은 예수께 힐난하려는 목적으로 그분에게 나왔다. 그들은 예수에게서 그 대답을 알고 싶어서 질문한 것이 아니고 예수를 함정에 빠뜨리기 위해서 예수를 힐난한 것이다. 그들은 마치 그들에게 더욱 관련이 있고, 더욱 관찰과 조사를 해 볼 수 있는 예수의 지상의 표적들이 부족한 것처럼 "하늘에서 오는 표징을" 예수에게 요구한 것이다. 사실은 예수께서 세례 받으실 때에 "하늘에서" 나타난 표징이 있었는데, 그것은 성령께서 비둘기 같이 내려오고, 하늘에서 소리가 들린 것이다마태 3:16-17.[3]

바리사이들이 나와서 예수님과 변론하며 그를 시험하여 하늘에서 오는 표징을 요구하였다. 예수께서는 마음속에 깊이 탄식하시며 말씀하셨다. "어찌하여 이 세대가 표징을 요구하는가? 내가 진실로 너희에게 말한다. 이 세대는 어떠한 표징도 받지 못할 것이다." 기적은 사람의 호기심의 만족을 위해 심심풀이로 주시는

3 메튜 헨리 주석, 마가복음 08장.

표징을 요구하는 바리사이들

자료: club.catholic.or.kr

것이 아니다. 그것은 하느님을 믿으려는 자들에게 유익하지만, 믿으려는 마음이 없는 자들에게는 아무 이익이 되지 못한다. 당시의 유대인들은 예수님의 많은 기적들을 보았으나 그를 믿지 않았다요한 12:37. 그러나 하느님께서 택하신 자들은 그의 기적들을 보고 믿었고, 또 오늘날에는 그것들을 기록한 신약성경의 증거들을 읽고, 예수께서 하느님의 아들 그리스도이심을 믿고 구원을 얻을 것이다. 요한 복음서 20:30-31에 "예수님께서는 이 책에 기록되지 않은 다른 많은 표징도 제자들 앞에서 일으키셨다. 이것들을 기록한 목적은 예수님께서 메시아시며 하느님의 아드님이심을 여러분이 믿고, 또 그렇게 믿어서 그분의 이름으로 생명을 얻게 하려는 것이다."라고 하셨다. 이것이 바로 복음서를 쓴 목적이다.

오늘날 우리는 예수님을 보지 못했어도 성경말씀의 충족한 증거들을 통해 예수 그리스도를 믿는다. 이것은 하느님의 놀라운 은혜이다. 예수께서는 제자 토마스에게, "너는 나를 보고서야 믿느냐? 보지 않고도 믿는 사람은 행복하다."라고 말씀하셨다요한 20:29. 사도 베드로는 그의 첫째 서간에서, "여러분은 그리스도를 본 일이 없지만 그분을 사랑합니다. 여러분은 지금 그분을 보지 못하면서도 그분을 믿기에, 이루 말할 수 없는 영광스러운 기쁨 속에서 즐거워하고 있습니다. 여러분의 믿음의 목적인 영혼의 구원을 얻을 것이기 때문입니다."라고 말했다1베드 1:8-9. 우리는 기적을 구하지 말고 기적보다 귀한 믿음을 구해야 한다.

14-16절 예수께서 당신의 제자들에게 바리사이들과 헤로데의 누룩을 조심하라고 어떻게 경계하셨나를 보여 주고 있다. 무엇을 조심하라고 하셨나를 보자15절. "너희는 주의하여라. 바리사이들의 누룩과 헤로데의 누룩을 조심하여라." 이 말씀은 아마 이런 뜻으로 말씀하셨을 것이다. "바리사이들의 누룩을 너희가 나누지 않도록 주의하라. 그들이 집착해 있는 장로들의 유전에 빠지지 않도록 주의하라. 그리고 그들처럼 교만하거나 위선적이거나 의식적이 안 되도록 주의하라."[4]

제자들이 빵 가져오기를 잊었으므로 배에 빵 한 개밖에 그들에게 없었을 때, 주께서는 그들에게 경계하여 말씀하셨다. "너희는 주의하여라. 바리사이들의 누룩과 헤로데의 누룩을 조심하여라." 마태오 복음서에 보면, 예수께서 "너희는 주의하여라. 바리사이들과 사두가이들의 누룩을 조심하여라."는 말씀도 하셨다마태 16:6. 그런데 제자들은 서로 의논하기를 이는 우리에게 빵이 없음이로다, 라고 말하였다. 제자들은 빵의 누룩을 생각하였으나 주께서는 바리사이들과 사두가이들과 헤로데의 교훈을 말씀하신 것이다. 바리사이들의 교훈은 위선적이었고, 사두가이들의 교훈은 이성주의적이었고, 헤로데의 교훈은 세속주의적이었다고 본다. 주께서는 제자들이 여러 부류의 거짓 선생들의 잘못된 교훈들을 조심할 것을 말씀하신 것이다.

오늘날 우리도 바른 교훈이 아닌 것들은 다 조심해야 한다. 요한의 첫째 서간 4:1에, "사랑하는 여러분, 아무 영이나 다 믿지 말고 그 영이 하느님께 속한 것인지 시험해 보십시오. 거짓 예언자들이 세상으로 많이 나갔기 때문입니다."라고 했다. 오늘날 우리는 이단종파들 뿐만 아니라, 자유주의, 교회연합운동, WCC[5]의

4 메튜 헨리 주석, 마가복음 08장.

5 WCC(World Council of Churches, 세계교회협의회)는 세계적인 교회일치운동(에큐메니컬 운동) 단체이다. 1948년에 네덜란드의 암스테르담에서 개신교회를 중심으로 하는 교회일치운동, 즉 에큐메니컬 운동의 첫 총회를 시작으로 결성되었다. 초창기에는 개신교회의 일치 운동으로 시작되었다가 점차 개신교회와 정교회의 교류로 이어졌다. 보편교회의 기본신조인 니케아 콘스탄티노폴리스 신경에 찬동하는 교파들만이 회원으로 인정되며, 반삼위일체 이단 교단이나 타종교는 가입하지 못한다.

잘못된 선교, 포용주의, 은사주의, 열린예배, CCM[6], 사회주의 좌파운동 같은 비성경적 운동들을 조심해야 한다. 특히 사회주의 좌파운동은 하나님을 부정하고 속죄의 복음을 왜곡하고 경제 평등만을 목표로 하고 정의, 생명·인권 존중, 진실 등의 도덕성을 저버리는 운동이다.

17-21절 두 차례의 빵 기적은 확실한 사건들이었다. 주께서는 제자들에게 그 사건들을 다시 확인시켜주셨고 또 후대의 모든 사람들을 위해 그 기적들의 확실함을 한 번 더 증거하셨다. 그러나 빵 기적들 자체보다 더 중요한 것은 예수님의 신적 인격이다. 빵 기적은 예수 그리스도의 신성神性과 신적 인격을 증거한다. 예수께서 행하신 병고침의 일들을 포함한 모든 기적들은 그의 신적 인격을 증거한다. 예수께서 하나님의 아들이 아니셨다면, 그는 그런 기적들을 행하실 수 없었다. 그것들은 분명히 예수 그리스도의 신성神性과 신적 인격을 증거한다.

우리는 예수 그리스도의 신성과 신적 인격을 확신해야 한다. 예수께서는 빵 기적을 두 번 행하셨다. 또 그는 나병환자, 중풍환자, 열병환자, 마귀들린 자, 소경, 앉은뱅이 등 각종 병자들을 고쳐주셨다. 그뿐 아니라 바람과 풍랑을 잔잔케 하셨고, 물로 포도주를 만드셨고, 바다 위로 걸어오셨고, 죽은 자를 살리셨다. 이런 기적들은 확실히 그가 하나님의 아들 그리스도이심을 증거한다. 거기에 더하여, 그는 십자가에 죽으셨으나 삼 일 만에 부활하셨고 40일 만에 승천하셨다. 우리는 예수께서 하나님의 아들 그리스도이심을 확신하고 따라야 한다.

22-23절 여기에 그의 친구들에 의해서 예수께서 손대기를 구하면서 그리스도에게 데리고 나온 "눈먼 이"가 있다22절. 여기에 그 사람을 데리고 나온 자들의 신앙이 나타나 있으니 그들은 예수께서 한 번 안수하시면 그의 시력이

6 CCM(Contemporary Christian Music, 현대 기독교 음악)은 음악의 한 분야로서, 가사에 기독교 믿음을 직접 또는 간접적으로 담고 있는 현대 대중음악의 한 장르로 여겨지며, 그 밖의 지역에서는 영감적인 음악(Inspirational Music)이라는 표기도 사용한다. 이 음악의 정의에 대해서는 기독교의 종파별로 차이가 있다.

Vox populi, vox Dei.

예수께서 빵 기적을 행하셨던 곳이 바로 벳사이다이다. 사천 명을 먹이시고 예수님께서는 군중을 돌려보내시고 나서 배를 타고 마가단 지경(the vicinity of Magadan)으로 가셨다.

자료: gwm.or.kr

회복될 것이라는 믿음이 있었다. 그러나 그 사람 자신은 다른 소경들이 보인 바와 같은 그러한 신유神癒에 대한 열성과 기대가 보이지 않았다. 영적으로 소경이 된 사람들도 스스로 자기들을 위해 기도하지 않는다. 그렇지만 그의 친구들과 친척들이 그를 위해 기도하며 그리스도께서 기꺼이 그들을 만져 주실 것이다.[7]

예수께서는 벳사이다에 이르셨다. 그곳은 빵 기적을 행하셨던 곳이다루카 9:10-17. 사람들이 소경 하나를 데리고 그에게 나아와 손대시기를 구했다. 그들은 선한 마음을 가진 자들이었고 예수님께 대한 믿음도 있었다고 보인다. 그들은 영적 소경인 죄인을 구주 예수께로 인도하는 열성 있는 성도들의 본이 된다. 소경은 참으로 불쌍한 자이다. 그는 하나님께서 창조하신 아름다운 세상도, 사랑하는 가족의 얼굴도 보지 못하고 항상 어두운 세계 속에서 산다. 그는 생활하기나 길을 걷기에도 불편하다. 물론 이 세상의 불행한 일들이나 미움과 격노의 얼굴이나 죄악된 일들을 보지 않는 장점도 있기는 하다.

7 메튜 헨리 주석, 마가복음 08장.

예수께서는 그 소경의 손을 붙들고 마을 밖으로 데리고 나가셨다. 그것은 그가 다른 사람들에게 기적을 보이지 않게 하기 위함이었을 것이다. 그것은 그가 이 세상에 오신 것이 병자들을 고치기 위함이 아니기 때문일 것이다. 또 그는 믿음 없는 자들 앞에서는 기적 행하기를 꺼려하셨다. 마르코 복음서 6:5-6, "그리하여 예수님께서는 그곳에서 몇몇 병자에게 손을 얹어서 병을 고쳐 주시는 것밖에는 아무런 기적도 일으키실 수 없었다. 그리고 그들이 믿지 않는 것에 놀라셨다. 예수님께서는 여러 마을을 두루 돌아다니며 가르치셨다." 그는 그 소경의 눈에 침을 바르시며 그에게 안수하셨다. 그 소경은 비록 볼 수 없어도 무엇을 느낄 수 있었을 것이다. 주께서는 아마 그의 눈에 손을 얹으셨을 것이다. 그런 후, 그는 그에게 "무엇이 보이느냐?" 하고 물으셨다.

24-26절 그 소경은 우러러보며 말했다. "사람들이 보입니다. 그런데 걸어다니는 나무처럼 보입니다." 예수께서 병자를 고쳐주실 때에는 병자가 보통 즉시 고침을 받았으나 이 경우는 웬일인지 즉시 고침을 받지 못했다. 그 소경은 사람들이 보이지만 나무 같은 것들이 걸어간다고 말하였다. 그의 눈은 시력을 얻었으나 완전치 못하였다. 그래서 주께서는 그 눈에 다시 안수하셨고 그로 다시 쳐다보게 하셨다. 그 소경은 완전하게 고침을 받았고 만물을 밝히 보았다. 주께서는 그 사람을 집으로 보내시며, "저 마을로는 들어가지 마라." 하고 말씀하셨다. 그것은 그가 세상에 오신 목적이 병고침에 있지 않았기 때문이라고 본다.

그가 두 번 안수하심으로써 소경을 고치신 것은 우리의 영안靈眼을 고쳐주시는 일에 비교될 수 있다. 사람에게는 영혼의 눈이 있다. 요한 묵시록 3:18, "내가 너에게 권한다. 나에게서 불로 정련된 금을 사서 부자가 되고, 흰옷을 사 입어 너의 수치스러운 알몸이 드러나지 않게 하고, 안약을 사서 눈에 발라 제대로 볼 수 있게 하여라." 우리는 과거에 죄인이었고 영적 소경이었다에페 4:18. 그러나 예수 그리스도를 믿었을 때 우리의 영의 눈이 열리었다. 코린토 신자들에게 보낸 둘째 서간 4:6, "'어둠 속에서 빛이 비추어라.' 하고 이르신 하느님께서 우리 마음을 비추시어, 예수 그리스도의 얼굴에 나타난 하느님의 영광을 알아보는 빛을 주셨습

Vox populi, vox Dei.

벳사이다의 눈먼 이를 고치시다.

자료: urwort.tistory.com

니다." 그러나 우리 영의 눈의 시력은 단번에 완전케 되지 않고 점진적으로 밝아진다. 그러므로 사도 바오로는 에페소 신자들에게 보낸 서간 1:17-19에서 에페소 교회의 성도들이 마음의 눈이 밝아져서 하느님의 부르심의 소망과 천국 영광의 풍성과 하느님의 능력의 크심을 알게 하시기를 기도하였다.

그러므로 우리는 하느님의 뜻을 분별하기 위해 힘써야 하고 진리의 지식 안에서 자라나야 한다. 로마 신자들에게 보낸 서간 12:2, "여러분은 현세에 동화되지 말고 정신을 새롭게 하여 여러분 자신이 변화되게 하십시오. 그리하여 무엇이 하느님의 뜻인지, 무엇이 선하고 무엇이 하느님 마음에 들며 무엇이 완전한 것인지 분별할 수 있게 하십시오." 에페소 신자들에게 보낸 서간 5:17, "그러니 어리석은 자가 되지 말고, 주님의 뜻이 무엇인지 깨달으십시오" 베드로 둘째 서간 3:18, "우리의 주님이시며 구원자이신 예수 그리스도에게서 받은 은총과 그분에 대한 앎을 더욱 키워 나아가십시오."

우리는 영적 소경인 우리의 믿지 않는 많은 이웃 사람들을 예수 그리스도께로 인도해야 한다. 육신의 소경들도 불쌍하지만, 영적인 소경들은 그보다 더 불쌍하다. 그는 창조주 하느님을 알지 못하고, 인생의 목적도, 죄의 심각성도, 지옥 형벌도 알지 못하고, 천국의 영광도, 영생의 보화도 알지 못하는 자들이다. 우리는 그런 자들을 예수 그리스도께로 인도하여 그의 눈이 열려 하느님과 예수님을 알고 자신의 죄악됨과 허무함을 깨닫고 죄사함과 영생의 구원을 얻게 해야 한다.

27-28절 '제자'라는 호칭은 복음서들과 사도행전에 268회나 사용되었다.[8] '제자'는 선생님에게 말씀을 배우며 그를 따르는 자를 가리킨다. 카이사리아 필리피는 갈릴래아 호수에서 약 60킬로미터 북쪽에 있는 도시였다. 예수님이 누구이신가라는 질문은 모든 사람에게 매우 근본적 질문이다. 예수님에 대한 바른 지식이 없이는 그에 대해 바른 믿음을 가질 수 없다. 참믿음은 바른 지식과 함께 생긴다. 예수께서 이 질문을 하신 것은, 사람들의 견해를 모르셔서가 아니고 이제 그의 제자들이 자기에 대해 바른 견해를 가져야 할 때가 되었기 때문일 것

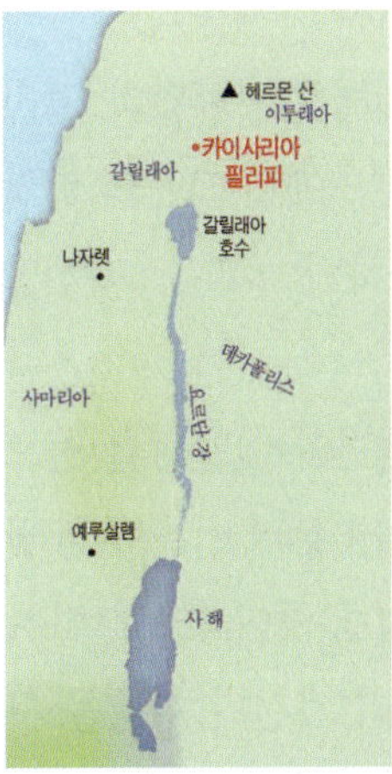

카이사리아 필리피(Caesarea Philippi)는 갈릴래아 호수 북쪽 60km 지점에 있다. 2,814m의 헤르몬산 남쪽 기슭이다. 인근에는 초당 2만 리터 지하수가 솟는 동굴이 있다. 지진으로 동굴 아래 지하수가 흘러나온 것이라고 한다. 요단강 수원 중의 하나인 '바니아스 샘'이다.

자료: www.kjpbc.com

8 신약성경에 '형제들'(약 346회), '성도'(약 61회), '하느님의 자녀'(약 35번), 그 외에 '그리스도인,' '신자' 등의 호칭이 있다.

Vox populi, vox Dei.

이다. 예수께서는 단지 선지자나 종교적, 도덕적 선생이 아니셨다.

우리는 그리스도께서 전하신 많은 교훈과 그분이 행하신 기적들을 살펴보았다. 그리고 그런 교훈들과 기적들은 이를 목격한 사람들이 놀랄 정도로 많고, 색다르고, 잘 증거되고, 다양하며, 여러 곳에서 이루어진 것이다. 지금은 우리가 잠깐 하던 일을 멈추고 이러한 모든 일들이 어떠한 의미를 가지고 있는가에 대해서 생각해 볼 때인 줄 안다. 그리스도께서 소문을 내지 않도록 금하시고 이 성서에 기록된 그리스도께서 이루신 놀라운 역사들은, 그럼으로써 온 세상과 우리에게, 그리고 모든 시대에 전해지도록 하시기 위함이다. 지금 우리는 그런 일들에 대해서 어떻게 생각하고 있나? 그러한 모든 사실들에 대한 기록이 다만 흥미를 위해서나 우리의 담화를 장식하도록 위해서이겠는가? 결코 그렇지 않다. "이것들을 기록한 목적은 예수님께서 메시아시며 하느님의 아드님이심을 여러분이 믿고, 또 그렇게 믿어서 그분의 이름으로 생명을 얻게 하려는 것이다."요한 20:31. 그리스도께서 당신의 제자들에게 하신 이 본문 말씀은 그리스도의 기적에 대해서 필요한 반영을 나타내고 올바르게 활용하는 데 우리를 돕는 것이다. 우리는 그리스도께서 행하신 기적들로부터 세 가지 일을 추론할 수 있다고 본다.

첫째, 제자들은 예수께서 '참 메시아'이며 하느님의 아들이시고 세상의 구주임을 증거하였다. 그리스도께서 행하신 이 일들이 그 분에 대해서 증거하였다. 그리고 예수께서 행하신 이 모든 일들의 목격자들인 제자들이 여기에서 그들의 신앙을 고백하게 된 것이다. 그 일들에서 똑같은 추론을 얻지 못하면 우리는 그 신앙 고백에 만족할 수 없을 것이다.

둘째, 그리스도께서 제자들에게 당신에 관한 사람들의 의견이 어떤가를 물으셨다. "사람들이 나를 누구라고 하느냐?" 27절 비록 사람들에게 우리가 판단을 받는 것이 큰 문제는 아니지만 때로는 사람들이 우리에 대하여 무엇이라고 말하는가를 아는 것은 우리에게 유익한 것이다. 그것은 우리가 우리 자신의 영광을 구하기 위해서가 아니고 우리의 결점을 들을 수 있기 때문이다. 그리스도께서 그들에게 이를 물으신 것은 그것을 자신이 알고자 그런 것이 아니고 그들 스스로가 이를 생각해 보고 서로 알게 하기 위해서였다.

엘리야(Elijah)는 분열 왕국 시대에 북왕국 이스라엘에서 활동했던 하느님의 선지자다. '엘리야'라는 이름을 풀이하자면 '엘리'는 '나의 하느님', '야'는 '여호와'를 각각 가리킨다. 따라서 이름을 해석하면 '나의 하느님은 여호와시다'라는 뜻이 된다.

자료: aboutelijah.com

셋째, 그들이 예수에게 말한 답변은 예수에 대한 사람들이 가졌던 잘 알려진 고상한 의견들이었다. 비록 그들이 진리에 미치지는 못하였으나, 그들은 예수께서 나타내신 기적들로 보아 그분은 하느님의 임명을 받고 보이지 않는 타계에서 오신 비범한 인간임을 확신하였던 것이다. 만일 그들이 메시아가 외관상 화려하고 권세 있는 이 세상의 왕으로 출현하신다고 가르치는 그들이 선생들의 생각에 사로잡혀 있지만 않았던들, 그들은 예수를 메시아로 시인하게 되었을 것이다. 그것은 그리스도의 외모는 그들이 생각한 그 메시아와는 어울리지 않았기 때문이다. 그러나 바리사이들이 무어라고 말하든지, 예수의 완전하시고 영력 있는 가르침에 그들은 감동을 받은 것이다. 그러므로 그들 중에 아무도 그리스도께서 사기꾼이라고 말하지 않았으며, 그들 중에 더러는 "세례자 요한이라고 합니다. 그러나 어떤 이들은 엘리야라 하고, 또 어떤 이들은 예언자 가운데 한 분이라고 합니다." 라고 하였다28절. 모두가 예수께서 '죽은 자 가운데서 살아나신' 자라는 데 일치한 것이다.

29-30절 제자들이 예수에 대한 그들 자신들의 의견을 진술하였다. 그분 안에서 그들이 크게 만족하고 있고, 그분을 따르기 위해 모든 것을 버렸고, 이제 얼마동안의 시련이 지나면 회개할 이유를 찾아볼 수 없게 될 예수에 대해서

Vox populi, vox Dei.

의견을 진술하게 된 것이다.[9]

마르코 복음서는 예수께서 이전에 자신에 대해 많이 말씀하지 않으셨다고 증거한다. 단지, 세례 요한이 그에 대해, "나는 너희에게 물로 세례를 주었지만, 그 분께서는 너희에게 성령으로 세례를 주실 것이다."라고 증거하였고마르 1:8, 그가 요한에게 세례를 받으셨을 때 하늘로서 "너는 내가 사랑하는 아들, 내 마음에 드는 아들이다."라는 음성이 들렸다마르 1:11. 또 그가 군대 영마귀에 들린 자를 고쳐 주실 때 그 영이 그를 "지극히 높으신 하느님의 아들 예수님, 당신께서 저와 무슨 상관이 있습니까? 하느님의 이름으로 당신께 말합니다. 저를 괴롭히지 말아 주십시오."라고 불렀다마르 5:7.

예수께서는 자신에 대해 말씀하시기보다 행동으로 증거하셨다. 그는 "회개하여라. 하늘 나라가 가까이 왔다."마태 4:17라고 복음을 전파하셨다. 그는 자신이 전도하기 위하여 오셨고 죄인들을 불러 회개시키기 위하여 오셨다고 말씀하셨고 또 열두 명의 제자들을 부르셨다. 또 그는 나병환자, 중풍병자, 열병환자, 한편 손 마른 자, 혈루증자, 귀머거리, 소경 등 많은 병자들을 고쳐주셨고, 또 마귀 들린 자들을 많이 고쳐주셨다. 또 그는 다른 기적들도 행하셨다. 그는 빵 기적을 두 번 행하셨고 바다 위로 걸어오셨고 풍랑을 잔잔케 하셨고 죽은 자들을 살리셨다.

그러나 이제 그는 자신에 대해 증거하신다. 그는 제자들에게 자신에 대해 물으심으로써 자신에 대한 바른 견해를 알리기를 원하신다. 그의 질문에 대해 베드로가 대답하였다. "스승님은 그리스도이십니다." 그리스도는 신분을 나타낸다. 그리스도 혹은 메시아는 '기름 부음을 받은 자'라는 뜻인데, 구약시대에 선지자, 제사장, 임금이 기름 부음을 받은 자였다. 구약성경에 예언된 메시아는 참 선지자와 참 제사장과 참 임금으로 오실 자였다. 그는 오셔서 사람들에게 하느님의 뜻을 전달하시며선지자 영원한 속죄 제사를 드리시며제사장 자기 백성을 다스리시며 보호하시며 원수들로부터 구원하실 것이다임금. 예수 그리스도께서는 구약성경에 예

9 메튜 헨리 주석, 마가복음 08장.

언된 바로 그 메시아이신 것이다.

베드로의 대답은 예수님에 대한 바른 견해를 나타낸다. 그는 예수님에 대한 바른 지식을 가지고 있었다. 예수께서는 그리스도이시다. 사실, 이것이 복음서 전체의 요지이며 성경 전체의 기본적 진리이다. 그러므로 마르코 복음서의 맨 처음은 "하느님의 아드님 예수 그리스도의 복음의 시작."이라고 말했다마르 1:1. 복음서가 기록된 목적이 바로 여기에 있었다. 요한 복음서 20:31, "이것들을 기록한 목적은 예수님께서 메시아시며 하느님의 아드님이심을 여러분이 믿고, 또 그렇게 믿어서 그분의 이름으로 생명을 얻게 하려는 것이다." 또 사도들이 전한 가장 기본적 내용이 바로 이것이었다사도 5:42; 16:31. 예수님을 그리스도로 믿는 것이 구원받는 믿음이다. 누구든지 그를 믿으면 구원을 얻을 것이다사도 16:31.

예수께서는 그의 제자들을 대표하여 한 베드로의 신앙고백을 들으신 후에 자신의 일을 아무에게도 말하지 말라고 경계하셨다. 그것은 그 당시 일반 사람들이 가지고 있었던 잘못된 메시아관 때문이며 그의 십자가의 죽음과 부활 이후에라야 메시아에 대한 바른 이해가 가능하기 때문일 것이다. 당시의 유대인들은 메시아께서 오셔서 이스라엘 백성을 로마 제국의 지배로부터 해방시켜 사회적 안정을 주시고 병자들이 고침 받고 물질적 궁핍이 제거되기를 기대했던 것 같다.

이사야서는 "광야와 메마른 땅은 기뻐하여라. 사막은 즐거워하며 꽃을 피워라. 수선화처럼 활짝 피고 즐거워 뛰며 환성을 올려라. 레바논의 영광과 카르멜과 사론의 영화가 그곳에 내려 그들이 주님의 영광을, 우리 하느님의 영화를 보리라." "그때에 눈먼 이들은 눈이 열리고 귀먹은 이들은 귀가 열리리라. 그때에 다리저는 이는 사슴처럼 뛰고 말못하는 이의 혀는 환성을 터뜨리리라. 광야에서는 물이 터져 나오고 사막에서는 냇물이 흐르리라."라고 예언하였다이사 35:1-2, 5-6.

그렇다. 메시아께서 오실 때 그런 환경적 회복도 있을 것이다. 그러나 그것은 아직 미래에 있을 것이다. 그것은 먼저 영적 회복에서부터, 즉 죄를 회개하고 하느님을 경외하고 하느님을 믿고 죄사함과 의롭다 하심을 얻는 것에서부터 시작되어야 할 것이다. 장차, 주 예수께서 다시 오실 때 세상의 육신적, 물질적, 사회적 회복도 이뤄질 것이다.

31절 그리스도께서 행하신 이러한 기적들은 '십자가의 걸림돌'[10]을 치워 주며, 그리스도께서 십자가를 지심은 패배한 것이 아니고 승리자이심을 우리에게 확신케 하여 준다. 지금 제자들이 예수께서 그리스도이심을 확신하게 되었으므로, 그들은 지금 그리스도께서 그들에게 언급하시기 시작하는 예수의 수난에 대해서 침착하게 들러야만 할 것이다.[11]

마태오 복음서에 보면, 그는 이때 이후 자신의 죽음과 부활에 대해 적어도 두 번 더 증거하실 것이다마태 16:21, 17:22-23, 20:17-19. 그는 자신이 십자가에 죽으실 것도 말씀하셨다마태 20:17-19. 그리스도께서는 이 세상에서 영광을 받으실 자가 아니고, 많은 고난을 당하시고 죽임을 당하신 후 다시 살아나실 자이시다. 고난 당하시고 십자가에 죽으신 그리스도를 알지 못하고서는 그리스도에 대한 바른 견해를 가질 수 없다. 그리스도의 죽음은 기독교 복음의 핵심이다. 그러므로 사도 바오로는 "우리는 십자가에 못 박히신 그리스도를 선포합니다."고 말하였다1코린 1:23. 그의 죽음이 중요한 것은 그것이 속죄의 죽음이었기 때문이다. 그는 많은 사람들의 죄를 속하기 위해 십자가에 죽으셨다.

32-33절 이때까지도 베드로는 그리스도의 고난과 죽음의 필요성을 이해하지 못하고 있었다. 그는 무지하였다. 그는 예수님을 그리스도로 알았지만 고난 받으실 그리스도로는 알지 못하였다. 베드로만 그런 것이 아니었을 것이다. 제자들은 사는 것만 생각했지 죽는 것은 생각하지 못했다. 베드로의 최선의 생각은 사람의 생각에 불과하였다.

예수께서 왕관을 쓰시고 왕위에 오르실 줄 알았는데 오히려 십자가에 못 박히고 죽임을 당하신다는 것이다. 그리고 사흘만에 살아나시어 이 세상에 거하시지 않으신다는 것이다. "예수님께서는 이 말씀을 명백히 하셨다."32절, '명백히'의 원

10 십자가의 걸림돌을 이전 성경에는 "거치는 것"이라고 하였다. 십자가를 얻으려는 데 거치는 것을 의미한다. 바오로가 할례를 전하였다면 박해를 받지 않았을 것이다.

11 메튜 헨리 주석, 마가복음 08장.

어는 예수께서 이 말씀을 자유롭게 분명하게 하시고 모호한 표현으로 숨겨서 하시지 않으셨음을 의미하는 것이다. 제자들은 만일 그들이 어떤 편견에 사로잡혀 있지 않았다면 말씀을 쉽게 이해할 수 있었을 것이다. 이 말씀은 또한, 예수께서 태연하게 아무 두려움 없이 말씀하시고 그들이 그렇게 들을 수 있기를 기대하신 것을 암시하고 있는 것이다. 예수께서는 마치 당신이 고난을 당하고 죽임을 당할 것을 모르는 것뿐 아니라 그렇게 하시고자 결심하시고 그것을 그 행위로써 나타내시고자 하는 것처럼 담대하게 말씀하시었다.

베드로는 예수의 십자가의 고난을 반대하였다. "베드로가 예수님을 꼭 붙들고 반박하기 시작하였다." 여기에서 베드로는 신중을 기하기보다 예수께 대한 사랑을 보인 것이며, 그리스도와 자기의 안전을 위해 열성을 보인 것이다. 그는 자기의 귀한 선생께서 그토록 심한 고난을 당해야 한다는 말을 더 이상 듣고 있을 수 없어 두 손으로 그분의 목을 붙들었을 것이다. 아니면 그가 그분의 옆구리를 은밀히 붙들고 간하였는지 모른다. 이것은 권세가 적은 자의 언어가 아니고 최대의 애정의 언어이며, 우리가 사랑하는 자의 행복에 대한 투기 즉 '죽음같이 강한' 사랑의 언어이다. 우리 주 예수께서는 당신의 제자들이 당신과 더불어 자유롭게 되기를 바라신다. 그러나 여기에 베드로는 지나친 자유가 허용된 것이다.

그리스도께서 그의 반대를 용납치 않으신 것이다. 예수께서 "돌아서서 제자들

예수의 부활

자료: www.dailywrn.com

Vox populi, vox Dei.

을 보신 다음"33절 그 나머지 제자들도 같은 마음을 가지고 있고 이 일에 대해서 베드로와 일치하고 있는지를 살펴보시었다. 그리고 만일 그들이 역시 그러하다면 지금 예수께서 베드로에게 하시려는 그러한 책망을 그들도 스스로 자청하게 되었을 것이다. 예수께서 베드로에게 "사탄아, 내게서 물러가라." 하고 꾸짖었다. 베드로는 사랑하는 마음으로 그렇게 친절히 말린 일 때문에 그런 준엄한 책망을 들을 것은 미처 생각지 못하였을 것이다. 그는 아마 얼마 전에 자기의 신앙고백에서 보여 준 사랑에 대해서 많은 칭찬을 기대하였을 것이다. 그리스도께서는 우리의 언행 중에서 우리도 모르고 있는 잘못된 것을 보고 계시는 것이며, 우리 자신도 모르고 있는 우리의 정신 상태를 알고 계시는 것이다.

베드로는 하느님의 목적과 계획에 대해서 올바로 이해하지도 못하고 합당하게 생각하지 못하는 자와 같이 말하였다. 그가 매일 그리스도의 능력을 본 것처럼 그리스도의 증거를 보았다면 그분이 할 수 없어서 고난을 당하시는 것이 아님을 결론짓게 되었을 것이다. 가장 유력한 원수들도 병과 죽음도, 바람과 파도와 마귀도 복종케 하고 굴복하게 하신 예수를 이길 수 없는 것이다. 그리고 그가 매일 그리스도의 지혜의 풍부함을 보았다면 그는 그리스도께서 대단히 위대하고 영광스런 목적이 아니고는 그런 고난의 길을 택하지 않으실 것을 알게 되었을 것이다. 그리고 그렇게 그분에게 모순이 되는 오류를 범하지 않았을 것이다. 그는 예수의 죽음을 선지자들이 당하던 것 같은 하나의 순교로만 생각하였던 것이다. 그렇기 때문에, 그는 만일 그분께서 대제사장들을 책망하는 일을 좀 삼가시거나 그 길을 조금만 피하신다면 그 고난을 예방할 수 있다고 생각한 것이다. 그러나 그는 그 고난 당하는 일이 하느님의 영광과, 사탄을 멸함과 인간의 구원을 위해서 필요한 것이며, 우리의 구원의 대장이신 그리스도께서 "고난으로 완전하게"히브 2:10 되어야만 하며, 그렇게 함으로써 많은 아들들을 영광으로 인도하실 수 있는 것이다. 인간의 지혜란 그것을 하느님의 계획에 가하려고 할 때에 아주 어리석은 것이 되는 것임을 유의하라. 그리스도의 십자가, 즉 하느님의 능력과 지혜의 가장 큰 실례인 십자가가 어떤 이들에게는 넘어지게 하는 장애물이 되고 또 다른 어떤 이들에게는 어리석은 것이 된다.

34절 그리스도의 기적들은 그리스도의 선교의 확립으로서 뿐만 아니라 그분의 계획과 그분이 우리에게 허락하시기 위해 오신 은혜의 성격을 설명함으로써 우리가 어떠한 대가를 지불하더라도 그분을 따르도록 하는 것이다. 예수께서 그러한 질병으로 고난을 당하는 많은 사람들이 그분에게 나와서 고쳐 주시도록 맡길 때에 그들의 육체를 고쳐 주신 것처럼, 당신의 성령을 통해서 우리의 눈먼 것과, 귀먹은 것과, 저는 것과, 문둥병과, 각색 질환을 고쳐 주시기를 원하신다는 것을 분명히 암시해 주는 것이다. 각양 질병에서 도움을 받기 위해 예수에게 나왔던 많은 무리들에 대한 기사가 종종 나와 있다. 지금 이 말씀이 기록된 것은 그리스도께서 우리 영혼의 대 의사임을 믿게 하기 위함이며, 우리로 그분의 도움을 받는 환자가 되고 그분의 처방을 따르게 하기 위함이다.[12]

이 말씀은 모든 사람들에게 예수 그리스도를 따르는 길을 교훈한다. 그것은 세 가지 내용이다. 첫째는, 자기를 부정하는 것이다. 사람은 자신의 생각을 꺾고 하느님께 복종해야 한다. 그것은 하느님께서 에덴 동산에서부터 사람에게 주신 의무였고 구약 율법의 요구였다. 마르코 복음서 14:36에 보면, 예수께서는 감람산에서 기도하실 때에 "제가 원하는 것을 하지 마시고 아버지께서 원하시는 것을 하십시오."라고 말씀하셨다. 우리는 자기의 뜻을 꺾고 하느님의 뜻에 순종해야 한다.

둘째는, 자기의 십자가를 지는 것이다. 십자가는 사형수의 형틀이다. 사형수는 자기의 십자가를 지고 사형장으로 가서 거기서 그 십자가에 달려 죽는다. 요한 복음서 19:17은, 예수께서 자기의 십자가를 지시고 사형장에 나오셨다고 증거한다. 우리도 우리의 십자가를 지고 즉 하느님께서 우리에게 주신 고난의 현실에서 주님을 따라가야 한다.

셋째는, 예수님을 따르는 것이다. 제자는 선생님의 교훈을 믿고 그 교훈을 행하며 그의 본을 따르는 자이다. 그것이 그를 따르는 것이다. 주께서는 이제 고난을

12 메튜 헨리 주석, 마가복음 08장.

Vox populi, vox Dei.

당하시고 십자가에 죽으실 것이다. 그의 제자들은 어떤 환경 여건이든지 죽음을 각오하고 그를 따라야 한다.

한마디로, 주께서는 제자들에게 자기 부정을 요구하셨다. 이것은 무거운 요구처럼 보인다. 많은 사람이 그리스도를 따르되 자기 부정을 생각하지 않는다. 이런 것을 요구한다면, 그들은 믿는 일을 포기해 버릴지도 모른다. 그러나 우리가 복음을 바로 깨달았다면 예수님의 말씀에 기꺼이 복종할 것이다. 그가 우리를 위해 죽지 않으셨다면 우리는 지옥 형벌을 받을 죄인들이었다. 그러나 그가 우리를 위해 죽으셨으므로 우리가 죄사함과 의롭다 하심의 구원을 얻었다. 그렇다면, 어떻게 자기 부정의 요구가 우리에게 지나치다고 하겠는가?

많은 사람들이 교회에 다니면서 십자가를 짊어지고 살고 있다고 말하지만, 그것이 진리와 무관한 일로 인해 생긴 어려움이라면 결코 십자가를 짊어진 삶이라고 말할 수 없다.

자료: biblemaster.co.kr

35-37절 만일 사람이 자기 목숨을 보존하려 한다면, 그는 복음을 이해하지 못한 자요 영원한 생명을 잃어버릴 것이다. 그러나 예수 그리스도와 그의 복음을 위해 자기의 목숨을 버리는 자는 영원한 생명을 확실히 얻는 자이다. 사람이 이 세상의 모든 좋은 것을 다 얻는다 할지라도 영원한 생명의 복을 잃어버린다면 무슨 소용이 있겠는가?

그들은 그리스도를 부인하지 않으면 자기의 목숨을 유지할 수 없는 때에도 결단코 육신의 생명을 위해서 염려해서는 안 된다35절. 우리가 그리스도를 따르라고 그리스도의 말씀과 역사로 말미암아 초대를 받았는가? 우리는 고요히 앉아서 우리가 우리의 목숨 그 자체에 앞서 그리스도로 말미암는 유익이 더 소중하다고 평할 수 있을는지 '그리스도와 복음을 위하여' 우리의 목숨을 잃을 생각을 할 수 있을는지 그 가치를 한 번 생각해 보도록 하자. 마귀가 그리스도를 따르는 제자들과 종들을 곁길로 미혹할 때에, 마귀는 가장 나쁜 것은 숨기며, 그들에게 자기를 섬김에 있어서 다만 쾌락만을 말하고 멸망은 말하지 않는 것이다. 뱀마귀은 "너희는 결코 죽지 않는다."라고 말한다창세 13:4. 그러나 그리스도를 섬김에 따르는 고난과 위험에 대하여, 예수께서는 미리 말씀해 주신 것이다. 우리가 고난을 당하게 될 것이며 어쩌면 그분을 섬기는 일로 죽음을 당하게 될 것이라고 말씀하신 것이다. 그리고 보통 그것들이 입증하는 사실보다도 적지 않고 크게 절망할 것이라고 말씀하셨다. 그렇게 하여 그리스도께서는 우리에게 친절하게 대해 주시는 것이며 우리가 가장 어려운 일을 아는 것도 겁내지 않으신 것이다. 왜냐하면 우리가 공정하게 두 가지를 대조한다면 우리가 그분을 섬김에서 얻는 이익이 충분히 절망을 극복할 수 있기 때문이다.

우리는 우리의 "목숨을 잃는" 것을 두려워 말고 그리스도를 위해서 그것을 드릴 수 있어야만 한다35절. 그리스도께서 나와서 신앙을 고백한 후에 "정녕 자기 목숨을 구하려" 그리스도를 버리거나 그를 따르기를 거절하거나 그를 부인하면, 그는 "잃을 것이고" 그는 평시의 자기 생활의 위로를 잃게 되며, 영적 생활의 근원과 원천을 잃게 된다. 그리고 영생에 대한 자기의 모든 소망을 잃게 될 것이다. 자기 자신을 위해서 그러한 손실을 초래하게 되는 것이다. 그러나 "나와 복음 때문에 목숨을 잃는 사람은 목숨을 구할 것이다." 그는 말할 수 없는 흑자를 보는 것이다. 왜냐하면 자기의 목숨을 버림은 그에게 더 나은 생명을 약속하기 때문이다. 자기들의 군주와 나라를 위해서 자기들의 목숨을 버린 사람들에게 국가에서 보상을 해 주고 그들의 공적을 기념하며 치하할뿐더러 그 유가족들을 원호하여 주는 것이다. 그런데 그리스도를 위해 죽은 자들을 위해서 그들이 영생을 얻게 된 때에는 얼마나 귀한 보상을 하여 주겠는가?

Vox populi, vox Dei.

존 후퍼, 청교도 신앙의 씨앗이 된 순교자

자료: christiantoday.co.kr

비록 우리가 "온 세상을 얻고도" 우리의 영혼을 잃는 것을 두려워하지 않으면 안 된다36-37절. "사람이 온 세상을 얻고도 제 목숨을 잃으면 무슨 소용이 있느냐?" 그리고 그리스도를 부인하고 자기 자신의 영혼을 잃으면 세상에 있는 모든 부귀와 쾌락을 얻는다 해도 무엇이 유익하겠는가? 후퍼 주교Bishop Hooper[13]가 순교 당하기 전날 밤에 말하기를 "생명은 달고 죽음은 쓰다는 말이 옳도다. 그러나 영원한 생명은 더욱 달고 영원한 죽음은 더욱 쓴 것이다."라고 하였다. 그리스도와 함께 누리는 하늘의 행복은 그리스도를 위해 그 자신의 생명을 바친 일에 대한 넉넉한 보상이 되는 것이다. 이처럼 죄 가운데서 온 세상을 얻는 것은 죄로 말

13 존 후퍼(John Hooper)는 1495년 영국 서머셋셔(Somersetshire)에서 태어났다. 그는 옥스퍼드에서 공부했다. 그곳에서 공부하는 동안 그는 하느님의 은밀한 소명을 통해 많은 유익을 얻었다. 옥스퍼드를 졸업한 후 토마스 아룬델(Thomas Arundel)의 청지기로 고용되었다. 토마스 아룬델은 후퍼가 지니고 있는 견해와 신앙을 알고 그를 도와 주려 하였다. 그러나 헨리 8세의 압제하에서 더 이상 영국에 머물 수 없었다. 그는 스위스 츄리히(Zurich)로 피신하여 거기서 불링거(Bullinger)와 막역한 친구가 된다. 그는 그곳에서 결혼도 하고 히브리어도 열심히 공부했다. 하느님의 섭리로 에드워드가 왕이 되자 그는 고국으로 돌아왔다. 마침내 1550년 5월에 후퍼는 글로체스터의 주교로 임명되었다. 그는 이 직책을 2년 동안 훌륭히 수행하였으며 후에 우스터의 주교로 임명된다. 그러나 이 경건한 주교의 선하고 행복한 출발은 주교들의 임명과 복장, 그리고 그 밖의 사소한 일에 관한 좋지 않은 논쟁 때문에 흔들리기 시작했다.

미암아 오는 영혼의 멸망이 흡족한 보상이 못되는 것이다.

38절 우리는 창조자 하느님의 아들 예수 그리스도를 믿는다. 이것은 영광스러운 일이 아닌가? 그러나 만일 누가 이 음란하고 죄 많은 세상에서 예수님을 부끄러워한다면, 주 예수께서는 아버지의 영광으로 거룩한 천사들과 함께 다시 오실 때 그를 부끄러워하실 것이다. 마태오 복음서 24 : 30, "그때 하늘에 사람의 아들의 표징이 나타날 것이다. 그러면 세상 모든 민족들이 가슴을 치면서, '사람의 아들이' 큰 권능과 영광을 떨치며 '하늘의 구름을 타고 오는 것을' 볼 것이다." 그러므로 우리는 담대하게 우리의 신앙을 증거하며 살아야 한다.

이 세상에서 그리스도를 위해서 손실을 당하는 것은 "절개 없고 죄 많은 이 세대에서" 그리스도의 소유가 되고 신앙 고백이 되기 위해서이다. 인류의 그러한 세대는 음란하여 하느님을 멀리 떠났고, 세상에 대하여 불순한 포옹을 하고, 그 육체가 죄악 가운데 누워 있는 것이다. 어떤 시대와 어떤 곳에서는 예수께서 사시던 시대와 같이 유난히 더 음란하고 사악한 것이다. 그러한 세대에서는 그리스도를 위하다가 배척도 당하고 고난도 당하는 것이며, 어느 곳에서나 비난과 경멸을 당하고 조롱과 희롱을 당하는 것이다.

비록 그리스도의 주장이 옳은 것인 줄은 알면서도 그 말씀을 부끄러워하는 많은 자들이 있다. 그들은 그리스도를 고백할 때에 거기에 따르는 비난을 두려워하는 것이다. 그들은 친척들을 그리스도에게 인도하기를 부끄러워하며, 사람들이 자기들의 말을 신용하지 않을 것을 부끄러워하는 것이다. 그들은 사람들이 비웃고 멸시하는 것을 참지 못하고 그들의 신앙 고백을 버리는 것이다. 그리고 배신의 급류에 떠내려가는 것이다.

그리스도께서 멸시를 당하는 이 세상에서 그리스도를 부끄러워하는 자들은 그분께서 영원히 경배를 받으시는 부끄러움을 당하는 것이다. 그리스도께서 모욕을 당할 때에 같이 동참하지 않는 자들은 그분의 영광 가운데 참여할 수 없는 것이다.

마르코 복음서 9장

天聲

1 예수님께서 또 그들에게 말씀하셨다. "내가 진실로 너희에게 말한다. 여기에 서 있
는 사람들 가운데에는 죽기 전에 하느님의 나라가 권능을 떨치며 오는 것을 볼 사
람들이 더러 있다."

영광스러운 모습으로 변모하시다 마태 17,1-9; 루카 9,28-36

2 엿새 뒤에 예수님께서 베드로와 야고보와 요한만 따로 데리고 높은 산에 오르셨
다. 그리고 그들 앞에서 모습이 변하셨다.
3 그분의 옷은 이 세상 어떤 마전장이도 그토록 하얗게 할 수 없을 만큼 새하얗게
빛났다.
4 그때에 엘리야가 모세와 함께 그들 앞에 나타나 예수님과 이야기를 나누었다.
5 그러자 베드로가 나서서 예수님께 말하였다. "스승님, 저희가 여기에서 지내면 좋
겠습니다. 저희가 초막 셋을 지어 하나는 스승님께, 하나는 모세께, 또 하나는 엘
리야께 드리겠습니다."
6 사실 베드로는 무슨 말을 해야 할지 몰랐던 것이다. 제자들이 모두 겁에 질려 있었
기 때문이다.
7 그때에 구름이 일어 그들을 덮더니 그 구름 속에서, "이는 내가 사랑하는 아들이
니 너희는 그의 말을 들어라." 하는 소리가 났다.
8 그 순간 그들이 둘러보자 더 이상 아무도 보이지 않고 예수님만 그들 곁에 계셨다.
9 그들이 산에서 내려올 때에 예수님께서는 그들에게, 사람의 아들이 죽은 이들 가
운데에서 다시 살아날 때까지, 지금 본 것을 아무에게도 말하지 말라고 분부하
셨다.

10 그들은 이 말씀을 지켰다. 그러나 죽은 이들 가운데에서 다시 살아난다는 것이 무
슨 뜻인지를 저희끼리 서로 물어보았다.

엘리야의 재림 마태 17,10-13

11 제자들이 예수님께 "율법 학자들은 어째서 엘리야가 먼저 와야 한다고 말합니까?"
하고 물었다.
12 그러자 예수님께서 그들에게 말씀하셨다. "과연 엘리야가 먼저 와서 모든 것을 바
로잡는다. 그런데 사람의 아들이 많은 고난과 멸시를 받으리라고 성경에 기록 되
어 있는 것은 무슨 까닭이겠느냐?
13 사실 내가 너희에게 말하는데, 엘리야에 관하여 성경에 기록된 대로 그가 이미 왔
지만 사람들은 그를 제멋대로 다루었다."

어떤 아이에게서 더러운 영을 내쫓으시다 마태 17,14-20; 루카 9,37-43

14 그들이 다른 제자들에게 가서 보니, 그 제자들이 군중에게 둘러싸여 율법 학자들
과 논쟁하고 있었다.
15 마침 군중이 모두 예수님을 보고는 몹시 놀라며 달려와 인사하였다.
16 예수님께서 그들에게 "저들과 무슨 논쟁을 하느냐?" 하고 물으시자,
17 군중 가운데 한 사람이 대답하였다. "스승님, 벙어리 영이 들린 제 아들을 스승님
께 데리고 왔습니다.
18 어디에서건 그 영이 아이를 사로잡기만 하면 거꾸러뜨립니다. 그러면 아이는 거품
을 흘리고 이를 갈며 몸이 뻣뻣해집니다. 그래서 스승님의 제자들에게 저 영을 쫓
아내 달라고 하였지만, 그들은 쫓아내지 못하였습니다."
19 그러자 예수님께서, "아, 믿음이 없는 세대야! 내가 언제까지 너희 곁에 있어야 하느
냐? 내가 언제까지 너희를 참아 주어야 한다는 말이냐? 아이를 내게 데려오너라."
하고 그들에게 이르셨다.
20 그래서 사람들이 아이를 예수님께 데려왔다. 그 영은 예수님을 보자 곧바로 아이
를 뒤흔들어 댔다. 아이는 땅에 쓰러져 거품을 흘리며 뒹굴었다.

21 예수님께서 그 아버지에게, "아이가 이렇게 된 지 얼마나 되었느냐?" 하고 물으시자
그가 대답하였다. "어릴 적부터입니다.
22 저 영이 자주 아이를 죽이려고 불 속으로도, 물속으로도 내던졌습니다. 이제 하실
수 있으면 저희를 가엾이 여겨 도와주십시오."
23 예수님께서 그에게 "'하실 수 있으면'이 무슨 말이냐? 믿는 이에게는 모든 것이 가
능하다." 하고 말씀하시자,
24 아이 아버지가 곧바로, "저는 믿습니다. 믿음이 없는 저를 도와주십시오." 하고 외
쳤다.
25 예수님께서는 군중이 떼를 지어 달려드는 것을 보시고 더러운 영을 꾸짖으며 말씀
하셨다. "벙어리, 귀머거리 영아, 내가 너에게 명령한다. 그 아이에게서 나가라. 그
리고 다시는 그에게 들어가지 마라."
26 그러자 그 영이 소리를 지르며 아이를 마구 뒤흔들어 놓고 나가니, 아이는 죽은
것처럼 되었다. 그래서 사람들이 모두 "아이가 죽었구나." 하였다.
27 그러나 예수님께서 아이의 손을 잡아 일으키시니 아이가 일어났다.
28 그 뒤에 예수님께서 집에 들어가셨을 때에 제자들이 그분께 따로, "어째서 저희는
그 영을 쫓아내지 못하였습니까?" 하고 물었다.
29 예수님께서는 이렇게 대답하셨다. "그러한 것은 기도가 아니면 다른 어떤 방법으
로도 나가게 할 수 없다."

수난과 부활을 두 번째로 예고하시다 마태 17,22-23; 루카 9,43-45

30 그들이 그곳을 떠나 갈릴래아를 가로질러 갔는데, 예수님께서는 누구에게도 알려
지는 것을 원하지 않으셨다.
31 그분께서 "사람의 아들은 사람들의 손에 넘겨져 그들 손에 죽을 것이다. 그러나 그
는 죽임을 당하였다가 사흘 만에 다시 살아날 것이다." 하시면서, 제자들을 가르치
고 계셨기 때문이다.
32 그러나 제자들은 그 말씀을 알아듣지 못하였을 뿐만 아니라 그분께 묻는 것도 두
려워하였다.

Vox populi, vox Dei.

가장 큰 사람 마태 18,1-5; 루카 9,46-48

33 그들은 카파르나움에 이르렀다. 예수님께서는 집 안에 계실 때에 제자들에게, "너
희는 길에서 무슨 일로 논쟁하였느냐?" 하고 물으셨다.
34 그러나 그들은 입을 열지 않았다. 누가 가장 큰 사람이냐 하는 문제로 길에서 논
쟁하였기 때문이다.
35 예수님께서는 자리에 앉으셔서 열두 제자를 불러 말씀하셨다. "누구든지 첫째가
되려면, 모든 이의 꼴찌가 되고 모든 이의 종이 되어야 한다."
36 그러고 나서 어린이 하나를 데려다가 그들 가운데에 세우신 다음, 그를 껴안으시
며 그들에게 이르셨다.
37 "누구든지 이런 어린이 하나를 내 이름으로 받아들이면 나를 받아들이는 것이다.
그리고 나를 받아들이는 사람은 나를 받아들이는 것이 아니라 나를 보내신 분을
받아들이는 것이다."

우리를 반대하지 않는 이는 지지하는 사람이다 루카 9,49-50

38 요한이 예수님께 말하였다. "스승님, 어떤 사람이 스승님의 이름으로 마귀를 쫓아
내는 것을 저희가 보았습니다. 그런데 그가 저희를 따르는 사람이 아니므로, 저희
는 그가 그런 일을 못 하게 막아 보려고 하였습니다."
39 그러자 예수님께서 이르셨다. "막지 마라. 내 이름으로 기적을 일으키고 나서, 바로
나를 나쁘게 말할 수 있는 사람은 없다.
40 우리를 반대하지 않는 이는 우리를 지지하는 사람이다.
41 내가 진실로 너희에게 말한다. 너희가 그리스도의 사람이기 때문에 너희에게 마실
물 한 잔이라도 주는 이는, 자기가 받을 상을 결코 잃지 않을 것이다."

죄의 유혹을 단호히 물리쳐라 마태 18,6-9; 루카 17,1-2

42 "나를 믿는 이 작은 이들 가운데 하나라도 죄짓게 하는 자는, 연자매를 목에 걸고
바다에 던져지는 편이 오히려 낫다.
43 네 손이 너를 죄짓게 하거든 그것을 잘라 버려라. 두 손을 가지고 지옥에, 그 꺼지
지 않는 불에 들어가는 것보다, 불구자로 생명에 들어가는 편이 낫다.

(44) 없음

45 네 발이 너를 죄짓게 하거든 그것을 잘라 버려라. 두 발을 가지고 지옥에 던져지
는 것보다, 절름발이로 생명에 들어가는 편이 낫다.

(46) 없음

47 또 네 눈이 너를 죄짓게 하거든 그것을 빼 던져 버려라. 두 눈을 가지고 지옥에 던
져지는 것보다, 외눈박이로 하느님 나라에 들어가는 편이 낫다.

48 지옥에서는 그들을 파먹는 구더기도 죽지 않고 불도 꺼지지 않는다."

소금 마태 5,13; 루카 14,34-35

49 "모두 불 소금에 절여질 것이다.

50 소금은 좋은 것이다. 그러나 소금이 짠맛을 잃으면 무엇으로 그 맛을 내겠느냐? 너
희는 마음에 소금을 간직하고 서로 평화롭게 지내라."

1 And he said to them, "I tell you the truth, some who are standing here will not taste death before they see the kingdom of God come with power."

2 After six days Jesus took Peter, James and John with him and led them up a high mountain, where they were all alone. There he was transfigured before them.

3 His clothes became dazzling white, whiter than anyone in the world could bleach them.

4 And there appeared before them Elijah and Moses, who were talking with Jesus.

5 Peter said to Jesus, "Rabbi, it is good for us to be here. Let us put up three shelters—one for you, one for Moses and one for Elijah."

6 (He did not know what to say, they were so frightened.)

7 Then a cloud appeared and enveloped them, and a voice came from the cloud: "This is my Son, whom I love. Listen to him!"

8 Suddenly, when they looked around, they no longer saw anyone with them except Jesus.

Vox populi, vox Dei.

9 As they were coming down the mountain, Jesus gave them orders not to tell anyone what they had seen until the Son of Man had risen from the dead.

10 They kept the matter to themselves, discussing what "rising from the dead" meant.

11 And they asked him, "Why do the teachers of the law say that Elijah must come first?"

12 Jesus replied, "To be sure, Elijah does come first, and restores all things. Why then is it written that the Son of Man must suffer much and be rejected?

13 But I tell you, Elijah has come, and they have done to him everything they wished, just as it is written about him."

14 When they came to the other disciples, they saw a large crowd around them and the teachers of the law arguing with them.

15 As soon as all the people saw Jesus, they were overwhelmed with wonder and ran to greet him.

16 "What are you arguing with them about?" he asked.

17 A man in the crowd answered, "Teacher, I brought you my son, who is possessed by a spirit that has robbed him of speech.

18 Whenever it seizes him, it throws him to the ground. He foams at the mouth, gnashes his teeth and becomes rigid. I asked your disciples to drive out the spirit, but they could not."

19 "O unbelieving generation," Jesus replied, "how long shall I stay with you? How long shall I put up with you? Bring the boy to me."

20 So they brought him. When the spirit saw Jesus, it immediately threw the boy into a convulsion. He fell to the ground and rolled around, foaming at the mouth.

21 Jesus asked the boy's father, "How long has he been like this?" "From childhood," he answered.

22 "It has often thrown him into fire or water to kill him. But if you can do anything, take pity on us and help us."

23 "'If you can'?" said Jesus. "Everything is possible for him who believes."

24 Immediately the boy's father exclaimed, "I do believe; help me overcome my unbelief!"

25 When Jesus saw that a crowd was running to the scene, he rebuked the evil spirit. "You deaf and mute spirit," he said, "I command you, come out of him and never enter him again."

26 The spirit shrieked, convulsed him violently and came out. The boy looked so much like a corpse that many said, "He's dead."

27 But Jesus took him by the hand and lifted him to his feet, and he stood up.

28 After Jesus had gone indoors, his disciples asked him privately, "Why couldn't we drive it out?"

29 He replied, "This kind can come out only by prayer."

30 They left that place and passed through Galilee. Jesus did not want anyone to know where they were,

31 because he was teaching his disciples. He said to them, "The Son of Man is going to be betrayed into the hands of men. They will kill him, and after three days he will rise."

32 But they did not understand what he meant and were afraid to ask him about it.

33 They came to Capernaum. When he was in the house, he asked them, "What were you arguing about on the road?"

34 But they kept quiet because on the way they had argued about who was the greatest.

35 Sitting down, Jesus called the Twelve and said, "If anyone wants to be first, he must be the very last, and the servant of all."

Vox populi, vox Dei.

36 He took a little child and had him stand among them. Taking him in his arms, he said to them,

37 "Whoever welcomes one of these little children in my name welcomes me; and whoever welcomes me does not welcome me but the one who sent me."

38 "Teacher," said John, "we saw a man driving out demons in your name and we told him to stop, because he was not one of us."

39 "Do not stop him," Jesus said. "No one who does a miracle in my name can in the next moment say anything bad about me,

40 for whoever is not against us is for us.

41 I tell you the truth, anyone who gives you a cup of water in my name because you belong to Christ will certainly not lose his reward.

42 "And if anyone causes one of these little ones who believe in me to sin, it would be better for him to be thrown into the sea with a large millstone tied around his neck.

43 If your hand causes you to sin, cut it off. It is better for you to enter life maimed than with two hands to go into hell, where the fire never goes out.

44 [absence]

45 And if your foot causes you to sin, cut it off. It is better for you to enter life crippled than to have two feet and be thrown into hell.

46 [absence]

47 And if your eye causes you to sin, pluck it out. It is better for you to enter the kingdom of God with one eye than to have two eyes and be thrown into hell,

48 where " 'their worm does not die, and the fire is not quenched.'

49 Everyone will be salted with fire.

50 "Salt is good, but if it loses its saltiness, how can you make it salty again? Have salt in yourselves, and be at peace with each other."

人語

마르코 복음서 9장 요약

예수께서 베드로와 야고보와 요한을 데리고 변화산으로 올라가셔서 영광의 모습으로 변화하여 모세와 엘리야와 함께 이야기를 나누셨다. 제자들은 심히 밝은 광채로 인하여 몹시 두려워하였다. 예수께서는 제자들에게 변화산에서 본 것을 사람들에게 비밀로 하라고 당부하였고, 구약에서 예언되었던 엘리야는 이미 왔다는 사실을 밝혀 주셨다. 산에서 내려와 보니 벙어리 마귀들린 자가 있었는데, 예수의 다른 제자들이 능히 고치지 못하였다. 예수께서는 믿음이 없는 이 세대를 한탄하시고 벙어리 마귀 들린 자를 고쳐 주셨다. 제자들에게는 기도 외에 다른 것으로는 이런 종류가 나갈 수 없다고 말씀하셨다. 갈릴래아로 가시는 길에 다시 한번 사람의 아들의 고난과 부활에 대해서 가르치셨다. 카파르나움에 계실 때 제자들이 길에서 누가 크냐의 문제로 토론한 것을 꾸짖으시면서 첫째가 되고자 하는 자는 먼저 남을 섬기는 자가 되어야 함을 가르치셨다. 요한의 질문에 대하여 예수께서는 여러 가지 교훈을 주셨다.

본장에는 베드로의 신앙 고백이 있은 지 엿새 후 베드로와 야고보와 요한이 지켜 보는 가운데 예수 그리스도께서 변형되신 사건이 기록되어 있다. 그리고 제자들이 쫓아내지 못한 벙어리 되고 귀먹은 마귀를 예수님께서 추방하신 기적이 기록되었다. 그리고 논쟁을 벌이는 제자들에게 천국에서 큰 자에 관한 교훈과 믿는 자를 실족케 하는 자에게 형벌 있다는 말씀이 기록되어 있다.

각 절 해석[1]

1절 이 말씀은 다음절에 기록된 예수 그리스도의 신적 영광을 나타낸 변화산 사건이나, 사도행전 2장에 기록되어 있는 오순절 성령 강림 사건을 가리킬 것이다. 다니엘은 하늘의 하나님께서 로마 제국 시대에 한 나라를 세우실 것을 예언했다다니 2:44. 이 예언대로, 예수께서는 로마의 통치 아래 있던 유대 땅에서 하나님의 나라를 선포하셨다마르 1:15; 4:26. 하느님의 나라는 사람들이 예수 그리스도를 구주와 주님으로 영접할 때 그들의 심령 속에서 시작된다. 그 나라는 예수께서 죽으시고 부활하신 후 제자들이 성령을 받아 복음을 전함으로써 확장되었고 예수 그리스도의 재림으로 영광스럽게 완성될 것이다.

하느님의 나라가 임할 것이며 볼 수 있게 임하리라는 것이다. 메시아의 왕국은 여기에 장해가 되고 있는 유대인들의 조직을 붕괴시킴으로써 이 세상에 수립될 것이라는 것이다. 이것은 유대인들이나 이방인들이 모두 무섭게 타락한 상태에 있는 인간들 중에 하느님의 나라가 회복되는 것을 의미한 것이다.

하느님의 나라는 "권능을 떨치며" 오는 것이다. 그럼으로써 이를 저지하려는 모든 방해를 압도하고 그 일을 이루시는 것이다. 하느님의 나라는 "권능을 떨치며" 임한 것이다. 그리스도를 십자가에 못박은 일에 대해서 유대인들을 보복하실 때에도 이방인의 세계에 있는 우상의 세력을 점령할 때에도 그렇게 임할 것이다.

하느님의 나라는 지금 살아있는 자들이 볼 수 있도록 임하는 것이다. "여기에 서 있는 사람들 가운데에는 죽기 전에 하느님의 나라가 권능을 떨치며 오는 것을 볼 사람들이 더러 있다."1절. 이와 같은 말씀이 마태오 복음서 24장 34절에 기록되어 있다. "내가 진실로 너희에게 말한다. 이 세대가 지나기 전에 이 모든 일이 일어날 것이다." 그리스도와 함께 여기에 서 있던 자들이 볼 수 있도록 임한 것이다. 그러나 다른 사람들은 그것이 하느님의 나라임을 분별치 못하였던 것이다. 왜

1 김효성 목사, 마가복음 강해, 2023년 2월 1일 수정.

마르코의 다락방에 성령이 내리는 모습을 표현한 그림

자료: christiantoday.co.kr

냐하면 그것은 눈에 볼 수 있도록 임한 것이 아니기 때문이다.

2-3절 예수께서는 때때로 세 제자들을 데리고 다니셨다. 늘 함께 있으면서 배우는 것이 가장 좋은 훈련이다. 예수께서는 그들 앞에서 변형되셔서 그 옷이 광채가 나며 세상에서 빨래하는 자가 그렇게 희게 할 수 없을 만큼 눈같이 심히 희어졌다. 그것은 그의 신성神性의 영광이요 그의 거룩하심과 죄 없으심의 영광이다. 평소 감춰져 있던 예수 그리스도의 신성神性의 영광이 그 산에서 밝히 드러나셨다.

이 일에 대한 증인들은 베드로, 야고보, 요한이었다. 이 사람들은 지상에서 증거하는 셋이요, 예수와 대화를 한 모세와 엘리야, 하늘로부터의 소리, 이 셋은 위에서부터의 증거였다. 그리스도께서 제자들을 다 데리고 가시지 않았는데, 그것은 비밀히 간직되어야 할 일이었기 때문이다. 제자들에게만 베풀어지고 세상에는 베풀어지지 않은 특별한 은혜가 있듯이 어떤 제자들에게는 베풀고 다른 제자들에게는 베풀지 않은 은혜가 있는 것이다. 모든 성도들은 다 그리스도에게 가까이 있는 사람들이지만 어떤 이들은 그분의 품속에 있는 것이다. 야고보는 열두 제자들 중에서 맨 먼저 그리스도를 위해서 순교한 자이다. 그리고 요한은 그들 중에서 맨 나중까지 살았으며 이 영광스런 일에 대한 최후의 목격자였다. 그는 증거하기를 "우리는 그분의 영광을 보았다."요한 1:14라고 하였다. 그와 같이 베드로도 증거 하였다2베드 1:16-18.

Vox populi, vox Dei.

〈변화산 기도〉, 조반니 벨리니(Giovanni Bellini)

자료: theologia.kr

그 일의 상황은 어떠하였나 보자. 예수님께서 "그들 앞에서 모습이 변하셨다." 예수께서는 여느 때와는 다른 모습으로 나타나신 것이다. 이 변형은 본질에는 아무런 변함이 없는 형태의 변화이다. 그리고 그것은 하나의 기적인 것이다. 그러나 변질은 본질에 변화가 있고 모든 형태는 그대로 있는 것을 말한다. 그리고 이것은 기적이 아닌 것이며, 거짓과 속임수이다. 그리스도께서는 그러한 일을 결코 행하시지 않으신 것이다. 하느님께서 부활의 날에 성도들의 몸에 영광을 나타내시기를 기뻐하실 때에 인간들의 몸에 얼마나 큰 변화가 일어나겠나를 생각해 보라. 예수께서 "그들 앞에서" 변화되신 것이다. 그 변화는 아마 영광에서 영광에 이르는 점차적인 것이었을 것이다. 그러므로 그동안에 예수만 바라보고 있던 제자들은 그들이 할 수 있는 한 가장 선명하고 확실하게 목격할 수 있었다. 그리고 이 영광스런 출현은 찬송 받으시기에 합당하신 예수 자신이시며, 환상이 아닌 것이다. 요한은 "생명의 말씀"에 대하여 말씀하면서 이것을 언급하였으니 "우리가 들은 것 우리 눈으로 본 것 우리가 살펴보고 우리 손으로 만져 본 것"이라고 하였다1요한 1:1. "그분의 옷은 그토록 하얗게 할 수 없을 만큼 새하얗게 빛났다."는 것이다.

4-6절 모세와 엘리야의 나타남은 신기하고 특별한 사건이었다. 그것은 그들이 죽었으나 그들의 존재가 없어진 것이 아니고 그들의 영혼이 불멸하다는

것과 그들이 영광 중에 안식을 누릴 천국의 존재를 증거한다. 특히 구약 성도들 중 모세와 엘리야는 율법과 선지자들을 대표한다. 구약의 율법은 모세를 통해 전달되었고, 엘리야는 구약시대의 대표적 선지자로서 죽음을 보지 않고 승천했다. 또 그들은 다 예수 그리스도를 예표하였다. 율법의 제사 제도와 성막 제도는 장차 오실 메시아를 예표하였고 여러 선지자들의 글들은 메시아를 예언하였다

이 영광 중에 그리스도와 대화를 가진 분들은 모세와 엘리야였다. 그들이 출현하여 "예수님과 이야기를 나누었다." 예수에게 무엇을 가르쳐 준 것이 아니고 그분에게 증언하고 가르침을 받았다. 이 사실은 영화롭게 된 성도들 간에는 대화와 교제가 있으며, 그들에게는 우리가 알지 못하는 피차간의 대화의 길이 있음을 보여 주는 것이다. 모세와 엘리야는 피차간에 시대의 격차가 크다. 그러나 하늘 나라에는 그러한 구애를 받지 않는 것이다. 그곳에서는 "꼴찌가 첫째 되고 첫째가 꼴찌 될 것이다."마태 20:16 그것은 그리스도 안에서 모두가 하나라는 것을 의미하는 것이다.

제자들이 이 광경을 보고 이 대화를 듣는 중에 기쁨이 넘쳤으며, 이들의 대변자인 베드로는 "스승님, 저희가 여기에서 지내면 좋겠습니다."라고 말하였다. 비록 그리스도께서 변형되고 모세와 엘리야로 더불어 말씀하고 계셨지만 베드로에게 말할 수 있도록 허용하셨고 평상시와 같이 자유롭게 하시었다. 우리 주 예수께서는 당신께서 높임을 받고 영화롭게 되신 가운데서도 당신의 백성들에게 대한 겸손한 친절을 전연 줄이지 않으시는 것이다. 많은 사람들은 그들이 크게 되었을 때에 그들의 동료들에게서 멀리하려고 한다. 그러나 영화롭게 되신 예수에게까지도 진실한 그리스도인들은 담대히 접근을 하게 되며 자유롭게 대화를 가질 수 있는 것이다. 이 하늘의 대화에서까지도 베드로에게 말할 수 있는 기회가 부여된 것이다. 그리고 그는 말하기를 "스승님, 저희가 여기에서 지내면 좋겠습니다. 저희가 초막 셋을 지어 하나는 스승님께, 하나는 모세께, 또 하나는 엘리야께 드리겠습니다." 은혜를 사모하는 영혼들은 그리스도와 교제의 시간을 갖는 것을 좋게 여기며 그분을 가까이 하기를 좋아하며, 비록 춥고 외로운 곳이라 하더라도 "산에"서 그리스도와 같이 있는 것을 좋게 여기는 것이다. 세상으로부터 은퇴하

Vox populi, vox Dei.

여 그리스도와 조용히 지내며 교제를 갖는 것은 좋은 일이다. 변형되신 그리스도와 함께 다만 산 위에서 모세와 엘리야로 더불어 지내는 것도 좋겠거늘, 영화롭게 되신 그리스도와 함께 모든 성도들과 더불어 하늘 나라에서 지낼 수 있는 일은 그 얼마나 좋겠는가! 우리가 잘되어 갈 때에 우리는 다른 사람들에 대해서 무관심하기 쉽고 우리가 즐거움에 차 있을 때에 우리의 형제들의 필요를 잊기 쉬운 것임을 유의하라. 대중의 유익보다도 하나님 앞에서 그리스도와의 은밀한 교제를 더 원하였다는 것은 베드로에게 있었던 하나의 약점인 것이다. 바오로는 영광의 산으로 떠나고 싶었으나 교회가 필요로 하는 것이 무엇인가를 알았을 때에 "육신 속에 머물러 있는 것"을 원하였던 것이다필리 1:24,. 베드로가 그리스도와 모세와 엘리야를 위해 초막 셋을 짓겠다고 말한 것은 잘못된 생각이었다. 왜냐하면 율법과 예언과 복음은 완전한 조화를 이루기 위해 한 장막 안에 그들을 다 영접하여 거하게 하시므로 연합을 이루도록 해야 하기 때문이다. 그러나 어떠한 부조리한 말을 그가 했다 하더라도 그는 변명이 가능할 것이다. 왜냐하면 "사실 베드로는 무슨 말을 해야 할지 몰랐던 것"이었으며 그 결과가 어떻게 될지 알지 못하였기 때문이다.

7절 하늘로부터 들려온 소리는 그리스도의 중재자 되심에 대한 증거인 것이다. "구름이 일어 그들을 덮더니" 저희를 그늘지게 하였을 것이다. 베드로는 그리스도와 다른 두 분을 위해 장막을 짓겠다고 이야기하였다. 그가 아직 이야기하고 있는 동안에 그의 입을 다물게 한 사실이 나타난 것이다. 이 구름은 초막 대신에 그들의 피난처가 된 것이다이사 4:5. 베드로가 초막에 대해서 말하고 있을 때에 하나님께서 "사람 손으로 짓지 않은"2코린 5:1 초막을 만들어 주신 것이다.[2]

구약시대로부터 구름은 하나님의 영광의 표징으로 사용되었다. 하느님께서는 구름 가운데 오셔서 "이는 내가 사랑하는 아들이니 너희는 그의 말을 들어라."

2 메튜 헨리 주석, 마가복음 09장.

하고 말씀하셨다. 이것은 하느님의 친 음성의 증거였다. 예수께서 세례를 받으실 때에도 하늘로부터 "너는 내가 사랑하는 아들"이라는 음성이 있었다마르 1:11. 변화산 사건은 예수께서 하느님의 아들이시라는 또 하나의 힘있는 증거가 된다. 하느님께서는 또 제자들에게 "이는 내가 사랑하는 아들이니 너희는 그의 말을 들어라." 하고 말씀하셨다. 이것이 실제로 중요한 점이다. 우리는 예수 그리스도께서 하느님의 아들이심을 믿고 그의 말씀을 들어야 한다.

8-10절 변화산 사건은 예수 그리스도의 신적 영광이 잠시 나타난 사건이었다. 예수께서는 자신이 죽으시고 부활하신 후에 이 일을 알리라고 암시하셨다. 그의 부활은 그의 그리스도 되심을 확증할 것이다.

이 하늘의 소리를 소개하기 위해 계획된 그 환상은, 그 뜻이 이루어졌을 때에 사라진 것이다. 사람들이 놀랐을 때에 어디에서 그런가 하고 둘러보듯이 "그 순간 그들이 둘러보자 더 이상 아무도 보이지 않고 예수님만 그들 곁에 계셨다." 엘리야도 모세도 그들의 시야에서 사라지고 다만 예수만 보였는데, 변형된 모습이 아니고 전과 다름이 없는 모습이었다. 비상한 기쁨과 위로가 떠나갈지라도 그리스도께서는 영혼을 버리지 않으심을 기억하라. 비록 그리스도의 제자들이 이보다 더한 감상적이고 매혹적인 신비한 교통을 체험한다 하더라도 그것은 일시적이지만, 언제나 변함이 없는 그리스도의 임재臨在는 그들과 항상 같이 할 것이며 세상 끝날까지도 함께 하실 것이다. 그리고 이 점이 바로 우리가 그분을 신뢰하지 않으면 안 될 이유인 것이다.

그리스도와 그분의 제자들이 산에서 내려오면서 담화를 가졌다. 예수께서 제자들에게 "사람의 아들이 죽은 이들 가운데에서 다시 살아날 때까지" 이 일을 비밀로 해달라고 당부하였는데, 그리스도의 부활은 그분이 하느님의 사명을 완성하는 마지막 증거인 것이다. 그러기 때문에 그때에는 이 사실과 더불어 나머지 다른 비밀들을 밝히라고 말씀하신 것이다. 그리고, 그 외에도 지금 그리스도께서 멸시를 당하시고 있는 상태에서 그러한 사실들이 당신에게 어울리지 않을 것이므로 아무것도 알리지 말도록 하신 것일 것이다. 왜냐하면 그리스도께서는 모든

Vox populi, vox Dei.

"베드로가 말을 채 끝내기도 전에 빛나는 구름이 그들을 덮었다. 그리고 그 구름 속에서, '이는 내가 사랑하는 아들, 내 마음에 드는 아들이니 너희는 그의 말을 들어라.' 하는 소리가 났다."(마태 17:5)

자료: m.blog.naver.com

일에 있어서 그러한 상태에 순응하려고 하셨기 때문이다. 제자들에게 침묵을 지키라고 이 명령을 내리신 것은 또한 그들이 체험한 신령한 고통에 대해서 뽐내지 않게 하시려고 또 그들이 "그 계시들이 엄청난 것이기에 더욱 그렇습니다. 그래서 내가 자만하지 않도록 하느님께서 내 몸에 가시를 주셨습니다."2코린 12:7라고 하신 것이다. 사람에게 있어서 남에게 알리고 싶은 것을 못하게 억제를 당하고, 자랑하고 싶은 것을 못할 때에 고역이 아닐 수 없는 것이다.

제자들은 "죽은 이들 가운데에서 다시 살아난다"라는 말이 무엇을 의미하는 것인지 몰라 당황하였다. 그들은 메시아가 죽음을 당한다는 생각을 가져 본 적이 없다. 그러므로 그들은 예수께서 말씀하시는 "살아난다"는 것은 그분의 현재의 초라하고 낮은 신분에서 그들이 기대하고 있는 위엄과 군주의 신분으로 오르시는 것을 비유적으로 하신 것이라고 생각하려고 하였을 것이다.

11-13절 구약성경 말라기 4:5는, "보라, 주님의 크고 두려운 날이 오기 전에 내가 너희에게 엘리야 예언자를 보내리라." 하고 예언했다. 이 예언대로 보냄을 받은 자가 세례 요한이었다. 주께서는 마태오 복음서 11:14에서 세례 요한에 대해 "너희가 그것을 받아들이고자 한다면, 요한이 바로 오기로 되어 있는 엘리야다."라고 분명하게 말씀하셨고, 마태오 복음서 17:13에 보면, 제자들은 성경에 예언된 그 엘리야가 세례 요한임을 알았다. 그를 통해 많은 사람들은 메시아

를 맞이할 준비를 하게 되었다. 그러나 유대 나라의 타락한 종교지도자들은 세례 요한도 무시하였다.

구약 성서의 예언된 순서에 따라서 메시아가 그 영광 중에 나타나시기 전에 "엘리야가 먼저 와야 한다고 말합니까?" 그러나 엘리야도 떠났고 모세도 역시 떠났다. 지금의 어려움은 다름이 아니라 선지자들이 의도한 것은 엘리야의 정신과 능력을 지닌 사람인데, 율법 학자들은 가르치기를 엘리야를 기다리라고 한 것이다. 성경에 대한 잘못된 이해는 진리를 대하는 데 큰 편견에 빠지게 함을 유의하라.

많은 고대인들이나 천주교 율법 학자들은 세례 요한이 엘리야의 정신으로 온 일보다 엘리야 자신이 에녹[3] 과 함께 그리스도의 재림 이전에 나타날 것으로 보통 생각하였다. 말라기 예언서에 세례 요한에게 이루어진 것보다 더욱 충분한 예언이 있다는 것이다. 그러나 그것은 근거가 없는 공상에 불과하다. 성서에 약속된 참 엘리야도 참 메시아와 같이 임하였던 것이다. 그러므로 우리는 다른 무엇을 더 참아서는 안 된다. 세례 요한에 대해서 기록된 이 말씀들은 "사람들은 그를 제멋대로 다루었던" 일들은 언급되지 않고 그가 임할 것에 대해서만 언급한 것이다. 그는 자기에 대해서 "기록된" 대로 세상에 왔으며 머물렀고 사명을 다하였던 것이다.

14-16절 산 아래 있던 예수님의 제자들은 율법 학자들과 변론하고 있었다. 그들은 예수님의 병고침이나 마귀 내쫓음에 대해 변론했을지 모른다. 그때 마침 예수께서 내려오셨다. 모든 무리가 곧 예수님을 보고 심히 놀라며 달려와 문안했다. 그들이 놀란 것을 보면 그들이 아마 예수님에 대해 말하고 있었기 때문일 것이다. 그래서 사람들은 더 관심을 가지고 달려와 그를 맞으며 문안하였을 것이다. 예수께서는 율법 학자들에게 "저들과 무슨 논쟁을 하느냐?" 하고 물으셨다.

3 에녹(Enoch)은 히브리 성경과 구약 성경에 의하면 아담의 계보(Generations of Adam)에 속한 인물이다. 구약 성경의 창세기 5장에 따르면, 에녹은 아담의 7대손이며, 아담의 셋째 아들인 셋의 6대손으로 가인의 계보가 아닌 셋의 계보에 속한다. 또한, 에녹은 야렛(Jared)의 아들이며 성경의 최장수 인물인 므두셀라(Methuselah, 969년을 살았다)의 아버지이며 노아의 증조 할아버지로 나온다. 구약 성경의 창세기 4장에는 '에녹'이라는 동일한 이름을 가진 다른 인물이 나오는데 이 인물은 가인의 아들이다.

Vox populi, vox Dei.

그리스도께서 당신의 제자들에게 돌아와 그들이 곤경에 처해 있는 것을 보시었다. 그분은 당신의 영광의 옷을 벗어 놓고 당신의 권속들을 보살피려고 오신 것이다. 그리고 그들에게 무슨 일이 있는가를 물으셨다. 산상에 있었던 영광에도 불구하고 그리스도께서는 산 아래에 있는 교회를 생각하는 마음을 잊지 않고 큰 겸손 중에 그들을 방문하신 것이다. 그리고 그리스도께서는 제자들이 당황과 곤경에 처해 있는 알맞은 때에 오신 것이다. 예수께나 그들에게 있어서 원수인 율법 학자들이 그들을 공격하고 있었던 것이다. 마귀영 들린 어린 아이 하나를 그들에게 데리고 나왔다. 그런데 그들이 그 마귀를 추방하지 못하였던 것이다. 이로 인해서 율법 학자들은 그들을 공격하였으며, 이는 자연히 그들의 스승인 예수에게까지 영광을 미치게 된 것이다. 그리고 율법 학자들은 그날은 자기들이 승리한 것처럼 의기양양하여 있었다. 예수께서 "제자들이 군중에게 둘러싸여 율법 학자들과 논쟁하고" 있었으며 무리가 듣고 있었던 것이다. 그리고 그들 중에 일부는 충격을 받았을 것이다. 그와 같이 모세가 산에서 내려왔을 때에 이스라엘

〈예수님의 변모〉, 라파엘로

자료: goodoz-oz.tistory.com

의 장막에서 큰 소동이 일어난 것을 발견하게 된 것이다. 그리스도의 귀환은 틀림없이 제자들에게는 크게 환영을 받았을 것이나 율법 학자들에게는 그렇지를 못하였을 것이다.

그러나 이상한 일이 보였는데 그것은 그리스도께서 출현하시자 사람들이 놀라게 되었다는 것이다. 그들이 예수를 보고 기뻐하였다는 것은 쉽게 알 수 있다. 그러나 왜 그들이 예수를 보았을 때에 그들이 그렇게 심히 놀라게 되었을까? 아마도 아직까지 예수의 용모에 이상한 무엇이 남아 있었던 것 같다. 마치 모세가 하산하였을 때에 그의 얼굴의 광채를 보고 사람들이 "그에게 가까이 가기를 두려워"한 것처럼탈출 34:30, 그리스도의 얼굴에도 어느 정도 그 광채가 남았을 것이다. 아니면 적어도 예수에게서 피로의 기색은 안 보이고 생기가 넘치는 밝은 표정을 보고 놀라게 되었을 것이다.

17-18절 루카 복음서에 보면, 그 아들은 그의 외아들이었다루카 9:38. 마귀영가 그를 잡으면 그가 거꾸러져 거품을 흘리며 이를 갈고 파리해졌다. 그것은 간질 증세와 같았다. 그의 소망이었을 외아들이 이런 악한 마귀에 붙잡혔으니 참 불행한 일이 아닐 수 없었다.

그의 아들은 "벙어리 영이 들린" 것이다. 그 아이는 넘어지는 병을 가졌으며, 그의 병이 발작하면 말을 못하는 것이다. 그의 경우가 가련하였다. 어디서든지 병의 발작이 일어나면, 마귀가 저를 잡으면, 그를 거꾸러뜨리고 거의 그 몸이 찢겨질 것처럼 심한 경련을 일으키는 것이다. 그리고 이것은 자기 자신에게도 매우 비통한 일이지만 그 주위에 있는 자들에게도 두려움을 주는 것이다. 또한 병이 발작하면 그는 입에 "거품을 흘리고 이를 갈며 몸이 뻣뻣해"지며 비참하게 되는 것이다. 곧 그 발작이 끝나더라도 그는 아주 쇠약하고 창백하고 뼈만 남다싶이 되어 있는 것이다. 제자들은 그 아이에게 아무런 도움도 주지 못하였다.

19절 그의 제자들은 병을 고치고 마귀를 내어쫓는 권세를 받았으나마르 3:15, 6:7 믿음이 약하여 그 아들에게서 마귀를 쫓아내지 못하였다. 율법 학자들

Vox populi, vox Dei.

도, 무리들도 믿음이 없었다. 그들은 예수께서 이미 행하신 기적들을 통해 그를 믿을 만했으나 그를 확신하지 못했다. 그러므로 예수께서는 믿음이 없는 세대를 탄식하셨다. 오늘날도 사람들은 돈을 위해서는 열성이 있어도 구원과 영생을 위해서는 열성이 없다. 그러나 긍휼의 주께서는 그 아이를 데려오라고 말씀하셨다.

하몬드 박사Dr. Hanmmond는 예수께서 이 말씀을 제자들에게 하신 것인데 이는 그들이 당신으로부터 부여받은 능력을 수행하지 않았고, 특별한 경우에 시행하도록 그들에게 지시하셨는데도 그들이 단식과 기도를 하지 않았기 때문에 그들을 책망하였다고 말하였다.[4]

그러나 휘트비 박사Dr. Whitby는 이 말씀은 율법 학자들에게 하였는데, 그것은 그들이 제자들의 당하는 절망을 기뻐하였고 저들이 곤경에 빠지기를 바랐기 때문이라고 말하였다. 예수께서 그들을 "믿음이 없는 세대"라고 불렀고, 그들과 "언제까지 너희 곁에 있어야 하느냐? 내가 언제까지 너희를 참아 주어야 한다는 말이냐?"에 지친 자처럼 말씀하시었다.

20-22절 그 아이의 병은 아마 수년 이상된 불치不治의 병이었을 것이다. 그의 아버지는 예수께 "이제 하실 수 있으면 저희를 가엾이 여겨 도와주십시오." 라고 말했다. 하느님의 긍휼과 능력을 구해야 할 때 그에게는 아직 예수 그리스도를 믿는 확실한 믿음이 없었다.

"그 영은 예수님을 보자 곧바로 아이를 뒤흔들어 댔다. 아이는 땅에 쓰러져 거품을 흘리며 뒹굴었다." 우리는 여기에 다른 성귀 한 절을 인용할 수 있으니 곧 "시간이 얼마 남지 않은 것을 깨달은 악마가 큰 분노를 품고서"묵시 12:12 소동을 일으키는 것이다. 그리스도께서 "아이가 이렇게 된 지 얼마나 되었느냐?" 하고 물으시자 그가 대답하였다. "어릴 적부터입니다." 병이 그렇게 되었으므로 그 상태가 더욱 비참하고 치료는 더욱 어렵게 된 것이다. 우리는 모두가 본래 "순종하

4 메튜 헨리 주석, 마가복음 9장.

지 않는 자들"이었다. 그러므로 악령들이 역사하며, 우리가 어릴 젖부터 그러한 것이다. 왜냐하면 "아이의 마음에 자리 잡은 미련함은 교훈의 매가 치워 주나" 잠언 22:15 오직 강하신 그리스도의 은혜만이 이를 추방할 수 있는 것이기 때문이다.

어린아이의 아버지가 그리스도께서 그 병을 고쳐 주시기를 바라면서 긴급한 예를 말씀드린 것이다. "저 영이 자주 아이를 죽이려고 불 속으로도, 물속으로도 내던졌습니다."22절. 마귀는 자기가 지배하고 역사하는 사람을 멸망시키기를 목적하며 "삼킬 자를 두루 찾는"것이다. "이제 하실 수 있으면 저희를 가엾이 여겨 도와주십시오."22절 마태오 복음서 8:2에 나온 나병 환자는 그리스도의 능력을 확신하였지만 "하고자 하시면"의 토를 달아 "주님! 주님께서는 하고자 하시면 저를 깨끗하게 하실 수 있습니다."라고 말하였다. 그것은 아마 그분의 이름으로 마귀를 쫓아내려던 제자들이 곤경에 빠져 있었기 때문일 것이다.

23-24절 그리스도께서 그의 신앙의 약함에 대하여 넌지시 타이르신 것이다. 이 가련한 사람은 제자들의 능력이 부족한 데서 영향을 받은 듯, 그리스도의 능력을 온전히 신뢰하지 못하고 "하실 수 있으면"이란 표현을 하였다. 그러나 그리스도께서는 이 말을 되받아서 그 사람 자신의 신앙에 대해서 반성하도록 하고 그가 당하고 있는 이 실망이 바로 "하실 수 있으면"이라고 한 그의 불신앙 탓이라고 깨우쳐 주시었다.

예수께서 그 사람의 소원에 대해서 힘을 북돋아 주시었다. 전능하신 하느님의 능력을 "믿는 이에게는 모든 것이 가능하다." 또한 이렇게 말씀하실 수도 있었을 것이다. "하느님의 약속을 믿는 자들에게는 전연 불가능한 것처럼 보이는 일도 하느님의 은혜로 말미암아 이루어질 것이다. 그리스도를 대함에 있어서 대단히 많은 부분이 우리의 신앙에 주어지며, 신앙으로 얻을 수 있도록 약속되어 있다는 것을 유의하라. 당신은 믿을 수 있는가? 당신은 감히 믿을 수 있겠는가? 당신의 모든 영적인 일을 그리스도와 함께 하며 세상적인 모든 일도 그리스도를 위해서 감히 할 수 있겠는가? 당신은 이것을 행할 수 있을 만한 자신을 가질 수 있겠는가? 만일 그러하다면, 비록 당신이 큰 죄인이었다 하더라도 당신이 하느님과 화해

Vox populi, vox Dei.

할 수 있으며 가능한 것은 아니다.[5]

그 아버지에게 필요한 것은 믿음이었다. 그는 울면서 소리질렀고 "저는 믿습니다. 믿음이 없는 저를 도와주십시오."라고 말하였다. 오늘 우리에게 필요한 것도 믿음이다. 믿음 없는 자는 성경 읽고 기도하는 생활에 힘쓰지 않고 예배드리는 일을 중요하게 여기지 않으며 세상일이 바쁘다고 주일예배 빼먹기를 쉽게 한다. 그런 행위들은 바로 믿음이 없음을 나타낸다. 그러나 우리에게 어려운 문제가 있어도 하느님을 믿는다면 걱정이 없다. 하느님께서는 우리의 모든 문제의 해결자이시며 우리를 이 세상에서 가장 좋은 길로 인도하시는 섭리자이시기 때문이다. 우리도 우리의 믿음을 위해 간구해야 할 것이다.

25-27절 "예수님께서는 군중이 떼를 지어 달려드는 것을 보시고" 그들은 예수께서 이 어려운 일을 어떻게 능숙하게 해결하시나 보고 싶어서 달려 모인 것이다. 그러므로 예수께서 그들을 더 이상 애태우게 하시지 않으려고 다른 곳에서 그렇게 하시듯이 "더러운 영을 꾸짖으신" 것이다. 그리스도께서 누구의 병을 고쳐 주실 때는 완전하게 고쳐 주심을 기억하라. 사탄은 스스로 나가기도 한다. 그러나 다시 사로잡는 것이다. 그렇지만 그리스도께서 사탄을 추방하였을

"벙어리, 귀머거리 영아, 내가 너에게 명령한다. 그 아이에게서 나가라. 그리고 다시는 그에게 들어가지 마라." (마르 9:25)

자료: school.catholic.or.kr

[5] 메튜 헨리 주석, 마가복음 9장.

때에는 그는 다시 침범하지를 못하는 것이다.[6]

예수께서는 사람들의 달려드는 것을 보시고 그 더러운 영마귀을 꾸짖어 말씀하셨다. "벙어리, 귀머거리 영아, 내가 너에게 명령한다. 그 아이에게서 나가라. 그리고 다시는 그에게 들어가지 마라." 예수님의 이 명령으로 충분하였다. 그의 말씀은 하느님의 말씀이며 자연계와 정신계를 주관하는 능력의 말씀이었다. 그가 명령하시자, 그 마귀는 소리지르며 아이로 하여금 심히 경련을 일으키게 하고 나갔다. 그 아이는 죽은 것같이 되었고 많은 사람들은 그가 죽었다고 말했다. 그러나 예수께서 그 손을 잡아 일으키시자 그 아이는 일어섰다. 그 벙어리 되고 귀먹은 더러운 영은 나갔고 그 아이는 고침을 받았다. 예수님의 치료는 즉각적이었고 완전하였다. 마귀는 예수님과 그의 말씀에 복종하였다. 그의 말씀에는 신적 능력이 있었다. 이 일은 예수께서 하느님의 아들 그리스도이심을 다시 한번 더 증거하였다.

28-29절 예수께서 제자들에게 왜 그들이 마귀를 추방하지 못하였는가, 하는 이유를 말씀하시었다. "제자들이 그분께 따로, '어째서 저희는 그 영을 쫓아내지 못하였습니까?' 하고 물었다." 그들은 자기들의 결함이 어디에 있는가를 알아서 다음에는 대중 앞에서 그러한 수치를 더 당하지 않으려고 한 것이다. "그러한 것은 기도가 아니면 다른 어떤 방법으로도 나가게 할 수 없다."29절고 예수께서 대답하시었다.[7]

기도는 사람이 하느님을 믿는 믿음의 표현이다. 사람이 하느님께 대한 믿음이 있으면 기도하지만, 하느님께 대한 믿음이 없으면 기도하지 못한다. 하느님께 대한 믿음이 약한 자는 조금 기도하고, 믿음이 강한 자는 많이 기도할 것이다. 단식은 몸에 힘과 생명이 되는 음식의 공급을 중단하는 것이므로 비상한 기도의 방식이다. 어려운 문제를 해결할 아무런 방법이 없을 때, 성도는 오직 하느님 앞에 엎드려 단식하며 기도한다. 단식 기도는 어려운 문제 해결의 열쇠이다.

6 메튜 헨리 주석, 마가복음 9장.
7 메튜 헨리 주석, 마가복음 9장.

30-32절 예수께서는 이미 낮아지셨고 또 죽으심으로 더 낮아지실 것이다. 그러나 하느님께서는 그를 삼일 만에 다시 살아나게 하실 것이다.

그리스도께서 당신의 고난이 가까이 이르렀음을 예고하신다. 예수께서 평상시와는 다른 긴 여행을 "갈릴래아를 가로질러 갔는데, 예수님께서는 누구에게도 알려지는 것을 원하지 않으셨다." 그 이유는 예수께서 그들 중에 많은 능력과 선을 행하시었지만 그들이 주님을 따르지 않았기 때이다. 그리하여 그들이 전과 같이 그러한 능력과 선을 행하시는 것을 보는 것도 원치 않으셨고, 그들이 나와서 어떤 유익을 얻는 것도 원치 않으신 것이다. 예수께서 고난을 당하실 때가 가까이 이른 것이다. 그러므로 예수께서는 얼마 동안 조용히 지내면서 제자들과 대화를 나누고 그들로 하여금 다가오는 시련에 대비하도록 하고 싶으신 것이다31절. 예수께서 그들에게 말씀하시기를 하느님의 분명한 계획과 예지에 의하여 "사람의 아들은 사람들의 손에 넘겨져 그들 손에 죽을 것이다."라고 하셨다. 그러므로 예수께서 악마들의 손에 넘겨지고 그들에 의해 고난을 당하시었더라도 그렇게 이상한 일이 아닌 것이다. 그러나 그들을 구원하시기 위해 오신 "사람의 아들"에 대해서 그렇게 악의에 차 있다는 것은 이성을 가졌고 사랑이 있는 사람들에게는 생각할 수도 없는 것이다. 그런데 예수께서 당신의 죽음을 말씀하실 때에는 항상 당신의 부활을 말씀하시었는데, 그렇게 함으로써 당신의 죽음에 대한 비난을 없애고 제자들로부터 당신의 죽음에 대한 슬픔을 씻으며 하신 것은 주목할 만한 일인 것이다. 그러나 "그 말씀을 알아듣지 못하였다." 그 말씀들은 아주 쉬운 말이었는데도 그들은 그 의미를 깨닫지 못하고 무슨 신비적인 의미인 것으로 생각하고 "묻는 것도 두려워하였다." 그것은 예수께서 접근하기에 어려운 분이시거나 상담하기에 엄하신 분이어서 그런 것이 아니고, 그들이 그 진리를 알기에 꺼렸거나 그 말씀을 깨닫는 데 둔함에 대하여 꾸중을 들을 것을 생각하였기 때문일 것이다. 많은 사람들이 묻기가 부끄러워 모르는 채로 지내는 것이다.

33-34절 예수께서는 제자들의 많은 토론 중에서 우선과 우월에 관한 그들의 토론을 생각하고 물으신 것이다. 그들이 여기에서 한 토론의 제목은 "누

가 가장 큰 사람이냐?"는 것이었다34절. 그리스도 나라의 두 가지 법이며, 예수 학교의 교훈이며, 예수께서 친히 모범을 보여 주신 겸손과 사랑에 대해서 세상에서 높아지려는 욕망과 그의 대한 논쟁만큼 더 모순이 되는 것은 없는 것이다. 그리스도께서는 이 나쁜 성격을 어떠한 경우에도 모두 금하신 것이다. 그것은 이런 교만은 그리스도의 나라가 이 세상인 것처럼 잘못 생각하는 데서 기인할 뿐만 아니라, 당신의 복음의 존귀성을 저하시키고 순결성을 부패케 하는 직접적인 요인이 되며, 교회에 큰 해독이 될 것을 아시기 때문이다.[8]

많은 사람들에게 있는 명예심과 야망이 제자들에게도 있었다. 이것이 죄성을 가진 인간의 모습이다. 죄성의 본질은 교만이요 그것은 남에게 높임을 받으려는 명예심과 남을 지배하려는 욕심을 포함한다. 그들은 주님의 질문에 대답할 말이 없었다. 그들의 변론이 부끄러운 것임을 스스로 느끼고 있었기 때문일 것이다. 주께서는 그들의 결함을 고쳐주기를 원하셨다. 모든 잘못은 고쳐야 한다. 열 번이라도 지적을 받고 죽을 때까지라도 고쳐야 한다. 하느님께서는 우리가 흠과 점이 없는 거룩하고 온전한 인격이 되기를 원하신다.

35절 그리스도께서 당신의 나라에서 큰 자가 되려는 대신에 이 세상에서 남보다 높아지고 남을 다스리려고 하는 포부와 욕망은 그들을 맨 뒤에 머물게 한다고 말씀하시었다. "누구든지 첫째가 되려면, 모든 이의 꼴찌가 되고 모든 이의 종이 되어야 한다."라고 하며 자기 자신을 높이는 자는 낮아진다고 말씀하시었다. 예수께서는 당신 아래에서는 높게 될 수 없고 많은 일과 겸손에 대한 기회와 의무가 있을 것임을 말씀하시었다. "누구든지 첫째가 되려면" 그가 그렇게 되었을 때에 모든 자들에게 근면하고 봉사하지 않으면 안 되는 것이다. "어떤 사람이 감독 직분을 맡고 싶어 한다면 훌륭한 직무를 바라는 것입니다."1티모 3:1.[9]

교회 안에서 큰 자는 나이나 학력, 재력이나 사회적 신분, 심지어 신앙 연륜에

8 메튜 헨리 주석, 마가복음 9장.
9 메튜 헨리 주석, 마가복음 9장.

Vox populi, vox Dei.

"누구든지 첫째가 되려면, 모든 이의 꼴찌가 되고 모든 이의 종이 되어야 한다."
(마르 9:35)

자료: maria.catholic.or.kr

서 판단되는 것이 아니다. 그런 것이 다 한 요소이긴 하겠지만, 바른 판단 기준은 아니다. 주의 말씀대로, 교회에서 큰 자는, 겸손하게 다른 교인을 섬기는 자이다. 겸손하게 모든 사람을 섬기는 것, 그것이 하느님께서 크게 여기시는 덕이다. 하느님의 아들이신 예수께서는 사람으로 세상에 태어나시고 십자가에 달려 죽으시고 무덤에 묻히시기까지 자신을 낮추심으로 친히 겸손의 본을 보이셨다.

36-37절 가장 공겸恭謙하고 자기를 부인하며, 그리스도를 가장 닮은 자들은 그리스도로 말미암아 가장 온유하게 될 것이다. 그리스도께서는 실례를 들어 이 일에 대하여 그들을 가르치셨다. 예수께서 아무런 야망도 교만도 없는 "어린이 하나를 데려다가 그들 가운데에 세우신 다음" 말씀하시기를 "누구든지 이런 어린이 하나를 내 이름으로 받아들이면 나를 받아들이는 것이다."라고 하시었다.[10]

"어린이 하나를 내 이름으로 받아들인다"는 말은 예수님 믿는 자들의 자녀라는 이름 때문에, 예수 그리스도를 믿는다는 이름 때문에, 혹은 그에게 예수님의 이름을 전하려는 이유 때문에, 그를 받아들인다는 것을 말할 것이다. 예수님의

10 메튜 헨리 주석, 마가복음 9장.

이름 때문에 어린아이 하나를 받아들인다는 것이 예수님을 받아들이는 것이요 독생자를 세상에 주신 하느님을 받아들이는 것이 된다. 예수께서는 열두 제자들을 전도자로 내보내실 때 "너희를 받아들이는 이는 나를 받아들이는 사람이고, 나를 받아들이는 이는 나를 보내신 분을 받아들이는 사람이다."라고 말씀하셨다 마태 10:40. 예수님의 이름으로 어린아이 하나를 받아들이는 것이 예수님을 받아들이는 것이 되는 까닭은 예수께서 그 아이의 죄를 위해 속죄의 죽음을 죽으실 것이기 때문이다. 그 아이의 영혼은 천하보다 귀하며 마태 16:26, 그는 그리스도께서 위하여 죽으실 영혼이다 1코린 8:11. 그러므로 우리는 겸손한 마음으로 그런 아이 하나를 받아들이고 또 서로 받아들여야 한다.

38절 요한이 예수께 보고하기를 어떤 사람이 그리스도의 이름으로 능력을 행하나 그들을 따르지 않으므로 금하였다고 하였다. 비록 그들이 서로 크다고 다투게 된 것을 부끄럽게 생각하였으나, 그들이 권세를 이렇게 행사함에 대하여 자부심을 가진 것 같다. 그리고 그들은 그들의 선생께서 이와 같은 처사를 옳다고 인정하시고 그렇게 명령하실 것으로 기대하였던 것이다. 그리고 그들은 자기들의 신성한 학회의 명예를 유지하기 위하여 그들의 능력을 활용할 때에 나쁘게 되고자 하는 욕망에 대하여 꾸짖지 않을 것으로 기대하였던 것이다.[11]

예수님의 이름으로 마귀를 내어쫓은 그 사람이 진실한 신자인지는 분명하지 않지만, 그런 행위를 하는 것을 보면 아마 진실한 신자이었을 가능성이 많다. 그렇다면 사도시대에 마귀를 내어쫓는 하느님의 은사가 열두 제자들에게만 국한되지 않았던 것 같다. 이것은 주께서 풍성한 은사를 내리시는 시대에 주어진 부스러기와 같은 은혜였을 것이다. 그러나 무슨 까닭인지 그는 예수님을 따르지 않고 있었다. 그래서 제자들은 그가 예수님의 이름으로 마귀를 내어쫓는 일을 하지 못하도록 금지하였다. 그러나 제자들의 이런 태도는 당파심의 위험이 있어 보인다. 우리를 따라야만 옳다, 우리 교회에 나와야만 된다는 생각은 분명히 당파적 마

11 메튜 헨리 주석, 마가복음 9장.

음가짐이라고 보인다. 제자들이 단지 그가 그들을 따르지 않았기 때문에 잘못이라고 판단하였다면 그것은 잘못이다. 사람에게는 이런 편협한 당파심이 있고 그것도 죄악이다.

39절 이 일에 대해서 예수께서 제자들을 꾸짖었다. "예수님께서 이르셨다. '막지 마라.'" 이 말씀은 모세가 여호수아에게 하신 말씀과 같다. "너는 나를 생각하여 시기하는 것이냐?"민수 11:29. 비록 어떤 결점이나 반칙이 있다 하더라도 선이나 선을 행하는 일이면 금하지 않도록 주의하여야 한다.[12]

예수님의 말씀은 그의 포용심을 보인다. 예수 그리스도의 이름의 영광이 나타나고 그에 대한 공공연한 비난이 없고 내용적으로 명백한 오류가 없는 한, 그를 허용하라는 뜻일 것이다. 우리는 신약성경에 밝히 증거된 예수 그리스도를 부정하고 역사적 정통 기독교 신앙을 비방하는 자유주의자들을 용납하거나 그들과 교제해서는 안 된다. 우리는 성경적 기독교를 명백히 이탈하고 왜곡시킨 각종 이단종파들을 용납하거나 교제해서는 안 된다. 그러나 어떤 사람이 명백히 비성경적인 교훈을 하거나 바른 교회와 목사를 비방하는 것이 아닌 경우, 우리 단체가 아니고 우리 교회에 속한 자가 아니라고 해서 그를 정죄하려는 태도는 편협한 당파심이며 우리는 그런 당파심의 마음가짐과 태도를 경계해야 하는 것이다. 우리는 성경이 교훈하는 교제와 절교, 포용과 경계의 선을 잘 긋고 잘 지켜야 한다.

40절 우리와 같이 교제를 안 한다 하더라도 그들이 그리스도의 가치 아래서 사탄을 대항하여 싸우는 데 우리와 일치한다면 다른 입장에 있으면서도 우리는 같은 편에 있는 자들로서 서로 돌아보지 않으면 안 되기 때문이다. "우리를 반대하지 않는 이는 우리를 지지하는 사람이다." 그리스도와 베엘제불[13]의

12 메튜 헨리 주석, 마가복음 9장.

13 베엘제불은 에크론의 도시 팔레스타인에서 숭배받았던 신 가운데 하나이다. 고대 시절 다신교도인 셈족의 신으로 유명한 바알을 가리키는 명칭 가운데 하나로 알려졌지만, 둘 사이에는 작지만 중요한 차이점이 있다. 일신교도인 유대인 사이에서는 사탄을 달리 이른 말로 종종 사용했기 때문에 어느 정도 경멸적인 뜻을 담고 있다. 이 이름은 나중에 악마 또는 마신의 이름 가운데 하나로 종종 바알세불과 번갈아가며 등장하게 된다.

상반됨에 대하여 언급하시면서 예수께서 "나와 함께하지 않는 자는 나를 반대하는 자"라고 말씀하시었다마태 12:30. 그리스도를 소유하지 않은 자들은 사탄을 소유한 것이다.[14]

물론 이 말씀은 제자들을 반대하지 않는 자의 모든 일이 허용된다는 뜻은 아니다. 이 말씀은 예수 그리스도의 이름으로 무엇을 행하며 그를 공공연히 반대하지 않는 자는, 비록 다른 점들에 있어서 잘못이 있을 수 있을지라도, 기본적으로 예수 그리스도의 제자들을 위하는 자라는 뜻이다. 우리는 교회 안에서 다른 형제들에 대해 이런 정도의 포용적 마음가짐과 태도를 가져야 한다.

41-42절 예수 그리스도의 이름을 가진 작은 종 한 사람에게 물 한 그릇이라도 대접하는 것은 확실히 상을 받을 일이며, 반대로 예수 그리스도를 믿는 어린아이 하나를 범죄케 하는 것은 심히 큰 죄악이 된다.

그리스도께서 어떤 방법으로든지 당신의 제자들에게 친절을 베푸는 모든 자들은 상급을 얻게 될 것이라고 약속하시었다. "너희가 그리스도의 사람이기 때문에 너희에게 마실 물 한 잔이라도 주는 이는, 자기가 받을 상을 결코 잃지 않을 것이다."41절

그리스도인들이 그리스도에게 속하여 있고, 그리스도를 따르고, 그리스도의 소유라는 사실은 그리스도인들의 큰 행복과 영광이 아닐 수 없는 것이다. 그리스도의 추종자들은 그리스도에게 속해 있는 것처럼 그리스도의 의로움의 옷을 입게 되는 것이다. 아니, 그보다도 더 밀접하게 연관되어 있는 것이니 그들은 그 몸의 지체들인 것이다.

그리스도에게 속하여 있는 그들은 때로는 "마실 물 한 잔"으로도 기뻐할 만큼 궁핍에 처할 때도 있는 것이다. 그들이 곤경에 처해 있을 때에 그리스도에게 속한 가난한 자를 구제함은 선한 일이며 좋은 효력을 주게 될 것이다. 그리스도께서 이 선행을 받으실 것이며 그 상급을 주실 것이다.

14 메튜 헨리 주석, 마가복음 9장.

"나를 믿는 이 작은 이들 가운데 하나라도 죄짓게 하는 자는, 연자매를 목에 걸고 바다에 던져지는 편이 오히려 낫다." (마르 9:42)

자료: maria.catholic.or.kr

그리스도에게 속해 있는 가난한 자들에게 베푼 친절은 그리스도를 위해서 그리고 그리스도에게 속한 자라 하여 행해져야만 된다. 그것은 왜냐하면 그렇게 행하는 친절을 하느님은 거룩하게 하시며 하느님 보시기에 가치가 있기 때문이다.

이렇게 행함이 그리스도의 나라의 이익을 위해 봉사하는 자들에 대하여, 비록 그들이 우리의 마음과 방법이 다르더라도, 우리가 무안이나 실망을 주지 않게 되는 이유인 것이다. 이 말씀이 여기에 주어진 것은 비록 그들이 그리스도를 따르지는 않지만, 그리스도의 이름으로 마귀를 내어쫓는 자들을 금하지 말라는 이유 때문인 것이다. 하몬드 박사Dr. Hammond는 여기에 대하여 이렇게 표현하였다. "나로 말미암아 영접을 받고 항상 나를 따르는 자들과 제자들인 너희로 말미암아 이루어진 크고 훌륭한 선행뿐만 아니라 나의 제자 하나에게 '냉수 한 그릇'을 주는 일과 같이 지극히 적은 친절 하나에 비례할 수 있는 지극히 적은 모든 신실한 믿음과 그리스도인의 선행도 기억하신 바 되고 상을 받게 될 것이다. 만일 그리스도께서 우리에게 베풀어지는 친절을 당신에 대한 봉사로 생각하신다면 우리도 마땅히 그리스도에게 대한 봉사가 우리에게 베푸는 친절로 생각해야 할 것이다.

그리고 우리를 따르지 않는 자들에 의해서 이루어진 선행이라 하더라도 찬성을 해야 할 것이다."

예수께서 "작은 이들 가운데 하나를" 고의적으로 범죄케 하거나 괴롭게 하여 실족케 하는 자들에 대하여 두려운 말씀을 하신 것이다42절. 누구든지 진실한 그리스도인들을, 제아무리 그들이 약하더라도, 괴롭게 하는 자들이나, 하느님께 나아가는 길을 막는 자들이나 그들의 진로에 실망을 주거나 방해하는 자들이나 선을 행하는 것을 금하거나 범죄케 유인하는 자들은 "연자매를 목에 걸고 바다에 던져지는 편이 오히려 낫다."42절. 그런 사람의 형벌은 대단히 중하며 그의 영혼의 죽음과 파멸은 그의 몸의 죽음과 파멸보다 더 무서운 것이다.

43-50절 예수께서 당신을 따르는 모든 자들에게 그들의 영혼들이 멸망을 당하지 않도록 주의하라고 경고하시었다. 이러한 자비는 가정에서부터 시작되지 않으면 안 되는 것이다. 만일 우리가 다른 사람들이 선을 행하는 일에 방해하지 않도록 주의하고 그들에게 범죄의 기회를 주지 않도록 주의해야 한다면, 우리는 더욱 우리의 의무를 수행하는 데 방해가 되고 우리를 범죄케 하는 모든 것

레오나르도 다빈치의 그림에도 '소금 코드'가 등장한다. 그림 속 유다는 오른손에 은화 주머니를 쥐고 있다. 그리고 그의 오른쪽 소매 앞에는 조그만 통이 하나 넘어져 있다. 그게 소금통이다.
유다는 팔로 소금통을 쳐서 넘어뜨렸다. 그리고 식탁 위에는 소금이 쏟아져 나와 있다. 식탁 위에 흩어져 반짝이는 소금들. 그게 무엇을 의미할까.
유다가 '신의 속성'을 쏟아버렸음을 뜻한다. 이미 자신의 마음에서 '짠맛'을 잃어버렸음을 상징적으로 보여준다.

자료: joongang.co.kr

Vox populi, vox Dei.

을 피하기 위해 주의를 하지 않으면 안 될 것이다. 그러므로 우리는 우리로 하여금 범죄케 하는 그런 것은, 아무리 우리에게 귀한 것이라 하더라도 잘라버리지 않으면 안 되는 것이다.[15]

본문은 예수님의 말씀이며 신약성경 중 가장 분명한 지옥 교리이다. 천국과 지옥은 세상의 마지막 상태이다. 그것은 몸의 죽음 후의 영혼의 상태일 뿐 아니라, 부활 후의 영원한 상태이다. 천국은 영생의 나라요 영광과 행복과 즐거움이 있는 나라이며, 지옥은 영원한 형벌과 고통과 불행과 치욕이 있는 세계이다. 본문에서 주께서는 지옥을 "지옥 꺼지지 않는 불" "불의 지옥"으로 증거하셨고 "지옥에서는 그들을 파먹는 구더기도 죽지 않고 불도 꺼지지 않는다."라고 세 번이나 강조해 말씀하셨고 또 "모두 불 소금에 절여질 것이다."라고 말씀하셨다. 지옥이 이렇게 무서운 형벌의 장소이기 때문에 주께서는 두 손과 두 발과 두 눈을 가지고 범죄하여 지옥에 가는 것보다 한 손과 한 발과 한 눈으로 천국에 들어가는 것이 낫다고 가르쳐주셨다.

15 메튜 헨리, 주석, 마가복음 9장.

하늘의 소리 사람의 말씀 Ⅲ

마르코 복음서 10장

天聲

Vox populi, vox Dei.

혼인과 이혼 마태 19,1-9 루카 16,18

1 예수님께서 그곳을 떠나 유다 지방과 요르단 건너편으로 가셨다. 그러자 군중이
다시 그분께 모여들었다. 그래서 예수님께서는 늘 하시던 대로 다시 그들을 가르치
셨다.
2 그런데 바리사이들이 와서 예수님을 시험하려고, "남편이 아내를 버려도 됩니까?"
하고 물었다.
3 예수님께서 그들에게 "모세는 너희에게 어떻게 하라고 명령하였느냐?" 하고 되물
으시니,
4 그들이 "'이혼장을 써 주고 아내를 버리는 것'을 모세는 허락하였습니다." 하고 대
답하였다.
5 그러자 예수님께서 이르셨다. "너희 마음이 완고하기 때문에 모세가 그런 계명을
기록하여 너희에게 남긴 것이다.
6 창조 때부터 '하느님께서는 사람들을 남자와 여자로 만드셨다.'
7 '그러므로 남자는 아버지와 어머니를 떠나 아내와 결합하여,
8 둘이 한 몸이 될 것이다.' 따라서 그들은 이제 둘이 아니라 한 몸이다.
9 하느님께서 맺어 주신 것을 사람이 갈라놓아서는 안 된다."
10 집에 들어갔을 때에 제자들이 그 일에 관하여 다시 묻자,
11 예수님께서 그들에게 말씀하셨다. "누구든지 아내를 버리고 다른 여자와 혼인하
면, 그 아내를 두고 간음하는 것이다.
12 또한 아내가 남편을 버리고 다른 남자와 혼인하여도 간음하는 것이다."

어린이들을 사랑하시다 마태 19,13-15; 루카 18,15-17

13 사람들이 어린이들을 예수님께 데리고 와서 그들을 쓰다듬어 달라고 하였다. 그러
자 제자들이 사람들을 꾸짖었다.
14 예수님께서는 그것을 보시고 언짢아하시며 제자들에게 이르셨다. "어린이들이 나
에게 오는 것을 막지 말고 그냥 놓아두어라. 사실 하느님의 나라는 이 어린이들과
같은 사람들의 것이다.
15 내가 진실로 너희에게 말한다. 어린이와 같이 하느님의 나라를 받아들이지 않는
자는 결코 그곳에 들어가지 못한다."
16 그러고 나서 어린이들을 끌어안으시고 그들에게 손을 얹어 축복해 주셨다.

하느님의 나라와 부자 마태 19,16-26; 루카 18,18-27

17 예수님께서 길을 떠나시는데 어떤 사람이 달려와 그분 앞에 무릎을 꿇고, "선하신
스승님, 제가 영원한 생명을 받으려면 무엇을 해야 합니까?" 하고 물었다.
18 그러자 예수님께서 그에게 이르셨다. "어찌하여 나를 선하다고 하느냐? 하느님 한
분 외에는 아무도 선하지 않다.
19 너는 계명들을 알고 있지 않느냐? '살인해서는 안 된다. 간음해서는 안 된다. 도둑
질해서는 안 된다. 거짓 증언을 해서는 안 된다. 횡령해서는 안 된다. 아버지와 어
머니를 공경하여라.'"
20 그가 예수님께 "스승님, 그런 것들은 제가 어려서부터 다 지켜 왔습니다." 하고 대
답하였다.
21 예수님께서는 그를 사랑스럽게 바라보시며 이르셨다. "너에게 부족한 것이 하나 있
다. 가서 가진 것을 팔아 가난한 이들에게 주어라. 그러면 네가 하늘에서 보물을
차지하게 될 것이다. 그리고 와서 나를 따라라."
22 그러나 그는 이 말씀 때문에 울상이 되어 슬퍼하며 떠나갔다. 그가 많은 재물을
가지고 있었기 때문이다.
23 예수님께서 주위를 둘러보시며 제자들에게 말씀하셨다. "재물을 많이 가진 자들
이 하느님 나라에 들어가기는 참으로 어렵다!"

24 제자들은 그분의 말씀에 놀랐다. 그러나 예수님께서는 그들에게 거듭 말씀하셨다.
"얘들아, 하느님 나라에 들어가기는 참으로 어렵다!
25 부자가 하느님 나라에 들어가는 것보다 낙타가 바늘귀로 빠져나가는 것이 더
쉽다."
26 그러자 제자들이 더욱 놀라서, "그러면 누가 구원받을 수 있는가?" 하고 서로 말하
였다.
27 예수님께서는 그들을 바라보며 이르셨다. "사람에게는 불가능하지만 하느님께는
그렇지 않다. 하느님께는 모든 것이 가능하다."

따름과 보상 마태 19,27-30; 루카 18,28-30

28 그때에 베드로가 나서서 예수님께 말하였다. "보시다시피 저희는 모든 것을 버리고
스승님을 따랐습니다."
29 예수님께서 말씀하셨다. "내가 진실로 너희에게 말한다. 누구든지 나 때문에, 또
복음 때문에 집이나 형제나 자매, 어머니나 아버지, 자녀나 토지를 버린 사람은
30 현세에서 박해도 받겠지만 집과 형제와 자매와 어머니와 자녀와 토지를 백 배나
받을 것이고, 내세에서는 영원한 생명을 받을 것이다.
31 그런데 첫째가 꼴찌 되고 꼴찌가 첫째 되는 이들이 많을 것이다."

수난과 부활을 세 번째로 예고하시다 마태 20,17-19; 루카 18,31-34

32 그들이 예루살렘으로 올라가는 길이었다. 예수님께서는 제자들 앞에 서서 가고 계
셨다. 그들은 놀라워하고 또 뒤따르는 이들은 두려워하였다. 예수님께서 다시 열
두 제자를 데리고 가시며, 당신께 닥칠 일들을 그들에게 말씀하기 시작하셨다.
33 "보다시피 우리는 예루살렘으로 올라가고 있다. 거기에서 사람의 아들은 수석 사
제들과 율법 학자들에게 넘겨질 것이다. 그러면 그들은 사람의 아들에게 사형을
선고하고 그를 다른 민족 사람들에게 넘겨
34 조롱하고 침 뱉고 채찍질하고 나서 죽이게 할 것이다. 그러나 사람의 아들은 사흘
만에 다시 살아날 것이다."

Vox populi, vox Dei.

출세와 섬김 마태 20,20-28; 루카 22,25-27

35 제베대오의 두 아들 야고보와 요한이 예수님께 다가와, "스승님, 저희가 스승님께
청하는 대로 저희에게 해 주시기를 바랍니다." 하고 말하였다.
36 예수님께서 그들에게 "내가 너희에게 무엇을 해 주기를 바라느냐?" 하고 물으시자,
37 그들이 "스승님께서 영광을 받으실 때에 저희를 하나는 스승님 오른쪽에, 하나는
왼쪽에 앉게 해 주십시오." 하고 대답하였다.
38 예수님께서 그들에게 "너희는 너희가 무엇을 청하는지 알지도 못한다. 내가 마시는
잔을 너희가 마실 수 있으며, 내가 받는 세례를 너희가 받을 수 있느냐?" 하고 물으
셨다.
39 그들이 "할 수 있습니다." 하고 대답하자, 예수님께서 그들에게 말씀하셨다. "내가
마시는 잔을 너희도 마시고, 내가 받는 세례를 너희도 받을 것이다.
40 그러나 내 오른쪽이나 왼쪽에 앉는 것은 내가 허락할 일이 아니라, 정해진 이들에
게 돌아가는 것이다."
41 다른 열 제자가 이 말을 듣고 야고보와 요한을 불쾌하게 여기기 시작하였다.
42 예수님께서는 그들을 가까이 불러 이르셨다. "너희도 알다시피 다른 민족들의 통
치자라는 자들은 백성 위에 군림하고, 고관들은 백성에게 세도를 부린다.
43 그러나 너희는 그래서는 안 된다. 너희 가운데에서 높은 사람이 되려는 이는 너희
를 섬기는 사람이 되어야 한다.
44 또한 너희 가운데에서 첫째가 되려는 이는 모든 이의 종이 되어야 한다.
45 사실 사람의 아들은 섬김을 받으러 온 것이 아니라 섬기러 왔고, 또 많은 이들의
몸값으로 자기 목숨을 바치러 왔다."

예리코에서 눈먼 이를 고치시다 마태 20,29-34; 루카 18,35-43

46 그들은 예리코에 들어갔다. 예수님께서 제자들과 많은 군중과 더불어 예리코를 떠
나실 때에, 티매오의 아들 바르티매오라는 눈먼 거지가 길가에 앉아 있다가,
47 나자렛 사람 예수님이라는 소리를 듣고, "다윗의 자손 예수님, 저에게 자비를 베풀
어 주십시오." 하고 외치기 시작하였다.

48 그래서 많은 이가 그에게 잠자코 있으라고 꾸짖었지만, 그는 더욱 큰 소리로 "다윗
의 자손이시여, 저에게 자비를 베풀어 주십시오." 하고 외쳤다.
49 예수님께서 걸음을 멈추시고, "그를 불러오너라." 하셨다. 사람들이 그를 부르며,
"용기를 내어 일어나게. 예수님께서 당신을 부르시네." 하고 말하였다.
50 그는 겉옷을 벗어 던지고 벌떡 일어나 예수님께 갔다.
51 예수님께서 "내가 너에게 무엇을 해 주기를 바라느냐?" 하고 물으시자, 그 눈먼이가
"스승님, 제가 다시 볼 수 있게 해 주십시오." 하였다.
52 예수님께서 그에게 "가거라. 네 믿음이 너를 구원하였다." 하고 이르시니, 그가 곧
다시 보게 되었다. 그리고 그는 예수님을 따라 길을 나섰다.

1 Jesus then left that place and went into the region of Judea and across the Jordan. Again crowds of people came to him, and as was his custom, he taught them.

2 Some Pharisees came and tested him by asking, "Is it lawful for a man to divorce his wife?"

3 "What did Moses command you?" he replied.

4 They said, "Moses permitted a man to write a certificate of divorce and send her away."

5 "It was because your hearts were hard that Moses wrote you this law," Jesus replied.

6 "But at the beginning of creation God 'made them male and female.'

7 'For this reason a man will leave his father and mother and be united to his wife,

8 and the two will become one flesh.' So they are no longer two, but one.

9 Therefore what God has joined together, let man not separate."

10 When they were in the house again, the disciples asked Jesus about this.

11 He answered, "Anyone who divorces his wife and marries another wom-an commits adultery against her.

Vox populi, vox Dei.

12 And if she divorces her husband and marries another man, she commits adultery."

13 People were bringing little children to Jesus to have him touch them, but the disciples rebuked them.

14 When Jesus saw this, he was indignant. He said to them, "Let the little children come to me, and do not hinder them, for the kingdom of God belongs to such as these.

15 I tell you the truth, anyone who will not receive the kingdom of God like a little child will never enter it."

16 And he took the children in his arms, put his hands on them and blessed them.

17 As Jesus started on his way, a man ran up to him and fell on his knees before him. "Good teacher," he asked, "what must I do to inherit eternal life?"

18 "Why do you call me good?" Jesus answered. "No one is good—except God alone.

19 You know the commandments: 'Do not murder, do not commit adultery, do not steal, do not give false testimony, do not defraud, honor your father and mother.'"

20 "Teacher," he declared, "all these I have kept since I was a boy."

21 Jesus looked at him and loved him. "One thing you lack," he said. "Go, sell everything you have and give to the poor, and you will have treasure in heaven. Then come, follow me."

22 At this the man's face fell. He went away sad, because he had great wealth.

23 Jesus looked around and said to his disciples, "How hard it is for the rich to enter the kingdom of God!"

24 The disciples were amazed at his words. But Jesus said again, "Children, how hard it is to enter the kingdom of God!

25 It is easier for a camel to go through the eye of a needle than for a rich
man to enter the kingdom of God."
26 The disciples were even more amazed, and said to each other, "Who
then can be saved?"
27 Jesus looked at them and said, "With man this is impossible, but not with
God; all things are possible with God."
28 Peter said to him, "We have left everything to follow you!"
29 "I tell you the truth," Jesus replied, "no one who has left home or brothers
or sisters or mother or father or children or fields for me and the gospel
30 will fail to receive a hundred times as much in this present age (homes,
brothers, sisters, mothers, children and fields—and with them, persecu-
tions) and in the age to come, eternal life.
31 But many who are first will be last, and the last first."
32 They were on their way up to Jerusalem, with Jesus leading the way, and
the disciples were astonished, while those who followed were afraid.
Again he took the Twelve aside and told them what was going to happen
to him.
33 "We are going up to Jerusalem," he said, "and the Son of Man will be
betrayed to the chief priests and teachers of the law. They will condemn
him to death and will hand him over to the Gentiles,
34 who will mock him and spit on him, flog him and kill him. Three days
later he will rise."
35 Then James and John, the sons of Zebedee, came to him. "Teacher," they
said, "we want you to do for us whatever we ask."
36 "What do you want me to do for you?" he asked.
37 They replied, "Let one of us sit at your right and the other at your left in
your glory."
38 "You don't know what you are asking," Jesus said. "Can you drink the
cup I drink or be baptized with the baptism I am baptized with?"

39 "We can," they answered. Jesus said to them, "You will drink the cup I drink and be baptized with the baptism I am baptized with,

40 but to sit at my right or left is not for me to grant. These places belong to those for whom they have been prepared."

41 When the ten heard about this, they became indignant with James and John.

42 Jesus called them together and said, "You know that those who are regarded as rulers of the Gentiles lord it over them, and their high officials exercise authority over them.

43 Not so with you. Instead, whoever wants to become great among you must be your servant,

44 and whoever wants to be first must be slave of all.

45 For even the Son of Man did not come to be served, but to serve, and to give his life as a ransom for many."

46 Then they came to Jericho. As Jesus and his disciples, together with a large crowd, were leaving the city, a blind man, Bartimaeus (that is, the Son of Timaeus), was sitting by the roadside begging.

47 When he heard that it was Jesus of Nazareth, he began to shout, "Jesus, Son of David, have mercy on me!"

48 Many rebuked him and told him to be quiet, but he shouted all the more, "Son of David, have mercy on me!"

49 Jesus stopped and said, "Call him." So they called to the blind man, "Cheer up! On your feet! He's calling you."

50 Throwing his cloak aside, he jumped to his feet and came to Jesus.

51 "What do you want me to do for you?" Jesus asked him. The blind man said, "Rabbi, I want to see."

52 "Go," said Jesus, "your faith has healed you." Immediately he received his sight and followed Jesus along the road.

人語

마르코 복음서 10장 요약

바리사이들이 아내를 버리는 것으로 예수님을 시험하자 누구든지 아내를 버리지 말라 답하신다. 제자들이 어린 아이가 오는 것을 막자 꾸짖고 하느님의 나라가 어린아이와 같다 하신다. 부자 청년이 찾아와 영생에 대해 질문한다. 자신은 계명을 다 지켰다고 말한다. 예수님은 그에게 모든 소유를 팔아 가난한 자들에게 주고 나를 따르라 하시지만 거절하고 떠나간다. 예루살렘에 올라가시면서 두 번째 죽음을 예고하시자 제자들이 놀란다. 제베대오의 아들 야고보와 요한이 주님께 나와 예수님의 오른편과 왼편에 세월 달라 요구한다. 다른 제자들이 시기하여 화를 낸다. 예리코에 이를 때 바르티매오가 예수님께 다가와 '다윗의 자손이여 나를 불쌍히 여기소서' 외치며 고쳐달라 하자 고쳐 주신다.

예수께 와서 이혼 문제에 대하여 질문했을 때 예수께서는 하느님이 짝지어 주신 것을 사람이 나눌 수 없다는 대원칙을 세워 주셨다. 사람들이 어린이들을 예수에 데리고 오자 제자들이 귀찮게 여기고 막았으나 예수께서는 어린이를 사랑하사 안수하시고 축복해 주셨다. 예수께서 길에 나가셨을 때 한 사람이 달려와 영생에 대하여 질문하였다. 예수께서는 그 사람이 재물이 많음을 아시고 가진 재산을 모두 팔아 가난한 자에게 나눠주고 나를 좇으라고 하시니, 그 사람은 근심하며 돌아갔다. 나중에 제자들과 있을 때에 부자는 하느님 나라에 들어가기가 심히 어렵다는 사실을 말씀하셨다. 예루살렘으로 올라가시는 길에 다시금 인자의 고난과 부활을 예언하셨다. 제베대오의 아들 야고보와 요한이 메시야의 왕국에서 고위 관직을 요구했으나 예수께서는 그들의 무지를 책망하시고 섬김의 삶

Vox populi, vox Dei.

과 인자의 대속물 되심을 강조하셨다. 예리코에 이르렀을 즈음엔 소경 바르티매오를 고쳐주셨다.

각 절 해석[1]

1-2절 예수님의 사역은 주로 가르치시는 사역이었다. 때때로 사람들은 궁금한 것들에 대해 자유로이 질문하였던 것 같다. 본문의 경우에는 바리사이들이 예수님을 시험하고 비난거리를 찾기 위해 질문하였다. 바리사이들은 배우려는 태도가 없었다. 하느님의 아들께서 오셔서 가르치시는 데도 그러했다. 교만한 자는 어떤 훌륭한 선생님이 와서 가르쳐도 배우려고 하지 않으나, 겸손한 자는 평범한 교훈에도 귀를 기울인다. 남에게 배울 것이 별로 없다고 생각하는 자는 마음이 높고 교만한 사람이다. 우리는 겸손한 마음으로 성경을 읽고 배워야 한다.

예수께서 어디에 계시거나 많은 무리가 예수께 모여들었다. 전에 예수께서 이 지방에 계실 때에 모여들은 것처럼 그들은 '다시' 예수께 나온 것이다. "예수님께서는 늘 하시던 대로 다시 그들을 가르치셨다." 말씀을 전하는 것은 그리스도의 끊임없는 일이었던 것이다. 이것은 그리스도께서 전에도 늘 실행하시었고, 어느 곳에 가시더라도 전에 하시던 대로 말씀을 전하시었다. 마태오 복음서에는 "예수님께서 병을 고치셨다"고 하였고 여기에는 "예수님께서 가르치셨다"고 하였다. 예수께서 병을 고치심은 당신의 가르침을 확실하게 하였고 그것을 증거하여 준 것이다. 그리고 예수의 가르치심은 당신의 병고침을 설명하여 주었고 증거하여 준 것이다. 예수께서 불쌍한 영혼들에게 가르치심은 곧 그들의 병고침이 되었던 것이다. 예수께서 "다시 가르치셨다"는 것은 그리스도께서 이미 가르치셨던 자들도 다시 가르침을 받을 필요가 있음을 유의하라. 아직도 배워야 할 것이 많음은 그리스도의 가르침이 풍부하기 때문이다. 우리의 망각 때문에도 우리가 알고 있는 것을 다시 회상할 필요가 있는 것이다.

1 김효성 목사, 마가복음 강해, 2023년 2월 1일 수정.

하늘 진리에 맞는 신성한 결혼생활을 강조하는 가톨릭

자료: school.catholic.or.kr

예수께서 바리사이들과 논쟁하셨다. 바리사이들은 예수의 영적인 세력이 확장되어 감으로 시기하여 어떻게 해서라도 그 일을 방해하고 반대하려고 한 것이다. 예수를 견제하고, 예수를 당황하게 하여 사람들로 하여금 예수께 잘못된 편견을 갖도록 조장하였다.

그들은 이혼에 대한 질문을 시작하였다. "남편이 아내를 버려도 됩니까?" 만일에 이 질문이 이 문제에 대해서 겸손하게 하느님의 뜻을 알고자 하는 마음으로 정당히 물었다면 좋은 질문인 것이다. 그러나, 그들은 "예수님을 시험하려고" 그를 방해할 기회를 찾으려고 그리고 그리스도께서 이 질문을 어느 각도에서 취하실는지 그를 폭로할 기회를 찾으려고 이렇게 물은 것이다.

3-9절 그리스도께서 그들에게 질문으로 응수하시었다. "모세는 너희에게 어떻게 하라고 명령하였느냐?"3절 이 질문을 예수께서 그들에게 물은 것은 모세의 율법에 대한 당신의 관심을 증거하고, 그들에게 당신께서 율법에 대한 당신의 관심을 증거하고, 그들에게 당신께서 율법을 파괴하러 오신 것이 아님을 보여 주시기 위함이었다. 그리고 그들에게 모세의 율법에 대한 보편 타당성을 증거하고 그 일부와 다른 부분을 비교하려고 한 것이다.

그리스도께서 그들에게 대답을 하시었는데 그 대답은 예수께서 전에 밝히셨던 교리이다. "불륜을 저지른 경우를 제외하고 아내를 버리는 자는 누구나 그 여자가 간음하게 만드는 것이"라고 하신 것이다마태 5:32. 그런데 예수께서 여기에 더욱 분명하게 말씀을 하시었다.

모세가 그의 율법에서 이혼을 허락한 것은, 그 허락대로 그들이 이혼을 하도록 하기 위함이 아니다. 모세가 결혼에 대한 제도를 설명하는 가운데 이혼에 대한 그러한 이유를 언급한 것이지만 대체로 이혼을 금하고 있는 것이다.[2]

모세는 사람이 이혼증서를 써주어 아내를 내어버리는 것을 허용했다. 사람들은 악하여 약한 아내를 학대하고 울리고 마음에 큰 상처를 주고 그를 버리기까지 한다. 아내를 구박하고 학대하는 남편을 생각하면 여자에게는 차라리 이혼이 낫다. 결혼해서 구타당하고 마음과 육체의 고통 가운데 사는 것보다 차라리 혼자 사는 것이 더 낫다. 그러나 이혼은 결혼 제도를 만드신 창조주 하느님의 본래의 뜻에 반대된다. 결혼은 남자가 부모를 떠나 그 아내와 합하여 한 몸이 되는 것이다. 결혼한 남녀는 이제 둘이 아니요 한 몸이다. 그러므로 부부관계는 인간관계 중에서 가장 밀접한 관계이다. 그것은 부모와 자식간의 관계보다 더 친밀한 관계이다. 부부관계는 인간관계에 있어서 가장 먼저 고려되고 잘 유지되어야 할 관계이며 다른 무엇에 의해 손상되어서는 안 될 관계이다. 그러므로 하느님께서 맺어 주신 부부의 관계를 사람이 나눌 수 없다. 그러므로 남편이 아내를 버리든지, 아내가 남편을 버리든지, 버리는 행위는 옳지 않다. 결혼한 사람이 배우자를 사랑하지 않는 것은 죄악이다. 부부의 사랑은 필수적 의무이다.

10-12절 '간음'은 결혼한 사람이 부부가 아닌 상대와 성관계를 가지는 것을 가리킨다. '아내를 두고'라고 번역한 말은 원문에 '그에게'라는 말인데, 그것은 본처보다 재혼한 상대를 가리킬 것이다. 주의 말씀대로, 잘못된 이혼에 근거한 재혼은 간음에 해당하는 큰 죄악이다.

그리스도께서 당신의 제자들과 더불어 이 문제에 관해서 조용히 말씀하시었다. 제자들이 그리스도와 더불어 개인적으로 복음의 비밀에 대해서나 도덕적인 의무에 대해서 대화의 시간을 갖는 일은 그들을 더욱 만족스럽게 해 주는 큰 유익이 된 것이다. 여기 제자들과의 사적인 대화의 자리에서 그리스도께서는 다만

2 메튜 헨리 주석, 마가복음 10장.

간음한 여인

자료: brunch.co.kr

"누구든지 아내를 버리고 다른 여자와 혼인하면, 그 아내를 두고 간음하는 것이다."라고 말씀하시었다. 그것은 자기 아내에게 간음을 행함이요, 자기 아내에게 범죄를 하는 것이요 결혼 서약을 파기하는 일이다. 예수께서는 더 계속하여 "또한 아내가 남편을 버리고 다른 남자와 혼인하여도 간음하는 것이다."라고 말씀하시었다. 그러므로 아내가 자기 남편에게서 동의를 얻었다고 하는 변명도 있을 수 없는 것이다.

마태오 복음서 5:32에도 "불륜을 저지른 경우를 제외하고 아내를 버리는 자는 누구나 그 여자가 간음하게 만드는 것이다. 또 버림받은 여자와 혼인하는 자도 간음하는 것이다."라고 말씀하셨다. 하느님이 짝지워주신 창조의 원리는 불변의 원리이므로 가령 이혼증서를 써주었다 하더라도 하느님의 원리에서는 승인되지 않는다.

13-14절 본문은 예수께서 어린아이들을 영접하셨음을 증거하면서 우리에게 겸손함에 대해 교훈한다. 우리는 주님의 모범대로 어린아이들을 귀하게 여기며 사랑으로 영접해야 한다. 어린아이는 순진하여 무엇을 의심할 줄 모른다. 그는 배운 대로 믿고 행한다. 그러므로 어릴 때의 바른 교육이 매우 중요하고 또 효과적이다. 예수께서는 하느님의 나라가 이런 자의 것이라고 말씀하셨다. 하느님의 나라에 들어가려는 자들의 마음가짐이 어린아이같이 순진해야 함을 말씀하신 것이다.

당시 유대인 아이들은 회당에서 납비에게 축복을 받는 풍속이 있었고, 자녀들을 축복할 때 그 머리 위에 손을 얻는 풍속도 있었다창세 48:14. 예수를 숭앙한 추종자들이 예수께 축복을 받고자 어린아이들을 데리고 온 것도 제자들의 자연스러운 행동이다. 아이들을 경시하고 귀찮은 존재로 억누른 것은 고대 사회의 공통점이었다.

예수께서는 이미 어린이의 위치를 높여줘 주 자신과 같이 두셨다마르 9:36-37. 여기에서 다시 어린이를 하느님의 나라의 주인이라고 하신다. 이는 물론 문자적인 의미보다 어린이의 성품이 하느님 나라의 성품인 것이다. 어린이의 성품은 여러 가지로 지적되나 중요한 것은 순결과 겸손과 신뢰일 것이다. 이런 요소들이 하느님 나라 시민의 성품인 것이다. 하여튼 부모들은 단순한 축복을 바라고 아이들을 데리고 왔으나 예수께서는 하느님의 나라 시민에게까지 그들을 올리시고 또 축복하신 것이다.

15-16절 예수께서는 사람이 하느님의 나라를 어린아이같이 영접해야 들어갈 수 있다고 말씀하셨고 그 어린아이들을 안으시고 그들 위에 안수하시고 축복하셨다. 우리 어른들은 성경말씀을 복잡하게 생각하여 의심하지만, 어린아이는 성경에 증거된 대로 하느님과 예수 그리스도를 순진하게 믿고 따른다. 천국에 들어갈 자들은 하느님의 말씀, 천국 복음을 어린아이들같이 순진한 마음으로 받고 믿어야 할 것이다.

하느님의 나라에 들어갈 어린아이들을 마음껏 축복하신 것이다. 축복하심은 미완료형이므로 얼마 동안 계속된 것을 뜻한다. 아이들을 하나씩 품에 안으시고 축복하셨다.

17절 달려온 것을 보면 그는 열성이 있었고, 꿇어앉은 것을 보면 그는 겸손하였다. 예수님을 선한 선생님이라고 부른 것을 보면, 그는 예수님에 대한 좋은 인상과 생각을 가지고 있었다. 영생의 방법에 대하여 물은 것을 보면, 그는 이 세상의 많은 사람들과 달리 종교적인 문제에 관심이 있었다. 사람이 어떻게 영원한 생명영생을 얻을 수 있는가라는 문제는 실상 사람에게 가장 중요한 문제이며 성경의 중요한 주제이다.

그는 영생을 얻으려면 선한 일을 행하여야 하고 선한 일이라면 선한 스승이신 예수께 묻는 것이 첩경이라고 생각했을 것이다. 하여튼 그의 질문에 율법주의적 근본 과오가 들어났다. 구원은 무엇을 행하는 데to do 있는 것이 아니라 어린아이와 같이 되는 데to be 있기 때문이다.

18-19절 "선하신 스승님, 제가 영원한 생명을 받으려면 무엇을 해야 합니까?"17절 하고 묻는 이 청년의 청원에 대해서 그리스도께서 친절히 응해 주시었다. 그의 신앙을 도와줌으로써 그렇게 하였다18절. 그가 예수에게 "선하신 스승님"이라고 불렀는데, 예수께서 그를 시정해 줌으로써 당신을 하느님으로 보도록 하기 위함이었다. 하느님 한 분 외에는 아무도 선할 수 없는 것이다. 하느님은 한 분이시고 하느님의 이름도 하나인 것이다스가랴 14:9. 실행을 지시하심으로써 그렇게 하시었다. 예수께서 인간에게 대한 여섯 계명을 진술하시었는데 그것들은 우리의 이웃에게 행해야 할 계명들이다. 예수께서는 그 계명들의 순서를 바꾸어 놓

계명들을 지키면 영생을 얻을 수 있다.

자료: m.blog.naver.com

Vox populi, vox Dei.

으시었다.[3] "살인해서는 안 된다. 간음해서는 안 된다. 도둑질해서는 안 된다. 거짓 증언을 해서는 안 된다. 횡령해서는 안 된다. 아버지와 어머니를 공경하여라."

예수께서 "어찌하여 나를 선하다고 하느냐? 하느님 한 분 외에는 아무도 선하지 않다."라고 말씀하신 것은, 자신이 선하지 않으셔서가 아니고 사람들 중에는 선한 자가 아무도 없음을 깨닫게 하시려 함이었다. 세상에는 의인이 아무도 없고 모든 사람들이 다 죄인이다로마 3:10, 23. 세상에는 오직 하느님만 선하시며 예수께서는 하느님이시므로 선하시고 죄가 없으시다히브 4:15; 1요한 3:5.

예수께서는 영생을 얻는 방법으로 사람이 지켜야 할 하느님의 계명들을 열거하셨다. 그것은 계명들을 지키면 영생을 얻을 수 있다는 뜻이다. 이것은 율법에 제시된 하느님의 뜻이다. 사람이 계명을 온전히 지키면 영생을 얻을 것이다. 그러나 문제는 사람이 하느님의 계명을 온전히 지킬 수 없다는 데 있다. 로마 신자들에게 보낸 서간 3:20, "어떠한 인간도 율법에 따른 행위로 하느님 앞에서 의롭게 되지 못하기 때문입니다. 율법을 통해서는 죄를 알게 될 따름입니다." 그러므로 사람이 영생을 얻는 방법은 오직 예수 그리스도를 믿는 것이다요한 3:16. 주께서 그에게 계명을 말씀하신 목적은 그로 하여금 자신의 부족과 죄악됨을 바르게 깨닫게 하려 하심이었을 것이다.

20-21절 그 청년은 하느님의 계명을 범하지 않음으로써 공명정대하게 천국을 구하려고 한 것이다. 그러므로 그는 어느 정도까지에는 대답할 수 있었다. "스승님, 그런 것들은 제가 어려서부터 다 지켜 왔습니다."20절. 그는 자신이 그렇게 행한 것으로 생각하였고 그의 이웃들도 그렇게 생각하였던 것이다. 하느님의 율법의 범위와 영적인 무지는 사람들로 하여금 자기들을 사실보다도 더 낫게 보이도록 하는 것이다. 그리스도께서 그에게 친절히 대하시었다. "예수님께서는 그를 사랑스럽게 바라보시며"21절 그가 무흠하게 살아온 것을 아시고 기뻐하시었

[3] 메튜 헨리 주석, 마가복음 10장.

으며, 그가 어떻게 더 나은 생활을 살 수 있는가에 대해서 알고 싶어하는 것을 보시고 기뻐하시었다.[4]

그는 경건한 가정 교육을 받고 자랐던 것 같다. 그는 상당히 착한 사람이었던 것 같다. 예수께서는 그를 보시고 사랑하셨다. 그러나 주께서는 그의 문제점이 재산의 많음에 있었음을 보셨다. 그는 영생을 사모하지만, 그의 재물이 그 길을 가로막고 있었다. 그가 참으로 영생을 원한다면 그는 재물에 대한 사랑을 버려야 했다. 그래서 예수께서는 그에게 모든 재산을 팔아 가난한 자들에게 주고 십자가를 지고 나를 따르라고 말씀하신 것이다. 십자가를 지고 따르라는 말은 고난과 죽음을 각오하고 따르라는 뜻이다. 영생은 우리가 이 세상의 모든 것을 다 버리고도 취할 만한 가치가 있는 것이다. 재물은 결코 영생을 주지 못한다. 그러나 예수 그리스도께서는 우리에게 영생을 주신다.

22절 그 사람은 예수 그리스도의 말씀을 받아들일 수 없었다. 그는 영생을 원했지만, 그것을 위해서 그의 많은 재산을 포기할 수 없었다. 그는 결국 주 예수 그리스도와 영생 대신에 재물을 택하였다.

마태 16:3에는 하늘에 적용되었으나 여기서는 그 부자청년의 얼굴색을 묘사한다. 그는 결국 하느님이냐, 재물이냐마태 6:24는 선택에 있어 후자를 택했고, 그 결과는 마음의 근심이었다. 만일 그가 예수의 말씀에 순종하여 하느님을 택하였다면 마음의 기쁨과 평화를 얻었을 것이다. 왈드의 상인 베드로Waldo Peter[5]는 이때 예수께서 부자청년에게 명하신 "네게 있는 모든 것을 가난한 자에게 주라… 그리고 와서 나를 쫓으라"하신 말씀을 읽고 감격하여 문자적으로 모든 재물을 팔

4 메튜 헨리 주석, 마가복음 10장.

5 Peter Waldo(1170-1217)는 리옹시에서 매우 부유하고 유명한 상인이었다. 그에게는 아내와 두 딸, 그리고 풍부한 재산이 있었다. 그러나 왈도는 그의 영혼의 영적 상태에 대해 깊이 고민하게 되었고 그는 자신이 어떻게 구원받을 수 있는지 알고 싶어 필사적이었다. 그래서 그는 성서를 읽기로 결심하였다. 왈도는 즉시 리옹 거리에서, 특히 가난한 사람들에게 성서를 사용하여 전파하기 시작하였다. 많은 사람들이 개종하였으며, 상당한 집단의 남녀들이 왈도의 제자가 되었다. 그들도 소유물을 버리고 전파하고 있었다(남성뿐만 아니라 여성도). 사람들은 그들을 '리옹의 가난한 사람들'이라고 부르기 시작했다. 후에 그 집단이 하나의 운동으로 발전하여 프랑스와 유럽의 다른 지역으로 퍼짐에 따라, 그들은 '왈도파'로 알려지게 되었다.

아 가난한 자들에게 주고 리온의 성자가 되었다. 그러나 여기 부자청년이 근심하여 간 것은 그에게 아직 회개의 소망이 있는 표시가 될 것이다.

23-27절 이 세상의 많은 것을 소유한 사람들이 구원을 받기는 어려운 일이다. 왜냐하면 많은 재물을 소유한 사람들이 그리스도를 위해서 그것들을 버리라고 한다 해서 버리고 따르거나 선을 행하기 위해서 내놓을 사람이 적기 때문이다. 그리스도께서 여기에서 이 사실을 주장하였다. "예수님께서 주위를 둘러보시며 제자들에게 말씀하셨다."23절 예수께서는 당신이 하시려는 말씀을 모든 제자들이 주의해서 잘 듣고 그들이 과대평가하기 쉬운 세상 재물에 대하여 옳은 판단을 갖고 그들의 잘못된 생각을 고치도록 하기 위함이었다. 예수께서 이 주장을 강조하였다. "부자가 하느님 나라에 들어가는 것보다 낙타가 바늘귀로 빠져나가는 것이 더 쉽다."25절. 여기에 나온 두 가지의 불균형은 너무 차가 크다그렇지만 그 차이가 크면 클수록 여기에 의도하신 더 좋은 대답이 되는 것이다. 그러므로 어떤 자들은 낙타와 바늘귀의 불균형의 차이를 조금 좁혀 보려고 노력하는 것이다.[6]

부자가 하느님 나라에 들어가는 것보다
낙타가 바늘귀로 빠져나가는 것이 더 쉽다.

자료: m.blog.naver.com

6 메튜 헨리 주석, 마가복음 10장.

사람들은 흔히 가난보다 재물의 많음을 복이라고 생각한다. 물론 가난보다 부요가 복인 점이 없지 않다. 그러나 반대로 재물이 많은 자는 하느님의 나라에 들어가기 매우 어렵다. 부자가 하느님의 나라에 들어가는 것은 낙타가 바늘귀로 지나가는 것보다 더 어렵다고 했다. 그것은 아마 부자가 그가 지금 누리는 물질의 유익들, 즉 좋은 음식, 좋은 옷, 좋은 집, 좋은 차 등을 그가 현재 실감하지 못하는 천국의 영원한 복을 위해 버릴 수 없기 때문일 것이다. 돈을 사랑하고 부자 되기를 좋아하는 사람으로 이 세상에 구원을 얻을 사람이 아무도 없다. 하지만 하느님께서는 그의 능력으로 사람들의 무지한 마음을 깨우치셔서 돈을 사랑하고 세상을 사랑하는 사람 마음의 헛됨을 알게 하신다. 그리고 하느님을 찾아 회개하고 예수 그리스도를 믿어 영생의 구원을 얻게 하신다.

28-31절 이 세상에 대해서 가난하고 그리스도를 위해 모든 것을 버린 사람들의 구원은 위대한 것이다. 베드로가 "보시다시피 저희는 모든 것을 버리고 스승님을 따랐습니다."28절라고 자기 자신과 다른 제자들이 주를 따르기 위해 모든 것을 버렸다고 말하자 예수께서 이 말씀을 하신 것이다. "현세에서 박해도 받겠지만 집과 형제와 자매와 어머니와 자녀와 토지를 백 배나 받을 것이고, 내세에서는 영원한 생명을 받을 것이다."30절. 종류를 따라 열거하지 않았으며 모두 동등하게 취급하신 것이다. 그는 자기 생전에는 자기의 손실에 대해 흡족한 보상을 받게 되어 넘치는 위로를 받게 된다. 그리스도와 그의 관계, 모든 성도들과의 교제, 영생의 축복, 주 안에서 얻은 형제, 자매, 집들 등등의 축복도 그 보상인 것이다. 하느님의 섭리로 말미암아 모든 것을 잃었던 욥[7]은 그 두 배의 축복을 받았

7 욥이란 이름은 히브리어 '아에브'에서 파생된 것으로 본다면 '미움을 받는 자'라는 뜻이 되며, 아랍어 '아바'에서 파생된 것으로 본다면 '회개하는 자'라는 뜻이 된다. 고결한 인격자로서 신앙심이 두텁고 그릇된 점은 찾아볼 수 없는 인물로 설정되어 이야기가 진행된다. 하늘 나라에서 하느님과 사탄이 의인(義人) 욥을 놓고 내기를 하였다. 비참한 환경에 빠져도 신에 충실할 것인지 아닌지를 시험해 보려는 것이었다. 이리하여 욥에게 여러 가지 어려운 시련이 내려지게 된다. 고통에 시달리는 욥을 보고 인과응보사상(因果應報思想)을 갖고 있는 친구들은 욥이 지은 죄의 대가라고 단정한다. 욥은 이를 부정하고 옳은 자가 왜 고난을 당해야 하는가에 대하여 끊임없이 의문을 품고 그 부조리에 저항한다. 그 결과 의인(義人)에게 은혜를 베풀고 악인(惡人)을 벌하는 것만이 신이 아니고 인간사회의 조리와 부조리를 초월한 존재로서의 신을 파악한 신앙의 경지에까지 이르게 되었다.

Vox populi, vox Dei.

다. 그러나 그리스도를 위해 고난을 당하는 성도들에게 백 배의 축복을 약속하신 것이다. 모든 피조물을 위로하는 성령의 위로 중에 이 모든 축복을 허락하시는 것이다. 그들은 내세에 영생을 얻게 되는 것이다. 만일에 그들이 금세에서 백 배의 축복을 받으면 그들은 더 이상 감히 다른 축복을 기대할 수 없을 것이라고 하기도 쉽다. 그러나 그들이 금세에서 받는 축복도 적은 듯이 영생의 축복을 받을 것을 말씀하시었다. 그러므로 그들이 주를 위해 버린 것의 만 배도 더 되는 축복을 받게 되는 것이다.[8]

제자들은 모든 것을 버리고 주님을 따랐다. 어부였던 그들은 예수께서 부르실 때 배와 그물과 부모를 버려두고 그를 따랐다마태 4:20, 22. 예수 그리스도와 그의 복음 때문에 가족이나 재산을 버린 자는 이 세상에서 가족과 재산을 백 배나 받되 핍박을 겸하여 받고 내세에 영생을 받지 못할 자가 없다. 헌신자가 이 세상에서 가족과 재산을 백 배나 받는다는 것은 하나님의 가족인 신약교회를 가리킬 것이다. 또 참된 헌신은 믿음의 확실한 증거가 될 것이다. 그러나 먼저 믿은 유대인 신자들 중에 이방인 신자보다 나중 될 자가 많을 것이다.

32-34절 그리스도께서 자신의 고난에 대해서 말씀하시었다. 그러나 제자들의 귀에는 거슬리는 말이었고 유쾌하지 못한 말이었다. 그리스도께서 얼마나 담대하신가를 보라. 그들이 예루살렘에 올라갈 때에 "예수님께서는 제자들 앞에 서서 가고 계셨다." 우리의 구원의 대장으로서 지금 고난을 통해서 온전하게 되시려는 것이다32절. 그러므로 그는 몸소 사명을 짊어지고 앞장서서 나아감을 보여 주신 것이다.[9]

예수께서는 자신을 '인자人子' 곧 사람의 아들이라고 자주 부르셨다. 이것은 그가 사람이심을 증거한다. 영원하신 하나님의 아들께서 사람의 아들로 오신 것 자체가 말할 수 없이 자신을 낮추심이었다. 그것이 주님의 겸손이다. 예루살렘은 하

8 메튜 헨리 주석, 마가복음 10장.
9 메튜 헨리 주석, 마가복음 10장.

〈조롱과 채찍질을 당하는 그리스도〉,
지오토, 1306년

자료: catholicnews.co.kr

느님을 섬기는 유대 나라의 종교와 정치의 중심지였다. 그러나 유대 지도자들, 곧 제사를 집례하는 대제사장들과 성경을 연구하는 서기관들, 곧 성경학자들은 하느님의 메시아를 죽이기로 정죄하고 이방인들에게 넘겨줄 것이다. 그것은 심히 모순된 일이었다. 주님의 예언은 그대로 성취되었다. 이방인들은 예수님을 조롱하고 침 뱉고 채찍질하였고 마침내 십자가에 못박아 죽였다. 그러나 예수께서는 삼 일 만에 다시 살아나셨다. 이 일은 사복음서와 사도행전에 증거된 대로 그대로 이루어졌다. 예수께서는 자신에게 되어질 일을 정확히 예언하셨고 그의 예언대로 그 일이 정확히 이루어졌다. 이것은 그의 신성神性의 또 하나의 증거였다.

35-37절 예수께서 조금 전에 예루살렘에 올라가 죽으실 것을 말씀하셨는데 야고보와 요한은 그의 영광의 보좌 좌우에 앉기를 탐내었다. 그것은 순전히 세상적 욕심이었다. 그들은 오히려 "우리가 어떻게 하면 주님의 고난에 동참할 수 있습니까"라고 질문을 했어야 했다.

야고보와 요한은 처음 부르심을 받은 제자들이며 베드로와 더불어 특히 예수의 신임을 받은 제자였다. 또 그들의 어머니 살로메16:1는 성모 마리아와 자매간으로 믿어지고 있다. 이와같은 사실들이 이런 특정의 근거가 되었을지 모른다. 그들은 "스승님, 저희가 스승님께 청하는 대로 저희에게 해 주시기를 바랍니다."라고 하였으나 예수께서 "내가 너희에게 무엇을 해 주기를 바라느냐?"하고 유도하시기까지는 그 소원을 진술하지는 못하였다. 역시 양심의 가책을 느껴 머뭇거렸을 것이다.

우편과 좌편은 왕과 가장 친근하고 왕 다음가는 영광의 자리였다. 베드로가 예수께 모든 것을 버린 보상을 요구 했을 때28절 예수께서는 "사람의 아들이 영광스러운 자기 옥좌에 앉게 되는 새 세상이 오면, 나를 따른 너희도 열두 옥좌에 앉아 이스라엘의 열두 지파를 심판할 것이다."마태 19:28라고 하셨다.

그 말씀을 기억하면서 이런 요구를 했을 것이다. 또 메시아가 오시면 곧 지상에 왕국을 세우고 메시아 통치가 시작된다는 유대인의 일반적 개념이었다사도 1:6. 예수께서 말씀하신 세상이 새롭게 되는 때는 종말을 가리키는 것이고 그 종말 이전에 메시아의 고난이 있어야 하는 것이다. 이때 야고보 형제나 유대인들의 오해는 종말적 메시아 왕국 이전에 있을 고난을 생각지 못한 것이었다. 하여튼 야고보 형제의 요구는 "인간의 허무한 공명심을 비치는 밝은 거울"이었다.

38-41절 열 제자들은 야고보와 요한이 예수님과 말씀 나누는 것을 듣고 야고보와 요한에 대해 분히 여겼다. 그들이 분히 여겼다는 것은 그들 속에도 같은 욕심이 있었음을 보인다. 그들뿐 아니라, 오늘 우리 속에도 비슷한 세속적 욕심이 있을지 모른다. 우리는 그것을 다 버려야 한다. 우리는 이 세상에서 또 교회 안에서 높은 자리를 구하는 욕심을 버리고, 오직 하느님의 은혜에 보답하는 선한 삶을 살아야 한다.

근본적으로 말해 사람은 누구나 자기가 구하는 바를 알지 못한다. 자기 자신을 바로 알지 못하며 자기가 하는 일을 알지 못하는 사람이 자기가 구하는 것을 알 수 없는 것이다로마 8:26. 구체적으로 말해 이때 야고보 형제는 그들이 구한 우편과 좌편이 무엇인지를 알지 못했다.

내가 마실 잔과 세례 (마르 10:32-45)

자료: maria.catholic.or.kr

그리스도는 높고 다른 차원에서 그들의 대답을 긍정하신다. 이와 같이 차원을 달리하면서 이상하게 진전된 문답을 관찰할 것이다. 과연 야고보 형제가 장차 그리스도의 참뜻도 이해하게 되고 또 그 뜻대로 그의 잔을 마시게 될 것을 예고하신 것이다. 본절에 의해 야고보와 요한이 다 같이 초기에 순교하였다는 교회의 오랜 전승이 성립된 것이다.

종말적인 메시아 왕국에서 메시아의 좌우편에 앉을 사람이 있을 것은 부정하시지 않는다. 다만 그 자리는 이제 새삼스럽게 예수께서 주실 것이 아니라 이미 성부 하느님이 작정하신 그 사람이 얻을 것을 밝히신다. 이와 같은 하느님의 절대적인 뜻에 복종하는 것만이 성도들이 취할 태도인 것이다.

다른 열 제자들도 야고보 형제와 똑같은 공명심이 있었고 그러므로 시기에 차서 분하게 여길 것이다. 두 사람이 예수의 좌우편 같은 가장 좋은 지위를 독점하게 되면 저들은 그 자리를 바라보지 못하므로 두 사람에 대해 노여워한 것이다. 교회는 언제나 이와 같은 불순한 욕망 때문에 분규에 빠지는 것이다.

42-44절 그리스도께서는 친절한 방법으로 그들을 자기에게 부르시고 그들에게 겸손의 본을 보여주신 것이다. 그런 후에 그들의 야망에 대하여 꾸짖고 그들 사이에 거리감이 없도록 당부하시었다. 인간의 야심은 세상에서 보통 남용

Vox populi, vox Dei.

되고 있다는 것이다. 그러므로 그런 정치 사고가 교회에 받아들여져서는 안 된다는 것이다. "너희는 그래서는 안 된다."43절. 너희들의 책임하에 들어온 자들에 대하여 목자의 보호하에 있는 양들같이 하라. 목자는 양들을 돌보고 먹이고 봉사하는 것이다.[10]

세상에서는 큰 자가 작은 자를, 높은 자가 낮은 자를 다스린다. 이것이 세상 나라의 모습이다. 거기에는 섬김의 정신이, 이론적으로는 있을지 모르나, 실제로는 없다. 세상 나라는 힘과 권세가 지배하는 나라이다. 그것이 죄지은 사람들이 사는 세상과 사회의 모습이다.

그러나 교회는 그렇지 않아야 한다. 그러므로 주께서는 말씀하시기를, "너희는 그래서는 안 된다. 너희 가운데에서 높은 사람이 되려는 이는 너희를 섬기는 사람이 되어야 한다. 또한 너희 가운데에서 첫째가 되려는 이는 모든 이의 종이 되어야 한다."라고 하셨다. 예수 그리스도를 믿고 따르는 자들의 모임인 교회는 이 세상의 것과 다른 원리를 가지고 있다. 그것은 섬김의 원리이다. 이 세상은 보통 지배의 원리로 운영되지만, 교회는 오직 섬김의 원리로 운영되어야 한다.

교회가 역사상 로마 천주교회처럼 세속정치와 결탁되어 교인들을 강압한 때가 있었고, 오늘날 이단종파들은 교인들에게 폭력과 강압을 행사하기도 한다. 그러나 그것은 참된 교회의 모습이 아니고 타락한 교회의 모습일 뿐이다. 교회는 믿는 이들의 자발적 모임이며 거기에는 일차적으로 사랑과 섬김의 원리가 지배해야 한다.

교회는 세상과 다르다. 교회에서는 섬기는 자가 큰 자이다. 그러므로 누구든지 첫째가 되고자 하면, 모든 사람들의 종이 되어야 한다. 섬기는 데는 실상 직분도 필요치 않다. 섬기는 것은 그냥 섬기면 된다. 그는 자신을 자랑하지 않고 사람들이 그를 몰라주어도 섭섭해하지 않는다. 모두가 이런 마음으로 생활한다면, 교회는 아름다운 모임이 되고 이 세상에서 벌써 천국의 모습을 이룰 것이다.

10 메튜 헨리 주석, 마가복음 10장.

"너희 가운데에서 첫째가 되려는 이는 모든 이의 종이 되어야 한다."(10:44)

자료: benedictine.or.kr

45절 "너희 가운데에서 첫째가 되려는 이는 모든 이의 종이 되어야 한다."44절 이 진리를 그들에게 설득시키기 위해 그리스도께서 그들 앞에 자기 자신을 예로 들어 말씀하시었다. "사람의 아들은 섬김을 받으러 온 것이 아니라 섬기러 왔고, 또 많은 이들의 몸값으로 자기 목숨을 바치러 왔다." 그런 후에 영광에 들어갈 수 있는 것이다. 그렇지 않고는 그와 같은 안위와 영광을 누릴 수 없는 것이다.[11]

본 절은 앞에서 주께서 하신 교훈의 이유와 근거를 제시해준다. 우리가 서로 섬기며 모든 사람의 종이 되어야 할 이유와 근거는 주님 자신께서 우리를 위해 죽으심으로 본을 보여주실 것이기 때문이다.

주의 말씀은 몇 가지 진리를 담고 있다. 첫째로, 예수께서는 천국에서 이 세상에 내려오셨다. 요한 복음서 3:13, "하늘에서 내려온 이, 곧 사람의 아들 말고는 하늘로 올라간 이가 없다." 주께서는 영광의 천국으로부터 이 세상으로 내려오셨다.

둘째로, 예수께서 이 세상에 오셔서 하신 가장 중요한 일은 자신의 생명을 많은 사람의 대속물代贖物로 주신 것이다. 죄의 값은 죽음이다. 그러므로 죄인은 자신의 죗값으로 죽어야 하든지, 아니면 대속물을 필요로 하였다. 죄인이 대속물이

11 메튜 헨리 주석, 마가복음 10장.

Vox populi, vox Dei.

필요한 까닭은 하느님의 공의 때문이다. 죄에 대한 형벌이 없어도 죄가 용서된다면, 하느님의 공의는 폐하여지고 그는 불의한 자가 되실 것이다. 그러나 하느님의 아들 예수께서 십자가의 죽음으로 우리의 죗값을 지불하셨기 때문에, 우리는 예수 그리스도를 믿음으로 죄사함과 의롭다 하심을 받게 된 것이다. 로마 신자들에게 보낸 서간 3:23-24, "모든 사람이 죄를 지어 하느님의 영광을 잃었습니다. 그러나 그리스도 예수님 안에서 이루어진 속량을 통하여 그분의 은총으로 거저 의롭게 됩니다." 로마 신자들에게 보낸 서간 6:23, "죄가 주는 품삯은 죽음이지만, 하느님의 은사는 우리 주 그리스도 예수님 안에서 받는 영원한 생명이기 때문입니다." 그것이 하느님의 공의와 은혜였다.

셋째로, 예수께서는 섬김의 본을 보이셨다. 우리에게 섬김을 받으셔야 할 주님께서 우리 죄인들을 위해 속죄제물이 되셨다. 그는 우리를 위해 고난을 당하시고 십자가에 죽으셨다. 그것은 이사야 선지자의 예언의 성취였다. "그가 찔린 것은 우리의 악행 때문이고 그가 으스러진 것은 우리의 죄악 때문이다. 우리의 평화를 위하여 그가 징벌을 받았고 그의 상처로 우리는 나았다. 우리는 모두 양 떼처럼 길을 잃고 저마다 제 길을 따라갔지만 주님께서는 우리 모두의 죄악이 그에게 떨어지게 하셨다."이사 53:5-6 여기에 섬김의 모범이 있고 교훈이 있다. 교회의 직분도 섬김의 직분일 뿐이다. 하느님께서 주신 직분은 존귀하고 우리가 그 직분과 직분자를 존중해야 하지만, 그 명예는 단지 그의 섬김과 충성과 그의 선한 열매에 달려 있다.

46-48절 이 이야기의 성구聖句는 마태오 복음서 20장 29절 이하와 동일하다. 다만 그곳에는 두 사람의 소경에 대하여 이야기하고 있으며 본문과 루카 복음서 18장 35절은 오직 한 사람의 소경에 대하여 언급하고 있다. 그러나 그곳에 두 사람의 소경이 있었다면 한 사람의 소경이 있었던 것은 틀림없는 일이다. 이 한 소경의 이름이 여기에 "눈먼 거지 바르티매오"라고 나와 있고 "티매오의 아들"이라고 표시되어 있다. 이 말씀에 대하여 어떤 이들은 소경의 아들임을 의미하는 것이라고 생각한다. 그렇다면 바르티매오는 소경의 아들인 소경이다. 그

눈먼 거지 바르티매오

자료: urwort.tistory.com

리고 이 사실은 더욱 불행한 경우를 나타내는 것이다. 그러므로 이 소경의 치유는 더욱 놀라운 것이다.[12]

소경 바르티매오는 구걸하며 살았던 불쌍한 거지였다. 그는 나자렛 예수란 말을 듣고 소리질렀다. 예수께서는 이스라엘 북쪽 갈릴래아 지방의 한 마을 나자렛 출신이셨다. 그는 사람이 지어낸 인물이 아니고 역사적 인물이셨다. 그 소경이 예수님을 '다윗의 자손'이라고 부른 것은 그가 구약성경에 예언된 메시아이심을 고백한 것이었다. 그 소경은 메시아이신 예수께서 자기의 불행한 처지를 회복시켜 주시기를 갈망하였다. 그는 예수님의 병 고치심과 기적 행하심을 보지 못했으나 소문을 듣고 믿었다. 하느님께서는 그에게 믿음을 주셨다. 믿음은 들음에서 난다 로마 10:17. 그것은 하느님의 은혜이다.

바르티매오는 자신이 불쌍한 처지에 있다는 것을 인정하였다. 그는 겸손하게 예수께 소리질렀다. 많은 사람이 그를 꾸짖으며 잠자코 있으라고 했으나 그는 더욱 소리질렀다. "다윗의 자손 예수님, 저에게 자비를 베풀어 주십시오." 사람들은 그를 동정하지 않았고 무례한 자로만 여겼으나, 그는 낙심치 않고 더욱 소리지른 것이다. 그의 믿음은 간절히 부르짖는 믿음, 사람들의 방해에도 낙심치 않는 믿음이었다.

12 메튜 헨리 주석, 마가복음 10장.

49-50절 그리스도께서 그가 자비를 찾을 수 있음에 대하여 소망을 그에게 일으켜 주었다. 왜냐하면 "예수님께서 걸음을 멈추시고, '그를 불러오너라.' 하셨"기 때문이다. 우리는 선한 일을 행하고 나갈 때에 그 일이 중단된다고 해서 우리의 진로의 방해로 단정해 버리지 말아야 한다. 그 사람 주위에서 처음에 그를 잠잠하라고 실망을 주었던 자들이 지금은 그리스도의 은혜로운 부름을 그에게 알려주는 사람들이 된 것이다. 여기에서 그 불쌍한 소경은 그리스도에게 나가는 최선의 길을 취한 것이다. 그는 자기의 거추장스런 겉옷을 내어버리고 그리스도에게 나아왔던 것이다50절. 그는 자기를 넘어지게 할 만한 위험한 것들이나 어느 면에서나 자기가 그리스도에게 나아오는 데 방해가 되는 것이나 자기의 행동을 둔하게 할 만한 것들은 집어 던져버린 것이다.[13]

우리가 기도하지 않을 때에 하느님께서는 우리의 어려운 처지를 지나쳐 버리시는 듯하다. 우리가 간절히 기도할 때에도 처음엔 응답하지 않으시는 듯할 때도 있다. 그러나 우리가 낙망하지 않고 믿음으로 부르짖을 때 그는 머물러 서실 것이다. 우리는 하느님께 기도할 때 간절히 그리고 낙망하지 말고 기도해야 한다. 예수께서 부르신다는 말을 들은 소경은 겉옷을 내어버리고 뛰어 일어나 예수께 나아왔다. 겉옷은 거지에게 중요한 소유물이었다. 그것은 그의 몸을 가리고 밤에 추위로부터 지켜주는 필수품이었으나 그는 그의 겉옷도 팽개쳐 버리고 주께로 나아갔다. 그는 예수님을 만나기를 이만큼 열망했다. 그는 예수께로 가면 그의 소경이 고침 받을 것이라고 확신하였다.

51-52절 그가 간청한 특별한 자비는 자기의 눈을 볼 수 있게 해 달라는 것이었다. 그렇게 함으로써 자기의 생계를 위해 일할 수 있으며 다른 사람들에게 짐을 지워주지 않을 수 있는 것이다. 우리 자신의 빵을 얻을 능력을 갖는 것이 가장 바라는 일인 것이다. 하느님께서 인간들에게 그들의 지체와 감각을 주셨는데 그것들을 사용하는 데 어리석고 태만하다면 실로 소경과 절름발이와 같으니

13 메튜 헨리 주석, 마가복음 10장.

부끄러운 일인 것이다. 이 자비를 그는 받게 되었다. 그의 눈이 열린 것이다.[14]

그 소경은 보기를 원하였다. 그 소경에게는 돈 몇 푼보다 시력의 회복이 필요하였다. 영적 소경인 모든 죄인들이 눈이 열려 하느님의 영광과 자신의 비참함과 구주 예수님과 내세를 볼 수 있다면 좋겠다! 그것은 물질적인 소득과 비교할 수 없이 중요하고 값진 일이다.

예수께서는 "가거라. 네 믿음이 너를 구원하였다."라고 말씀하셨다. 그는 그 소경의 믿음을 귀히 여기셨다. 그 소경의 믿음은 어떤 믿음이었나? 첫째로, 그의 믿음은 지식 있는 믿음이었다. 그는 예수께서 다윗의 자손 메시아이심을 알았고 그의 신적 능력과 자비를 믿었다. 둘째로, 그의 믿음은 간절한 기도로 표현된 믿음이었다. 기도는 하느님께 대한 믿음이 있을 때에만 가능하다. 셋째로, 그의 믿음은 낙심치 않는 믿음이었다. 그는 많은 사람들의 꾸중 속에서도 낙심치 않았다.

주께서 "네 믿음이 너를 구원하였다."라고 말씀하시자 그 소경은 곧 보게 되었고 길에서 예수님을 따랐다. 여기에 '구원'이라는 말은 시력의 회복을 가리켰다고 본다. 예수님을 믿는 믿음으로 그 소경은 그의 시력의 회복을 얻었다. 믿음으로 구원받는다는 원리는 병고침들뿐만 아니라, 영혼의 구원에도 적용된다. 우리는 예수님을 구주로 믿음으로 죄씻음과 영생의 구원을 받았다. 죄인이 죄씻음과 의롭다 하심을 얻는 길은 오직 구주 예수 그리스도를 믿는 길밖에 없다.

바르티매오는 곧 보게 되었다. 예수 그리스도의 치료는 즉각적이었고 완전하였다. 그것은 예수 그리스도의 신적 능력과 인격을 증거하였다. 성경에 증거된 예수 그리스도의 모든 기적들은 그의 신적 능력과 인격을 증명한다. 우리는 예수님의 신적 영광을 보고 그를 확신해야 한다.

눈을 뜬 바르티매오는 길에서 예수님을 따랐다. 그는 더 이상 소경도, 거지도 아니다. 그는 육신의 병만 고침 받는 데 그치지 않고 예수님을 주님과 그리스도로 믿어 영혼의 구원도 받았던 것이다.

14 메튜 헨리 주석, 마가복음 10장.

마르코 복음서 11장

天聲

예루살렘에 입성하시다 마태 21,1-11; 루카 19,28-38; 요한 12,12-19

1 그들이 예루살렘 곧 올리브 산 근처 벳파게와 베타니아에 가까이 이르렀을 때, 예
수님께서 제자 둘을 보내며
2 말씀하셨다. "너희 맞은쪽 동네로 가거라. 그곳에 들어가면 아직 아무도 탄 적이
없는 어린 나귀 한 마리가 매여 있는 것을 곧 보게 될 것이다. 그것을 풀어 끌고
오너라.
3 누가 너희에게 '왜 그러는 거요?' 하거든, '주님께서 필요하셔서 그러는데 곧 이리로
돌려보내신답니다.' 하고 대답하여라."
4 그들이 가서 보니, 과연 어린 나귀 한 마리가 바깥 길 쪽으로 난 문 곁에 매여 있
었다. 그래서 제자들이 그것을 푸는데,
5 거기에 서 있던 이들 가운데 몇 사람이, "왜 그 어린 나귀를 푸는 거요?" 하고 물
었다.
6 제자들이 예수님께서 일러 주신 대로 말하였더니 그들이 막지 않았다.
7 제자들은 그 어린 나귀를 예수님께 끌고 와서 그 위에 자기들의 겉옷을 얹어 놓았
다. 예수님께서 그 위에 올라앉으시자,
8 많은 이가 자기들의 겉옷을 길에 깔았다. 또 어떤 이들은 들에서 잎이 많은 나뭇
가지를 꺾어다가 깔았다.
9 그리고 앞서 가는 이들과 뒤따라가는 이들이 외쳤다. "'호산나! 주님의 이름으로 오
시는 분은 복되시어라.'
10 다가오는 우리 조상 다윗의 나라는 복되어라. 지극히 높은 곳에 호산나!"

Vox populi, vox Dei.

11 이윽고 예수님께서 예루살렘에 이르러 성전에 들어가셨다. 그리고 그곳의 모든 것
을 둘러보신 다음, 날이 이미 저물었으므로 열두 제자와 함께 베타니아로 나가셨다.

무화과나무를 저주하시다 마태 21,18-19

12 이튿날 그들이 베타니아에서 나올 때에 예수님께서는 시장하셨다.
13 마침 잎이 무성한 무화과나무를 멀리서 보시고, 혹시 그 나무에 무엇이 달렸을까
하여 가까이 가 보셨지만, 잎사귀밖에는 아무것도 보이지 않았다. 무화과 철이 아
니었기 때문이다.
14 예수님께서는 그 나무를 향하여 이르셨다. "이제부터 영원히 어느 누구도 너에게
서 열매를 따 먹는 일이 없을 것이다." 제자들도 이 말씀을 들었다.

성전을 정화하시다 마태 21,12-17; 루카 19,45-48; 요한 2,13-22

15 그들은 예루살렘으로 갔다. 예수님께서는 성전에 들어가시어, 그곳에서 사고팔고
하는 자들을 쫓아내기 시작하셨다. 환전상들의 탁자와 비둘기 장수들의 의자도
둘러엎으셨다.
16 또한 아무도 성전을 가로질러 물건을 나르지 못하게 하셨다.
17 그리고 그들을 가르치시며 이렇게 말씀하셨다. "'나의 집은 모든 민족들을 위한 기
도의 집이라 불릴 것이다.'라고 기록되어 있지 않으냐? 그런데 너희는 이곳을 '강도
들의 소굴'로 만들어 버렸다."
18 수석 사제들과 율법 학자들은 이 말씀을 듣고 그분을 없앨 방법을 찾았다. 군중이
모두 그분의 가르침에 감탄하는 것을 보고 그분을 두려워하였던 것이다.
19 날이 저물자 예수님과 제자들은 성 밖으로 나갔다.

말라 버린 무화과나무의 교훈 마태 21,20-22

20 이른 아침에 그들이 길을 가다가, 그 무화과나무가 뿌리째 말라 있는 것을 보았다.
21 베드로가 문득 생각이 나서 예수님께 말하였다. "스승님, 보십시오. 스승님께서 저
주하신 무화과나무가 말라 버렸습니다."

22 그러자 예수님께서 제자들에게 말씀하셨다. "하느님을 믿어라.
23 내가 진실로 너희에게 말한다. 누구든지 이 산더러 '들려서 저 바다에 빠져라.' 하면
서, 마음속으로 의심하지 않고 자기가 말하는 대로 이루어진다고 믿으면, 그대로
될 것이다.
24 그러므로 내가 너희에게 말한다. 너희가 기도하며 청하는 것이 무엇이든 그것을
이미 받은 줄로 믿어라. 그러면 너희에게 그대로 이루어질 것이다.
25 너희가 서서 기도할 때에 누군가에게 반감을 품고 있거든 용서하여라. 그래야 하
늘에 계신 너희 아버지께서도 너희의 잘못을 용서해 주신다."
(26) 너희가 용서하지 않으면, 하늘에 계신 너희 아버지께서도 너희의 허물을 용서하지
않으실 것이다.

예수님의 권한을 문제 삼다 마태 21,23-27; 루카 20,1-8

27 그들은 다시 예루살렘으로 갔다. 예수님께서 성전 뜰을 거닐고 계실 때, 수석 사제
들과 율법 학자들과 원로들이 와서,
28 예수님께 말하였다. "당신은 무슨 권한으로 이런 일을 하는 것이오? 또 누가 당신
에게 이런 일을 할 수 있는 권한을 주었소?"
29 그러자 예수님께서 그들에게 이르셨다. "너희에게 한 가지 물을 터이니 대답해 보
아라. 그러면 내가 무슨 권한으로 이런 일을 하는지 너희에게 말해 주겠다.
30 요한의 세례가 하늘에서 온 것이냐, 아니면 사람에게서 온 것이냐? 대답해 보아라."
31 그들은 저희끼리 의논하였다. "'하늘에서 왔다.' 하면, '어찌하여 그를 믿지 않았느
냐?' 하고 말할 터이니,
32 '사람에게서 왔다.' 할까?" 그러나 군중이 모두 요한을 참예언자로 여기고 있었기
때문에 군중을 두려워하여,
33 예수님께 "모르겠소." 하고 대답하였다. 그러자 예수님께서 그들에게 이르셨다. "나
도 무슨 권한으로 이런 일을 하는지 너희에게 말하지 않겠다."

Vox populi, vox Dei.

1 As they approached Jerusalem and came to Bethphage and Bethany at the Mount of Olives, Jesus sent two of his disciples,

2 saying to them, "Go to the village ahead of you, and just as you enter it, you will find a colt tied there, which no one has ever ridden. Untie it and bring it here.

3 If anyone asks you, 'Why are you doing this?' tell him, 'The Lord needs it and will send it back here shortly.'"

4 They went and found a colt outside in the street, tied at a doorway. As they untied it,

5 some people standing there asked, "What are you doing, untying that colt?"

6 They answered as Jesus had told them to, and the people let them go.

7 When they brought the colt to Jesus and threw their cloaks over it, he sat on it.

8 Many people spread their cloaks on the road, while others spread branches they had cut in the fields.

9 Those who went ahead and those who followed shouted, "Hosanna!" "Blessed is he who comes in the name of the Lord!"

10 "Blessed is the coming kingdom of our father David!" "Hosanna in the highest!"

11 Jesus entered Jerusalem and went to the temple. He looked around at everything, but since it was already late, he went out to Bethany with the Twelve.

12 The next day as they were leaving Bethany, Jesus was hungry.

13 Seeing in the distance a fig tree in leaf, he went to find out if it had any fruit. When he reached it, he found nothing but leaves, because it was not the season for figs.

14 Then he said to the tree, "May no one ever eat fruit from you again." And his disciples heard him say it.

15 On reaching Jerusalem, Jesus entered the temple area and began driving out those who were buying and selling there. He overturned the tables of the money changers and the benches of those selling doves,

16 and would not allow anyone to carry merchandise through the temple courts.

17 And as he taught them, he said, "Is it not written: 'My house will be called a house of prayer for all nations'? But you have made it 'a den of robbers.'"

18 The chief priests and the teachers of the law heard this and began looking for a way to kill him, for they feared him, because the whole crowd was amazed at his teaching.

19 When evening came, they went out of the city.

20 In the morning, as they went along, they saw the fig tree withered from the roots.

21 Peter remembered and said to Jesus, "Rabbi, look! The fig tree you cursed has withered!"

22 "Have faith in God," Jesus answered.

23 "I tell you the truth, if anyone says to this mountain, 'Go, throw yourself into the sea,' and does not doubt in his heart but believes that what he says will happen, it will be done for him.

24 Therefore I tell you, whatever you ask for in prayer, believe that you have received it, and it will be yours.

25 And when you stand praying, if you hold anything against anyone, forgive him, so that your Father in heaven may forgive you your sins."

26 [But if ye do not forgive, neither will your Father which is in heaven forgive your trespasses.] (KJV)

Vox populi, vox Dei.

27 They arrived again in Jerusalem, and while Jesus was walking in the temple courts, the chief priests, the teachers of the law and the elders came to him.
28 "By what authority are you doing these things?" they asked. "And who gave you authority to do this?"
29 Jesus replied, "I will ask you one question. Answer me, and I will tell you by what authority I am doing these things.
30 John's baptism—was it from heaven, or from men? Tell me!"
31 They discussed it among themselves and said, "If we say, 'From heaven,' he will ask, 'Then why didn't you believe him?'
32 But if we say, 'From men'...." (They feared the people, for everyone held that John really was a prophet.)
33 So they answered Jesus, "We don't know." Jesus said, "Neither will I tell you by what authority I am doing these things."

人語

Vox populi, vox Dei.

마르코 복음서 11장 요약

예수께서 베타니아에 이르신 후 아무도 타지 않은 나귀 새끼를 타고 예루살렘 성에 입성하는데 많은 사람들이 호산나를 부르며 환호하였다. 다음날 예수께서 시장하셔서 무화과나무의 열매를 먹으려고 하셨으나 열매가 없는 것을 보시고 다시는 열매를 맺지 못하리라고 저주하셨다. 예루살렘 성전에 가셔서는 성전 정화 사건을 일으키셨다. 다음날 아침에 무화과나무가 말라 버린 것을 보고서 믿음의 교훈을 주셨다. 예루살렘으로 들어가서 수석 사제들과 율법 학자들과 바리사이인들로 더불어 논쟁을 벌였다.

베타니아 지도와 1940년대에 찍힌 베타니아

자료: upload.wikimedia.org

본장은 예수 그리스도의 예루살렘 입성과 성전 정화 사건으로 요약할 수 있다. 구약 시대 즈카르야[1] 선지자의 예언대로 예루살렘에 입성하신 예수님께서는 입성 첫날 성전을 둘러보셨다. 그리고 예수님께서는 성전에서 만연되어 있는 인간의 위선과 탐욕, 허영과 자기중심의 모순을 발견하고 이를 숙청하기 위해 채찍을 드셨다.

각 절 해석[2]

1-2절 우리는 그리스도께서 죽음을 당하시기 사오일 전에 예루살렘성에 공공연히 입성하시는 기사를 여기에서 접하게 된다. 그리고 예루살렘에 가까웠을 때에 드러나게 마을에 들리시었다. 예수께서는 예루살렘에 있는 그의 원수들의 권세와 악을 두려워하지 않음을 보여 주고 있다. 그리스도께서는 자기의 얼굴을 드러내지 않으려는 자와 같이 익명으로 몰래 예루살렘에 입성하지 않으셨다. 결코 그러하지 않으셨다. 그들은 예수를 찾으려고 탐정을 보낼 필요가 없는 것이다. 예수께서 드러나게 나타나신 것이다.[3]

즈카르야는, "딸 시온아, 한껏 기뻐하여라. 딸 예루살렘아, 환성을 올려라. 보라, 너의 임금님이 너에게 오신다. 그분은 의로우시며 승리하시는 분이시다. 그분은 겸손하시어 나귀를, 어린 나귀를 타고 오신다."라고 예언했었다즈카 9:9. 이것은 메시아의 예언이라고 본다. 흔히, 말은 전쟁을 상징하고 나귀는 평화를 상징한다고 한다. 평화의 왕 예수 그리스도께서는 나귀를 타고 예루살렘에 입성하실 것이다. 또 그가 나귀를 타심은 그의 겸손함을 나타내신다. 즈카르야는 "그분은 겸손하

1 즈카르야는 이또의 후손이요, 여베레기야의 아들이다. 이사야 8:2절을 근거로 즈카르야 1:1절에 살짝 첨가된 것으로 이해한다. 예언자의 이름은 즈카르야 1-8장의 여러 곳에 기록되어 있으며 에스라에도 기록되어 있다. 느헤미야 12:4, 16절에서는 이또의 가족 가운데 즈카르야라 불리는 제사장에 관하여 언급하고 있는데 아마도 예언자 즈카르야와 동일 인물일 가능성이 매우 높다. 이처럼 즈카르야가 제사장의 가문이라는 사실은 그의 예언에 제사장적인 경향과 관심을 많이 내포하는 것을 이해하게 한다.

2 김효성 목사, 마가복음 강해, 2023년 2월 1일 수정.

3 메튜 헨리 주석, 마가복음 11장.

즈카르야

자료: ko.wikipedia.org

시어 나귀를, 어린 나귀를 타고 오신다."라고 말하였다. 그는 하느님이 택하신 백성들을 섬기러 오셨다. 또 그가 어린 나귀를 빌려 타고 가심은 그의 가난함을 증거한다. 그는 어린 나귀 한 마리도 자기 소유로 갖고 있지 않으셨다. 그는 본래 부요하신 자이셨으나 우리를 위해 스스로 가난해지셨다. 그러므로 사도 바오로는 코린토 신자들에게 보낸 둘째 서간 8:9에서 "그분께서는 부유하시면서도 여러분을 위하여 가난하게 되시어, 여러분이 그 가난으로 부유하게 되도록 하셨습니다."라고 말하였다.

3-6절 그리스도께서 사람이 타보지 않은 나귀 새끼를 타심으로 말미암아 그는 모든 피조물을 지배하심을 보여 주신 것이다. 다른 피조물이 인간에게 복종함은 그리스도에게 복종함을 말하는 것이다. 왜냐하면 그의 소유이기 때문이다. 그리스도의 중재로 이 저속한 세상의 통치에 대하여 하느님이 인간에게 허

락한 권한이 부여되어 있는 것이다창세 1:28. 그리고 아마 그리스도께서 나귀 새끼를 타심으로써 "그의 출생함이 들나귀 새끼 같은" 인간들의 심령에 그의 능력의 그림자를 던져 주었을 것이다욥 11:12.[4]

"주님께서 필요하셔서"라는 말씀은 나귀의 주인이 있지만, 실상 예수께서 나귀의 참 주인이심을 증거한다. 우리가 세상에서 개인의 재산권을 인정하지만, 실상 세상의 참소유자는 하느님이시다. 그는 세상의 창조자요 참주인이시다. 그러므로 시편 24:1은 "이 세상과, 그 안에 가득한 것이 모두 야훼의 것, 이 땅과 그 위에 사는 것이 모두 야훼의 것"이라고 말하였다.

복음서들에는 예수님을 '주'라고 표현한 구절이 약 200회 나오며 사도행전에만 약 108회 나온다. 예수님은 주님이시다. 사도 베드로는 "그러므로 이스라엘 온 집안은 분명히 알아 두십시오. 하느님께서는 여러분이 십자가에 못 박은 이 예수님을 주님과 메시아로 삼으셨습니다."라고 증거하였다사도 2:36. 사도 바오로는 "그대가 예수님은 주님이시라고 입으로 고백하고 하느님께서 예수님을 죽은 이들 가운데에서 일으키셨다고 마음으로 믿으면 구원을 받을 것입니다.라"고 말했다로마 10:9. 예수님을 주님으로 믿는 것이 구원이 된다. 예수님이 주님이심을 아는 자는 그에게 순종할 것이다. 제자들은 가서 예수님의 말씀대로 하였다. 또 예수님의 말씀대로 모든 일들이 이루어진 것은 예수께서 신적 지식을 가지셨음도 증거한다.

7-10절 그리스도께서는 사람들의 호산나 찬송을 받으셨다. 이 호산나 찬미의 의미는 그들이 그리스도를 환영함과 그의 왕국의 번영을 기원하는 두 가지인 것이다. 호산나를 외치도록 그들의 마음에 이 찬미를 주신 이는 하느님이시며 훗날에 십자가에 못 박으라고 외치던 것 같이 인간의 계교와 지배로 된 것이 아니다. 그리스도께서 무리들의 신앙과 찬미에 의하여 스스로 영광을 받으심을

4 메튜 헨리 주석, 마가복음 11장.

"앞서 가는 이들과 뒤따라가는 이들이 외쳤다. '호산나! 주님의 이름으로 오시는 분은 복되시어라.'" (마르 11:9)

자료: newheavencc.files.wordpress.com

생각하신 것이다. 그리고 사람들이 그들 자신의 의도를 넘어서 이렇게 존귀를 그리스도께 돌리게 하신 분은 하느님이시다.[5]

무리들의 찬송은 호산나[6] 찬송이었다. 이것은 구약성경 시편 118편에 있는 말씀이었다. "주소서, 야훼여, 구원을 주소서. 주소서, 야훼여, 승리를 주소서." "야훼의 이름으로 오시는 이여, 찬미받으소서." '구원을 주소서', '구원하소서'라는 말이 히브리어로 호쉬안나이다. 무엇으로부터의 구원인가? 인간 세상에는 여러 가지 죄악된 일들과 불행한 일들, 즉 질병들, 자연재해들, 전쟁, 굶주림, 그리고 마침내 죽음 등의 일들이 많고 사람은 이 모든 문제들로부터의 구원을 갈망한다. 그러나 이 모든 문제들의 해결은 사람에게 있지 않고 오직 이 세상의 창조주요 섭리자이신 하느님께 있다. 사람이 하느님을 알게 될 때 그에게 해결이 있음을 알게 될 것이다. 이제 하느님께서 보내신 구주께서 오셨다. 사람의 구원의 갈망에

5 메튜 헨리 주석, 마가복음 11장.

6 우리 교회의식에서 '호산나'(Hosanna)라는 말이 있다. 이 말은 희랍어에서 나온 것이며 아라비아 말로는 '호사나'(Hosana)라고 하고 히브리어로는 '호시안나'(Hosianna)라고 하는데 이 말은 '우리를 구원하소서'라는 뜻을 가진 단어이다.

대한 하나님의 응답이 왔다. 예수께서는 구주로 이 세상에 오셨다. 그는 사람들을 각가지 불행에서 구원하실 수 있고 구원하실 것이다.

11절 그는 성전에 들러 모든 것을 살펴보셨다. "모든 것을 둘러보신 다음" 아직 아무 말 없이 나가셨다. 그는 성전에서 많은 무질서함을 보셨지만 침묵을 지키셨다시편 50:21. 비록 그리스도께서 그들을 나무랄 생각이 계셨지만 갑자기 이 모든 일을 단행하시려고 하지 않으셨다. 너무 조급하게 서두르는 것을 보이고 싶지 않아서였다. 주께서 이 날밤에는 모든 것을 그대로 두고 물러나오고 다음날 그 성전에 혁신을 요하는 일을 몸소 단행하시려 생각하시었다.[7]

예루살렘 성전은 예수 그리스도의 모형이었다. 특히 그것은 예수 그리스도의 죽음과 대속代贖 사역을 예표했다. 이제 예수 그리스도께서는 십자가에 죽기 위해 예루살렘성으로 올라가신다. 그는 거기에서 유대 지도자들에게 정죄되시고 마침내 십자가에 달려 죽으실 것이다. 또 우리의 구원은 예수 그리스도와 그의 대속代贖의 죽음을 통해서 이루어질 것이다. 이제 구주 예수 그리스도를 믿는 자는 그의 십자가 대속代贖의 공로를 힘입어 죄사함과 의롭다 하심을 얻는다. 이것이 죄와 죄의 결과인 모든 불행으로부터의 구원이다.

예루살렘의 헤로데 성전이 파괴될 때 유일하게 파괴를 면하고 남아있는 흔적이 통곡의 벽으로 불리는 서쪽 벽이다.

자료: www.womansense.org

7 메튜 헨리 주석, 마가복음 11장.

12절 그리스도께서 베타니아에서 한 밤을 편히 쉬시고 그곳으로부터 나오시는 길이었다. 지금 예루살렘에는 자기가 하실 일이 기다리고 있는 것이다. 그리하여 지금 일할 때가 되어 그곳에서 예루살렘으로 올라오는 길이었다. 그는 베타니아에서 아침도 들지 않고 출발하신 것이며 많이 걸으신 후에야 시장함을 느끼셨다. 왜냐하면 그는 죄가 없으시지만 우리와 같은 약한 몸의 본능을 가지셨기 때문이다.[8]

예수께서 배가 고프신 것은 그의 인성人性의 표시였다. 그는 우리와 똑같은 인간 본질을 가지셨다. 하느님의 영원한 아들이신 그가 사람이 되신 것은 신비롭고 놀라운 기적이다. 또 그가 그 아침에 배가 고프신 것을 보면, 그를 따르는 자들이 그를 잘 대접했던 것 같지 않다. 사람들은 하느님의 아들을 합당하게 대접하지 않았다.

그리스도께서 베타니아에서 한 밤을 편히 쉬시고 그 곳으로부터 나오시는 길이었다. 지금 예루살렘에는 자기가 하실 일이 기다리고 있는 것이다. 그리하여 지금 일할 때가 되어 그곳에서 예루살렘으로 올라오는 길이었다. 그는 베타니아에서 아침도 들지 않고 출발하신 것이며 많이 걸으신 후에야 시장함을 느끼셨다. 왜냐하면 그는 죄가 없으시지만 우리와 같은 약한 몸의 본능을 가지셨기 때문이다.

13절 스스로 시장함을 느끼고 멀리 떨어져 있는 무화과나무를 발견하시었는데 잎이 무성하여 열매가 많이 있을 것같이 보였다. 그러나 그리스도께서 가까이 가보시고 "잎사귀밖에는 아무것도 보이지 않았다."는 것을 아시게 되었다. 그는 얼마의 열매를 얻으리라 바랐던 것이다. 아직 무화과를 거둘 때는 안 되었지만 무화과를 거둘 때가 가까워졌기 때문이다. 그러므로 그 나무가 열매가 있는 것처럼 자랑할 수는 없는 것이다. 왜냐하면 아직 때가 아니 되었기 때문이다.[9]

8 메튜 헨리 주석, 마가복음 11장.
9 메튜 헨리 주석, 마가복음 11장.

Vox populi, vox Dei.

예수께서는 신성神性으로는 모든 것을 다 아시지만, 인성人性으로는 지식의 제한성을 가지고 계셨다고 보인다. 무화과는 잎사귀가 생기면서 동시에 열매를 맺는다. 그러나 예수께서 가서 보신 그 무화과는 잎사귀만 있고 아무 열매가 없었다. 이것은 당시의 형식적 종교와 같았다. 그것은 형식은 있으나 거룩하고 선하고 진실한 인격과 삶이 없는 자들, 성경책을 갖고 다니고 기도하며 찬송하며 교회의 직분도 있으나 참되고 진지한 마음과 선하고 진실한 인격과 삶이 없고, 도리어 거짓과 탐욕, 미움과 음란을 버리지 못한 사람들과 같다. 하느님께서는 우리가 열매 없는 어둠의 일들을 버리고 종교적 형식만 가지지 말고 선한 열매를 맺는 성도, 곧 참으로 경건하고 거룩하고 선하고 진실한 인격과 삶을 가진 성도가 되기를 원하신다.

14절 예수께서 아무 열매도 찾지 못하였으니 "이는 무화과의 때가 아님이라." 또한 이때는 무화과가 풍년이 든 해가 아니었을 것이다. 그리고 이 나무는 다른 무화과나무보다 더욱 나쁜 것이다. 왜냐하면 잎사귀는 무성하였지만 무화과는 하나도 달려 있지 않았기 때문이다. 그러나 그리스도께서 이것을 들어 교훈하시려 한 것은 무화과나무가 아니라 그 세대의 인간들인 것이다. 그러므로 인류를 창조하신 하느님께서 하신 최초의 축복인 "물에는 생물이 우글거리고, 새들은 땅 위 하늘 궁창 아래를 날아다녀라."창세 1:20 하신 축복에 반대의 저주를 그리스도께서 하신 것이다. "이제부터 영원히 어느 누구도 너에게서 열매를 따 먹는 일이 없을 것이다."14절.[10]

예수께서 열매 없는 무화과나무를 저주하신 것은 선한 열매 없는 당시의 형식적 종교 지도자들을 정죄하시는 의미가 있었다고 본다. 나무들 중에는 열매 맺는 나무도 있고 열매를 맺지 못하는 나무도 있다. 하느님께서는 열매 없는 나무들은 찍어 버리신다. 세례 요한은 "도끼가 이미 나무뿌리에 닿아 있다. 좋은 열매를 맺지 않는 나무는 모두 찍혀서 불 속에 던져진다."라고 말했다마태 3:10. 예수께서도

10 메튜 헨리 주석, 마가복음 11장.

포도나무 비유에서 "나에게 붙어 있으면서 열매를 맺지 않는 가지는 아버지께서 다 쳐내시고, 열매를 맺는 가지는 모두 깨끗이 손질하시어 더 많은 열매를 맺게 하신다."라고 말씀하셨다요한 15:2.

15절 그리스도께서 장사하는 사람들과 그곳에 늘어선 자들을 성전에서 쫓아내어 깨끗하게 하시었다. 우리는 그리스도께서 무화과를 얻지 못하였을 때에 다른 곳에서 음식을 얻으셨다는 것을 찾아볼 수 없다. 그리하여 그는 여전히 시장하셨지만 예루살렘으로 곧장 올라와 성전으로 바로 들어가시어 전날에 지목하였던 잘못들에 대하여 개혁을 단행하였다. "예수님께서는 성전에 들어가시어, 그곳에서 사고팔고 하는 자들을 쫓아내기 시작하셨다. 환전상들의 탁자와 비둘기 장수들의 의자도 둘러엎으셨다." 그리스도께서 이렇게 하기를 권세 있는 자와 같이, 아들이 자기 집에서 하는 것 같이 단행하시었다. 시온의 딸들의 부정이 정결케 되는 것은 힘으로나 능력으로 되는 것이 아니고 심판의 영과 불타오르는 영으로 말미암아 되는 것이다.[11]

예수님께서는 성전에 들어가시어, 그곳에서 사고팔고 하는 자들을 쫓아내기 시작하셨다. 환전상들의 탁자와 비둘기 장수들의 의자도 둘러엎으셨다.

자료: m.blog.naver.com

11 메튜 헨리 주석, 마가복음 11장.

Vox populi, vox Dei.

성전은 성전 뜰과 성소와 지성소至聖所 등 세 부분으로 되어 있다. 그 세 부분은 다 거룩했다. 본절의 내용은 성전 뜰에서의 광경이라고 본다. 거룩한 성전 뜰이 일종의 장터가 되어 있었다. 거기에서 제물을 사고파는 일들이 행해지고 있었다. 유대 지도자들과 결탁된 장사꾼들은 성전을 돈벌이의 장소로 삼고 있었던 것 같다. 평소에 대체로 온화하셨던 예수께서는 하나님의 성전이 더러워지는 것을 참을 수가 없으셨다. 하나님을 사랑하는 자들은 성전이 더러워지는 것을 참을 수가 없을 것이다. 하나님의 성전을 깨끗하게 하려는 예수님의 열성이 그를 삼켰다. 그는 성전 안에서 사고파는 자들을 내어쫓으셨고 돈 바꾸는 자들의 탁자와 비둘기 장수들의 의자를 둘러엎으셨다.

16절 예수께서 "아무도 성전을 가로질러 물건을 나르지 못하게 하셨다." 어느 기구나 상품이나 물건을 성전 안으로 통행하지 못하게 하였다. 성전 안으로 통행하면 가깝고 노동력을 절약하기 때문에 그리로 통행하였기 때문이다. 유대인들은 성전을 가지고 집단 수용소를 만들거나 이방인들의 뜰을 삼거나 길을 내거나 통로를 삼거나 어떤 곡식단을 들고 다니는 것 등은 성전에서 존귀하게 하는 예가 아님을 알고 있었던 것이다.[12]

성전을 청결케 하심

자료: m.nelvit.org

12 메튜 헨리 주석, 마가복음 11장.

물건을 가지고 성전 안으로 지나다니는 것은 하느님의 거룩한 성전을 더럽히고 거기에서 세속적인 일을 하는 것을 의미하였다. 성전은 하느님의 거룩한 집이다. 오늘날 교회도 거룩해야 한다. 교회는 하느님의 집이다. 티모테오에게 보낸 첫째 서간 3:15, "내가 늦어지게 될 경우, 그대가 하느님의 집에서 어떻게 처신해야 하는지 알게 하려는 것입니다. 이 집은 살아 계신 하느님의 교회로서, 진리의 기둥이며 기초입니다." 교회의 설교들과 교훈들과 교회의 모든 활동들은 거룩해야 하고 세속적인 것이 섞여서는 안 된다.

교회의 교훈은 육신적 문제나 물질적 문제, 즉 병고침이나 물질적 복을 받는 일에 관한 것이어서는 안 된다. 교회의 활동도 거룩해야 한다. 교회는 일반적 교육사업, 구제사업, 자선사업 등 세상의 사업들에 힘써서는 안 된다고 본다. 오늘 시대의 풍조는 일부 목사들과 설교자들이 하느님의 말씀과 세상의 오락적 요소들을 섞는 것이라고 보인다. 그러나 그것은 예수님의 방식도, 사도들의 방식도 아니었고, 역사상 하느님의 경건한 종들의 방식도 아니었다. 이것은 오늘날의 특이한 현상이며 교회의 세속화 현상이라고 본다. 일부 목사들은 흥미 있는 말들로 교인들을 즐겁게 하는 말쟁이가 되고 있는 것 같다.

17절 성전은 하느님의 집이며 모든 사람들이 기도하는 집이다. 그것은 하느님과 교제하며 섬기는 곳이다. 구약시대의 성전은 예수 그리스도를 예표하며 요한 2:21 또 구원받은 성도들의 모임인 교회를 예표하였다. 코린토 신자들에게 보낸 첫째 서간 3:16, "여러분이 하느님의 성전이고 하느님의 영께서 여러분 안에 계시다는 사실을 여러분은 모릅니까?" 성전이 기도하는 집이듯이, 신약교회도 모여 하느님을 섬기며 찬송과 기도와 말씀의 교훈이 있고 하느님의 일들을 수행하는 곳이어야 한다.

그리스도께서 이것에 대하여 좋은 이유를 제시하시었다. "나의 집은 모든 민족들을 위한 기도의 집이라 불릴 것이다."17절. 이 말씀은 이사야서 56장 7절에 기록되어 있는 것이다. "나는 그들을 나의 거룩한 산으로 인도하고 나에게 기도하는 집에서 그들을 기쁘게 하리라. 그들의 번제물과 희생 제물들은 나의 제단 위에서 기꺼이 받아들여지리니 나의 집은 모든 민족들을 위한 기도의 집이라 불리리라." 성전은 그러한 목적 아래에서 만민에게 허용될 것이다. 성전은 만민의 기도하는 집이다. 이 목적은 첫 번 성전을 건축할 때에도 그러하였다. 솔로몬이 성전 건축을 마치고 하느님께 봉헌할 때에 이방인들에게도 같은 목적으로 사용되도록 하였다. 그리고 성전에 대하여 더욱 높은 차원으로 예언을 하였다. 그리스도께서 복음적 교회의 모양으로 성전에 대해서 말씀하시었다.

"기도하는 집" 그리스도께서 성전에서 제물로 쓰는 소와 비둘기를 몰아내고 성전을 가리켜 "기도하는 집"으로 진리를 상기시켰다. 즉 모든 희생 제물은 사라질지라도 기도와 찬미의 신령한 희생 제물은 영원히 지속될 것임을 교훈하신 것이다.

성전은 유대인들만이 아니라 "모든 민족들"이 기도하는 집으로 사용할 수 있다. 왜냐하면 "주님의 이름을 받들어 부르는 이는 모두 구원을 받을 것입니다."로마 10:13라고 했으니 육신으로 야곱[13]의 혈통에서 나지 않은 자들도 구원을 얻을 수 있는 것이다. 그러므로 그들이 성전을 '강도들의 소굴'로 만들었음은 참을 수 없는 일이었다. 하느님께서 초청하는 모든 민족들에 대하여 편견을 갖는 것은 강도의 행위인 것이다. 그리스도께서 복음 사역을 시작하였을 초기에 비둘기 파는 자들을 쫓아내시며 성전을 장사하는 집을 만들지 말라고 이르셨다요한 2:16. 그러나 지금 그리스도께서는 성전을 "'강도들의 소굴'로 만들어 버렸다"고 책망하신 것이다. 그 이후로 그들은 성전에서 예수를 두 번이나 돌로 치려고 하였기 때문이다요한 8:59; 10:31.

18-19절 수석 사제들과 율법 학자들은 하느님의 아들 예수 그리스도를 알지 못하였고 그 의로운 자를 죽이려 하였다. 그들은 무지하고 악하였다. 그

13 야곱(Jacob)은 창세기에 나오는 인물이다. 아브라함의 손자이며, 이삭과 리브가의 둘째 아들로서 에서의 쌍둥이 동생이다. 나중에 형 에서를 만나기 전 얍복 강가에서 천사와 씨름하다가 천사에게 이스라엘이라는 이름을 얻게 되었고, 그로 인해서 그의 아들들 12명의 후손들이 이스라엘 민족이라는 이름을 갖게 되었다.

들은 예수 때문에 자신들이 대중들에게 받을 존경과 명예의 상실을 염려했던 것 같다. 그들은 참으로 하느님과 진리를 두려워하지 않고 단지 사람들의 존경과 명예 같은 세상 것들을 두려워한 것이다. 수석 사제들과 율법 학자들은 이 일에 몹시 당황하였다. 그들은 그분을 미워하였고 그에 의하여 혁신되는 것이 싫었다. 그러나 그들은 "그분을 두려워"하였다. 그것은 그들이 자기들의 권세를 올바르게 활용하지 못하고 남용하였음을 스스로 의식하고 있었기 때문에 자기들의 의자도 집어던지고 내어쫓을까 두려워했던 것이다. 그들은 예수께서 큰 흥미를 가지고 있고 "군중이 모두 그분의 가르침에 감탄하는 것을 보고" 그가 말씀하시는 모든 것이 그들에게 하나의 법이 되는 것을 발견하게 되었다. 그가 그토록 지지를 받고 있는데 그가 감히 시도하지 못할 것이 무엇이며 그가 효과를 거두지 못할 것이 무엇이겠는가? 그러므로 그들은 어떻게 그와 더불어 화친하느냐를 찾으려고 하지 않고 "예수를 어떻게 멸할까"를 꾀하였던 것이다. 우리가 생각할 수 있는 결사적인 기도는 그들 자신이 하느님을 대적하여 싸우는 것을 두려워하지 않을 수 없다는 것이다. 그러나 그들은 자신들의 권세와 영광을 유지하기 위해서는 그들이 무엇을 하든 상관하지 않았던 것이다.

20-23절 무화과나무를 저주하신 예수님의 말씀은 신적 능력이 있으셨다. 그런데 주께서는 더 놀라운 교훈을 하셨다. 그는 우리의 기도 생활에 대해 교훈하기를 우리에게 어떤 태산 같은 어려운 문제가 있을지라도 우리가 기도할 수 있어야 한다고 말씀하셨다. 하느님께서는 인생의 가장 어려운 문제인 죄와 죽음의 문제를 해결해주셨다. 그 외의 것들은 그것에 비하면 그렇게 어려운 문제가 아닐 것이다. 그러나 우리는 헛된 세속적 욕심으로 무엇을 구해서는 안 될 것이다.

그리스도께서 당신이 저주하신 무화과나무가 말라죽은 경우를 당해 당신의 제자들과 대화를 나누신다. 날이 저물매 그리스도께서는 평일과 같이 성 밖으로 나가 베타니아로 갔다. 그러나 아마 날이 어두웠으니 그들은 그 무화과나무를 못 보고 그냥 지나갔을 것이다. 그러나 다음날 아침 그들이 그곳으로 지나갈 때에 무화과나무가 뿌리째 말라 있는 것을 보았다. 그리스도의 저주는 그 표현보다 더

Vox populi, vox Dei.

무화과나무에 잎사귀 밖에는 아무것도 없었다. 무화과의 철이 아니었기 때문이다.

자료: www.cts.tv

자료: sermons.faithlife.com

많은 것을 내포하고 있는 때가 많은 것이다. 그 저주는 다시는 열매를 맺지 못할 것이라는 것인데 그 효과는 더욱 컸다. 그 나무가 열매를 맺지 못한다면 그것은 사람들을 속이는 잎사귀도 나오지 않을 것이다.

이 사실에 대하여 제자들은 어떤 영향을 받게 되었는가? 베드로는 그리스도의 말씀을 기억하고 놀라 말하기를 "스승님, 보십시오. 스승님께서 저주하신 무화과나무가 말라 버렸습니다."21절라고 하였다. 그리스도의 저주는 놀랄 만한 효과를 지니고 있다. 그리하여 푸른 월계수와 같이 무성한 나무를 곧 말라 죽게 하였다. 그가 저주한 사람은 참으로 저주를 받게 된다. 이것은 유대교의 성격과 상태를 나타낸 것이다. 유대교는 그 후로 뿌리로부터 마른 나무격이 된 것이다. 마른 나무는 열매 맺기에 적합하지 못하고 연료에나 알맞은 것이다.

이 사실로부터 그리스도께서 그들에게 좋은 교훈을 주시었다. 그리스도께서 이후로는 믿고 기도하라고 가르치신다22절. "하느님을 믿어라." 그들은 그리스도의 명령의 말씀에 대한 능력을 찬양하였다. 여기에 대하여 그리스도께서 그들에게 생기 있는 활동적인 신앙은 그들의 기도에 큰 능력을 불어넣을 것이라고 하시었다.

24절 사도들과 초대 복음 전도자들에게 부여되었던 기적의 신앙은 병자를 고치고 죽은 자를 살리고 마귀를 추방하는 등 자연의 일들에 있어서 기적을 행한 것이며 이 신앙은 산을 옮기는 효력을 나타낸다. 사도들은 그런 일을 나타내는 신앙에 대해서 말하고 있으며 그런 신앙은 거룩한 사랑이 결핍된 데서도 찾아볼 수 있다1코린 13:2. 또 하나는 신앙의 기적인데 이 신앙은 모든 그리스도인들에게 부여되며 이는 영적인 일들에 있어서 기적을 나타내는 것이다.[14]

이 말씀은 기도 응답에 대한 약속이다. 성경은 기도의 응답을 약속한다. 시편 50:15, "어려운 일을 당할 때에 나를 불러라. 구해 주리라. 너는 나에게 영광을 돌려라." 마태오 복음서 7:7-8, "청하여라, 너희에게 주실 것이다. 찾아라, 너희가 얻을 것이다. 문을 두드려라, 너희에게 열릴 것이다. 누구든지 청하는 이는 받고, 찾는 이는 얻고, 문을 두드리는 이에게는 열릴 것이다." 요한 복음서 14:13-14, "너희가 내 이름으로 청하는 것은 무엇이든지 내가 다 이루어 주겠다. 그리하여 아버지께서 아들을 통하여 영광스럽게 되시도록 하겠다. 너희가 내 이름으로 청하면 내가 다 이루어 주겠다." 기도는 응답을 받기 때문에 의미가 있고 가치가 있다.

25-26절 여기에서 승리의 기도에 대한 필요한 자격을 첨가하고 있다. 그것은 우리에게 어떠한 혐의가 있는 자들을 우리가 용서해 주고 모든 사람으로 더불어 화목하라는 것이다. "너희가 서서 기도할 때에 누군가에게 반감을 품고 있거든 용서하여라." 일어서는 것은 기도에 적당한 태도가 못 된다. 그러나 유대인들은 대체로 그렇게 하였다. 그러므로 그들은 그들의 기도를 가리켜 그들이 서 있다고 한다. 그들이 기도로 말미암아 세상이 보존된다고 말할 때에 세상은 일어섬으로 보존된다고 표현한다The world is upheld by standings. 그러나 초대 그리스도인들은 대개 무릎을 꿇는 더욱 겸손하고 공손한 태도를 취한 것이다.[15]

14 메튜 헨리 주석, 마가복음 11장.
15 메튜 헨리 주석, 마가복음 11장.

Vox populi, vox Dei.

'반감을 품다'는 '반대하거나 반항하는 감정을 갖는다'를 가리킨다. 형제의 허물을 용서하지 않는 죄는 기도의 큰 장애물이다. 남의 죄를 용서해야 우리도 하느님께 용서함을 얻으며 기도의 문도 열린다. 마태오 복음서 6장에 보면, 주께서는 "저희에게 잘못한 이를 저희도 용서하였듯이 저희 잘못을 용서하시고"라고 기도를 가르쳐주셨고마태 6:12, 또 "너희가 다른 사람들의 허물을 용서하면, 하늘의 너희 아버지께서도 너희를 용서하실 것이다. 그러나 너희가 다른 사람들을 용서하지 않으면, 아버지께서도 너희의 허물을 용서하지 않으실 것이다."라고 말씀하셨다마태 6:14-15.

또 주께서는 용서에 대해 "너희가 저마다 자기 형제를 마음으로부터 용서하지 않으면, 하늘의 내 아버지께서도 너희에게 그와 같이 하실 것이다."라고 말씀하셨다마태 18:35. 또 그는 마지막 유월절 식사 자리에서 식사 후 제자들의 발을 씻기신 후에 "주님이며 스승인 내가 너희의 발을 씻었으면, 너희도 서로 발을 씻어 주어야 한다."라고 말씀하셨다요한 13:14. 서로의 발을 씻기는 것은 서로 용서함을 가리켰다. 우리가 서로 사랑하라는 주 예수 그리스도의 새 계명을 잘 지키려면 먼저 상대의 부족과 허물을 덮어주고 용서해 주는 마음이 있어야 할 것이다.

27-28절 여기에서 그리스도께서 산헤드린회에 의하여 그가 어떤 권세를 가졌는지에 대하여 시험을 당하신 것을 우리는 보게 된다. 왜냐하면 그들은 선지자들을 불러 그들의 임무에 대하여 물을 권세를 가지고 있었기 때문이다. "예수님께서 성전 뜰을 거닐고 계실 때" 그들이 그에게 나아왔다. 소요학파 철학자들은 관습에 따라 그들이 가르칠 때에 걸어다녔던 것이다. 성전 뜰에 있는 길이나 광장은 이 목적에 적합한 것이다. 그들은 사람들이 그를 따르고 주의 깊게 그의 말을 듣는 것을 보고 초조하였다. 그러므로 약간의 위엄을 띄우고 그에게 다가왔다.[16]

당시 유대 사회의 지도자들이요 구약교회의 직분자들인 수석 사제들과 율법

16 메튜 헨리 주석, 마가복음 11장.

학자들과 원로들은 부패되어 있었다. 가장 경건하고 거룩해야 할 그들이 그렇지 못했다. 오늘날은 어떠한가? 오늘날도 신학교들과 교수들이 부패한다면, 목사들이 쉽게 부패할 것이며, 또 목사들과 장로들이 부패한다면, 교회는 쉽게 부패할 것이다. 교회들이 부패한다면, 그 나라와 그 사회에는 희망과 장래가 없을 것이다.

수석 사제들과 율법 학자들과 원로들은 예수님의 권위에 대해 질문했다. 예수께서 사람의 권위로 활동하는 것인지, 아니면 하느님의 권위로 활동하는 것인지 질문한 것이다. 사람의 권위는 제한적이고 오류가 있지만, 하느님의 권위는 절대적, 무제한적이며 오류가 없으시다. 그들의 질문이 진실을 알기 위한 질문이었으면 좋았을 것이다. 예수께서 참으로 하느님께서 보내주신 구주이심을 아는 것이 구원이요 영생이기 때문이다. 요한 복음서 17:3, "영원한 생명이란 홀로 참하느님이신 아버지를 알고 아버지께서 보내신 예수 그리스도를 아는 것입니다." 그러나 그들의 질문은 진실을 알기 위한 것이 아니고 단지 예수님 말의 흠을 잡기 위한 것이었다.

29-30절 그들은 예수로 하여금 좌초케 하여 당황하게 만들려고 계획을 하였다. 만일 그들이 사람들 앞에서 그들의 계획을 관철시켜 그가 하는 일은 합법적인 선교가 아니고 정당 권세를 부여받지 못하였으니 그가 비록 자격을 갖추었고 유익한 설교를 잘할 수 있더라도 그의 말을 듣지 말라고 백성들을 설득시키려고 한 것이다. 그들은 이렇게 하여 완고한 불신앙에 대한 마지막 구실을 찾으려고 한 것이다. 왜냐하면 그들은 그의 교훈을 듣지 않으려고 결심을 하였고 그들은 그의 임무에서 어떤 흠을 찾아 그것을 무효하게 하려고 결심을 하였기 때문이다. 예수께서 다음의 질문으로 효과적으로 그들을 좌초케 하고 당황하게 하였다. "너희는 요한의 세례에 대해서 어떻게 생각하느냐?" "요한의 세례가 하늘에서 온 것이냐, 아니면 사람에게서 온 것이냐? 대답해 보아라."30절. 그들의 질문에 대해서 이렇게 반문하심으로써 우리 주님은 당신의 교훈과 세례가 얼마나 세례 요한의 것과 가깝다는 것을 암시하시었다.[17]

[17] 메튜 헨리 주석, 마가복음 11장.

요르단 강에서 세례자 요한에게 세례를 받은 예수

자료: kr.freepik.com

'하늘에서 온 것이냐'라는 말은 하느님께서 주신 권위를 말하고, '사람에게서 온 것이냐'라는 말은 사람이 스스로 가지는 권위를 말한다. 사람이 스스로 가지는 권위는 하느님께서 주신 권위에 비교할 수 없을 것이다. 하느님께서 보내시고 세우시는 종들에게는 그가 주시는 권위, 특히 말씀의 권위가 있었다. 세례 요한이 그러했다. 사람들은 세례 요한이 하느님께서 보내신 선지자임을 알았다. 수석 사제들과 율법 학자들과 원로들도 그가 하느님의 선지자임을 인정했으면 좋았을 것이다. 만일 그들이 세례 요한의 권위를 인정하였다면, 그가 하느님의 아들로 증거했던 예수 그리스도의 권위도 인정할 수 있었을 것이다.

31-33절 그들은 세례 요한이 하느님의 종임을 믿지 않았다. 그러나 백성들 앞에 그것을 드러내놓고 말하지는 못했다. 왜냐하면 사람들이 그를 참 예언자로 여겼기 때문이다. 그들은 사람들의 비난을 두려워했다. 그들은 우리가 알지 못한다고 말했다. 그들은 무리의 비난을 피하는 대답을 했다. 인간적으로는 지혜로운 대답인지 모르나, 진리의 세계에서는 비양심적이고 비겁한 대답이다. 그러므로 예수께서는 "나도 무슨 권한으로 이런 일을 하는지 너희에게 말하지 않겠다."라고 대답하셨다. 그러나 예수 그리스도의 권위의 원천은 분명하였다.

만일에 그들이 사실대로 요한의 세례가 하늘에서 온 것이라고 한다면 스스로를 부끄럽게 하는 것이다. 왜냐하면 그리스도께서 곧 그들에게 향하여 "어찌하여 그를 믿지 않았느냐?"라고 할 것이기 때문이다. 그들은 그리스도께서 그렇게 말하심에 대해서 참을 수 없었다. 그러나 또한 그들은 그들의 양심의 소리를 견디기 어려웠다. 양심은 그들을 조이고 침묵하게 하는 기술을 가지고 있기 때문이다. 그리고 양심의 소리는 비록 그것이 그들에게 약간 체면과 감정을 상하게 할지라도 부끄러움을 당하게 하지는 않는다는 것이다. 그리하여 그들은 이 일을 잘 처리하였다. 그렇지만 사무엘기 상권을 보면 그들은 "제가 죄를 지었습니다만, 제 백성의 원로들과 이스라엘 앞에서 제발 체면을 세워주십시오."1사무 15:30라고 한 사울의 한계를 더 벗어나지를 못하였다.

만일 그들이 "요한의 세례가 사람의 것이다. 그는 하느님에게서 보내심을 받지 않았다. 그의 교훈과 세례가 그 자신의 창작이다."라고 말한다면 그들은 자기들을 드러내게 되어 사람들이 자기들에게 어떤 해를 끼칠지 모른다. 아마 적어도 그들에게 대하여 소란을 피울 것이었다. 왜냐하면 모든 사람이 요한을 참예언자로 여기기 때문이다. 육적인 비열한 두려움이 있는데 이것은 악한 종들에게나 악한 지배자들에게 다같이 있는 것이다. 이것은 하느님께서 세상을 어떤 질서 가운데 보존하고 폭력을 진압하기 위해 사용하시는 것이다. 그러므로 악의 권력으로 더욱 창대하지 못하게 하시는 것이다. 지금 그리스도께서 그들을 궁지에 밀어 넣은 것이다.

그들은 당황하여 어쩔 줄을 모르고 있었다. 그리고 불명예스러운 후퇴를 하지 않으면 안 되었다. 그들은 모르는 것처럼 가장하였다. "모르겠소."33절. 자부심이 강한 그들이 모른다고 한 것은 그들의 심각한 입장을 말해 주고 있다. 그러나 여기에 죄악과 고집을 발견할 수 있게 된다. 그리스도께서 그의 지혜로 이루신 일에 우리는 정성을 다해 "여러분이 선을 행하여 어리석은 자들의 무지한 입을 막는 것이 하느님의 뜻입니다."1베드 2:15라고 그 일에 따르지 않으면 안 되는 것이다.

그리스도께서는 더욱 영광스러운 입장에 서게 되었다. 그리고 그들의 무모한 질문에 대하여 대답하기를 거절하심으로 스스로를 정당하게 하시었다. "나도 무슨 권한으로 이런 일을 하는지 너희에게 말하지 않겠다."33절 그들은 대답을 얻을 만한 자격이 없다. 왜냐하면 그들은 진리로 만족하지 못하고 승리로만 만족할 것이 분명하기 때문이다. 또한 주께서 그들에게 이야기할 필요성을 느끼지 않으셨다. 왜냐하면 그가 행하신 일은 하느님에게서 허락하신 권세로 말미암은 것임을 이미 분명히 밝힌 바 있기 때문이다. 하느님께서 그와 함께 하시지 않으면 그가 행하신 그런 기적을 아무도 행할 수 없는 것이다. 그들이 3, 4일만 기다려 보면 그의 부활이 곧 그에게 권세를 주셨는지 증거할 것이다. 왜냐하면 바로 그 사실이 그가 권세를 가진 하느님의 아들임을 선포할 것이다. 그럼에도 불구하고 그를 버리는 그들은 스스로가 하느님의 원수 됨을 선언하는 것이다.

세례

세례洗禮는 물을 이용하는 정화의식이다. 세례는 기독교, 만다야교, 시크교를 포함하여 여러 종교에서 행해지며, 로마 가톨릭교회에서는 성사 중 하나로 사용되기 때문에 세례성사라 부르기도 한다. 대부분의 기독교 공동체에서는 공동체에 받아들인다는 의미로 물로 세례한다. 물을 머리에 뿌리거나 끼얹는 형식으로 이루어지는 경우가 많으며, 몸의 일부를 물에 담그거나 전체를 물에 담그는 침례라는 방식으로 이루어지기도 한다. 이 과정은 전통적으로 세 번 이루어지는데, 각각 야훼의 삼위를 상징한다.

성경의 공관복음서에는 세례자 요한이 예수에게 세례를 베푸는 모습으로 처음 등장한다. 현재 대부분의 교회에서 삼위의 이름으로 세례를 주는데, 교회 일치 운동에서는 이 부분을 모든 그리스도인들이 하나의 공동체라는 주장의 근거로 삼기도 한다. 루터교회와 같은 특정 기독교 교단에서는 세례를 통해 교회 회원 자격을 부여하며, 피세례자는 세례시 서약을 한다.

물로 세례를 받아야 구원받는다고 보는 교리가 있으며, 따라서 세례를 받기 전에 사망한 이들의 구원 문제에 대한 논쟁이 초대 교회부터 이루어졌다. 이들 중 일부는 키프리아누스, 예루살렘의 키릴로스의 관점에 따라 순교를 '피에 의한 세례'로 보고 당시 물로 세례받지 않은 이들이 이로써 구원받았다고 본다. 로마 가톨릭교회에서는 '세례를 받고자 하는 소망'만 가진 채로 죽은 이들이 그 소망으로 이미 세례를 받았다고 보는 교리를 발전시켰다. 그러나 울리히 츠빙글리를 따

6세기 말 튀니지의 스베이틀라에 건조된 비탈리 바질리크 안의 세례를 받던 침수탕이다. 이 침수탕은 독특하게도 모자이크 타일 장식이 돋보인다.

자료: brunch.co.kr

르는 일부 개신교 교단에서는 세례가 구원에 꼭 필요한 것이 아니라는 관점을 가지고 있다.

이처럼 여러 교단에 걸쳐 세례의 방식과 중요성에 대해 다양한 입장을 가지고 있다. 퀘이커와 구세군의 경우 물 세례를 아예 집행하지 않는다. 침례교의 경우 물을 뿌리는 세례가 아닌, 몸을 물에 담그는 세례가 진정한 세례라고 인정한다. 대부분의 교단은 "성부와 성자와 성령의 이름으로" 세례를 베푸는데, 이는 예수가 승천하기 전에 마지막으로 남긴 명령으로 전해지는 '지상명령'에 따른 것이다. 그러나 단일오순절교에서는 오직 성자 예수의 이름만으로 세례를 준다. 2010년 기준 절반 이상의 기독교도들은 믿는 가정에서 태어난 아이에게 유아세례를 베푸나, 침례교와 재세례파 등의 교단에서는 본인의 믿음으로 받는 세례만이 유효하다고 본다. 동방 정교회와 오리엔트 정교회의 경우 세례를 받은 이들에게 십자가 목걸이를 주어 평생동안 착용하도록 하는데, 이는 제3차 콘스탄티노폴리스 공의회에서 영감을 받은 것이다.

마르코 복음서 12장

天聲

포도밭 소작인의 비유 마태 21,33-46; 루카 20,9-19

1 예수님께서 그들에게 비유를 들어 말씀하기 시작하셨다. "어떤 사람이 포도밭을
일구어 울타리를 둘러치고 포도 확을 파고 탑을 세웠다. 그리고 소작인들에게 내
주고 멀리 떠났다.
2 포도 철이 되자 그는 소작인들에게 종 하나를 보내어, 소작인들에게서 포도밭 소
출의 얼마를 받아 오라고 하였다.
3 그런데 소작인들은 그를 붙잡아 매질하고서는 빈손으로 돌려보냈다.
4 주인이 그들에게 다시 다른 종을 보냈지만, 그들은 그 종의 머리를 쳐서 상처를 입
히고 모욕하였다.
5 그리고 주인이 또 다른 종을 보냈더니 그 종을 죽여 버렸다. 그 뒤에 또 많은 종을
보냈지만 더러는 매질하고 더러는 죽여 버렸다.
6 이제 주인에게는 오직 하나, 사랑하는 아들만 남았다. 그는 마지막으로 '내 아들이
야 존중해 주겠지.' 하며 그들에게 아들을 보냈다.
7 그러나 소작인들은 '저자가 상속자다. 자, 저자를 죽여 버리자. 그러면 이 상속 재
산이 우리 차지가 될 것이다.' 하고 저희끼리 말하면서,
8 그를 붙잡아 죽이고는 포도밭 밖으로 던져 버렸다.
9 그러니 포도밭 주인은 어떻게 하겠느냐? 그는 돌아와 그 소작인들을 없애 버리고
포도밭을 다른 이들에게 줄 것이다.
10 너희는 이 성경 말씀을 읽어 본 적이 없느냐? '집 짓는 이들이 내버린 돌 그 돌이
모퉁이의 머릿돌이 되었네.
11 이는 주님께서 이루신 일 우리 눈에 놀랍기만 하네.'"

12 그들은 예수님께서 자기들을 두고 이 비유를 말씀하신 것을 알아차리고 그분을
붙잡으려고 하였으나 군중이 두려워 그분을 그대로 두고 떠나갔다.

황제에게 세금을 내는 문제 마태 22,15-22; 루카 20,20-26

13 그 뒤에 그들은 예수님께 말로 올무를 씌우려고, 바리사이들과 헤로데 당원 몇 사
람을 보냈다.
14 그들이 와서 예수님께 말하였다. "스승님, 저희는 스승님께서 진실하시고 아무도 꺼
리지 않으시는 분이라는 것을 압니다. 과연 스승님은 사람을 그 신분에 따라 판단
하지 않으시고, 하느님의 길을 참되게 가르치십니다. 그런데 황제에게 세금을 내는
것이 합당합니까, 합당하지 않습니까? 바쳐야 합니까, 바치지 말아야 합니까?"
15 예수님께서는 그들의 위선을 아시고 그들에게 말씀하셨다. "너희는 어찌하여 나를
시험하느냐? 데나리온 한 닢을 가져다 보여 다오."
16 그들이 그것을 가져오자 예수님께서, "이 초상과 글자가 누구의 것이냐?" 하고 물으
셨다. 그들이 "황제의 것입니다." 하고 대답하였다.
17 이에 예수님께서 그들에게 이르셨다. "황제의 것은 황제에게 돌려주고, 하느님의
것은 하느님께 돌려 드려라." 그들은 예수님께 매우 감탄하였다.

부활 논쟁 마태 22,23-33; 루카 20,27-40

18 부활이 없다고 주장하는 사두가이들이 예수님께 와서 물었다.
19 "스승님, 모세는 '어떤 사람의 형제가 자식 없이 아내만 두고 죽으면, 그 사람이 죽
은 이의 아내를 맞아들여 형제의 후사를 일으켜 주어야 한다.'고 저희를 위하여 기
록해 놓았습니다.
20 그런데 일곱 형제가 있었습니다. 맏이가 아내를 맞아들였는데 후사를 남기지 못하
고 죽었습니다.
21 그래서 둘째가 그 여자를 맞아들였지만 후사를 두지 못한 채 죽었고, 셋째도 그러
하였습니다.
22 이렇게 일곱이 모두 후사를 남기지 못하였습니다. 맨 마지막으로 그 부인도 죽었
습니다.

23 그러면 그들이 다시 살아나는 부활 때에 그 여자는 그들 가운데 누구의 아내가 되
겠습니까? 일곱이 다 그 여자를 아내로 맞아들였으니 말입니다."
24 예수님께서 그들에게 이르셨다. "너희가 성경도 모르고 하느님의 능력도 모르니까
그렇게 잘못 생각하는 것이 아니냐?
25 사람들이 죽은 이들 가운데에서 다시 살아날 때에는, 장가드는 일도 시집가는 일
도 없이 하늘에 있는 천사들과 같아진다.
26 그리고 죽은 이들이 되살아난다는 사실에 관해서는, 모세의 책에 있는 떨기나무
대목에서 하느님께서 모세에게 어떻게 말씀하셨는지 읽어 보지 않았느냐? '나는
아브라함의 하느님, 이사악의 하느님, 야곱의 하느님이다.' 하고 말씀하셨다.
27 그분께서는 죽은 이들의 하느님이 아니라 산 이들의 하느님이시다. 너희는 크게 잘
못 생각하는 것이다."

가장 큰 계명 마태 22,34-40; 루카 10,25-28

28 율법 학자 한 사람이 이렇게 그들이 토론하는 것을 듣고 있다가 예수님께서 대답
을 잘하시는 것을 보고 그분께 다가와, "모든 계명 가운데에서 첫째가는 계명은 무
엇입니까?" 하고 물었다.
29 예수님께서 대답하셨다. "첫째는 이것이다. '이스라엘아, 들어라. 주 우리 하느님은
한 분이신 주님이시다.
30 그러므로 너는 마음을 다하고 목숨을 다하고 정신을 다하고 힘을 다하여 주 너의
하느님을 사랑해야 한다.'
31 둘째는 이것이다. '네 이웃을 너 자신처럼 사랑해야 한다.' 이보다 더 큰 계명은
없다."
32 그러자 율법 학자가 예수님께 말하였다. "훌륭하십니다, 스승님. '그분은 한 분뿐 이
시고 그 밖에 다른 이가 없다.' 하시니, 과연 옳은 말씀이십니다.
33 또 '마음을 다하고 생각을 다하고 힘을 다하여 그분을 사랑하는 것'과 '이웃을 자
기 자신처럼 사랑하는 것'이 모든 번제물과 희생 제물보다 낫습니다."

34 예수님께서는 그가 슬기롭게 대답하는 것을 보시고 그에게, "너는 하느님의 나라
에서 멀리 있지 않다." 하고 이르셨다. 그 뒤에는 어느 누구도 감히 그분께 묻지 못
하였다.

다윗의 자손이시며 주님이신 예수 그리스도 마태 22,41-46; 루카 20,41-44

35 예수님께서는 성전에서 가르치시며 말씀하셨다. "어찌하여 율법 학자들은 메시아
가 다윗의 자손이라고 말하느냐?
36 다윗 자신이 성령의 도움으로 말하였다. '주님께서 내 주님께 말씀하셨다. '내 오른
쪽에 앉아라, 내가 너의 원수들을 네 발아래 잡아 놓을 때까지.'
37 이렇듯 다윗 스스로 메시아를 주님이라고 말하는데, 어떻게 메시아가 다윗의 자손
이 되느냐?" 많은 군중이 예수님의 말씀을 기쁘게 들었다.

율법 학자들을 조심하여라 마태 23,1-36; 루카 20,45-47

38 예수님께서는 가르치시면서 이렇게 이르셨다. "율법 학자들을 조심하여라. 그들은
긴 겉옷을 입고 나다니며 장터에서 인사받기를 즐기고,
39 회당에서는 높은 자리를, 잔치 때에는 윗자리를 즐긴다.
40 그들은 과부들의 가산을 등쳐 먹으면서 남에게 보이려고 기도는 길게 한다. 이러
한 자들은 더 엄중히 단죄를 받을 것이다."

가난한 과부의 헌금 루카 21,1-4

41 예수님께서 헌금함 맞은쪽에 앉으시어, 사람들이 헌금함에 돈을 넣는 모습을 보
고 계셨다. 많은 부자들이 큰돈을 넣었다.
42 그런데 가난한 과부 한 사람이 와서 렙톤 두 닢을 넣었다. 그것은 콰드란스 한 닢
인 셈이다.
43 예수님께서 제자들을 가까이 불러 이르셨다. "내가 진실로 너희에게 말한다. 저 가
난한 과부가 헌금함에 돈을 넣은 다른 모든 사람보다 더 많이 넣었다.

44 저들은 모두 풍족한 데에서 얼마씩 넣었지만, 저 과부는 궁핍한 가운데에서 가진 것을, 곧 생활비를 모두 다 넣었기 때문이다."

1 He then began to speak to them in parables: "A man planted a vineyard. He put a wall around it, dug a pit for the winepress and built a watch-tower. Then he rented the vineyard to some farmers and went away on a journey.

2 At harvest time he sent a servant to the tenants to collect from them some of the fruit of the vineyard.

3 But they seized him, beat him and sent him away empty-handed.

4 Then he sent another servant to them; they struck this man on the head and treated him shamefully.

5 He sent still another, and that one they killed. He sent many others; some of them they beat, others they killed.

6 "He had one left to send, a son, whom he loved. He sent him last of all, saying, 'They will respect my son.'

7 "But the tenants said to one another, 'This is the heir. Come, let's kill him, and the inheritance will be ours.'

8 So they took him and killed him, and threw him out of the vineyard.

9 "What then will the owner of the vineyard do? He will come and kill those tenants and give the vineyard to others.

10 Haven't you read this scripture: "'The stone the builders rejected has become the capstone;

11 the Lord has done this, and it is marvelous in our eyes'?"

12 Then they looked for a way to arrest him because they knew he had spoken the parable against them. But they were afraid of the crowd; so they left him and went away.

13 Later they sent some of the Pharisees and Herodians to Jesus to catch him in his words.

Vox populi, vox Dei.

14 They came to him and said, "Teacher, we know you are a man of integri-
ty. You aren't swayed by men, because you pay no attention to who they
are; but you teach the way of God in accordance with the truth. Is it right
to pay taxes to Caesar or not?

15 Should we pay or shouldn't we?" But Jesus knew their hypocrisy. "Why
are you trying to trap me?" he asked. "Bring me a denarius and let me
look at it."

16 They brought the coin, and he asked them, "Whose portrait is this? And
whose inscription?" "Caesar's," they replied.

17 Then Jesus said to them, "Give to Caesar what is Caesar's and to God
what is God's." And they were amazed at him.

18 Then the Sadducees, who say there is no resurrection, came to him with
a question.

19 "Teacher," they said, "Moses wrote for us that if a man's brother dies and
leaves a wife but no children, the man must marry the widow and have
children for his brother.

20 Now there were seven brothers. The first one married and died without
leaving any children.

21 The second one married the widow, but he also died, leaving no child. It
was the same with the third.

22 In fact, none of the seven left any children. Last of all, the woman died
too.

23 At the resurrection whose wife will she be, since the seven were married
to her?"

24 Jesus replied, "Are you not in error because you do not know the Scrip-
tures or the power of God?

25 When the dead rise, they will neither marry nor be given in marriage;
they will be like the angels in heaven.

26 Now about the dead rising—have you not read in the book of Moses, in the account of the bush, how God said to him, 'I am the God of Abraham, the God of Isaac, and the God of Jacob'?

27 He is not the God of the dead, but of the living. You are badly mistaken!"

28 One of the teachers of the law came and heard them debating. Noticing that Jesus had given them a good answer, he asked him, "Of all the commandments, which is the most important?"

29 "The most important one," answered Jesus, "is this: 'Hear, O Israel, the Lord our God, the Lord is one.

30 Love the Lord your God with all your heart and with all your soul and with all your mind and with all your strength.'

31 The second is this: 'Love your neighbor as yourself.' There is no commandment greater than these."

32 "Well said, teacher," the man replied. "You are right in saying that God is one and there is no other but him.

33 To love him with all your heart, with all your understanding and with all your strength, and to love your neighbor as yourself is more important than all burnt offerings and sacrifices."

34 When Jesus saw that he had answered wisely, he said to him, "You are not far from the kingdom of God." And from then on no one dared ask him any more questions.

35 While Jesus was teaching in the temple courts, he asked, "How is it that the teachers of the law say that the Christ is the son of David?

36 David himself, speaking by the Holy Spirit, declared: "'The Lord said to my Lord: "Sit at my right hand until I put your enemies under your feet."'

37 David himself calls him 'Lord.' How then can he be his son?" The large crowd listened to him with delight.

38 As he taught, Jesus said, "Watch out for the teachers of the law. They like to walk around in flowing robes and be greeted in the marketplaces,

Vox populi, vox Dei.

39 and have the most important seats in the synagogues and the places of
honor at banquets.
40 They devour widows' houses and for a show make lengthy prayers. Such
men will be punished most severely."
41 Jesus sat down opposite the place where the offerings were put and
watched the crowd putting their money into the temple treasury. Many
rich people threw in large amounts.
42 But a poor widow came and put in two very small copper coins,worth
only a fraction of a penny.
43 Calling his disciples to him, Jesus said, "I tell you the truth, this poor wid-
ow has put more into the treasury than all the others.
44 They all gave out of their wealth; but she, out of her poverty, put in ev-
erything—all she had to live on."

人語

마르코 복음서 12장 요약

악한 농부의 비유는 당시 이스라엘의 농경 풍습을 염두에 두어야 그 뜻을 잘 이해할 수 있다. 당시 이스라엘 지역의 상당수 농지가 외국인 소유로 되어 있었고, 유대인들은 그것을 차용하여 경작하였다. 그런데 소작료를 사이에 두고 양자 간에 빈번한 마찰이 발생하였다. 주님은 이 같은 당시 정황을 소재로 삼아서 상속자예수님를 죽이려는 유대인들의 사악한 음모와 그에 따른 심판을 경고하셨다. 세금 문제, 부활, 계명의 우선순위 등 사사건건 적대자들은 예수님을 올무에 빠뜨리려 했으나 주님은 그때마다 명쾌한 진리를 제시하심으로 그들의 입을 봉하셨다.

예수께서는 대제사장과 율법 학자들과 바리사이들에게 포도원의 비유를 말씀하셨다. 그 후에 바리사이들과 헤로데 당원과 사두가이들은 예수를 말의 올무에 걸어 넣기 위하여 몇 가지 질문을 시도한다. 세금 납부의 문제와 부활의 문제에 관하여 질문했으나 예수께서는 놀랍고도 지혜로운 답변을 제시하신다. 마지막으로 율법 학자 중 한 사람이 율법 중의 최고 계명이 무엇인가를 질문하자 예수께서는 하느님 사랑과 이웃 사랑이라고 대답하셨다. 모든 답변을 다 하신 후에 예수께서는 그들을 향해 질문하신다. 다윗이 그리스도를 주라고 고백했는데 어째서 그리스도가 다윗의 자손이 될 수 있겠느냐는 질문이었다. 그리고 예수께서는 외식하지 말 것을 경고했고, 한 과부의 초라한 헌금 속에 담긴 정성스런 마음을 칭찬해 주셨다.

본장에서 예수님은 여러 가지 면에서 우리에게 가르침을 주고 있다. 특히 지도

자들의 잘못, 종교와 정치의 다른 면 그리고 신앙 생활에 있어서 매우 중요한 내용들을 교훈하고 있다. 본장은 예루살렘 성전 정화 사건과 바로 다음 장의 예루살렘 멸망 예언 사이에서 교량적인 역할을 한다.

각 절 해석[1]

1-5절 포도원 주인은 하느님을, 포도원은 이스라엘 나라를, 농부들은 유대 지도자들을 비유했다. 때가 이르자 주인은 농부들에게 포도원 소출 얼마를 받으려고 한 종을 보내었다. '포도밭 소출'은 성도들의 선행의 열매를, 주인이 보낸 종은 선지자를 가리킨다. 하느님께서는 자기의 백성 이스라엘에게 선한 행위와 삶을 요구하셨고 보기를 원하셨다. 그러나 그들은 주인이 보낸 종을 잡아 심히 때리고 거저 보냈다. 유대 지도자들은 하느님의 보내신 종을 영접하지 않았고 하느님의 원하시는 선한 행위의 열매를 보이지 않았다. 주인은 다시 다른 종들을 보냈다. 그들은 그들에게 돌을 던지며 머리에 상처를 내고 모욕하였고 죽이기까지 하였다. 유대 지도자들은 악한 자들이었다. 교회가 타락하면 세상보다 더 악해지는 것 같다. 유대의 타락한 지도자들은 하느님을 대적하고 하느님의 참된 종들을 핍박하였다.

포도원 건설에 대한 상세한 설명은 이사야서 5장에서 온 것으로서 포도원은 이스라엘 백성들에게 잘 알려진 표상이었다. "내 친구를 위하여 나는 노래하리라, 내 애인이 자기 포도밭을 두고 부른 노래를. 내 친구에게는 기름진 산등성이에 포도밭이 하나 있었네. 땅을 일구고 돌을 골라내어 좋은 포도나무를 심었네. 그 가운데에 탑을 세우고 포도 확도 만들었네. 그러고는 좋은 포도가 맺기를 바랐는데 들포도를 맺었다네." 이사 5:1-2

주인은 추수 때가 되어 소작료로 그 과실을 받기 위해 종들을 차례로 그들에

1 김효성 목사, 마가복음 강해, 2023년 2월 1일 수정.

"하늘 나라는 자기 포도밭에서 일할 일꾼들을 사려고 이른 아침에 집을 나선 밭 임자와 같다. 그는 일꾼들과 하루 한 데나리온으로 합의하고 그들을 자기 포도밭으로 보냈다."(마태 20:1-2)

자료: wol.jw.org

게 보냈다. 그러나 그들은 난폭한 행동으로 종들을 때렸고 마지막 종은 죽였다. 하느님은 이스라엘의 회개와 의로움의 열매를 거두기 위하여 몇 번이고 거듭 많은 선지자들을 보냈지만 그들은 능욕을 당하고 상처를 당하고 죽임을 당했다.

6절 선지자들을 학대한 자들이 그리스도 자신을 학대하였음은 이상한 일이 아니다. 하느님은 마침내 그 사랑하는 아들을 그들에게 보내셨다. 하느님께서 그 아들을 보내신 것은 더욱 큰 하느님의 사랑이다. 마치 야곱이 요셉을 그 형들에게 보내신 것처럼 말이다창세 37:14. 그들의 주께서 사랑하는 자를 그들도 사랑하고 존경하는 것이 바람직한 일이다.[2]

이 비유에서 예수께서는 자신이 하느님께서 마지막으로 보내신 그의 사랑하는 아들임을 증거하셨다. 그는 선지자들과 다르신, 하느님의 아들이시다. 히브리인들에게 보낸 서간 1:1-2는, "하느님께서 예전에는 예언자들을 통하여 여러 번에 걸

2 메튜 헨리 주석, 마가복음 12장.

쳐 여러 가지 방식으로 조상들에게 말씀하셨지만, 이 마지막 때에는 아드님을 통하여 우리에게 말씀하셨습니다. 하느님께서는 아드님을 만물의 상속자로 삼으셨을 뿐만 아니라, 그분을 통하여 온 세상을 만들기까지 하셨습니다."라고 말하였다. 예수 그리스도께서는 하느님께서 최후로 주신 특별계시이시다. 그로 말미암아 하느님의 뜻이 충분히 증거되었다. 예수 그리스도와 그가 세우신 사도들을 통해 하느님의 특별계시들은 충족히 기록되었다.

7-9절 그 농부들은 참으로 악하고 배은망덕한 사람들이었다. 이 비유는 예수님 자신의 죽음을 예언한 것이다. 예수께서는 유대 지도자들의 손에 죽임을 당하실 것이다. 그 유대인들의 행위는 사람들의 무지와 배은망덕의 극치이며 종교적 부패, 교회의 부패의 극치일 것이다.

포도원 주인은 어떻게 하겠는가? 그는 와서 그 농부들을 다 죽이고 포도원을 다른 사람들에게 줄 것이다. 이 말씀은 주후主後 70년에 있었던 예루살렘 멸망을 암시하는 것 같다. 이스라엘 백성은 메시아를 죽인 죄에 대한 큰 대가를 받을 것이다. 또 구약교회는 이제 선한 열매를 맺는 자들에게 넘겨질 것이다. 그들이 유

"소작인들은 그를 붙잡아 매질하고서는 빈손으로 돌려보냈다."(마르 12:3)

자료: www.jw.org

대인들이나 이방인들 중에서 하느님의 은혜로 부르심을 받은 자들, 곧 신약교회이다.

소작인들은 그 아들이 상속자인 것을 알고 음모를 꾸며 그를 죽여서 포도원 밖으로 던져 버렸다. 그 당시 팔레스타인에서는 땅의 일부분이 어떤 기간 내에 상속에 대한 요구가 없는 주인 없는 재산이 될 때에는 그것을 먼저 주장하는 자가 합법적으로 그 땅을 소유할 수 있었다. 그래서 소작인들은 만약 하나밖에 없는 아들을 죽여 버린다면 포도원을 자기네들이 차지할 수 있을 것이라고 생각했던 것이다.

예수의 수사적인 질문은 그 주인이 어떤 행동을 했겠는가를 결정하는 데 청중들을 함께 참여하도록 유도했다. 주인의 아들을 배척하는 것은 실제로 주인을 배척하는 것이었다. 그래서 주인은 강한 권한을 갖고 와서 악한 소작인들을 죽인 후에 포도원을 다른 사람에게 주어 버릴 것이다. 예수에 대한 배척은 하느님 자신에 대한 배척이다. 이것은 필연적으로 이스라엘에 대한 하느님의 심판을 가져오게 되었고 그들의 특권을 다른 사람들에게 일시적으로나마 넘겨주게 되었다.

10-11절 그리스도의 고귀함에 대한 그들의 반대가 그에 대하여 장애가 되지 않는다. "집 짓는 이들이 내버린 돌 그 돌이 모퉁이의 머릿돌이 되었네." 그들이 "저들의 오랏줄을 끊어 버리고 저들의 사슬을 벗어 던져 버리자."시편 2:3는 계교에도 불구하고 하느님께서는 그리스도를 "나의 거룩한 산 시온 위에 내가 나의 임금을"시편 2:6 세우실 것이다. 그리고 온 세상이 이것을 유대인들에게는 공의로써 이방인들에게는 긍휼하심으로써 행해지는 여호와의 일로 보게 되고 시인하게 될 것이다. 그리스도를 존귀하게 하심도 그리고 그곳에 보좌를 정하심도 여호와의 행하심이다. 그리고 그 일이 이루어질 때에 우리의 눈에 기이하게 보이는 것이다.[3]

[3] 메튜 헨리 주석, 마가복음 12장.

Vox populi, vox Dei.

"집 짓는 이들이 내버린 돌 그 돌이 모퉁이의 머릿돌이 되었네."(마르 12:10)

자료: egloos.zum.com

집 짓는 이들은 유대 지도자들을 가리킨다. 유대 지도자들에게 버림받은 예수 그리스도께서는 신약교회의 머릿돌이 되셨다. 구약교회의 지도자들에 의하여 십자가에 죽임 당하신 예수 그리스도께서는 인류의 구주와 교회의 기초가 되셨다. 즉 코린토 신자들에게 보낸 첫째 서간 3:11에 "아무도 이미 놓인 기초 외에 다른 기초를 놓을 수 없기 때문입니다. 그 기초는 예수 그리스도이십니다."라고 말하고 있다. 이것은 하느님으로 말미암은 것이요 사람들의 눈에 기이한 일이다. 하느님께서는 사람들의 가장 극악한 행위를 인류의 구원이 되게 하신 것이다.

12절 하느님이 정하신 때까지는 아무도 그를 해칠 수 없을 것이다. 우리는 우리를 해치려는 악한 자들을 두려워하지 말고 우리 생명을 오직 하느님께 의탁하며 살면 될 것이다. 그러나 보화를 보화로 알지 못하는 저 무지한 죄인들은 참으로 불쌍한 자들이다. 살아계신 하느님을 경외하고 그의 뜻을 이해하고 순종하며 그가 세상을 위해 가장 복된 선물로 주신 그의 아들 예수 그리스도를 영접했어야 할 그들이 도리어 그를 잡아죽이려 하니 참으로 불쌍한 자들일 뿐인 것이다.

산헤드린[4] 을 대표하던 그들은 예수께서 그 비유를 자기들에 대해서 말씀하신 것이라는 것을 깨닫고 그를 체포하려고 하였다. 그러나 흥분하기 쉬운 유월절 무리를 두려워하여 예수를 홀로 버려두고 떠나갔다. 예수의 대적자들이 이 비유를 알게 되었다는 사실은 하나의 새로운 발전이며 그의 진정한 정체의 비밀을 자신하여 공공연하게 선언하심으로써 예수의 주권을 암시해 주는 것이다.

13-16절 그리스도의 피에 목마른 그리스도의 대적자들은 그가 그들에게 한 말에서 책잡을 기회를 찾지 못하자 그에게 나와 질문을 함으로써 그를 올무에 빠뜨리려 한 것이다. 우리는 여기에서 그들이 가이사에게 세금을 내는 일의 적부에 대하여 그리스도를 시험하는 것을 본다. 우리는 이 사실을 마태오 복음서 22장 15절에서 살펴본 바가 있다. 그들이 기용한 사람들은 바리사이들과 헤로데당에 속한 사람들이었다. 그들은 이 문제에 대하여 서로 다른 견해를 가지고 있었으나 그리스도를 대적하는 일에 있어서는 서로 협조했던 것이다.[5]

유대 지도자들은 예수님의 말씀에서 흠을 잡으려고 바리사이들과 헤로데 당원들 중에서 사람들을 보냈다. 예수님의 교훈은 악한 위선자들에게 눈의 가시와 같았다. 그러므로 그들은 예수님을 미워했고 그를 잡아죽이려 하였다. 바리사이들은 형식적으로는 경건함을 추구했고 정치이념에 있어서는 반反로마적이었으나 헤로데 당원들은 로마 황제가 세운 헤로데 왕을 지지하며 친親로마적이었다고 보인다.

그들은 예수께 와서 말했다. "스승님, 저희는 스승님께서 진실하시고 아무도 꺼리지 않으시는 분이라는 것을 압니다. 과연 스승님은 사람을 그 신분에 따라 판단하지 않으시고, 하느님의 길을 참되게 가르치십니다." 예수께서는 참되시고 사람을 외모로 보지 않으시고 진리로 하느님의 말씀을 가르치셨다. 그러나 저 악한 자들은 예수님께 이 말을 진실한 고백이 아니고 그를 시험하는 수단으로 사용하

4 산헤드린(sanhderin, 모여 앉는다)은 모든 유대의 도시에 유대교 법에 의해 세워진 23명의 판관들의 모임이다. 로마제국에서는 반(反)로마투쟁을 하지 않는다면, 식민지의 종교와 자치활동을 인정했으므로 고대 이스라엘 사회에서 산헤드린 의회는 영향력이 있는 집단이었다.

5 메튜 헨리 주석, 마가복음 12장.

Vox populi, vox Dei.

였다. 그들은 황제에게 세금을 바치는 것이 옳은지 그른지에 대해 물었다. 예수께서는 그들의 위선적임을 아셨다. 만일 그가 옳다고 말하면 그들은 아마 그를 친親로마파로 몰아 반로마적 정서를 가진 대중들과 대립시키려 할지도 모른다. 반대로, 만일 그가 옳지 않다고 말하면 그들은 아마 그를 반反로마파로 몰아 로마법을 어기고 황제를 대적하는 자로 고발하려 할 것이다.

사람이 궁지에서 범죄를 저지르지 않는 길은 하느님 앞에서만 살고 사람의 낯을 두려워하지 않고 눈앞의 이익이나 세속적 명예에 연연하지 않으며 하느님의 진리대로만 전진하는 것일 것이다. 비록 그것이 죽음의 길이라 해도, 그것은 실패가 아니고 승리이다. 예수께서는 항상 그러하셨다. 우리도 그를 본받아야 한다.

예수께서는 데나리온 하나를 보이게 하신 후 "이 초상과 글자가 누구의 것이냐?" 하고 말씀하시니 그들은 황제의 것이라고 대답했다. 당시에는 주로 세 종류의 돈이 사용되었다고 한다. 첫째는 유대인의 동전이고 둘째는 헬라인의 은전이고 셋째는 로마인의 은전이었다. 당시의 데나리온 은전에는 디베료Tiberius 황제의 얼굴과 이름이 새겨져 있었다. 그 은전을 사용한다는 것은 유대인들이 로마 황제 가이사의 통치 아래 있음을 의미하였다. 황제의 통치권은 부정할 수 없는 현실이었다. 그것은 하느님의 섭리 가운데 주신 현실이었다.

17절 황제가 새겨진 화폐를 사용한다는 것은 그것이 나타내고 있는 권위와 정부의 유익을 인정한다는 것이고 결국 세금을 내야 할 의무가 있다는 것을 인정하는 것이었다. 그래서 예수는 황제의 것은 황제에게 주라고 선언하셨다. 이 세금은 황제의 돈을 사용했다는 데 대한 빚이며 그가 통치함으로써 백성들이 유익을 보았음으로 내는 빚이었다. 예수의 하느님의 것은 하느님께 바치라고 한 것은 성전 세를 언급한 것이기도 하지만 황제를 신성시하는 데 대한 저항이기도 하였다. 즉 황제가 신적인 영예와 숭배를 결코 받아서는 안 된다는 것이다. 하느님께만 영광과 예배를 드려야 한다.[6]

6 호크마 주석, 마가복음 12장.

예수님께서 그들에게 이르셨다. "황제의 것은 황제에게 돌려주고, 하느님의 것은 하느님께 돌려 드려라."(마르 12:17)

자료: m.mariasarang.net

Vox populi, vox Dei.

예수께서는 유대인들이 로마 돈을 사용하고 있듯이 로마 나라에 대한 세금의 의무도 합당하다고 말씀하셨다. 이 말씀은 그리스도인이 세속국가[7]에 대해 어떤 태도를 가져야 할지도 보여준다.

첫째로, 그리스도인은 하느님께서 주신 세속국가의 역할이 있음을 인정해야 한다. 국가와 교회는 활동영역이 다르다. 국가와 그 통치자의 역할이 있다. 국가가 교회를 압제하고 핍박해서도 안 되지만, 교회가 국가를 지배하려 해서도 안 된다. 중세시대에 교황들이 세속국가의 황제들을 힘으로 지배하려고 한 것은 잘못이었다. 주께서는 "내 나라는 이 세상에 속하지 않는다. 내 나라가 이 세상에 속한다면, 내 신하들이 싸워 내가 유다인들에게 넘어가지 않게 하였을 것이다. 그러나 내 나라는 여기에 속하지 않는다."라고 말씀하셨다요한 18:36.

둘째로, 그리스도인은 자신이 속한 세속국가의 일들에 협력해야 한다. 우리는 조국을 사랑하고 기도해야 하며, 국가의 법이 하느님의 법을 어기지 않는 한, 그

7 세속국가(世俗國家)는 종교국가의 반대말로, 국가가 공식적으로 종교 문제에 관하여 중립을 유지하는 국가를 말한다. 중립이라 함은 특정 종교의 믿음과 그에 따른 신도들의 행동에 대하여 국가가 공식적으로 지지 혹은 반대를 표명하지 않으며 어떠한 형태로도 국가 내지는 정부가 특정 종교에 치우치지 않고 행정을 펴는 것을 말한다. 현재 지구상의 국가 중 아랍권을 제외한 대부분의 나라들이 이 제도를 채택하고 있으며, 국교는 일반적으로 없거나, 있어도 종교의 자유를 대부분 헌법에 명시하고 있다.

법을 지켜야 한다. 국가가 정한 세금도 정직하게 내야 한다. 사도 바오로는 국가의 통치자들을 '하느님의 사자' 혹은 '하느님의 일꾼'이라고 불렀고 그들에게 복종해야 한다고 말하였다. 규정된 세금도 내야 한다고 교훈하였다로마 13:1, 4, 6, 7. 사도 베드로도 "주님을 생각하여, 모든 인간 제도에 복종하십시오. 임금에게는 주권자이므로 복종하고, 총독들에게는, 악을 저지르는 자들에게 벌을 주고 선을 행하는 이들에게 상을 주도록 임금이 파견한 사람이므로 복종하십시오."라고 교훈했다1베드 2:13-14.

다른 한편, "하느님의 것은 하느님께 돌려 드려라."는 말씀은 하느님께서 천지만물의 주인 되심을 인정하고 성경에 교훈된 헌금들을 드려야 할 것을 말한다. 우리의 모든 것이 하느님의 것이므로 우리는 소득의 십일조 이상과 감사헌금을 즐거이 하느님께 드려야 한다.

18절 당시의 합리주의자들이었던 사두가이들이 여기에서 우리 주 예수를 공격하였다. 이들은 율법 학자들과 바리사이들과 대제사장들과 같이 예수에 대하여 어떤 악의적인 목적으로 질문한 것 같지는 않다. 그들은 고집쟁이나 핍박자들은 아니었으나 회의주의자들이며 불신앙자들이다. 그리고 그들의 계획은 그리스도께서 가르치는 교리를 전파하지 못하게 하려는 데 있는 것 같다. 그들은 부활이나 영계나 사후의 어떤 상급이나 형벌 등을 부인하였다.[8]

부활이 없다고 하는 사두가이들이 예수께 와서 물었다. '부활'은 죽은 몸이 다시 살아나는 것을 말한다. 오늘날 많은 사람들은 몸의 부활을 믿지 않고, 부활을 정신적 개념 정도로 이해하려고 한다. 그러나 그것은 성경이 말하는 부활의 개념이 아니다. 성경에서 부활은 죽은 몸의 부활을 의미한다. 예수님 당시 제사장들은 사두가이들이었다고 본다. 유대인 공회 회원들의 한 부류는 바리사이들이었고 다른 한 부류는 사두가이들이었다사도 23:6. 사두가이들은 부활을 믿지 않았다.

8 메튜 헨리 주석, 마가복음 12장.

사도행전 23:8에 보면, 사두가이들은 부활도 없고 천사도 없고 영도 없다 하였고, 바리사이들은 다 있다고 하였다. 사두가이들은 당시 자유주의자들이었다. 그러나 그들은 모세 오경을 믿었다는 점에서 오늘날 자유주의자보다는 보수적이었다. 오늘날 자유주의 신학자들은 성경을 믿지 않는 불신앙자이며 적그리스도의 영을 가진 이단들이다.

19절 그들이 그리스도를 함정에 빠뜨리려고 하던 방법들을 살펴보자. 그들은 형이 자손이 없이 죽으면 그 동생이 과부인 형수를 취하여 후사를 세우지 않으면 안 된다는 율법을 인용하여 질문하였다.[9]

사두가이들은 예수님을 '스승님'이라고 불렀다. 그것은 '주님'이라는 호칭보다 낮은 호칭이었다. 그들은 수혼嫂婚, levirate 제도라고 불리는 구약의 법을 인용했다 신명 25:5-6. 그것은, 형이 자식이 없이 죽었을 경우 동생이 형수와 결혼하여 첫아들은 형의 자손이 되게 하는 법이었다. 이것은 모세 이전부터 있었던 법이었다. 우리는 창세기 38장에서, 유다의 아들들, 엘과 오난과 셀라와, 유다의 며느리 다말과의 관계에서 그 예를 본다. 수혼법은 이스라엘 지파들의 보존을 위한 규정이었고, 이스라엘 지파들의 보존은 메시아께서 유다 지파를 통해 오실 것이라는 약속의 성취를 위해 필요하였다고 본다.

20-23절 일곱 형제의 이야기가 실제적 사실이었는지 가상적 이야기이었는지 알 수 없지만, 사두가이들은 이 기발한 이야기를 가지고 예수님의 생각을 시험하려 했다. 그러나 사람의 최선의 질문이 하느님 앞에서는 어리석은 질문에 불과하다. 사람이 하느님을 믿고 하느님의 말씀인 성경을 믿는 것이 가장 지혜로운 일이다.

9 메튜 헨리 주석, 마가복음 12장.

"부활 때에 그 여자는 그 일곱 가운데 누구의 아내가 되겠습니까? 그들이 다 그 여자를 아내로 맞아들였으니 말입니다." (마태 22:28)

자료: blog.naver.com

사두가이들은 자식 없이 죽어 버린 7형제에 관한 이야기를 꾸며냈다. 사두가이들은 분명히 부활 신앙을 믿고 있지 않으면서도 부활했을 때에 과연 그 여자는 누구의 아내가 되어야 하느냐? 라고 물었다.

24절 긍정적인 대답을 기대하는 두 가지 반문을 하시면서 예수는 왜 그들의 생각이 잘못되었는지를 두 가지 이유로 말씀하셨다. 먼저 그들은 성경을 잘못 이해했다는 것이다. 두 번째로는 그들은 죽음을 극복하시고 생명을 주시는 하느님이 능력을 알지 못했다는 것이다. 그래서 예수께서는 먼저 두 번째 이유와 더불어 그 첫 번째 이유를 각각 보충 설명하였다.[10]

부활을 부정하는 사두가이들은 성경도, 하느님의 능력도 알지 못하므로 오해한 자들이었다. 몸의 부활은 하느님께서 성경에 가르치신 진리들에 맞으며 하느님께서 능히 하실 수 있는 바이다. 죽음의 원인은 죄이다. 죽음은 하느님의 창조

10 호크마 주석, 마가복음 12장.

의 질서 속에 있지 않았다. 그것은 외부 침입자와 같았다. 사람은 범죄함으로 죽게 되었다. 그러므로 죄씻음이 있으면 부활도 당연히 있을 것이다. 우리가 죄사함과 의롭다 하심을 믿는다면 죽은 자의 부활도 믿을 수 있고 믿어야 한다.

또 사람의 영혼은 불멸적이다. 거기에 사람의 가치가 있고 또 두려운 점도 있다. 하느님께서 사람을 불멸적 영혼을 가진 자로 만드셨다는 사실은 부활체의 사람을 예상케 한다. 또 하느님의 마지막 심판은 반드시 있을 것이다. 극악한 악인이 자살함으로써 모든 것이 끝난다면 이 세상에서 공의가 어디에 있겠는가! 이 세상에서 공의가 확립되려면 죽은 자들의 부활과 마지막 심판이 반드시 있어야 한다. 하느님의 엄격한 공의는 특히 악한 자들의 부활을 필요로 하는 것이다.

또한 하느님께서는 죽은 자를 능히 살리실 수 있는 자이시다. 사람들이 부활을 믿지 못하는 이유는 그것이 불가능하다고 생각하기 때문이다. 그러나 말씀으로 천지만물을 창조하신 하느님께는 능치 못할 일이 없으시다. 하느님께는 부활의 능력이 있다. 신명기 32:39, "이제 너희는 보아라! 나, 바로 내가 그다. 나 말고는 하느님이 없다. 나는 죽이기도 하고 살리기도 한다. 나는 치기도 하고 고쳐 주기도 한다. 내 손에서 빠져나갈 자 하나도 없다." 사두가이들은 성경도, 하느님의 능력도 알지 못하므로 하느님의 진리를 오해하고 죽은 자들의 부활이 불가능하다고 생각하였다.

25절 사두가이들은 부활 후에도 결혼이 다시 시작되는 것으로 잘못 추측하고 있었다. 그러나 부활한 사람들의 삶에는 정혼도 결혼도 없다. 다만 하늘에 있는 천사들과 같이 그들은 하느님 앞에서 불멸의 존재가 될 것이다. 사두가이들은 하느님께서 죽음 후에 전적인 새로운 질서를 확립하실 것과 그와 관련된 눈에 보이는 모든 어려움을 해결하실 것을 알지 못했던 것이다. 간단히 말해서 그들의 질문은 부당한 것이다.[11]

11 호크마 주석, 마가복음 12장.

부활한 사람들이 하늘에 있는 천사들과 같다는 것은 사람이 천사들과 같이 영이 된다는 뜻이 아니다. 사람은 영과 육이 결합된 존재이며 이것이 사람의 사람다운 특징이다. '천사들과 같아진다'는 말은 단지 내세에서는 자녀 출산이 필요 없고 육신적 정욕도 없기 때문에 천사들과 같이 결혼의 필요성이 없다는 뜻이다. 천사들은 영이기 때문에 결혼이 없다. 이와 같이, 천국에서는 결혼이 없을 것이다.

사두가이들은 부활 후에도 결혼이 다시 시작되는 것으로 잘못 추측하고 있었다. 그러나 부활한 사람들의 삶에는 정혼도 결혼도 없다. 다만 하늘에 있는 천사들과 같이 그들은 하느님 앞에서 불멸의 존재가 될 것이다. 사두가이들은 하느님께서 죽음 후에 전적인 새로운 질서를 확립하실 것과 그와 관련된 눈에 보이는 모든 어려움을 해결하실 것을 알지 못했던 것이다. 간단히 말해서 그들의 질문은 부당한 것이다.

26-27절 사두가이들은 알지 못하여 부활에 대한 이해가 오경에는 없는 것으로 단언하였다. 그러나 예수는 긍정적인 대답을 기대하는 질문을 하시면서 모세의 책, 즉 모세 오경에 호소하셨다. 그리고 불붙는 가시나무 떨기에 대해서 말씀하셨다. 이 사건 속에서 하느님은 나는 아브라함의 하느님, 이삭과 야곱의 하느님이라고 확언하시면서 모세에게 자신의 신분을 밝히셨다. 그들은 비록 오래전에 죽었지만 그들은 여전히 살아 있으며, 약속을 지키는 하느님으로서 그들과 계속적으로 관계를 갖고 있다는 것을 의미하신 말씀이었다.[12]

'모세의 책'이라는 말은 주께서 구약성경의 처음 다섯 권의 책들이 하느님의 종 모세가 쓴 책임을 증거하신 것이며, 더욱이 '책'이라는 단수명사를 쓰신 것은 그 다섯 권의 책들이 한 권의 책으로 간주됨을 증거하셨다고 보인다. 오늘날 자유주의 신학자들은 모세오경[13]을 모세가 쓴 것이 아니라고 주장하지만, 주 예수께

12 호크마 주석, 마가복음 12장.

13 모세오경, 즉 토라는 히브리어로 '가르침'을 뜻하며, 기독교회에서는 구약이라 하는 성경에 앞부분의 5권인 『창세기』, 『탈출기』, 『레위기』, 『민수기』, 『신명기』를 일컫는다. 어지간한 아브라함 계통의 종교, 곧 유대교, 그리스도교, 이슬람교, 사마리아인 모두 공통적으로 인정하는 경전이다. 모세가 저술했다는 의미로 모세오경이라고 한다. 전통적인 모세 저자론은 중세 시기까지 거의 의심 없이 받아들여졌으며, 현재까지도 유대교 및 근본주의 기독교를 중심으로 유지되고 있다.

1830년쯤 독일에서 발견된 모세오경(토라)

자료: ko.wikipedia.org

서는 본문에서 모세오경의 모세 저작성과 신적 권위성을 증거하셨다. 우리는 성경을 의심하게 하는 사탄의 미혹에 빠져서는 안 된다. 우리는 모세오경의 모세 저작성을 비롯하여 성경의 권위를 확신해야 한다.

예수께서는 부활의 증거로서 단순히 구약의 한 구절을 인용하셨다. 그것은, 하느님께서 모세를 부르실 때 "나는 아브라함의 하느님, 이사악의 하느님, 야곱의 하느님이다."라고 말씀하신 것이다. 이 말씀은 얼른 보기에 부활과 상관없는 말씀처럼 보인다. 그러나 이 말씀의 참뜻은 예수께서 설명하신 바처럼 사람의 부활을 내포하는 말씀이다. 하느님께서는 죽은 자의 하느님이 아니요 산 자의 하느님이시라는 것이다. 아브라함과 이사악과 야곱은 이미 죽었지만, 결코 더 이상 존재하지 않는 자들이 아니다. 하느님께서는 과거의 기억 속에만 있는 자들의 하느님이 아니시다. 족장들의 불멸적 영혼들은 지금도 살아 있고 장차 부활하여 복된 사람들로 나타날 것이다. 죽은 자들의 부활은 창조주 하느님께서 사람들을 향하여 뜻하신 바이다.

이것은 죽으면 끝이라고 이해한 사두가이들의 이해대로 하느님은 죽은 자의 하느님이 아니라 산 자의 하느님이라는 것을 확증하는 것이라고 예수는 결론을 내렸다. 만일 그들이 죽은 후에도 살아 있지 않거나 죽음이 끝이라면 그는 진실하지 못한 하느님일 것이다. 그래서 하느님의 약속의 신실함이 바로 육체적 부활을 보증해 준다는 것을 함축하고 있다. 예수의 대답은 분명히 죽음 이후의 삶에 대

Vox populi, vox Dei.

한 사실을 확증한 것이었다. 이것은 육체적 부활도 있을 것이라는 것을 입증하기에 충분한 것이라고 그는 생각하였다. 마르코가 기록한 예수의 마지막 교훈은 그들이 부활과 죽음 후의 삶을 부인한 것이 얼마나 심각한 잘못이었는가를 강조하신 것이다.

28-31절 율법 학자 중 한 사람이 예수의 사두가이와의 변론을 듣고 그들에 대한 그의 훌륭한 답변에 매우 감명을 받았다. 이것은 그가 바리사이였음을 암시한다. 그는 율법 학자들 사이에 토론되던 주제에 대해 예수의 답변하는 솜씨를 평가하기 위하여 어떤 적대감이나 숨겨진 저의 없이 찾아왔다. 전통적으로 율법 학자들은 모세의 율법에 관한 613가지의 개별적인 율법365가지는 부정적인 것이요 248가지는 긍정적인 것이다.에 대해 말했다. 그들은 모든 율법이 구속력 있는 것으로 믿으면서도 더 무거운 것과 가벼운 법령을 구분하여 생각하였고 전체의 율법을 단 하나의 계명으로 요약하려는 시도를 하기도 하였다. 이러한 논쟁의 견지에서 이 율법 학자는 이 모든 율법 중에서 어느 계명이 가장 중요한 계명이냐고 물었던 것이다.

예수의 대답은 어느 것이 크냐 작으냐의 문제를 뛰어넘어 전체 율법을 요약해

"'네 이웃을 너 자신처럼 사랑해야 한다.' 이보다 더 큰 계명은 없다." (마르 12:31)

자료: m.catholictimes.org

주는 가장 중요한 계명으로 가는 것이었다. 주 너의 하느님을 사랑하라는 계명은 인격적으로, 포괄적으로, 그리고 전심으로 하느님께 자발적으로 헌신하여야 한다는 것을 요구한다. 마음, 뜻, 힘 등 반복되어 사용된 말들이 이 계명을 강조하고 있다. 히브리어 본문에는 뜻이라는 말이 언급되어 있지 않고 70인 역에서는 마음이라는 말이 생략되어 있다. 그러나 예수께서는 그 두 낱말을 모두 포함시켜서 계명의 본질을 포괄적으로 강조하고 있다. 다음으로 예수는 첫 번째의 계명과 분리할 수 없는 그리고 첫째 계명에 보충이 되는 두 번째 계명을 인용함으로써 이웃에 대한 헌신에 대해서 말씀하셨다. 자기 자신을 사랑하는 사람은 본질적으로 자신에 대한 관심을 가질 것이 아니라 다른 사람에 대해서도 똑같은 관심을 기울여야 할 것이다. 이 두 가지보다 더 큰 계명은 없다. 왜냐하면 전심으로 하느님을 사랑하고 이웃을 사랑하는 것은 율법과 선지자의 강령이기 때문이다. 그러므로 이 명령을 지키는 것은 다른 모든 것을 지키는 것이다.

32-34절 이 구절은 마르코에 독특한 것이다. 이 구절은 분명히 영적인 것과 예식적인 예배 사이의 관계와 싸우는 그의 독자들을 훈계한 것이었다. 율법학자는 예수의 답변이 정확함을 인정하였다. 그리고 예수를 뛰어난 선생으로 보았다. 신의 이름을 지나치게 존중하여 신의 이름을 불필요하게 사용하는 것을 피하는 전형적인 유대인의 관습에 따라 그는 하느님의 이름을 조심스럽게 피하면서 예수의 대답을 다시 표현하였다. 그 외에 다른 이가 없다는 말은 신명기 4:35에서 나온 말이다. 그는 또한 마음과 뜻에 대하여 그가 이해한 말로 대신했다. 그는 대담한 말을 했는데 사랑의 두 가지 명령은 모든 번제나 기타 제물보다 훨씬 더 중요한 것이다. 그는 현명하게 대답하였다. 그래서 예수는 네가 하느님의 나라에 멀지 않도다, 라는 선언을 하심으로써 그로 하여금 보다 더 깊은 생각을 하도록 유도하였다. 이 사람은 영적인 이해와 예수에 대한 개방적인 마음을 가진 사람이었다.[14]

14 호크마 주석, 마가복음 12장.

그 율법 학자는 예수님의 말씀에 동의하며 마음과 지혜와 힘을 다해 하나님을 사랑하며 이웃을 자기 몸과 같이 사랑하는 것이 모든 번제물이나 기타 제물보다 낫다고 말하였다. 그는 하나님과 계명에 대한 바른 지식을 가지고 있었다. 구약시대의 제사제도는 사람이 하나님의 계명들을 다 지키지 못한 죄악들에 대한 해결책으로 하나님께서 주신 은혜의 제도였다. 그것은 예수 그리스도의 속죄사역을 상징하였다. 우리는 주 예수 그리스도를 믿음으로 이미 죄사함과 의롭다 하심을 얻었다. 물론, 하나님의 계명들은 여전히 사람들의 생활 법칙이다. 그러므로 우리는 그 계명들을 지켜 바르고 선한 삶을 실천해야 한다. 그러므로 하나님을 사랑하고 이웃을 사랑하는 것은 하나님을 섬기는 그 어떤 외적 종교 형식들보다 더 중요하다. 예수께서는 그 율법 학자가 하나님의 나라에 멀지 않다고 칭찬하셨다.

35절 그 후에 성전에서 가르치실 때 기다리던 메시아를 그리고도 즉 승리의 구원자가 될 다윗의 자손이라고 말할 때 그 의미하는 바가 무엇이냐고 율법 학자들에게 예수께서는 물으셨다. 메시아가 다윗의 후손이라는 것은 구약 성경에 확고하게 그 기초를 둔 기본적인 유대인의 신앙이었다. 예수는 메시아가 다윗의 주라는 사실이 옳다고 덧붙였다. 율법 학자들의 견해도 옳은 것이었지만 불완전하였다. 성경의 견해는 바로 그들의 좁은 민족주의적인 희망보다 훨씬 더 넓은 견해를 가지고 있었다.[15]

예수께서는 사람으로 오셔서 사람들을 가르치셨다. 가르치심은 그가 하신 중요한 일이었다. 그것은 선지자의 사역이었다. 그는 참 선지자이셨다. '성전에서' 가르치셨다는 말은 '성전 뜰에서' 가르치셨다는 뜻이다. 그는 산에서도마태 5:1, 호숫가에서도마태 13:1, 이층방에서도마르 14:15, 또 성전 뜰에서도 가르치셨다.

율법 학자들은 그리스도를 다윗의 자손이라고 가르쳤다. 구약성경은 다윗의 자손 중에서 메시아가 나타날 것을 예언했다. 이것은 다윗에게 암시된 바였고2사

15 호크마 주석, 마가복음 12장.

무 7:12-17 여러 선지자들에게 계시된 바였다예레 23:5-6. 그러나 구약성경은 또한 메시아께서 신적 존재이심을 여러 곳에서 예언하였다. 메시아께서는 '전능하신 하느님' '영존하시는 아버지'라 불리었고개역개정 이사야 9:6 그의 근본이 태초로부터라고 예언되었다개역개정 미가 5:2. 그러나 율법 학자들은 메시아의 한 면만 알고 메시아께서 신적 존재일 것을 알지 못하고 있었던 것 같다.

36-37절 메시아가 다윗의 주라는 것을 입증하기 위하여 예수께서는 성령에 이끌리어 다윗 자신이 시편에 선포해 놓은 것을 인용하셨다. 이것은 분명히 이 시편이 다윗의 저작이며 하느님의 영감을 받았다는 사실을 지적한다. 공격할 수 없는 것은 다윗이 메시아를 주로 불렀다는 것이다. 이것은 다음과 같은 문제를 제기시켰다. 그러면 어떻게 그는메시아 그의다윗 자손이 될 수 있는가? 예수의 수사적인 질문은 청중들로 하여금 메시아가 다윗의 자손인 동시에 주라고 대답하지 않을 수 없도록 만들었다. 이것은 메시아가 하느님인 동시에 사람이라는 것을 강하게 암시한다. 그는 이 지상에서 미래의 다윗 왕국을 회복할 것이다. 예수께서는 그 문제를 자기와 연관시켜서 이해할 수 있도록 이 문제를 신중하게 부각시켰다는 것은 분명하다.[16]

성경은 하느님의 생각을 기록한 책입니까?

자료: www.jw.org

16 호크마 주석, 마가복음 12장.

성경은 하느님의 감동을 받은 거룩한 저자들이 쓴 책들이다. 예수께서는 다윗이 쓴 시편들이 성령의 감동으로 된 것이라고 증거하셨다. 그는 성경의 영감을 증거하신 것이다. 오늘날 우리가 하느님의 친 음성을 듣지 못하지만, 성경을 통해 그의 말씀을 들을 수 있다. 그러므로 성경은 하느님의 영감과 권위로 인쳐진 말씀이며 오늘날 살아계신 하느님께서 음성으로 말씀하시는 도구가 되는 책이다.

메시아가 다윗의 주님이라는 것을 입증하기 위하여 예수께서는 성령에 이끌리어 다윗 자신이 시편에 선포해 놓은 것을 인용하셨다. 이것은 분명히 이 시편이 다윗의 저작이며 하느님의 영감을 받았다는 사실을 지적한다. 공격할 수 없는 것은 다윗이 메시아를 주님으로 불렀다는 것이다. 이것은 다음과 같은 문제를 제기시켰다. 그러면 어떻게 메시아는 다윗의 자손이 될 수 있는가? 예수의 수사적인 질문은 청중들로 하여금 메시아가 다윗의 자손인 동시에 주님이라고 대답하지 않을 수 없도록 만들었다. 이것은 메시아가 하느님인 동시에 사람이라는 것을 강하게 암시한다. 그는 이 지상에서 미래의 다윗 왕국을 회복할 것이다. 예수께서는 그 문제를 자기와 연관시켜서 이해할 수 있도록 이 문제를 신중하게 부각시켰다는 것은 분명하다.

교묘한 질문으로 예수를 시험하고자 했던 유대 지도자들과는 달리 많은 유월절 군중들은 비록 다 이해하지는 못하였지만 기쁨으로 처음부터 그의 가르침을 듣고 있었다.

예수께서 인용하신 구약성경에 의하면, 메시아께서는 하느님께서 그의 원수를 그의 발 아래 두실 때까지 하느님 오른편에 앉아 계시게 될 것이라고 예언되어 있다. 이것은 메시아의 사역과 통치권을 보인다. 그는 세상에 사람으로 오시지만, 하늘로 올려져 하느님 오른편에 앉으시고 마침내 원수를 발 아래 밟게 될 것이다. '너의 원수'는 사탄을 가리킨다. 사탄과 인류의 싸움은 에덴 동산에서부터 시작된 오래된 싸움이다. 창세기 3:15에 보면, 하느님께서는 뱀에게 "나는 너와 그 여자 사이에, 네 후손과 그 여자의 후손 사이에 적개심을 일으키리니 여자의 후손은 너의 머리에 상처를 입히고 너는 그의 발꿈치에 상처를 입히리라."고 말씀하셨다. 예수께서 하느님이 택하신 자들의 죄를 위해 십자가에 죽으시고 삼 일

만에 부활하셨을 때 사탄의 머리를 상하게 하신 일이 법적으로 성취되었다. 그리고 그가 다시 오실 때 실제로 사탄을 멸하실 것이다. 요한 묵시록 20:10은, "그들을 속이던 악마는 불과 유황 못에 던져졌는데, 그 짐승과 거짓 예언자가 이미 들어가 있는 그곳입니다. 그들은 영원무궁토록 밤낮으로 고통을 받을 것입니다."라고 말했다.

예수께서는 "다윗 스스로 메시아를 주님이라고 말하는데, 어떻게 메시아가 다윗의 자손이 되느냐?"라고 말씀하셨다. 그는 메시아의 신성神性을 확실히 증거하신 것이다. 백성들은 그의 말씀을 즐겁게 들었다.

Vox populi, vox Dei.

38-39절 예수는 사람들로부터 칭찬받기를 원하고 또 그들의 특권을 남용하는 율법 학자들을 삼가라고 경고하셨다. 모두가 그렇지는 않았지만 많은 율법 학자들이 그렇게 행동하였다. 그들은 긴 옷 즉 제사장, 율법 학자, 레위인들이 입었던 긴 술 달린 가운을 입고 다니기를 좋아했고, 공적인 명칭인 랍비, 주인, 아버지와 시장에서 인사받기를 좋아했다. 그리고 그들은 회당에서 가장 중요한 자리를 좋아했고, 연회에서도 영예의 자리를 차지하여 주인 다음의 좌석에 앉아 특별 대우를 받기를 원하였다.[17]

예수께서는 어떤 율법 학자들의 몇 가지 특징을 말씀하셨다. 첫째로, 그들은 긴 옷을 입고 다니는 것을 원하였다. 즉 그들은 외적 치장을 중요시했다. 그러나 성도는 외적인 단장을 힘쓰지 말고 내면적 단장, 곧 인격의 단장, 즉 도덕성으로의 단장을 힘써야 한다1티모 2:9-10.

둘째로, 그들은 시장에서 문안받는 것이나 회당의 상좌와 잔치의 상석에 앉기를 좋아했다. 이것은 사람들에게 존경받고 높임 받기를 원하는 마음을 나타낸다. 이것은 교만과 세상적 명예심이다. 그러나 주께서는 우리가 랍비나 스승이라 칭함을 받지 말라고 교훈하셨고 또 겸손히 다른 사람을 섬기는 자가 되라고 하셨다마태 23:8-12.

17 호크마 주석, 마가복음 12장.

40절 셋째로, 이런 율법 학자들은 과부의 집과 재산을 삼켰다. 그들의 관심은 이 세상에 불타 없어질 물질에 있었다. 그들은 외로운 과부들을 위하는 선한 자들이 아니고 단지 그 과부들의 집과 재산을 취하는 일에 관심이 있는 악한 자들이었다. 그들은 기회를 보아서 그 과부들의 재산을 삼킨다. 그들은 악하고 나쁜 탐욕자들이었다.

그러나 참된 지도자는 돈에 대해 깨끗하고 더러운 이익을 탐하지 않고 돈을 사랑하지 않는 자이어야 한다. 불타 없어질 땅의 것을 사랑하는 자들은 땅과 함께 망할 것이지만, 영원히 있을 하늘 나라를 사모하는 자들은 하느님과 함께 영생을 누릴 것이다.

넷째로, 이런 율법 학자들은 위선으로 길게 기도했다. 그것은 남들에게 보이기 위한 기도였다. 우리는 위선으로 길게 기도하는 자가 되어서는 안 된다. 주께서는 기도에 대하여 교훈하시면서 사람에게 보이려고 기도하지 말고 골방에 들어가

작가미상, 〈위선자들에 논박하는 예수(Against the Hypocrites)〉, 1593년

자료: christiandaily.co.kr

문을 잠그고 은밀하게 기도하라고 하셨다마태 6:5. 하느님께서는 골방기도에 잘 응답하신다.

이런 율법 학자들의 특징들은 요약하자면 위선과 명예심과 탐욕이다. 그들은 위선적 복장, 위선적 기도를 하였고 명예심이 있어서 사람들에게 높임과 존경과 대우를 받기를 좋아했다. 또 그들은 땅의 물질을 탐하는 자들이었다. 이런 특징들은 다 헛되고 악한 것들이다.

1세기의 율법 학자들은 자기들의 직무에 대하여 급료를 받지 못했기 때문에 그들은 신앙심이 깊은 유대인들이 바치는 자선에 의존해야 했다. 그런데 불행히도 남용하는 면이 있었다. 과부의 밭을 삼킨다는 비난이 바로 한정된 재산을 가진 사람들 특히 과부들의 호의를 악용하고 있는 데 대한 생생한 표현이다. 그들은 비윤리적으로 사람들의 재산을 착복하였다. 게다가 그들은 사람들에게 감명을 주고 그들의 신용을 얻기 위하여 장시간 기도를 드렸다. 예수는 그들의 화려한 행동, 탐욕, 위선을 꾸짖었다. 그들은 하느님께 대한 헌신은 강조하지 않고 경건한 척하면서 자신들을 위해 그런 위선을 요구하였다.[18]

Vox populi, vox Dei.

41-42절 예수께서 그의 공적인 가르침을 행하시던 이방인의 뜰로부터 여인의 뜰로 들어가셨다. 이 뜰 벽 맞은편 벽에는 예배자들의 자발적인 제물과 헌금을 거두기 위하여 나팔 모양을 새겨 놓은 13개의 연보궤들이 있었다. 맞은편 유리한 위치에 자리하시고 예수께서는 무리들이 어떻게 성전 금고에 그들의 돈을 넣는가를 살피고 계셨다. 한 불쌍한 과부는 두 렙돈을 헌금궤에 넣었다. 한 렙돈은 팔레스틴에서 통용되던 가장 작은 유대인의 청동 동전이었다. 두 렙돈은 노동자들의 하루 임금이었던 로마 데나리온의 64분의 1에 해당하는 가치였다. 마르코는 자기 로마인 독자들을 위하여 다시 로마 화폐 단위로 그 가치를 말했다.[19]

18 호크마 주석, 마가복음 12장.
19 호크마 주석, 마가복음 12장.

예수께서는 성전의 헌금함 가까이에 계실 때 한 과부가 헌금하는 것을 보셨다. 구약성경에서 교훈된 헌금은 십일조와 감사예물이다레위 27:30-33. 우리가 하느님께 헌금하는 이유는 우리의 가진 모든 것이 다 하느님의 것임을 인정하며, 천지만물의 창조주요 주인이며 섭리자이신 하느님을 사랑하기 때문이다시편 24:1. 더욱이, 하느님의 구원의 은혜를 받은 신약 성도들은 하느님의 은혜에 보답하며 살아야 한다. 우리 몸은 그리스도의 핏값으로 산 것이 되었기 때문이다. 헌금은 이와 같이 우리가 하느님의 주권을 인정하고 그를 사랑하며 그의 크신 은혜에 보답하는 작은 표시이다.

헌금의 용도는 전도와 구제를 위한 것이다. 구약시대의 십일조는 레위인들과 제사장들의 생활비였다. 신약시대에도 교회는 헌금을 가지고 목회자들과 교회의 특별봉사자들의 생활비의 전부 혹은 일부를 공급하고, 또 국내외 전도를 위해 전도자들을 훈련시키고 파송하고 그들의 최소한의 생활비를 지원하는 데 사용한다. 또 헌금은 교회 안의 어려운 자들을 구제하는 일을 위해서도 쓰인다.

여러 부자들은 많이 넣었으나 한 가난한 과부는 와서 두 렙톤 곧 한 콰드란스를 넣었다. 한 렙톤은 약 128분의 1데나리온에 해당하는 작은 가치의 돈이었다. 1데나리온은 노동자의 하루 품삯이었는데, 약 10만 원으로 보면, 한 렙톤은 800원 정도이고, 두 렙톤 곧 한 콰드란스는 1,600원 정도이다. 가난한 과부는 지극히 작은 돈을 헌금하였다.

세상에는 빈부의 차이가 있고 그것은 여러 요인들로 인해 생기는 현상이며 시간이 지날수록 그 차이가 더 심화되기도 한다. 그러므로 부자들의 너그러운 자발적 구제 행위가 요청된다. 성도는 열심히 돈을 벌되 사치하지 말고 선한 일을 많이 해야 한다.

43-44절 예수께서는 그 가난한 과부가 부자들보다 많이 헌금했다고 말씀하셨다. 하느님의 관심은 단지 헌금 액수의 크기에 있지 않으시다. 부자의 많은 헌금이 선하고 귀한 일이지만, 하느님께서는 헌금 액수보다 헌금자의 마음에 관심을 두신다. 주께서는 헌금자의 헌금 액수와 그의 경제 형편을 비교하여 평가

하셨다. 그것은 헌금자의 마음에 대한 평가이다. 가난한 과부의 헌금은 참으로 놀라운 것이었다. 그는 어려운 중에서 자기의 모든 소유 곧 생활비 전부를 헌금하였다. 그 헌금은 하느님께 대한 진실한 믿음과 뜨거운 사랑의 표시였다. 헌금은 하느님의 은혜이며2코린 8:1, 4, 7 진실한 믿음과 사랑의 표시이다.

엄숙한 말씀으로 예수께서는 다른 모든 사람들보다 가난한 과부가 더 많이 넣었다고 말씀하셨다. 그 이유는 과부는 어려운 중에서 모든 것을 넣었기 때문이다. 비례로 따지면 그 여인이 가장 많이 바쳤던 것이다. 그 여인은 희생적으로 하느님께 드리면서, 하느님께서 그녀에게 필요한 것을 채워 주시리라고 신뢰하였던 것이다. 그녀는 자신을 위하여 동전 하나를 간직해 둘 수도 있었다. 예수께서는 전적인 헌신에 대한 하느님의 평가를 제자들에게 가르치기 위하여 그녀의 예를 사용하셨다. 예수에 대한 제자들의 헌신은 곧 시험당할 것이다. 이 사건은 또한 예수께서 자신을 전적으로 죽음에 내어 주심을 예증하여 주는 것이다.

예수께서는 성전의 헌금함 가까이에 계실 때 한 과부가 헌금하는 것을 보셨다.

자료: www.facebook.com

마르코 복음서 13장

天聲

Vox populi, vox Dei.

성전의 파괴를 예고하시다 마태 24,1-2; 루카 21,5-6

1 예수님께서 성전에서 나가실 때에 제자들 가운데 한 사람이 말하였다. "스승님, 보
십시오. 얼마나 대단한 돌들이고 얼마나 장엄한 건물들입니까?"
2 그러자 예수님께서 그에게 이르셨다. "너는 이 웅장한 건물들을 보고 있느냐? 여기
돌 하나도 다른 돌 위에 남아 있지 않고 다 허물어지고 말 것이다."

재난의 시작 마태 24,3-14; 루카 21,7-19

3 예수님께서 성전 맞은쪽 올리브 산에 앉아 계실 때, 베드로와 야고보와 요한과 안
드레아가 따로 예수님께 물었다.
4 "저희에게 일러 주십시오. 그런 일이 언제 일어나겠습니까? 또 그 모든 일이 이루
어지려고 할 때에 어떤 표징이 나타나겠습니까?"
5 예수님께서 그들에게 말씀하기 시작하셨다. "너희는 누구에게도 속는 일이 없도록
조심하여라.
6 많은 사람이 내 이름으로 와서, '내가 그리스도다.' 하면서 많은 이를 속일 것이다.
7 그리고 너희는 여기저기에서 전쟁이 났다는 소식과 전쟁이 일어난다는 소문을 듣
더라도 불안해하지 마라. 그러한 일이 반드시 벌어지겠지만 그것이 아직 끝은 아
니다.
8 민족과 민족이 맞서 일어나고 나라와 나라가 맞서 일어나며, 곳곳에 지진이 발생
하고 기근이 들 것이다. 그러나 그것은 진통의 시작일 따름이다.

9 너희는 스스로 조심하여라. 사람들이 너희를 의회에 넘기고, 회당에서는 너희가 매를 맞을 것이다. 또 너희는 나 때문에 총독들과 임금들 앞에 서서 증언할 것이다.

10 먼저 복음이 모든 민족들에게 선포되어야 한다.

11 사람들이 너희를 끌어다가 법정에 넘길 때, 무슨 말을 할까 미리 걱정하지 마라. 그저 그때에 너희에게 일러 주시는 대로 말하여라. 사실 말하는 이는 너희가 아니라 성령이시다.

12 형제가 형제를 넘겨 죽게 하고 아버지가 자식을 그렇게 하며, 자식들이 부모를 거슬러 일어나 죽게 할 것이다.

13 그리고 너희는 내 이름 때문에 모든 사람에게 미움을 받을 것이다. 그러나 끝까지 견디어 내는 이는 구원을 받을 것이다."

가장 큰 재난 마태 24,15-28; 루카 21,20-24

14 "있어서는 안 될 곳에 황폐를 부르는 혐오스러운 것이 서 있는 것을 보거든 — 읽는 이는 알아들으라. — 그때에 유다에 있는 이들은 산으로 달아나라.

15 옥상에 있는 이는 내려가지도 말고 무엇을 꺼내러 집 안으로 들어가지도 마라.

16 들에 있는 이는 겉옷을 가지러 뒤로 돌아서지 마라.

17 불행하여라, 그 무렵에 임신한 여자들과 젖먹이가 딸린 여자들!

18 그 일이 겨울에 일어나지 않도록 기도하여라.

19 그 무렵에 환난이 닥칠 터인데, 그러한 환난은 하느님께서 이룩하신 창조 이래 지금까지 없었고 앞으로도 없을 것이다.

20 주님께서 그 날수를 줄여 주지 않으셨으면, 어떠한 사람도 살아 남지 못할 것이다. 그러나 주님께서는 몸소 선택하신 이들을 위하여 그 날수를 줄여 주셨다.

21 그때에 누가 너희에게 '보아라, 그리스도께서 여기 계시다!', 또는 '보아라, 저기 계시다!' 하더라도 믿지 마라.

22 거짓 그리스도들과 거짓 예언자들이 나타나, 할 수만 있으면 선택된 이들까지 속이려고 표징과 이적들을 일으킬 것이다.

23 그러니 너희는 조심하여라. 내가 이 모든 일을 너희에게 미리 말해 둔다."

사람의 아들이 오시는 날 마태 24,29-31; 루카 21,25-28

24 "그 무렵 환난에 뒤이어 해는 어두워지고 달은 빛을 내지 않으며
25 별들은 하늘에서 떨어지고 하늘의 세력들은 흔들릴 것이다.
26 그때에 '사람의 아들이' 큰 권능과 영광을 떨치며 '구름을 타고 오는 것을' 사람들이 볼 것이다.
27 그때에 사람의 아들은 천사들을 보내어, 자기가 선택한 이들을 땅 끝에서 하늘 끝까지 사방에서 모을 것이다."

무화과나무의 교훈 마태 24,32-35; 루카 21,29-33

28 "너희는 무화과나무를 보고 그 비유를 깨달아라. 어느덧 가지가 부드러워지고 잎이 돋으면 여름이 가까이 온 줄 알게 된다.
29 이와 같이 너희도 이러한 일들이 일어나는 것을 보거든, 사람의 아들이 문 가까이 온 줄 알아라.
30 내가 진실로 너희에게 말한다. 이 세대가 지나기 전에 이 모든 일이 일어날 것이다.
31 하늘과 땅은 사라질지라도 내 말은 결코 사라지지 않을 것이다."

깨어 있어라 마태 24,36-44

32 "그러나 그 날과 그 시간은 아무도 모른다. 하늘의 천사들도 아들도 모르고 아버지만 아신다.
33 너희는 조심하고 깨어 지켜라. 그때가 언제 올지 너희가 모르기 때문이다.
34 그것은 먼 길을 떠나는 사람의 경우와 같다. 그는 집을 떠나면서 종들에게 권한을 주어 각자에게 할 일을 맡기고, 문지기에게는 깨어 있으라고 분부한다.
35 그러니 깨어 있어라. 집주인이 언제 돌아올지, 저녁일지, 한밤중일지, 닭이 울 때일지, 새벽일지 너희가 모르기 때문이다.
36 주인이 갑자기 돌아와 너희가 잠자는 것을 보는 일이 없게 하여라.
37 내가 너희에게 하는 이 말은 모든 사람에게 하는 말이다. 깨어 있어라."

Vox populi, vox Dei.

1 As he was leaving the temple, one of his disciples said to him, "Look, Teacher! What massive stones! What magnificent buildings!"

2 "Do you see all these great buildings?" replied Jesus. "Not one stone here will be left on another; every one will be thrown down."

3 As Jesus was sitting on the Mount of Olives opposite the temple, Peter, James, John and Andrew asked him privately,

4 "Tell us, when will these things happen? And what will be the sign that they are all about to be fulfilled?"

5 Jesus said to them: "Watch out that no one deceives you.

6 Many will come in my name, claiming, 'I am he,' and will deceive many.

7 When you hear of wars and rumors of wars, do not be alarmed. Such things must happen, but the end is still to come.

8 Nation will rise against nation, and kingdom against kingdom. There will be earthquakes in various places, and famines. These are the beginning of birth pains.

9 "You must be on your guard. You will be handed over to the local councils and flogged in the synagogues. On account of me you will stand before governors and kings as witnesses to them.

10 And the gospel must first be preached to all nations.

11 Whenever you are arrested and brought to trial, do not worry beforehand about what to say. Just say whatever is given you at the time, for it is not you speaking, but the Holy Spirit.

12 "Brother will betray brother to death, and a father his child. Children will rebel against their parents and have them put to death.

13 All men will hate you because of me, but he who stands firm to the end will be saved.

14 "When you see 'the abomination that causes desolation'standing where it
does not belong—let the reader understand—then let those who are in
Judea flee to the mountains.
15 Let no one on the roof of his house go down or enter the house to take
anything out.
16 Let no one in the field go back to get his cloak.
17 How dreadful it will be in those days for pregnant women and nursing
mothers!
18 Pray that this will not take place in winter,
19 because those will be days of distress unequaled from the beginning,
when God created the world, until now—and never to be equaled again.
20 If the Lord had not cut short those days, no one would survive. But for
the sake of the elect, whom he has chosen, he has shortened them.
21 At that time if anyone says to you, 'Look, here is the Christ!' or, 'Look,
there he is!' do not believe it.
22 For false Christs and false prophets will appear and perform signs and
miracles to deceive the elect—if that were possible.
23 So be on your guard; I have told you everything ahead of time.
24 "But in those days, following that distress, "'the sun will be darkened,
and the moon will not give its light;
25 the stars will fall from the sky, and the heavenly bodies will be shaken.'
26 "At that time men will see the Son of Man coming in clouds with great
power and glory.
27 And he will send his angels and gather his elect from the four winds,
from the ends of the earth to the ends of the heavens.
28 "Now learn this lesson from the fig tree: As soon as its twigs get tender
and its leaves come out, you know that summer is near.
29 Even so, when you see these things happening, you know that it is near,
right at the door.

Vox populi, vox Dei.

30 I tell you the truth, this generation will certainly not pass away until all
these things have happened.
31 Heaven and earth will pass away, but my words will never pass away.
32 "No one knows about that day or hour, not even the angels in heaven,
nor the Son, but only the Father.
33 Be on guard! Be alert! You do not know when that time will come.
34 It's like a man going away: He leaves his house and puts his servants in
charge, each with his assigned task, and tells the one at the door to keep
watch.
35 "Therefore keep watch because you do not know when the owner of the
house will come back—whether in the evening, or at midnight, or when
the rooster crows, or at dawn.
36 If he comes suddenly, do not let him find you sleeping.
37 What I say to you, I say to everyone: 'Watch!'"

人語

마르코 복음서 13장 요약

예수께서 예루살렘 성전의 멸망을 예언하셨다. 올리브 산에 올라가셔서 제자들에게 종말에 일어날 여러 가지 현상들에 대하여 예언하셨다. 각처에서 거짓 선지자들이 일어나고 전쟁과 지진이 일어나고 복음이 만국에 전파되고 해와 달과 별의 권능이 흔들릴 때 인자가 구름 타고 영광 중에 온다고 말씀하셨다. 그리고 무화과나무의 비유를 말씀하시면서 구체적인 종말의 때는 알지 못하지만 대략적인 때는 알 수 있을 터이니 깨어 있으라고 경고하셨다.

본장은 이스라엘의 멸망과 세상 종말에 있을 사건을 복합적으로 다루고 있다. 예수님은 예루살렘 성전의 운명을 예언하신 후에 올리브 산에서 성전을 바라보시면서 마지막 날에 일어날 사건들에 대하여 제자들에게 말씀해 주셨다. 이 예언을 올리브 산에서 하셨기 때문에 사람들은 올리브 산 강화라고도 한다.

헤로데 성전 모형

자료: m1.daumcdn.net

Vox populi, vox Dei.

각 절 해석[1]

1-2절 당시 성전은 헤로데 대왕이 스룹바벨 성전을 개축하였다고 보인다. 아름다운 돌들이 사용되었을 것이고 건물의 외형도 웅장하고 아름다웠을 것이다. 사람들은 흔히 그런 아름답고 웅장한 건물을 자랑한다. 제자들도 그러했던 것 같다. 그때 예수께서는 예루살렘 성전이 장차 완전히 파괴될 것을 예언하셨다. 구약시대의 성전은 이스라엘 백성이 하느님 앞에 경건하고 도덕적으로 살 때에만 유지될 수 있었다. 그들이 하느님 앞에 범죄하고 끝까지 회개하지 않을 때에는, 그것이 마침내 완전히 파괴되고 말 것이다. 오늘날 우리도 예배당 건물보다 교인들의 경건과 도덕성을 중요히 여겨야 한다.

수많은 그리스도의 제자들이 외관상 크게 보이는 것들을 우상화하고 신성시해 왔던 것이다. 그들은 그리스도께서 사람들이 성전으로 하여금 강도의 소굴을 만들었음에 대해서 노여워하심을 들었다. 그러나 그리스도께서 성전 안에 남아있는 강도를 근절하지 못한 채 그 곳에서 떠났을 때에 그들이 성전의 웅장한 구

헤로데 성전(제2성전)

자료: ko.wikipedia.org

1 김효성 목사, 마가복음 강해, 2023년 2월 1일 수정.

조에 대하여 사랑하고 찬양하는 것처럼 그리스도께서 그 성전을 사랑하실 것이라 판단하고 있었다. 그들 중의 하나가 말하기를 "스승님, 보십시오. 얼마나 대단한 돌들이고 얼마나 장엄한 건물들입니까?"1절라고 하였다.

그리스도께서는 외관상으로만 화려하지 진정한 순결미가 결여되었을 때에 귀하게 평가하시지 않으신다. "너는 이 웅장한 건물들을 보고 있느냐? 여기 돌 하나도 다른 돌 위에 남아 있지 않고 다 허물어지고 말 것이다."2절. 건물의 화려함에 안전이 있을 수 있는 것은 아니다. 주 예수께서는 그 건물에 동정심을 나타내시지 않으셨다. 예수께서는 귀한 영혼들의 멸망함에 대하여 동정의 눈으로 바라보시었고 그들을 위해서 우셨고 그들에게 대하여 존귀한 평가를 하시었다. 그러나 그리스도께서 그 웅장한 건물의 황폐됨에 대해 동정을 나타내심을 볼 수 없다. 예수께서 성전 안의 부정을 규탄하다 성전에서 나왔을 때에 그 일은 그에게 별 가치가 없는 것이었다. 예수께서 별스런 관심도 보이지 않으시며 "여기 돌 하나도 다른 돌 위에 남아 있지 않고 다 허물어지고 말 것이다."라고 하셨다. 성전의 중력은 큰돌들로 지탱되고 있었다. 그러므로 만일 이 돌들이 무너지면 계단 하나도 남지 않고 기억을 되살릴 만한 흔적조차 남지 않게 된다. 만일에 건물의 일부라도 그대로 서 있다면 그것을 복구할 가망이 있는 것이다. 그러나 돌 하나도 돌 위에 첩 놓이지 않고 무너진다면 무슨 희망이 있겠는가?

3-4절 예수께서는 제자들의 질문에 대답하시면서 세상의 종말과 자신의 재림 직전의 징조들에 대해 말씀하셨다. 예루살렘 성의 멸망은 세상 종말에 대한 한 작은 예표적, 모형적 사건이 될 것이다.

우리가 앞으로 되어질 일들을 알고 싶어하고 그 이루어질 때를 알고 싶어함은 자연스런 현상이다. 그리고 우리가 행해야 할 의무에 대해서보다 그 일들에 대해서 더욱 호기심을 갖게 되는 것이다. 그의 제자들은 그들이 스승님의 궁전이 될 것으로 생각하였고 그들 자신들이 존귀하게 되고 영광의 자리를 얻을 수 있을 곳으로 생각하였던 성전의 함락에 대한 이 가르침을 어떻게 받아들이고 소화해야 할지 모르게 되었다. 그러므로 그들은 주님과 홀로 있게 됨으로 이 문제에 대

Vox populi, vox Dei.

해서 물어볼 때까지 고민을 하였던 것이다. 예수께서 베타니아로 돌아오시는 길에 "예수님께서 성전 맞은쪽 올리브 산에 앉아 계실 때, 베드로와 야고보와 요한과 안드레아가 따로 예수님께 물었다."3절. 그들은 무리와 떨어져서 조용히 물어본 것이다. 그리고 그들의 질문은 "그런 일이 언제 일어나겠습니까? 또 그 모든 일이 이루어지려고 할 때에 어떤 표징이 나타나겠습니까?"4절 하는 것이었다.

5-6절 주의하라플레페테, 조심하다, 경계하다는 가르침 전반에 나타난 경계하라는 외침이다. 예수는 그의 제자들에게 메시아의 이름을 사칭하며 다니는 자들을 주의하라고 경고하셨다. 위기 시기에는 많은 거짓 메시아들이 일어날 것이며, 예수의 이름을 사용하여 내가 예수다, 라고 주장할 것이다. 신성에 대한 이러한 주장은 하나님 자신의 자기 계시의 형식 속에 표현되었다. 그들은 많은 사람들을 잘못된 길로 인도할 것이다.[2]

주께서는 첫째로 사람들의 미혹을 언급하셨다. 많은 사람들이 그의 이름으로 와서 많은 사람들을 속일 것이다. 그것은 종교의 부패, 신학의 변질, 교회지도자들의 변질을 암시하신 것이다. 사탄과 악령들은 사람들을 이용한다. 그들은 잘못된 사상, 잘못된 말과 글, 잘못된 책들을 통하여 사람들을 속인다. 사탄은 사람들을 한두 명 정도만 이용하는 것이 아니고, 많은 사람들을 이용할 것이다. 세상 종말과 주의 재림 직전에 많은 거짓 목사들이 나타날 것이며, 또 많은 사람들이 그들의 속임에 넘어갈 것이다. 목사들만 변하는 것이 아니고, 교인들도 변할 것이다. 사도 바오로는 테살로니카 신자들에게 보낸 둘째 서간 2:3에서 주의 재림 전에 먼저 배교背敎하는 일이 있을 것을 예언하였고, 또 티모테오에게 보낸 둘째 서간 4:3에서, "사람들이 건전한 가르침을 더 이상 받아들이려고 하지 않을 때가 올 것입니다. 호기심에 가득 찬 그들은 자기들의 욕망에 따라 교사들을 모아들일 것입니다."라고 예언하였다.

오늘날 사탄의 속임은 크게 세 가지로 나타나고 있다고 본다. 첫째는 명백한 배

2 호크마 주석, 마가복음 13장.

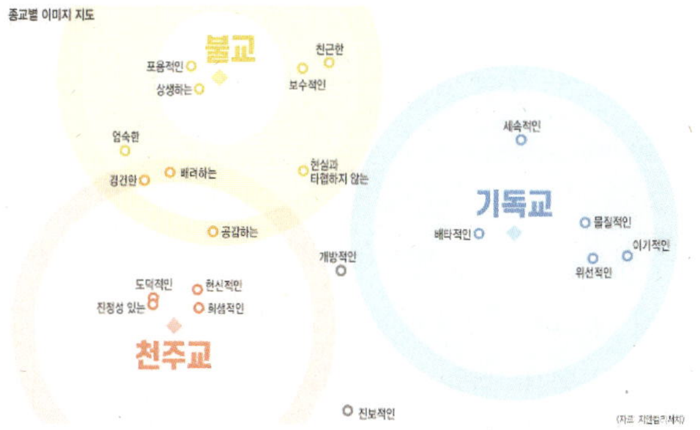

종교별 이미지

자료: ny.kukminusa.com

교이다. 그것은 19세기 중엽부터 나타난 여호와의 증인, 몰몬교, 안식교 등 각종 이단종파들과 20세기 말 이후 기독교 세계를 부패시킨 자유주의 신학이다. 자유주의 신학은 성경의 근본 교리들을 부정하고 왜곡시킨 이단 사상이다.

둘째는 타협적 복음주의이다. 그들은, "자유주의 신학은 우리와 좀 다르지만, 근본적으로 다른 것은 아니다. 그러므로 우리는 교제를 끊지 말고 예수 그리스도의 이름으로 서로 사랑하며 협력할 수 있고 또 그래야 한다."고 말한다. 이것은 배교의 속임수 못지 않게 정통 기독교회를 혼란시키는 거짓말이며 사탄의 속임수이다.

셋째는 은사주의[3]의 혼란이다. 은사주의는 조용한 성경 강론보다 열광적 은사체험을 강조한다. 그들은 확실히 열성이 있어 보인다. 그러나 그들은 이런 열성 속에 성령의 이름으로 자유주의를 포용하는 연합주의의 입장을 취한다. 이것은 또 하나의 사탄의 속임수이다. 기독교의 중심은 열광적 은사체험에 있지 않고, 말씀의 충실한 가르침과 참된 믿음과 거룩하고 선한 순종의 삶에 있다.

주께서는 "너희는 누구에게도 속는 일이 없도록 조심하여라."마태 24:4 하고 교훈

3 은사주의 운동은 초교파 기독교 갱신 운동으로서 오늘날 기독교계에서 가장 유명하고 빠르게 성장하는 세력 중 하나이다. 은사주의는 1906년 감리교가 후원한 캘리포니아 로스앤젤레스 아주사 스트릿 (Azusa Street) 선교에서 시작되었다. 이곳에서 사람들은 마치 사도행전 2장에 나온 오순절 기간 중 일어났던 사건처럼, 자신들이 "성령 세례를 받았다"고 주장했다. 방언으로 말하고, 병을 고치는 기적을 보고 사람들은 열광했다. 그곳에 참가했던 사람들은 미국 전역에 자신들의 열정을 퍼뜨렸고, 그로 인해 오순절/은사주의가 시작되었다.

Vox populi, vox Dei.

하셨다. 우리는 사람들을 주의해야 한다. 우리는 그들의 잘못된 사상과 말, 글과 책을 주의해야 한다. 신앙생활의 기준은 오직 성경뿐이다. 성경은 우리의 발에 등불이며 우리의 길에 빛이다시편 119:105.

7-8절 두 번째로 예수께서는 전쟁과 천재지변이 일어난다고 해서 종말이 왔다고 생각하는 잘못에 대해 경고하셨다. 전쟁에 대해서 그리고 전쟁의 소문이 멀리서 들을 때마다 놀라서 하던 일을 멈추어서는 안 된다. 이러한 일들이 일어나는 것은 필연적인 것이다. 이러한 일들은 하느님의 주권적인 목적 아래서 일어나는데 이것들은 인간이 번역과 죄의 결과로서 허락된 전쟁을 포함하고 있다. 종말 이전에 얼마동안의 기간이 지속될 것이라는 것을 암시한다. 각 시대마다 각 시대의 전쟁과 천재지변이 있을 것이다. 그러나 이러한 모든 사건들은 하느님의 목적 안에서 일어난다. 인간의 역사는 새로운 메시아 시대의 출현을 향하여 나아가고 있는 것이다.[4]

세상 종말과 주의 재림의 징조로서, 주께서는 둘째로 전쟁을 언급하셨다. 주의 재림 직전에, 세상에 전쟁의 소문이 들릴 것이며, 민족 대 민족, 국가 대 국가의

세상 종말의 이미지

자료: imgnn.seoul.co.kr

4 호크마 주석, 마가복음 13장.

전쟁들이 일어날 것이다. 20세기는 두 차례의 세계대전을 경험하였다. 제2차 세계대전의 종전 후 지금까지 세계는 핵전쟁의 위험 속에 살고 있다. 만일 제3차 세계대전이 일어난다면, 그 전쟁은 화학무기, 세균무기, 핵무기의 지극히 참혹한 전쟁이 될 것이다. 세상 종말과 예수 그리스도의 재림은 가까워 오고 있다.

세 번째의 징조는 지진이다. 19세기말 이후 세계 곳곳에는 무서운 지진들이 있었다. 큰 지진의 힘은 약 1억 8천만 톤의 폭약TNT과 같으며, 그것은 히로시마에 투하되었던 원자폭탄의 만 배가량의 힘이라고 한다. 20세기에 5천 명 이상의 사망자를 낸 지진들은 24개 이상이었고, 그 중에 2만 명 이상의 사망자를 낸 것도 14개이며, 5만 명 이상의 사망자를 낸 것도 7개였다.[5]

네 번째의 징조는 기근이다. 기근은 홍수, 가뭄, 폭설, 태풍, 전염병, 자원 부족, 병충해, 이상 기온 등 자연환경적 요인도 있을 것이지만, 인구 증가, 군사비의 과다 지출, 정치가나 재벌들의 부정축재, 경제 정책의 실패, 경제 공황 등의 사회적 요인도 있을 것이다. 여하튼 19세기 말부터 세계 곳곳에서는 큰 기근들이 있었다. 1870년대에 남부 인도에서 약 5백만 명이 기근으로 죽었고, 중국에서는 9백만 명 이상이 죽었다. 1929년과 30년에는 중국의 황하강의 홍수로 인한 기근으로 약 2백만 명이 죽었다. 1943년 동부 인도 벵갈에 큰 기근이 있었고, 제2차 세계대전 후 150만 명 이상이 기근으로 죽었다. 1960년대 이후 아프리카의 사하라 사막 남부 사헬 지역과 남부 아프리카, 특히 이디오피아 등이 심각하여 수백만 명이 죽었다. 1998년 세계식량농업기구FAO는, 전 세계에 8억 2,800만 명이 기아 상태에 있다고 발표했다. 이러한 사실들은 세상 종말과 주의 재림이 가깝다는 징조이다.

9절 너희는 주의하라, 라는 훈계로 예수는 그의 제자들에게 박해 아래서 사악한 사람들을 대비하여 정신을 차리도록 경고하셨다. 그들은 재판을 받기

5 The World Book Encyclopedia

Vox populi, vox Dei.

위하여 회당에서 열리는 지방 유대인의 법정인 공회산헤드린에 넘겨질 것이다. 그리고 그들은 공공연하게 회당에서 이교도들처럼 40에 하나 감한 매를 맞을 것이다. 그 외에 여러 가지 박해를 받으면서 복음을 증거한 그 근거가 하느님이 마지막 심판하실 때 그들을 박해한 자들의 고소하는 증거가 될 것이라는 예언이다.[6]

세상 종말과 주의 재림의 다섯 번째 징조로서, 예수께서는 핍박에 대해 말씀하셨다. 사람들은 주 예수의 제자들을 공회에 넘겨줄 것이다. 원문에 '공회'라는 복수명사는 유대인의 공회를 포함하여 법정들을 가리킨다고 보인다. 사람들은 주 예수의 제자들을 회당에서 때릴 것이다. 유대인들의 예배당인 회당이 참된 성도를 핍박하는 장소가 될 것이다. 또 제자들은 예수 그리스도 때문에 관리들과 임금들 앞에 설 것이다. 그러나 그들이 심문을 받고 법정에 서는 것은 그들이 그 위정자들에게 복음을 증거하고 전도할 기회가 될 것이다.

10절 복음이 반드시 먼저 모든 민족, 즉 전 세계 민족들에게 전파되어야 한다. 복음을 선포하면서 제자들은 핍박을 받게 될 것이나 그들은 결코 실망하거나 포기해서는 안 된다. 모든 반대에도 불구하고 이것은 이 시대를 향한 하느님의 계획 속에서 최우선적으로 해야 될 일이며 또 그의 목적에 따라 반드시 성취될 것이다. 이것은 각 세대의 책임이다. 그러나 복음을 전 세계에 선포한다는 것이 곧 이 시대에 혹은 이 시대의 끝에 가서 복음을 전 세계적으로 받아들인다는 것을 의미하지는 않는다.마태 25:31-46[7]

세상 종말과 주의 재림의 여섯 번째 징조는 세계복음화이다. 사도행전의 증거대로, 핍박과 전도는 함께 이루어졌다. '만국'이라는 원어판타 타 에드네는 마태오 복음서 28:19의 '모든 민족들'이라는 말과 같은 말이다. 하느님의 복음은 모든 민족과 국가에 전파되어야 한다. 물론 세계복음화는 세계 모든 민족, 모든 사람이 다 예수 그리스도를 믿는 것을 의미하지는 않는다. 그것은 단지 세계의 모든 민족,

6 호크마 주석, 마가복음 13장.
7 호크마 주석, 마가복음 13장.

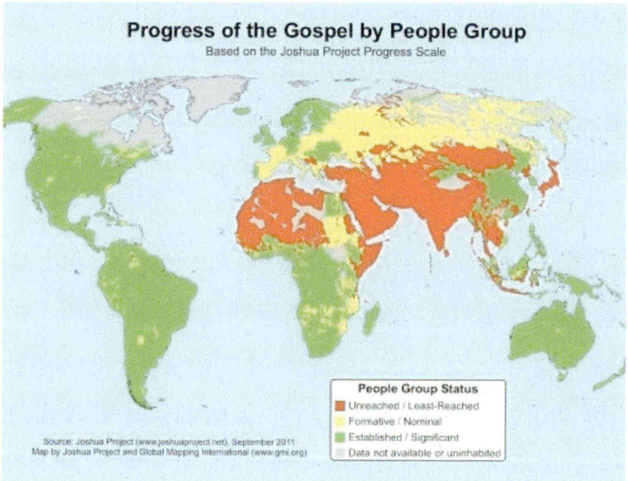

세계선교지도를 보면 아직도 복음화의 불모지 붉은색으로 표시된 지역이 많이 남아 있다.

자료: m.blog.naver.com

모든 사람에게 하느님의 복음이 전파되는 것을 의미한다. 세계복음화는 교회의 최대의 임무, 곧 교회의 사명이다.

11절 주 예수의 제자들은 사람들에게 끌려 법정에 서게 될 것인데, 그들은 그때 무슨 말을 할지 미리 염려할 것이 없다. 그들은 그때 하느님께서 그들에게 주시는 말씀을 하면 되기 때문이다. 말하는 이는 그들이 아니고 성령이시다. 이 말씀은 그들에게뿐 아니라, 모든 시대의 설교자들과 핍박당할 전도자들에게 힘이 되는 말씀이다.

그들이 그리스도를 위해서 임금들과 관장들 앞에 넘겨졌을 때에 그들은 그리스도를 위해서와 자신들을 위해서 변호할 말을 하늘의 도움을 받아 하게 된다. "사람들이 너희를 끌어다가 법정에 넘길 때, 무슨 말을 할까 미리 걱정하지 마라."11절 그들에게 어떻게 답변을 할까 또는 어떻게 그들의 호의를 입게 될까 염려하지 말라는 것이다. 그들은 그리스도를 위해서 이 심문을 당하는 것이므로 의롭고 영광스러운 것이다. 그러므로 성령께서 그들과 함께 하시며 그들에게 답변할 말을 주시는 것이다. 그러므로 두려움 없이 입에 주시는 말을 해야 하며 그 말의 결과에 대해서도 두려워하지 말아야 한다. 그것은 우리가 말하는 것이 아니고 우리의 지혜나 판단이나 사고를 힘으로 말하는 것이 아니고, 성령의 능력으로 말하는 것이기 때문이다. 그리스도께서 당신을 위해서 대변자가 되도록 부르신 성령께서는 지혜가 충만하신 분이시다. 그러므로 우리가 그리스도를 섬길 때에 우리가 그리스도의 영이신 성령의 도움에 의지해야 되는 것이다.

12절 그리스도의 제자들에 대한 반대가 공공연하게 일어날 것이며, 또한 가까운 자기의 친척들을 통하여 일어날 것이다. 이러한 반대는 매우 심각하여 가족들이 서로 대적자들에게 넘겨줄 것이고 그로 인하여 기독교인들이 처형당하게 될 것이다. 경고에 관한 이러한 말씀은 예수를 위한 충성 때문에 박해로 고통당하는 로마에 있는 마르코의 독자들에게 적절한 것이었다. 고통을 전 세계적인 복음 전도와 변호를 위한 하느님의 계획이라는 맥락 속에서 보게 될 때 더 한층 그 고통을 쉽게 참을 수 있게 된다.[8]

핍박은 가족에 의해서도 이루어질 것이다. 한 식구가 다른 식구를 죽음의 자리에 내어줄 것이다. 그러므로 예수께서는 "집안 식구가 바로 원수가 된다."고 말씀하셨다마태 10:36. 신자들은 가족 관계를 존중하지만 또한 그것을 초월한다. 하느님께 대한 신앙은 삶의 모든 영역에서 유일하게 절대적 차원의 일이다. 우리를 지옥에서 건져내고 영생을 줄 수 있는 자는 세상에서 오직 예수 그리스도밖에 없다. 예수 그리스도께서는 우리의 유일한 소망과 힘과 위로이시다.

13절 주 예수의 제자들은 예수님의 이름 때문에 세상의 많은 사람들에게 미움을 받을 것이다. 세상은 그리스도인들을 미워하며 핍박할 것이다. 이 죄 많은 세상에서 하느님을 믿고 섬기며 따르는 길은 외로운 길이며 고난과 핍박을 각오하며 가야 할 길이다. 그렇지만 끝까지 견디는 자는 구원을 얻을 것이다. 참된 믿음은 인내를 포함하며 주 예수 그리스도를 믿고 참고 견디는 자들은 영광에 이를 것이다.

8 호크마 주석, 마가복음 13장.

하늘은 드디어 모든 사람들을 위해서 새롭게 하여 주신다. 당신들은 그리스도를 섬기는 길에 있어서 많은 고난을 당하게 될 것이다. 그러나 그런 고난을 달게 받도록 하라. 당신에게 축복이 나타날 것이며 당신의 증거가 온전히 이루어질 것이다. "끝까지 견디어 내는 이는 구원을 받을 것이다."13절. 인내는 면류관을 얻게 하는 것이다. 여기에 약속된 구원이란 악으로부터 받는 구원보다 더 큰 구원인 것이다. 그것은 그들이 그리스도를 위해 봉사하고 고난 당한 일에 대한 풍성한 보상으로 허락하시는 영원한 축복인 것이다. 이 모든 말씀을 우리는 마태오 복음서 10장 17절 이하에서 볼 수 있다. "너희를 받아들이는 이는 나를 받아들이는 사람이고, 나를 받아들이는 이는 나를 보내신 분을 받아들이는 사람이다. 예언자를 예언자라서 받아들이는 이는 예언자가 받는 상을 받을 것이고, 의인을 의인이라서 받아들이는 이는 의인이 받는 상을 받을 것이다. 내가 진실로 너희에게 말한다. 이 작은 이들 가운데 한 사람에게 그가 제자라서 시원한 물 한 잔이라도 마시게 하는 이는 자기가 받을 상을 결코 잃지 않을 것이다."마태 10:40-42

핍박 받는 나이지리아 교회와 성도들과 이들을 위해 진행되는 다양한 사역 모습.

자료: christiantoday.co.kr

14절 유대인들은 한편으로 로마에 대한 반역과 한편으로 그리스도인에게 대한 박해로 그들 자신의 파멸을 유효하고 기이하게 재촉하였고 하느님과 사람들로부터 대적이 된 것이다. 지금 우리는 여기에 이후로 40년 내에 그들에게 임할 멸망에 대한 예언을 대하게 된다. 전에 마태오 복음서 24장 15절 이하에서 본 바 있다.[9]

다니엘서에서 '황폐를 부르는 혐오스러운 것'은 세 구절에 언급 혹은 암시되어 있다. 다니엘서 9:27은 주후 70년 로마의 티토가 예루살렘 성전을 훼파할 것을 가리킨 예언이라고 본다. 다니엘서 9장은 메시아의 강림과 죽음을 예언한 장이다. 다니엘서 11:31과 12:11은 수리아 왕 안티오코스 4세 에피파네스가 예루살렘 성전에 제우스 신상을 세울 것을 가리킨 예언이라고 본다. '황폐를 부르는 혐오스러운 것'은 이방인들의 신상을 가리키며, '있어서는 안 될 곳'은 성전을 가리킨다고 본다. 마태오 복음서 본문에는 '거룩한 곳'마태 24:15이라고 되어 있다.

예수님의 이 예언은 일차적으로 주후 70년의 예루살렘 멸망에서 이루어졌다. 이것은 유대인 역사가 요세푸스의 책들과 교회 역사가 유세비우스의 책에 증거되어 있다. 그러나 다니엘서에 예언된 사건들은 장차 세상 종말에 이루어질 사건의 모형이었다고 보인다. 확실히, 주 예수님의 예언은 예루살렘 멸망 때뿐만 아니라, 세상 종말과 주의 재림 직전에도 황폐를 부르는 혐오스러운 것이 있어서는 안 될 곳에 있게 될 것을 보인다. 그것은 마태오, 마르코 복음서들에 증거된 주님의 예언의 문맥에서 분명하다. 또한 이 사실은 사도 바오로의 테살로니카 신자들에게 보낸 둘째 서간 2장에서 주의 재림 직전에 불법의 사람이 나타나서 자신을 하느님의 성전 곧 교회 안에서 하느님처럼 높일 것을 예언한 것과도 일치한다.

예수께서는 이것을 예언하시면서 "그때에 유다에 있는 이들은 산으로 달아나라."라고 말씀하셨다. 초대교회의 역사를 쓴 유세비우스는 예루살렘 멸망 시 제자들이 요단강 건너편 베레아 지방 북쪽으로 도피하였다고 전한다.[10]

9 메튜 헨리 주석, 마가복음 13장
10 김효성 목사, 마가복음 강해 13장, 2023년 2월 1일.

예루살렘의 멸망

자료: gyusikjung.blogspot.com

15-20절 이러한 위기가 일어날 때에 자기 집의 지붕 위에 있는 자는 무엇을 가지려고 결코 집안으로 들어가서는 안 된다. 밭에서 일하고 있던 자들도 추운 밤공기를 막아 주는 겉옷을 가지려고 다른 밭이나 집으로 가서는 안 된다. 예수는 그러한 어려운 상황하에서 도망가야만 하는 아이 밴 여자와 젖먹이는 어머니들에게 동정을 나타낸다. 그는 그의 제자들에게 이런 일이 강물이 많이 불어 건너기 어렵게 될 우기인 겨울철에 일어나지 않도록 기도하라고 권고하셨다.[11]

예루살렘 멸망의 때에 주의 제자들은 지체하지 말고 도피하여야 했다. 성도들은 환난의 때에 롯[12]의 아내처럼 세상 것들에 미련을 두지 말고 도피해야 한다. 그 환난은 아이 밴 자들과 젖먹이는 자들에게 감당하기 어려운 환난이다. 임신과

11 호크마 주석, 마가복음 13장.

12 롯은 하란의 아들이자 아브라함의 조카이다. 그의 이름은 창세기 11~14장, 19장에 언급되어 있다. 롯은 아브라함과 함께 갈대아 우르에서 가나안으로 이주하였다. 아브라함과 롯에게는 가축이 너무 많았기에 두 사람이 함께 살기에는 땅의 목초지가 부족하였다. 때문에 롯의 목자들과 아브라함의 목자들 사이에 다툼이 일어났다. 이에 아브라함은 롯에게 서로 떨어져 살 것을 제안했고, 롯은 그 제안을 받아들여 먼저 원하는 땅을 선택했다. 그 땅이 바로 요단강 유역에 있는 소돔이었다.

Vox populi, vox Dei.

우리가 감당할 만큼 환난을 주실 것이다.

자료: chateau0225.tistory.com

출산과 아기 양육은 귀하고 복된 일이지만, 환난이 올 때 큰 어려움이 따를 것이다. 또 주께서는 "너희의 피함이 겨울에 일어나지 않도록 기도하라"고 말씀하셨다. '겨울'이라는 원어케이몬는 일차적으로 '폭설'이라는 뜻을 가진다. 겨울에나 폭설 중에 피난하는 것은 매우 어려울 것이다. 우리는 환난 날의 계절과 일기를 위해서도 기도해야 한다.

그 환난은 역사상 전무후무한 환난일 것이다. 그러나 주의 백성은 그것을 두려워할 것이 없다. 환난 기간의 길이나 그 혹독함의 정도는 다 하느님의 손안에 있다. 하느님께서는 환난 시대에도 '주님'이시다. 그는 우리가 감당할 만큼 환난을 주실 것이다. 만일 그가 이런 배려를 하지 않으신다면, 아무도 그 환난을 견딜 수 없을 것이다. 그러나 그는 '몸소 선택하신 이들을 위하여' 그 날수를 줄여 주셨다.

21-23절 주께서는 앞에서 거짓 목사들의 미혹에 대해 언급하셨다5, 6절. 그는 이번에는 거짓 목사들이 기적을 행하면서 속일 것이라고 경고하신다. 그

"이스라엘 백성 가운데에 거짓 예언자들이 일어났던 것처럼, 여러분 가운데에도 거짓 교사들이 나타날 것입니다. 그들은 파멸을 가져오는 이단을 끌어들이고, 심지어 자기들을 속량해 주신 주님을 부인하면서 파멸을 재촉하는 자들입니다."(2베드 2:1)

자료: t1.daumcdn.net

들은 기적들을 통해 택하신 백성이라도 속이려고 할 것이다. 기적을 행하는 거짓 목사들의 속이는 말에 빠지지 않으려면, 조심하며 주님의 말씀을 굳게 붙잡아야 한다. 사탄이 주는 거짓된 기적들의 속임수에 빠지지 않으려면, 우리는 기적을 좋아하지 말아야 하고 오직 예수 그리스도께서 미리 하신 모든 말씀과 신구약 66권의 성경말씀만 붙들고 바른 교리를 믿고 바른 생활교훈을 행해야 한다.

그들은 그들의 영혼의 안전을 위해 준비하지 않으면 안 되었다. "그때에 누가 너희에게 '보아라, 그리스도께서 여기 계시다!', 또는 '보아라, 저기 계시다!' 하더라도 믿지 마라."21절 그리스도께서는 하늘에 계시며 세상 끝날에 세상을 심판하러 오시는 것이다. 그러므로 그들을 믿지 말라고 하신 것이다. 그리스도를 영접하고 거짓 그리스도나 적그리스도의 미혹에 빠지지 말라고 하신 것이다. "거짓 그리스도들과 거짓 예언자들이 나타나 속이려고" 하는 것이다22절. 복음의 왕국이 건설될 때에 사탄은 그것을 반대하기 위해서 자기의 온 힘을 다하여 그리고 갖은 계교를 다하여 방해할 것이다. 그리고 하느님께서는 어떤 이들의 성실성을 시험하기 위하여, 다른 어떤 사람들의 위선을 찾아내기 위하여 그리고 그리스도를 거역한 사람들을 혼미케 하려고 사탄의 이런 방해를 허락하시는 것이다. 거짓 그리스도인들이 일어나고 거짓 선지자들이 그들을 전한다. 그러므로 많은 진취적이고 근면한 종교인들을 포섭하게 되는 것이다. 사람들을 안전하게 보호하는 데는 아무것도 유효하지 못하고 다만 변치 않고 확실한 하느님을 근거로 서 있는 것뿐이다. 주께서는 그들이 자기의 것인 것을 아신다. 그러므로 그들은 다른 사람들의 믿음이 무너질 때에 보존되는 것이다. "할 수만 있으면 선택된 이들까지 속이려고" 하는 것이다. 그러나 그 택함을 받은 자들은 유혹을 할 수 없는 것이다.

하느님께서 그들을 지켜 주시겠지만 그들도 스스로 주의하지 않으면 안 되는 것이다. "내가 이 모든 일을 너희에게 미리 말해 둔다." 23절 그들에게 미리 말하여 주신 것은 그들로 하여금 미리 경고를 받고 미리 무장을 하게 하려함이다. 그것은 미리 그 거짓된 선지자들을 식별하여 그들의 말을 듣지 않게 하려고 한 것이며 그들의 예언에 속지 않게 하려는 것이다. 성경에 대한 풍부한 지식이 그러한 가장한 선지자들의 말에 속지 않게 하는 좋은 무기가 되는 것이다.

24-26절 기적적인 이적들을 베푸는 거짓 메시아의 출현과 재난 이후의 때에 참 메시아의 극적인 오심 사이에 뚜렷한 대조를 보이고 있다. 이 표현은 14-23절과 밀접한 관계가 있음을 가리킨다. 해와 달 그리고 별들과 관련되는 여러 가지 우주적인 무질서가 바로 재림보다 먼저 일어날 것이다. 예수는 정확하게 어느 한 편의 구절만 인용하지 않고 이사야서 13:10과 34:4 둘 다를 인용하여 설명하였다. 이것은 물리적인 우주 속에 나타나는 눈에 보이는 천체 변화를 언급하신 것이다. 방금 언급한 우주적인 사건이 발생한 그 때에 지상에 사는 사람들은 구름을 타고 다시 오는 것을 볼 수 있다. 하늘의 구름은 신이 나타날 것을 의미한다. 그는 큰 권능을 행하실 것이며 하늘의 영광을 나타내실 것이다.[13]

대환난의 날은 여러 날들일 것이다. 그때에 사람들의 미혹과 전쟁, 지진, 기근, 전염병, 핍박, 배교가 있을 것이며, 그런 후 거기에 더하여 천체의 변화가 있고 그 오랜 세월의 규칙성이 흔들릴 것이다. 해는 어두워지며 달은 빛을 내지 않고 별들은 하늘에서 떨어질 것이다.

그때에 주께서 구름 가운데서 큰 권능과 영광으로 내려오실 것이다. 다니엘서 7:13-14는, 장차 심판 권세를 가지고 오실 자를 '사람 모습을 한 이'로 묘사하였

13 호크마 주석, 마가복음 13장.

다. 주 예수 그리스도의 재림은 하늘로부터 내려오는 사건이다. 그의 재림 때에 하늘에는 구름이 있을 것이다.

예수 그리스도의 재림은 영광스런 사건일 것이다. 그는 큰 권능과 영광으로 하늘로부터 내려오실 것이다. 그가 처음 세상에 오실 때는 가난한 가정에 연약한 어린 아기로 태어나셨고, 따뜻한 방이나 포근한 병원 침대에서가 아니고 춥고 더럽고 냄새나는 마구간에서 태어나 말의 먹이통 속에 누이셨다. 그는 비천한 종, 고난의 종의 모습으로 오셨다. 그러나 우리 주 예수 그리스도께서 다시 오실 때에는 심판자로서 큰 권능과 영광을 가지고 오실 것이다.

예수 그리스도의 재림은 눈으로 볼 수 있는 사건일 것이다. 사람들은 재림하시는 주 예수 그리스도를 볼 것이다. 예수 그리스도의 재림은 어떤 불신앙적 신학자들의 생각대로 '세상의 기독교화基督敎化'에 대한 비유나 상징이 아니다. 성경은 오히려 세상 종말이 가까울수록 세상이 더 악화될 것을 계시한다. 재림의 징조들이 나타날 것이다. 예수 그리스도의 재림은 하느님의 초자연적 개입이다. 예수께서는 하늘로 올라가신 모습 그대로 땅으로 내려오실 것이다. 사도행전 1:11, "갈릴래아 사람들아, 왜 하늘을 쳐다보며 서 있느냐? 너희를 떠나 승천하신 저 예수님께서는, 너희가 보는 앞에서 하늘로 올라가신 모습 그대로 다시 오실 것이다." 사람들은 그가 하늘에서 내려오심을 볼 것이다. 요한 묵시록 1:7은, "보십시

예수 그리스도의 재림

자료: anointingch.org

Vox populi, vox Dei.

오, 그분께서 구름을 타고 오십니다. 모든 눈이 그분을 볼 것입니다. 그분을 찌른 자들도 볼 것이고 땅의 모든 민족들이 그분 때문에 가슴을 칠 것입니다. 꼭 그렇게 될 것입니다. 아멘."이라고 말하였다.

27절 또 그때에 인자는 그의 천사들을 보내어 사방에서 그가 택한 자들을 모을 것이다. 사방이란 세계 모든 사람들과 관련된 모든 방향으로부터를 의미한다. 택함을 받은 자는 한 사람도 버림을 받지 않을 것이다. 비록 언급은 없지만 이 말은 구약 시대의 성도들과 대환란 동안 순교한 신자들이 부활을 언급하는 것 같다. 여기에는 선택받지 못한 자들에 대해서는 아무런 언급이 없다.[14]

주께서는 하늘로부터 내려오실 때에 택한 백성들을 모으실 것이다. 신약 성도들은 하늘로 끌려 올라갈 것이다. 이것이 소위 '휴거'다. 예수 그리스도의 재림의 목적은 이중적이다. 하나는 택자들을 모으시기 위함이다. 죽은 자들은 부활할 것이며 살아 있는 자들은 변화될 것이다. 다른 하나는 악인들의 심판을 위해서이다. 사도신경使徒信經의 표현대로, 그는 산 자들과 죽은 자들을 심판하러 오실 것이다.

28-31절 제자들의 첫 번째 질문은 이러한 일들이 언제 일어나겠느냐?라는 것이었다. 이에 예수께서는 무화과나무로부터 교훈을 얻으라고 그들에게 충고하셨다. 비록 무화과나무가 이스라엘에 대한 상징으로 사용되었다 하더라도 예수는 여기에서 그런 의미를 의도하지는 않았다. 29절은 28절의 교훈을 응용하고 있다. 다른 사람과 달리 너희 제자들은 14-23절에 언급한 이러한 일들을 볼 때마다 너희들은 임박한 위기가 가까이 온 줄을 알 수 있다. 이것은 임박한 사건에 대한 일반적인 상징인 것이다. 만약 이런 사건들을 방심하지 않고 경계한다면 제자들은 그 사건의 진정한 의미를 충분히 분별할 수 있을 것이다. 엄숙한 서론적인 말로 예수께서는 이 모든 일들이 일어날 때까지 이 세상의 종말이 오지 않

14 호크마 주석, 마가복음 13장.

을 것이라고 선언하였다. 예수의 주장은 그의 예언30절의 성취를 보증한다. 현재의 우주는 대변동으로 종말이 올 것이나 이 예언들을 포함하여 예수의 말씀들은 결코 사라지지 않을 것이다. 그의 말씀은 영원히 정당성을 가질 것이다. 하느님의 말씀은 곧 예수의 말씀과 같다. 왜냐하면 예수는 곧 하느님이시기 때문이다.[15]

사람들이 무화과나무의 가지가 연하여지고 잎사귀를 내면 여름이 가까운 줄 알 수 있다. 그렇듯이 우리는 이런 징조들, 즉 전쟁, 지진, 기근, 전염병, 세계복음화, 배교, 거짓 기적주의, 핍박 등이 일어나는 것을 보면 주 예수님의 재림이 가까이 이른 줄 알아야 한다. 예수께서는 또, "내가 진실로 너희에게 말한다. 이 세대가 지나기 전에 이 모든 일이 일어날 것이다. 하늘과 땅은 사라질지라도 내 말은 결코 사라지지 않을 것이다."30:31라고 말씀하셨다. 본문은 비록 예루살렘 멸망에 관한 예언을 포함할지라도 그리스도의 재림에 대한 예언임이 분명하다. 그러

무화과나무를 사용해서 믿음에 대해 교훈하시다.

자료: wol.jw.org

15 호크마 주석, 마가복음 13장.

Vox populi, vox Dei.

면 '이 세대'는 30년 혹은 길게 잡아 100년을 의미할 수 없다. 그것은 단순히 '내세'와 대조해 '이 시대' 혹은 '이 세상'을 의미할 것이다. 예루살렘 성의 멸망은 역사상 주후 70년에 이루어졌다. 그러나 주의 재림은 인류 역사의 마지막 대사건이 될 것이다. 모든 사람들은 죄를 회개하고 하나님께로 돌아와 새 삶을 살고 예수 그리스도의 재림을 대망해야 한다.

32-33절 비록 위기가 가까이 와 있다는 것은 식별해 낼 수 있으나 다가오는 그 날과 그 시의 정확한 시간은 아버지 외에는 아무도 알지 못한다. 심지어 천사들이나 아들조차도 알지 못한다. 이러한 예수의 지식의 한계는 그가 인성을 가지고 있음을 보여주는 것이다. 성육신 속에서 아버지의 뜻에 복종하여 예수는 자발적으로 인간의 한계를 받아들였다. 그때 즉 하나님께서 개입하실 정한 때가 언제 올지 아무도 알지 못하기 때문에 주의하라 깨어 있으라, 라고 거듭 훈계하셨다.[16]

세상의 종말과 예수 그리스도의 재림이 반드시 올 것이지만 그날과 그때는 아무도 모르고 아버지만 아신다. 예수께서는 심지어 '아들도 모른다'고 말씀하셨다. 우리는 물론 이 말씀을 그의 신성神性의 면에서 생각할 수 없고, 단지 그의 인성人性의 면에서 말씀하신 것이라고 이해해야 한다. 그는 신성에 있어서는 아버지와 본질상 동일하시지만, 인성에 있어서는 우리와 본질상 동일하시다. 사람의 지식은 제한적이다. 주 예수 그리스도의 재림의 날짜는 아무도 모른다. 그러므로 주의 재림의 날을 예언했던 여호와의 증인들이나 안식교도들 또 어떤 휴거론자들은 마귀에게 속은 자들이요 또 남들을 속이는 자들이다. 예수께서는 또, "너희는 조심하고 깨어 지켜라. 그때가 언제 올지 너희가 모르기 때문이다."33절라고 말씀하셨다. 그는 33절 이하에서 '깨어 있어라'는 말씀을 세 번이나 반복하셨다33, 35, 37절. 우리가 깨어 있어야 할 이유는 그때가 언제인지 알지 못하기 때문이다.

16 호크마 주석, 마가복음 13장.

34-35절 마르코 복음서에 나오는 독특한 타국에 나간 집주인의 비유는 계속해서 깨어 있을 것을 요구하고 있으며 깨어 있다는 것은 맡은 일에 충실한 것으로 정의하고 있다. 예수는 이 비유를 문지기와 다른 종들 사이의 구분 없이 그의 제자들에게 비유를 적용하셨다. 그들은 모두 영적인 위험과 기회들에 대해서 정신을 바짝 차려야 할 책임이 있다.[17]

'깨어 있다'는 말은 정상적인 신앙생활을 가리킨다. 구원은 영적으로 죽은 자들이 살아나는 것이며, 산 자들은 이제 깨어 있어서 정상적인 신앙생활을 해야 한다. 그것은 믿음과 소망과 사랑의 생활이다. 코린토 신자들에게 보낸 첫째 서간 13:13, "그러므로 이제 믿음과 희망과 사랑 이 세 가지는 계속됩니다. 그 가운데에서 으뜸은 사랑입니다." 믿음은 구원의 방법이다. 그러나 그것은 모든 사람의 것이 아니며2테살 3:2 하느님의 은혜이다. 소망은 신자의 힘과 기쁨의 원천이며, 사랑은 생명의 표징이며 열매이다.

36-37절 주의 재림은 많은 이들에게 갑작스러울 것이다. 성경은 주의 재림의 갑작스러움을 '도둑'이라는 말로 표현했다마태 24:43; 1테살 5:2. 깨어 있지 못한 자들에게는 화가 미칠 것이다. '잠잔다'는 것은 신앙생활을 바르게 하지 못하는 것을 말한다. 우상숭배나 돈 사랑, 세상 사랑, 쾌락 사랑, 온갖 불의와 미움, 음란, 거짓 등에 빠지는 것이 잠자는 것이다. 예수께서는 다시, "내가 너희에게 하는 이 말은 모든 사람에게 하는 말이다. 깨어 있어라."고 말씀하셨다. '깨어 있어라'는 주의 말씀은 당시의 제자들에게만 하신 것이 아니고 오늘날 우리에게도 하신 말씀이며 또 이 세상의 모든 사람들에게 주신 말씀이기도 하다. 영적으로 죽은 자들은 구원을 받아야 하며, 구원받은 산 자들은 불경건과 부도덕 가운데 잠들지 말고 경건하고 의롭고 선하게 살고 믿음과 소망과 사랑의 삶을 살아야 한다.

그러므로 우리의 큰 관심은 주님께서 언제 오시더라도 그가 우리를 잠들어 있

17 호크마 주석, 마가복음 13장.

Vox populi, vox Dei.

"그러니 깨어 있어라. 너희의 주인이 어느 날에 올지 너희가 모르기 때문이다."(마태 24:42)

자료: m.blog.naver.com

는 것을 보시거나, 우리의 경계를 소홀히 하고 스스로 안위에 빠져 있는 것을 보시지 않도록 해야 한다. 또한 우리의 일과 의무를 소홀히 하고 안일과 태만에 스스로 빠져 방종하고 있는 것을 보시거나 주님의 재림에 대하여 무관심한 것을 보시지 않도록 하지 않으면 안 되는 것이다. 그리고 주님이 오시지 않는다고 하거나 나는 주님을 만날 준비가 안 되었다는 어리석은 말을 하지 않도록 해야만 하는 것이다.

주님께서 오실 때에 갑작스럽게 오시게 되는 것이다. 주님의 재림에 대해서 무관심하거나 잠자는 자들에게 있어서 주님의 재림은 실로 큰 놀람과 두려움이 아닐 수 없는 것이다. 주님의 오심은 그들에게 마치 한밤중에 도둑이 오는 것과 같을 것이다.

그러므로 모든 그리스도의 제자들에게 있어서 필수적인 의무는 각성하고 깨어 근신하는 것이다.

하늘의 소리 사람의 말씀 III

Vox populi, vox Dei.

마르코 복음서
14장

天聲

예수님을 죽일 음모를 꾸미다 마태 26,1-5; 루카 22,1-2; 요한 11,45-53

1 파스카와 무교절 이틀 전이었다. 수석 사제들과 율법 학자들은 어떻게 하면 속임
수를 써서 예수님을 붙잡아 죽일까 궁리하고 있었다.
2 그러면서 "백성이 소동을 일으킬지 모르니 축제 기간에는 안 된다." 하고 말하였다.

어떤 여자가 예수님의 머리에 향유를 붓다 마태 26,6-13; 요한 12,1-8

3 예수님께서 베타니아에 있는 나병 환자 시몬의 집에 계실 때의 일이다. 마침 식탁
에 앉아 계시는데, 어떤 여자가 값비싼 순 나르드 향유가 든 옥합을 가지고 와서,
그 옥합을 깨뜨려 그분 머리에 향유를 부었다.
4 몇 사람이 불쾌해하며 저희끼리 말하였다. "왜 저렇게 향유를 허투루 쓰는가?
5 저 향유를 삼백 데나리온 이상에 팔아, 그 돈을 가난한 이들에게 나누어 줄 수도
있을 터인데." 그러면서 그 여자를 나무랐다.
6 예수님께서 이르셨다. "이 여자를 가만 두어라. 왜 괴롭히느냐? 이 여자는 나에게
좋은 일을 하였다.
7 사실 가난한 이들은 늘 너희 곁에 있으니, 너희가 원하기만 하면 언제든지 그들에
게 잘해 줄 수 있다. 그러나 나는 늘 너희 곁에 있지는 않을 것이다.
8 이 여자는 자기가 할 수 있는 일을 하였다. 내 장례를 위하여 미리 내 몸에 향유
를 바른 것이다.
9 내가 진실로 너희에게 말한다. 온 세상 어디든지 복음이 선포되는 곳마다, 이 여자
가 한 일도 전해져서 이 여자를 기억하게 될 것이다."

유다가 예수님을 배신하다 마태 26,14-16; 루카 22,3-6

10 열두 제자 가운데 하나인 유다 이스카리옷이 예수님을 수석 사제들에게 팔아넘기
려고 그들을 찾아갔다.
11 그들은 그의 말을 듣고 기뻐하며 그에게 돈을 주기로 약속하였다. 그래서 유다는
예수님을 넘길 적당한 기회를 노렸다.

최후의 만찬을 준비하다 마태 26,17-19; 루카 22,7-13

12 무교절 첫날 곧 파스카 양을 잡는 날에 제자들이 예수님께, "스승님께서 잡수실 파
스카 음식을 어디에 가서 차리면 좋겠습니까?" 하고 물었다.
13 그러자 예수님께서 제자 두 사람을 보내며 이르셨다. "도성 안으로 가거라. 그러면
물동이를 메고 가는 남자를 만날 터이니 그를 따라가거라.
14 그리고 그가 들어가는 집의 주인에게, '스승님께서 '내가 제자들과 함께 파스카 음
식을 먹을 내 방이 어디 있느냐?' 하고 물으십니다.' 하여라.
15 그러면 그 사람이 이미 자리를 깔아 준비된 큰 이층 방을 보여 줄 것이다. 거기에
다 차려라."
16 제자들이 떠나 도성 안으로 가서 보니, 예수님께서 일러 주신 그대로였다. 그리하
여 그들은 파스카 음식을 차렸다.

제자가 배신할 것을 예고하시다 마태 26,20-25; 루카 22,21-23; 요한 13,21-30

17 저녁때가 되자 예수님께서 제자들과 함께 그곳으로 가셨다.
18 그들이 식탁에 앉아 음식을 먹고 있을 때에 예수님께서 말씀하셨다. "내가 진실로
너희에게 말한다. 너희 가운데 한 사람, 나와 함께 음식을 먹고 있는 자가 나를 팔
아넘길 것이다."
19 그러자 그들은 근심하며 차례로 "저는 아니겠지요?" 하고 묻기 시작하였다.
20 예수님께서 그들에게 이르셨다. "그는 열둘 가운데 하나로서 나와 함께 같은 대접
에 빵을 적시는 사람이다.

21 사람의 아들은 자기에 관하여 성경에 기록된 대로 떠나간다. 그러나 불행하여라,
사람의 아들을 팔아넘기는 그 사람! 그 사람은 차라리 태어나지 않았더라면 자신
에게 더 좋았을 것이다."

성찬례를 제정하시다 마태 26,26-30; 루카 22,14-20; 1코린 11,23-25

22 그들이 음식을 먹고 있을 때에 예수님께서 빵을 들고 찬미를 드리신 다음, 그것을
떼어 제자들에게 주시며 말씀하셨다. "받아라. 이는 내 몸이다."
23 또 잔을 들어 감사를 드리신 다음 제자들에게 주시니 모두 그것을 마셨다.
24 그때에 예수님께서 그들에게 이르셨다. "이는 많은 사람을 위하여 흘리는 내 계약
의 피다.
25 내가 진실로 너희에게 말한다. 내가 하느님 나라에서 새 포도주를 마실 그날까지,
포도나무 열매로 빚은 것을 결코 다시는 마시지 않겠다."
26 그들은 찬미가를 부르고 나서 올리브 산으로 갔다.

베드로가 당신을 모른다고 할 것을 예고하시다

마태 26,31-35; 루카 22,31-34; 요한 13,36-38

27 예수님께서 제자들에게 말씀하셨다. "너희는 모두 떨어져 나갈 것이다. 성경에 '내
가 목자를 치리니 양들이 흩어지리라.'고 기록되어 있다.
28 그러나 나는 되살아나서 너희보다 먼저 갈릴래아로 갈 것이다."
29 그러자 베드로가 예수님께 말하였다. "모두 떨어져 나갈지라도 저는 그러지 않을
것입니다."
30 예수님께서 그에게 말씀하셨다. "내가 진실로 너에게 말한다. 오늘 이 밤, 닭이 두
번 울기 전에 너는 세 번이나 나를 모른다고 할 것이다."
31 그러자 베드로가 더욱 힘주어 장담하였다. "스승님과 함께 죽는 한이 있더라도, 저
는 결코 스승님을 모른다고 하지 않겠습니다." 다른 이들도 모두 그렇게 말하였다.

Vox populi, vox Dei.

겟세마니에서 기도하시다 마태 26,36-46; 루카 22,39-46

32 그들은 겟세마니라는 곳으로 갔다. 예수님께서는 제자들에게, "내가 기도하는 동
안 너희는 여기에 앉아 있어라." 하고 말씀하신 다음,
33 베드로와 야고보와 요한을 데리고 가셨다. 그분께서는 공포와 번민에 휩싸이기 시
작하셨다.
34 그래서 그들에게 "내 마음이 너무 괴로워 죽을 지경이다. 너희는 여기에 남아서 깨
어 있어라." 하고 말씀하셨다.
35 그런 다음 앞으로 조금 나아가 땅에 엎드리시어, 하실 수만 있으면 그 시간이 당신
을 비켜 가게 해 주십사고 기도하시며,
36 이렇게 말씀하셨다. "아빠! 아버지! 아버지께서는 무엇이든 하실 수 있으시니, 이
잔을 저에게서 거두어 주십시오. 그러나 제가 원하는 것을 하지 마시고 아버지께
서 원하시는 것을 하십시오."
37 그러고 나서 돌아와 보시니 제자들은 자고 있었다. 그래서 베드로에게 "시몬아, 자
고 있느냐? 한 시간도 깨어 있을 수 없더란 말이냐?
38 너희는 유혹에 빠지지 않도록 깨어 기도하여라. 마음은 간절하나 몸이 따르지 못
한다." 하시고,
39 다시 가셔서 같은 말씀으로 기도하셨다.
40 그리고 다시 와 보시니 그들은 여전히 눈이 무겁게 내리감겨 자고 있었다. 그래서
제자들은 그분께 무슨 말씀을 드려야 할지 몰랐다.
41 예수님께서는 세 번째 오셔서 그들에게 말씀하셨다. "아직도 자고 있느냐? 아직도
쉬고 있느냐? 이제 되었다. 시간이 되어 사람의 아들은 죄인들의 손에 넘어간다.
42 일어나 가자. 보라, 나를 팔아넘길 자가 가까이 왔다."

잡히시다 마태 26,47-56; 루카 22,47-53; 요한 18,1-11

43 그러자 곧, 예수님께서 아직 말씀하고 계실 때에 열두 제자 가운데 하나인 유다가
다가왔다. 그와 함께 수석 사제들과 율법 학자들과 원로들이 보낸 무리도 칼과 몽
둥이를 들고 왔다.

44 그분을 팔아넘길 자는, "내가 입 맞추는 이가 바로 그 사람이니 그를 붙잡아 잘 끌
고 가시오." 하고 그들에게 미리 신호를 일러두었다.
45 그가 와서는 곧바로 예수님께 다가가 "스승님!" 하고 나서 입을 맞추었다.
46 그러자 그들이 예수님께 손을 대어 그분을 붙잡았다.
47 그때 곁에 서 있던 이들 가운데 한 사람이 칼을 빼어, 대사제의 종을 내리쳐 그의
귀를 잘라 버렸다.
48 예수님께서 나서시어 그들에게 말씀하셨다. "너희는 강도라도 잡을 듯이 칼과 몽
둥이를 들고 나를 잡으러 나왔단 말이냐?
49 내가 날마다 너희와 함께 성전에 있으면서 가르쳤지만 너희는 나를 붙잡지 않았
다. 성경 말씀이 이루어지려고 이리된 것이다."
50 제자들은 모두 예수님을 버리고 달아났다.

알몸으로 달아난 젊은이

51 어떤 젊은이가 알몸에 아마포만 두른 채 그분을 따라갔다. 사람들이 그를 붙잡자,
52 그는 아마포를 버리고 알몸으로 달아났다.

최고 의회에서 신문을 받으시다

마태 26,57-66; 루카 22,54; 루카 22,66-71; 요한 18,12-14; 요한 18,19-24

53 그들은 예수님을 대사제에게 끌고 갔다. 그러자 수석 사제들과 원로들과 율법 학
자들이 모두 모여 왔다.
54 베드로는 멀찍이 떨어져서 예수님을 뒤따라 대사제의 저택 안뜰까지 들어가, 시종
들과 함께 앉아 불을 쬐고 있었다.
55 수석 사제들과 온 최고 의회는 예수님을 사형에 처하려고 그분에 대한 증언을 찾
았으나 찾아내지 못하였다.
56 사실 많은 사람이 그분께 불리한 거짓 증언을 하였지만, 그 증언들이 서로 들어 맞
지 않았던 것이다.

Vox populi, vox Dei.

57 더러는 나서서 이렇게 거짓 증언을 하기도 하였다.
58 "우리는 저자가, '나는 사람 손으로 지은 이 성전을 허물고, 손으로 짓지 않는 다른
성전을 사흘 안에 세우겠다.'고 말하는 것을 들은 적이 있습니다."
59 그러나 그들의 증언도 서로 들어맞지 않았다.
60 그러자 대사제가 한가운데로 나서서 예수님께, "당신은 아무 대답도 하지 않소? 이
자들이 당신에게 불리한 증언을 하는데 어찌 된 일이오?" 하고 물었다.
61 그러나 예수님께서는 입을 다무신 채 아무 대답도 하지 않으셨다. 대사제는 다시
"당신이 찬양받으실 분의 아들 메시아요?" 하고 물었다.
62 예수님께서 대답하셨다. "그렇다. '너희는 사람의 아들이 전능하신 분의 오른쪽에
앉아 있는 것과 하늘의 구름을 타고 오는 것을 볼 것이다.'"
63 그러자 대사제가 자기 옷을 찢고 이렇게 말하였다. "이제 우리에게 무슨 증인이 더
필요합니까?
64 여러분도 하느님을 모독하는 말을 듣지 않았습니까? 여러분의 생각은 어떻습니
까?" 그들은 모두 예수님께서 사형을 받아야 마땅하다고 단죄하였다.

예수님을 조롱하다 마태 26,67-68; 루카 22,63-65

65 어떤 자들은 예수님께 침을 뱉고 그분의 얼굴을 가린 다음, 주먹으로 치면서 "알아
맞혀 보아라." 하며 놀려 대기 시작하였다. 시종들도 예수님의 뺨을 때렸다.

베드로가 예수님을 모른다고 하다

마태 26,69-75; 루카 22,55-62; 요한 18,15-18; 요한 18,25-27

66 베드로가 안뜰 아래쪽에 있는데 대사제의 하녀 하나가 와서,
67 불을 쬐고 있는 베드로를 보고 그를 찬찬히 살피면서 말하였다. "당신도 저 나자렛
사람 예수와 함께 있던 사람이지요?"
68 그러자 베드로는, "나는 당신이 무슨 말을 하는지 알지도 이해하지도 못하겠소." 하
고 부인하였다. 그가 바깥뜰로 나가자 닭이 울었다.

69 그 하녀가 베드로를 보면서 곁에 서 있는 이들에게 다시, "이 사람은 그들과 한패
예요." 하고 말하기 시작하였다.
70 그러나 베드로는 또 부인하였다. 그런데 조금 뒤에 곁에 서 있던 이들이 다시 베드
로에게, "당신은 갈릴래아 사람이니 그들과 한패임에 틀림없소." 하고 말하였다.
71 베드로는 거짓이면 천벌을 받겠다고 맹세하기 시작하며, "나는 당신들이 말하는
그 사람을 알지 못하오." 하였다.
72 그러자 곧 닭이 두 번째 울었다. 베드로는 예수님께서, "닭이 두 번 울기 전에 너는
세 번이나 나를 모른다고 할 것이다." 하신 말씀이 생각나서 울기 시작하였다.

1 Now the Passover and the Feast of Unleavened Bread were only two days away, and the chief priests and the teachers of the law were looking for some sly way to arrest Jesus and kill him.

2 "But not during the Feast," they said, "or the people may riot."

3 While he was in Bethany, reclining at the table in the home of a man known as Simon the Leper, a woman came with an alabaster jar of very expensive perfume, made of pure nard. She broke the jar and poured the perfume on his head.

4 Some of those present were saying indignantly to one another, "Why this waste of perfume?

5 It could have been sold for more than a year's wages and the money given to the poor." And they rebuked her harshly.

6 "Leave her alone," said Jesus. "Why are you bothering her? She has done a beautiful thing to me.

7 The poor you will always have with you, and you can help them any time you want. But you will not always have me.

8 She did what she could. She poured perfume on my body beforehand to prepare for my burial.

9 I tell you the truth, wherever the gospel is preached throughout the world, what she has done will also be told, in memory of her."

Vox populi, vox Dei.

10 Then Judas Iscariot, one of the Twelve, went to the chief priests to betray
Jesus to them.
11 They were delighted to hear this and promised to give him money. So he
watched for an opportunity to hand him over.
12 On the first day of the Feast of Unleavened Bread, when it was custom-
ary to sacrifice the Passover lamb, Jesus' disciples asked him, "Where do
you want us to go and make preparations for you to eat the Passover?"
13 So he sent two of his disciples, telling them, "Go into the city, and a man
carrying a jar of water will meet you. Follow him.
14 Say to the owner of the house he enters, 'The Teacher asks: Where is my
guest room, where I may eat the Passover with my disciples?'
15 He will show you a large upper room, furnished and ready. Make prepa-
rations for us there."
16 The disciples left, went into the city and found things just as Jesus had
told them. So they prepared the Passover.
17 When evening came, Jesus arrived with the Twelve.
18 While they were reclining at the table eating, he said, "I tell you the truth,
one of you will betray me—one who is eating with me."
19 They were saddened, and one by one they said to him, "Surely not I?"
20 "It is one of the Twelve," he replied, "one who dips bread into the bowl
with me.
21 The Son of Man will go just as it is written about him. But woe to that
man who betrays the Son of Man! It would be better for him if he had
not been born."
22 While they were eating, Jesus took bread, gave thanks and broke it, and
gave it to his disciples, saying, "Take it; this is my body."
23 Then he took the cup, gave thanks and offered it to them, and they all
drank from it.

24 "This is my blood of the covenant, which is poured out for many," he
said to them.
25 "I tell you the truth, I will not drink again of the fruit of the vine until
that day when I drink it anew in the kingdom of God."
26 When they had sung a hymn, they went out to the Mount of Olives.
27 "You will all fall away," Jesus told them, "for it is written: "'I will strike the
shepherd, and the sheep will be scattered.'
28 But after I have risen, I will go ahead of you into Galilee."
29 Peter declared, "Even if all fall away, I will not."
30 "I tell you the truth," Jesus answered, "today—yes, tonight—before the
rooster crows twice you yourself will disown me three times."
31 But Peter insisted emphatically, "Even if I have to die with you, I will nev-
er disown you." And all the others said the same.
32 They went to a place called Gethsemane, and Jesus said to his disciples,
"Sit here while I pray."
33 He took Peter, James and John along with him, and he began to be
deeply distressed and troubled.
34 "My soul is overwhelmed with sorrow to the point of death," he said to
them. "Stay here and keep watch."
35 Going a little farther, he fell to the ground and prayed that if possible the
hour might pass from him.
36 "Abba, Father," he said, "everything is possible for you. Take this cup
from me. Yet not what I will, but what you will."
37 Then he returned to his disciples and found them sleeping. "Simon," he
said to Peter, "are you asleep? Could you not keep watch for one hour?
38 Watch and pray so that you will not fall into temptation. The spirit is will-
ing, but the body is weak."
39 Once more he went away and prayed the same thing.

40 When he came back, he again found them sleeping, because their eyes were heavy. They did not know what to say to him.

41 Returning the third time, he said to them, "Are you still sleeping and resting? Enough! The hour has come. Look, the Son of Man is betrayed into the hands of sinners.

42 Rise! Let us go! Here comes my betrayer!"

43 Just as he was speaking, Judas, one of the Twelve, appeared. With him was a crowd armed with swords and clubs, sent from the chief priests, the teachers of the law, and the elders.

44 Now the betrayer had arranged a signal with them: "The one I kiss is the man; arrest him and lead him away under guard."

45 Going at once to Jesus, Judas said, "Rabbi!" and kissed him.

46 The men seized Jesus and arrested him.

47 Then one of those standing near drew his sword and struck the servant of the high priest, cutting off his ear.

48 "Am I leading a rebellion," said Jesus, "that you have come out with swords and clubs to capture me?

49 Every day I was with you, teaching in the temple courts, and you did not arrest me. But the Scriptures must be fulfilled."

50 Then everyone deserted him and fled.

51 A young man, wearing nothing but a linen garment, was following Jesus. When they seized him,

52 he fled naked, leaving his garment behind.

53 They took Jesus to the high priest, and all the chief priests, elders and teachers of the law came together.

54 Peter followed him at a distance, right into the courtyard of the high priest. There he sat with the guards and warmed himself at the fire.

55 The chief priests and the whole Sanhedrin were looking for evidence

against Jesus so that they could put him to death, but they did not find any.

56 Many testified falsely against him, but their statements did not agree.

57 Then some stood up and gave this false testimony against him:

58 "We heard him say, 'I will destroy this man-made temple and in three days will build another, not made by man.'"

59 Yet even then their testimony did not agree.

60 Then the high priest stood up before them and asked Jesus, "Are you not going to answer? What is this testimony that these men are bringing against you?"

61 But Jesus remained silent and gave no answer. Again the high priest asked him, "Are you the Christ, the Son of the Blessed One?"

62 "I am," said Jesus. "And you will see the Son of Man sitting at the right hand of the Mighty One and coming on the clouds of heaven."

63 The high priest tore his clothes. "Why do we need any more witnesses?" he asked.

64 "You have heard the blasphemy. What do you think?" They all condemned him as worthy of death.

65 Then some began to spit at him; they blindfolded him, struck him with their fists, and said, "Prophesy!" And the guards took him and beat him.

66 While Peter was below in the courtyard, one of the servant girls of the high priest came by.

67 When she saw Peter warming himself, she looked closely at him. "You also were with that Nazarene, Jesus," she said.

68 But he denied it. "I don't know or understand what you're talking about," he said, and went out into the entryway.

69 When the servant girl saw him there, she said again to those standing around, "This fellow is one of them."

70 Again he denied it. After a little while, those standing near said to Peter,
"Surely you are one of them, for you are a Galilean."
71 He began to call down curses on himself, and he swore to them, "I don't
know this man you're talking about."
72 Immediately the rooster crowed the second time. Then Peter remem-
bered the word Jesus had spoken to him: "Before the rooster crows twice
you will disown me three times." And he broke down and wept.

人語

마르코 복음서 14장 요약

유월절 이틀 전에 수석 사제들과 율법 학자들이 예수를 잡을 음모를 꾸민다. 예수께서는 베타니아에 있는 나병 환자 시몬의 집에 계셨는데 한 여자가 옥합을 깨뜨리고 향유를 예수의 머리 위에 부었다. 제자들은 그 여자를 꾸짖었으나 예수께서는 칭찬하셨다. 가룟 유다가 예수를 넘겨주려고 수석 사제들에게 가니 그들이 가룟 유다에게 돈을 주었다. 예수께서는 예비된 큰 다락방에서 유월절 잔치를 준비하셨다. 그날 저녁 식사 시간에 가룟 유다가 곧 예수를 팔아넘기게 될 것이라는 암시를 주었다. 드디어 유월절의 만찬을 끝내고 예수 자신의 몸과 피를 나누어주신다. 베드로에게 닭 울기 전에 세 번 부인할 것이라고 예언하신다. 그 후 겟세마니 동산에서 피땀을 흘리면서 기도하신다. 예수를 체포하러 온 자들이 예수를 잡아가고 제자들은 도망간다. 수석 사제의 뜰에서 예수를 심문하였고, 예수의 심문 과정을 지켜보던 베드로는 엉겁결에 세 번 예수를 부인하고 닭 울음소리와 함께 통곡한다.

본장에는 유대 종교 지도자들의 음모와 마리아의 향유 부음, 가룟 유다의 배신, 유월절 만찬, 베드로의 헛된 약속, 기도하신 예수님께서 체포되시고 심문당하신 내용 등이 언급되어 있다. 특히 본장에는 향유를 부은 마리아에 대비되어 가룟 유다와 베드로의 인간적인 모습이 각각 묘사되고 있다.

각 절 해석[1]

1-2절 마르코는 수난사화passion narrative에서 시간 측정의 새로운 방법을 도입하여 일련의 사건을 열거시키고 있다. 고난 주간의 사건들의 시간표는 당시 시간 계산법이 하루를 자정에서부터 계산하는 로마식과 해질 무렵부터 계산하는 유대식이 다같이 사용되었다는 점에서 계산하기가 좀 어렵다. 유월절은 오직 예루살렘에서만 지켜야 했으며 이 절기의 하이라이트라 할 만한 유월절 식사 준비는 유대식으로 계산하면 수요일 저녁으로 추정되는 니산월[2] 14일 저녁에 유월절 양을 잡는 것을 포함한다. 유월절 음식은 니산월 15일이 시작될 때 곧 수요일 저녁 해질 때부터 자정 사이에 먹게 된다. 유대 종교 지도자들인 산헤드린 회원들은 이미 예수를 죽이기로 결정했지만 일반 백성들이 봉기할까 두려워 그를 공공연하게 붙잡지 못했다. 그래서 그들은 교활한 방법으로 예수를 은밀히 체포하기로 했다. 그러나 무수한 유월절 군중 속에 있을 예수의 보이지 않는 지지자들 특히 충동적인 갈릴래아인들을 건드리고 싶지는 않았다. 그래서 그들은 그들의 명절 곧 니산월 14~21일까지의 8일 동안에는 체포하지 않기로 결정했던 것이다. 유다의 예기치 않은 제안이 상황을 촉진시킨다. 이렇게 하여 하느님의 시간 계획대로 이루어졌다.[3]

예수님의 지상 생애의 마지막 유월절이 가까워오고 있었다. 유월절은 유대인의 달력으로 1월 14일 저녁이었고 무교절은 1월 15일부터 7일 간이었다. 이 두 절기는 때때로 동일시되기도 한다. 루카 복음서 22:1, "파스카[4]라고 하는 무교절이

1 김효성 목사, 마가복음 강해, 2023년 2월 1일 수정.

2 니산월은 히브리력의 1월에 해당하는 명칭이다. 현재 그레고리력으로는 3~4월에 해당한다.

3 호크마 주석, 마가복음 14장.

4 유월절(逾越節), 과월(過越), 파스카(Pascha)란 '지나치다' '그냥 넘어가다'라는 뜻이다. 이스라엘 백성이 이집트를 탈출하기 전날 밤, 야훼는 이집트인의 각 가정의 장남을 죽였는데, 이스라엘 백성의 집에는 어린 양의 피를 문설주에 바르게 하여 그 표지가 있는 집 앞은 그냥 지나쳤다는 데서 유래한다. 본래는 누룩 없는 떡을 먹는 축제는 농경적인 명절이고, 과월절 축제는 유목적인 명절인데 후에 이 둘을 합하여, 또 역사적인 의의가 첨가되어 깊은 뜻을 가지는 명절이 되었다. 그 기원과 의의에 변천이 있음에도 불구하고 과월절은 민족의 해방을 의미하는 경축일이 되었으며, 하느님 은혜의 표징이 되었다.

이스라엘 백성의 집에 어린 양의 피를
문설주에 발라 표시했다.

자료: m.blog.naver.com

다가왔다." 유월절은 이스라엘 백성이 애굽에서 해방된 것을 기념하는 날이다. 그때 유대인들은 어린양을 죽여 그 피를 대문 틀 위 아래와 양옆 기둥에 발랐다. 유월절 어린양은 구주 예수 그리스도의 모형이었다. 예수께서는 유월절 어린양으로 죽임을 당하실 것이다.

구약교회의 지도자들인 수석 사제들과 율법 학자들은 예수님을 은밀하게 잡아죽일 방책을 구하며 백성의 소요가 날지 모르니 명절에는 말자고 말하였다. 그들은 명절에 모여들 군중의 반대를 두려워하여 명절을 피하여 이 일을 처리하려고 하였다. 만일 예수께 무슨 죽일 죄가 있었다면, 정당한 절차를 따라 재판을 통해 처벌해야 할 것이다. 그러나 저 악한 자들은 그렇게 하지 않았다.

3절 베타니아에 있는 동안 예수는 문둥이 시몬의 집에서 유월절 음식을 대접받으셨는데 그는 분명히 이전에 예수께 치료를 받은 사람이며 일찍이 제자들에게 잘 알려진 사람이었다. 이름이 알려지지 않은 여인은 나사로의 누이인 마르다와 마리아였다.[5]

5 호크마 주석, 마가복음 14장.

이 사건은 요한 복음서 12장에 기록된 사건과 같은 사건인 것 같다. 그렇다면, 예수께서는 유월절 엿새 전에 베타니아에 오셨고 이틀 전에 이 일이 있었다. 향유를 부은 여자는 나사로의 여형제 마리아일 것이다. 그는 자기가 간직하고 있던 매우 값진 순전한 나드 향유 한 옥합을 깨뜨려 예수께 부었다. '옥합'은 석고병을 말한다. 본문은 그 여자가 그것을 예수님의 머리에 부었다고 말하고, 요한 복음서는 그의 발에 부었다고 말한다. 마리아는 그의 머리와 발에 다 부었을 것이다. 요한 복음서는 그가 심지어 자기 머리털로 예수님의 발을 씻었다고 증거한다.

그 향유는 매우 값진 것이었다. 본문 5절과 요한 복음서 12:5에는 그것이 300데나리온 이상의 가치가 있는 것이라고 암시되어 있다. 300데나리온은 노동자의 300일 품삯에 해당하고, 하루 품삯을 10만 원만 치면 약 3,000만 원이 되는 가치이다. 그것은 분명히 그 여자가 가장 아끼는 보물이었을 것이다. 그것은 그의 결혼을 위해 준비해둔 것일지도 모른다. 하여튼 그것은 자기의 몸에 바르기 위해, 자기의 육신적 아름다움과 단장을 위해 준비해 두었던 것일 것이다.

그러나 그 여자의 생각이 달라졌음에 틀림없다. 우선, 그는 세속적 가치가 헛됨을 깨달았던 것 같다. 그가 마리아라면, 그는 남자 형제의 병과 죽음과 회생을 통해 그것을 깨달았을 것이다. 사람은 죽음 앞에 설 때 세상의 것들이 무가치함을 알게 된다. 그것은 세상의 금은 보물이 자기 목숨을 건질 수 없음을 알기 때문이다. 300데나리온이 큰 것이지만, 이제 그 여자는 세속적 가치관을 넘어서게 되었다.

더욱이, 그 여자는 그 향유가 자기에게보다 예수님께 더 합당하다고 생각했다. 그는 예수님을 참으로 귀한 분으로 깨닫게 되었다. 예수님은 인간적으로 자기 남자 형제를 병과 죽음에서 건져내 주신 은인이었다. 그 사실만 생각해도 그 향유의 옥합은 결코 큰 보답이 아니었다. 그것은 다른 병원들에서 못 고치던 자기 아들의 병을 고쳐준 병원에 몇억 원을 기증한 어떤 아버지의 보답과 비슷했을 것이다.

그러나 그 정도뿐이 아니었다. 그 여자는 예수께서 하느님의 아들 그리스도이심을 깨닫고 믿었음에 틀림없다. 매우 값진 향유의 옥합을 깨뜨리고 예수님의 머리에 부은 것은 예수님께 대해 가장 숭앙하고 가장 사랑하는 마음의 표현이었을 것이다. 예수님은 그에게 3천만 원짜리 향유 옥합을 깨뜨려 드릴 만큼 귀한 분이셨다. 그 여자의 행동은 예수님께 대한 지식이 없이는 불가능한 행동이었다. 그것은 이기적 생각이나 위선적 마음으로는 할 수 없는 행동이었다. 그 여자는 그 향유가 자기 같은 죄인이 바르기에 합당하지 않고 주 예수 그리스도께 부어드리기에 합당한 것이라고 생각하였을 것이다.

4-5절 그 여자가 깨뜨려 부은 그 값비싼 향유가 쓸데없이 낭비된 것이었는가? 요한 복음서 12장에 보면, 여자를 책망한 제자들 중에 가룟 유다가 있었는데, "어찌하여 저 향유를 삼백 데나리온에 팔아 가난한 이들에게 나누어 주지 않는가?"요한 12:5라고 했다. 그가 이렇게 말한 것은 가난한 자들을 생각해서가 아니고 돈궤를 맡은 자로서 거기 든 것을 훔쳐가는 도둑이기 때문이었다.

제자들 중의 어떤 사람들은 유다를 따라서 이 분명한 낭비적 행위에 분노를 표시했다. 그들 생각에는 이 향유가 1년분 품삯보다 더 비싸게 팔 수 있었고 가난한 자들에게 그 돈을 나눠 줄 수도 있었다. 이것은 합당한 관심이기는 했으나 그 이면에는 제자들의 무감각함과 가룟 유다의 탐욕이 숨겨져 있었다. 그리하여 그들은 그녀를 책망하였는데 이는 마르코의 독특한 언급이다.

6-7절 예수는 마리아에 대한 비난을 꾸짖으시며 그 행동을 아름다운 것이라고 그녀를 변호하였다. 제자들과는 달리 예수님은 그것을 그의 메시아로서의 환영받음뿐 아니라 그의 다가오는 죽음의 빛 아래서 그에 대한 사랑과 헌신의 표현으로 보셨다. 그녀는 예수의 몸의 장례를 위해 미리 기름 부은 것이다.[6]

예수께서는 사람의 행동의 동기를 보신다. 그는 선한 동기로 하는 행위를 귀히 보신다. 그러나 사람들에게는 이런 이해심이 부족하다. 이 세상에는 가난한 자들

6 호크마 주석, 마가복음 14장.

이 많다. 물론 가난은 반드시 환경이나 사회구조 때문에 오는 것은 아니고, 많은 경우 게으름과 낭비와 과도한 욕심 때문에 온다. 우리는 쉽게 부자가 되려 하지 말고 정직하게 돈을 벌어야 한다. 가난한 자를 돕는 것은 선한 일이다. 우리는 원한다면 아무 때라도 그를 도울 수 있다. 그러나 예수님은 며칠 후 십자가에 달려 죽으실 것이다. 그는 제자들과 항상 함께 계시지 않을 것이다.

8-9절 그 여자는 자기가 가진 가장 귀한 보화를 주 예수님을 위해 사용하였을 때 우연히도 그것은 주 예수님의 장례식을 미리 준비한 것이 되었다. 그것은 하느님의 섭리로 그렇게 되었다. 예수께서는 그 여자가 한 일을 귀하게 여기시고 칭찬하셨다. 단순한 칭찬이 아니고, 그 여자가 한 일이 복음이 전파될 세상의 모든 곳에서 알려져야 할 모범이라고 암시하셨다. 그것은 가난한 자들을 위한 많은 구제보다 귀한 일이었다. 그것은 참으로 예수 그리스도를 아는 참된 지식에서 나온 지극히 높은 숭앙과 사랑의 표현이었다.

엄숙한 서론적 말씀으로 예수는 마리아에게 온 천하에 어디서든지 복음이 전파되는 곳에는 그녀의 사랑의 행위가 복음 선포와 함께 증거되어 그녀를 기념하게 될 것이라고 약속하셨다.

10-11절 이 구절들은 1-2절을 보충하면서 3-9절과 강하게 대조된다. 열두 제자 중의 하나인 가룟 유다가 영향력 있는 수석 사제들에게 가서 예수를 넘겨주겠다고 제안했다. 그는 무리가 없을 때 그렇게 하겠다고 제안했다. 이는 군중들로 인한 분쟁을 피하려는 것이었고 제사장들이 가장 염려하고 있는 것이었다. 그들은 감히 바라지도 못했던 이 뜻밖의 제안을 환영하였다. 왜 유다는 예수를 배반하기로 했는가? 나름대로 설득력을 가진 여러 이론들이 제시되었다. 첫째로 유다만이 열두 제자 중 유일하게 갈릴래아 출신이 아니었기 때문에 공회의 명령에 민감하게 반응했다. 둘째로 그는 예수가 정치적 왕국을 세우지 않는 데 실망했고 또 물질적 이득을 얻을 가능성이 더 이상 보이지 않았기 때문에 예수를 배반했다. 셋째로 돈에 대한 사랑이 그를 옭아매었다. 결국 그는 사탄의 지배 아

래 들어갔다.[7]

가룟 유다는 예수님의 많은 제자들 중 열두 명의 수 안에 든 자였다. 그는 예수님과 함께 있으면서 그의 은혜로운 말씀들을 들었고 그의 선한 인품과 행하시는 기적들을 보았다. 그는 전도하기 위하여 여러 동네들로 보냄을 받았다. 그는 병 고치는 능력을 받아 병자들을 고치기도 했을 것이다. 그러나 그는 하느님의 큰 은혜를 받았음에도 불구하고 예수 그리스도를 배신하는 자가 되었다. 확실히 그는 참믿음과 회개로 나타나는 구원의 은혜는 받지 못했다. 유다가 스승님을 배신한 이유는 돈 때문이었다. 그는 평소에도 돈을 사랑했고 돈을 훔치곤 했었다. 요한 복음서 12:6, "그는 돈주머니를 맡고 있으면서 거기에 든 돈을 가로채곤 하였다." 요한 복음서는 그가 예수 그리스도를 믿지 않았고요한 6:64 마침내 악마의 이끌림을 받았다고 증거한다요한 13:2.

12-14절 그리스도께서 돌아가시기 전날 밤에 당신의 제자들과 더불어 유월절 식사를 하시면서 다가오는 슬픔을 당신 스스로 준비하시었다. 기쁨과 위로에 찬 성찬식을 행하시고 그 장엄한 일을 기쁨으로 잘 감당하시며 다가올 일에 대한 확실한 전망을 가지고 이를 행하시었다. 다가온 그리고 다가오는 고난에 대해서 아무런 깨달음이 없이 성찬식에 참여하는 것은 적합한 일이 아니다. 휘트비 박사Dr. Whitby가 자세히 밝힌 바와 같이 그리스도께서는 유대인들이 지켰던 보통 절기일에 유월절 식사를 하셨고 하몬드 박사Dr. Hammond가 밝힌 전날 밤이 아니었다고 본다. 그것은 절기 첫날이었던 것이다. 이런 절기는 한 주간을 두고 지켰던 것이다. "무교절 첫날 곧 파스카 양을 잡는 날에"12절 예비하였다.[8]

유월절은 1월 14일 저녁이고, 무교절은 1월 15일부터 21일까지 7일 간이었다. 그러나 성경은 하루를 해질 때부터 다음 해질 때까지로 보기 때문에 유월절과 무

7 호크마 주석, 마가복음 14장.
8 메튜 헨리 주석, 마가복음 14장.

Vox populi, vox Dei.

유월절 이후 애굽(이집트)으로부터 탈출하는 유대인들

자료: ko.wikipedia.org

교절의 첫날은 오늘날 우리의 개념으로 보면 같은 날 저녁이다. 그 두 날은 때때로 동일시되었다. 보내심을 받은 두 제자는 루카 복음서에 보면 베드로와 요한이었다루카 22:8. 예수께서 제자들에게 이 명령을 하신 것은 그의 신적 지식을 증거한다.

예수께서는 경제적으로 유여하지 못하셨다. 그는 많은 돈을 저축하거나 좋은 집을 구입하려 하지 않으셨다. 우리는 돈을 사랑하지 말고 부자가 되려고 하지 말고 먹을 것과 입을 것이 있으면 스스로 만족하며 살아야 한다. 부모들이 자녀들에게 재산을 물려주려고 생각하는 것도 최선의 생각은 아니다. 부모들은 자녀들을 자립적이고 독립적이게 키워야 한다. 우리는 우리의 재물을 단지 자신을 위해서나 자녀들을 위해서만 쓰지 말고, 하나님의 일을 위해, 즉 전도와 구제를 위해, 참된 교회의 건립과 발전을 위해 써야 할 것이다.

15-16절 그리스도께서는 잘 예비된 다락방에서 유월절 식사를 잡수시었다. 하몬드 박사는 "준비된 큰 이층 방"이라는 말의 준비된 방을 카페트를 깔아 잘 갖춘 것이라고 하였다. 그 큰 이층 방은 아마도 대단히 잘 정돈된 식당이었을 것이다. 그리스도께서 보통 식사를 하실 적에는 그와 같이 훌륭하게 갖추어진 식당에서 하시려고 하지 않으셨다. 오히려 그리스도께서는 대단히 평범한 곳을 택하시어 잔디 위에 앉아서 식사도 하셨다. 그러나 그리스도께서 성찬을 드실 적에는 당신이 구할 수 있는 한 가장 훌륭하고 잘 정돈된 방을 택하시었다.[9]

예수님과 제자들은 경제적 여유가 없었지만, 하느님께서는 그들을 위해 필요한 것을 준비하셨다. 하느님께 헌신된 한 성도를 통해 큰 이층 방이 준비되었다. 하느님께서는 항상 그의 종들이 필요한 것을 준비하신다. 이것은 주의 종들에게만 해당되는 원리가 아니다. 하느님께서는 우리 모든 성도들의 일용할 양식을 공급해 주신다. 우리는 의식주를 염려하거나 욕심을 부리지 말고, 오직 믿음으로 바로 살고 죄짓지 말고 의로움과 선을 행하기를 힘써야 한다.

17-20절 그날 저녁 곧 니산월 15일이 시작되었을 때 예수와 열두 제자는 해질 때 시작되어 한밤중에 끝나는 유월절 식사를 먹기 위해 예루살렘에 도착했다. 마르코는 빵과 쓴 나물을 양념 그릇에 같이 찍어 먹는 사람 중에 자기를 팔 자가 있다는 예수의 선언과 식사 후 빵과 포도주에 대한 예수의 새로운 의미부여를 강조하기 위해서 식사 중의 사건들을 의도적으로 생략한다. 절기 음식을 먹는 동안에는 의자에 비스듬히 기대어 앉는 것이 당시의 관습이었다. 아무리 가난한 사람이라도 음식은 먹어야 했다. 이 자리에서의 배반은 다윗이 그와 함께 친밀한 식탁 교제를 나누던 아히도벨[10] 2사무 16:15-17:23이 그를 배신했을 때 시편

Vox populi, vox Dei.

9 메튜 헨리 주석, 마가복음 14장.

10 아히도벨은 연합 이스라엘 왕국의 사람으로 다윗의 고문인이자 길로 출신 사람이다. 압살롬의 난이 일어나자 다윗을 배신하고 압살롬을 지지하며 그의 모사가 되었다. 그러나 다윗이 압살롬에게 자기 친구 후새를 보내 아히도벨의 꾀를 뒤집도록 한다. 아히도벨은 압살롬이 예루살렘에 입성하자 백성들의 민심을 얻게 하고 군사 1만 2,000명을 뽑아 다윗을 추격하자는 작전을 내놓았지만, 압살롬이 후새의 의견을 따르자 아히도벨은 고향 성읍으로 돌아가 목을 매 자살해 그 아버지의 무덤에 묻혔다.

49편에서 한탄한 그 장면을 상기시켜 준다. 어떤 사람과 더불어 식사하고 즐긴 다음 그를 배신하는 것은 가장 큰 변절이었다. 제자들은 심히 슬퍼했다. 제자들은 한 명씩 한 명씩 자기가 결백하기를 원했다. 예수는 배신자의 배신 행위를 강조하면서 그에게 회개할 기회를 주셨다.[11]

제자들은 예수님의 말씀대로 한 집에 들어가 예비된 큰 다락방에서 유월절 저녁식사를 준비하였다. 날이 저물었을 때 예수께서는 열두 제자들을 데리고 오셔서 함께 앉아 식사를 하셨다. 그때 예수께서는 "너희 가운데 한 사람, 나와 함께 음식을 먹고 있는 자가 나를 팔아넘길 것이다."라고 말씀하셨다. 주와 함께 식사하던 열두 제자들 중 한 사람이 주님을 배신하고 원수들을 도와 주님이 잡히게 할 것이다. '저는 아니겠지요?'라는 원어(메 티 에고)는 '나는 아니지요?'라는 말이다. 이렇게 배신하는 일은 그들로서는 상상도 할 수 없는 일이었다. 열한 명의 마음은 진실로 예수님을 믿고 순종했다. 그러나 한 사람은 처음부터 예수님을 믿지 않았던 자이며 마침내 그를 배신할 자였다.

21절 여기에는 가슴을 울리는 한탄스러운 어조가 울려 퍼지고 있다. 배신자는 사탄의 도구가 되었다. 무서운 운명이 그를 기다리고 있어 차라리 태어나지 않았더라면 좋을 뻔하였다. 비록 그가 하나님의 계획 안에서 행동을 했으나 그는 그의 행동에 도덕적인 책임을 져야 했다. 유다에게 내려진 저주는 마리아에게 내려진 축복의 약속과 너무도 대조적이다.[12]

예수께서는 세 가지 사실을 말씀하셨다. 첫째로, 그는 성경에 기록된 대로 고난의 길을 가실 것이다. 구약성경에서 메시아께서는 고난을 받으시고 죽임을 당하시고 피흘리실 것이 예표되어 있거나 예언되어 있다. 구약시대의 제사 제도는 장차 오실 메시아의 피흘려 죽으심을 예표하였다. 또 성막 제도에는 제물의 죽임과 피흘림 그리고 그 피를 성소 휘장 앞에 일곱 번 뿌림 등이 있었다. 이것도 메시아

11 호크마 주석, 마가복음 14장.
12 호크마 주석, 마가복음 14장.

의 죽으심과 피흘리심을 예표했다. 구약성경에는 예표적, 상징적 사건들과 말씀들뿐만 아니라, 또한 직접적인 분명한 예언들도 있었다. 창세기 3:15에 기록된 대로, 뱀은 여자와 원수가 되고 그 후손도 여자의 후손과 원수가 될 것이며 여자의 후손은 뱀의 머리를 상하게 할 것이요 뱀은 여자의 후손의 발꿈치를 상하게 할 것이다. 이것은 장차 오실 메시아께서 어떻게 고난을 통해 원수 마귀를 이기실 것인가를 암시하였다. 특히, 이사야서 53장 전체는 메시아의 고난과 죽으심을 예언한 놀라운 말씀이다. 예수께서는 구약성경에 예표되고 예언된 대로 죽음의 길을 가셔야 했다. 그것은 그의 길이 하느님에 의해 작정되어 있었고 그 작정대로 이루어진다는 것을 의미하였다. 루카 복음서 22:22에 보면, 예수께서는 자신이 하느님이 작정하신 대로 간다고 말씀하셨다.

둘째로, 그러나 그를 배신하는 그 사람에게는 화가 미칠 것이다. 이것은 하느님의 작정과 사람의 책임의 관계를 가르쳐 준다. 가롯 유다가 주님을 배신한 것은 하느님의 작정된 바이지만, 그는 그의 행위에 대해 책임을 질 것이다. 하느님의 작정은 사람의 행위와 자연스럽게 연관된다. 하느님의 작정 진리는 숙명론으로 오해되어서는 안 된다. 하느님께서 모든 일들을 작정하셨으므로 사람이 무슨 일을 적극적으로 할 수 없다고 생각해서도 안 된다. 성경은 하느님의 작정 안에서 사람의 책임 있는 행위를 긍정하고 요청한다.

구원에 있어서도 하느님의 긍휼과 예정과 선택이 제1원인이지만, 구원받는 사람의 회개와 믿음과 순종은 당연히 요청된다. 회개하고 믿지 않으면 또 순종하지 않으면 누구든지 멸망할 것이다. 하느님의 선택과 예정은 결코 사람의 행위에 대한 책임을 부정하지 않는다. 오히려 선택과 예정이 있기 때문에 사람이 회개하고 믿을 수 있고 순종할 수 있다고 본다. 악인들의 악행도 하느님의 작정된 바이지만, 그 악행에 대한 책임은 그들에게 있다. 가롯 유다의 악은 하느님의 작정된 바이지만, 그 악에 대한 책임은 가롯 유다 자신에게 있다. 우리는 하느님의 주권적 작정과 사람의 악행에 대한 책임의 관계를 다 알지 못한다. 그러나 우리가 아는 바는, 하느님께서 세상 모든 일들에 있어서 주권을 가지고 행하시고 이루신다는 사실과, 사람은 자기의 악한 행위에 대해 책임이 있다는 사실이다. 하느님께서는

"사람의 아들을 팔아넘기는 그 사람! 그 사람은 차라리 태어나지 않았더라면 자신에게 더 좋았을 것이다." (14:21)

자료: m.mariasarang.net

악인들의 악행도 주권적으로 작정하신다. 만일 그렇지 않다면, 우주는 주권적 통치자가 없고 오직 불확실한 미래를 가진 물건이 되고 말 것이다.

셋째로, 예수 그리스도를 배신한 가룟 유다는 차라리 태어나지 아니하였더라면 좋을 뻔하였다. 이것은 사람의 가치가 어디에 있는가를 깨닫게 해준다. 예수께서는, 사람의 가치가 단순히 출생 자체에 있지 않다는 것을 분명히 하셨다. 사람으로 출생했다는 것이 반드시 가치 있는 일이 되는 것은 아니다. 가룟 유다의 경우, 그는 차라리 나지 아니하였더라면 좋았다. 그에게 있어서 사람으로 출생했다는 사실이 복이 아니고 오히려 화였다. 그것은 특히 사후에 심판과 지옥 형벌이 있다는 사실에서 분명하다히브 9:27; 묵시 21:8. 이것이 성경의 교훈이다.

사람의 가치는 사람이 모든 죄를 회개하고 하느님과 주 예수 그리스도를 알고 그를 믿고 섬기며 그의 뜻대로 경건하고 의롭고 선하게 사는 데 있다. 경건과 도덕성이 사람을 가치 있게 한다. 하느님께서 주권적 긍휼과 은혜로 선택하신 자들은 그런 삶을 살 것이다. 그러므로 우리는 믿음과 순종으로 하느님의 선택을 확증해야 한다.

22절 분명히 식사의 주된 시간 전에 그리고 유다가 이미 떠나 버렸을 때 빵납작하게 구원 무교병을 갖고 축복하시고 제자들에게 주시며 말씀하셨다. 받으라

이것이 내 몸이니라. 예수는 문자 그대로의 물건들을 말씀하셨으나 그들 사이의 관계에 대해서는 상징적으로 표현하였다.[13]

그들이 유월절 저녁식사를 할 때에 예수께서는 빵을 가지고 축복하시고 떼어 제자들에게 주시며 말씀하셨다. "받아라. 이는 내 몸이다." 이 말씀은 그 빵이 예수 그리스도의 몸으로 변하였거나 예수 그리스도의 몸이 그 빵 속에 들어 있다는 뜻이 아니고 단지 비유적인, 상징적인 말씀임에 틀림없다. 그 빵은 분명히 실제 빵이지만 예수 그리스도의 몸을 상징한다는 뜻이다. 빵을 떼어 나누듯이, 예수 그리스도의 몸은 찢겨질 것이다.

주 예수께서는 전에 빵 다섯 개로 5천 명을 먹이신 후 "나는 하늘에서 내려온 살아 있는 빵이다."라고 말씀하신 적이 있다요한 6:51. 빵은 사람에게 있어서 생명의 기력을 주는 것이다. 주 예수께서 자신을 빵이라고 말씀하신 것은 자신이 우리에게 참된 생명의 양식이 됨을 의미하였다. 그것은 물론 영적 생명, 곧 영원한 생명을 의미한다. 내일 십자가 위에 못박혀 찢기시고 상하실 그의 몸은 우리에게 영원한 생명이 되실 것이다. 그의 죽음으로 말미암아 우리는 죄씻음과 의롭다 하심과 영생을 얻을 것이다.

23-24절 식사가 끝난 뒤 예수께서는 물과 혼합된 포도주 잔을 들고 사례하고 제자들에게 주시니 그들이 다들 마셨다. 예수께서 기존의 유월절 의식을 그대로 따랐다고 본다면 이 잔은 준비된 네 잔의 포도주 잔 중 세 번째 잔이며 식사의 주된 시간을 마치는 의식에 사용되었다. 아마 그는 완성의 잔인 네 번째 잔을 마시지 않았을 것이다. 언약이란 서로 대등한 당사자들끼리의 합의에 사용되는 말이 아니라 어느쪽의 주도하에서 이뤄지는 것을 말한다. 여기에서는 하느님에 의해서 설정되는 관계를 의미한다. 그러나 이스라엘에 이 약속된 모든 물질적인 축복들이 아직 성취되지 않았다. 그것들은 그리스도가 재림하여 이스라엘

13 호크마 주석, 마가복음 14장.

Vox populi, vox Dei.

백성과 함께 그 땅에서 천년 왕국의 통치를 할 때 성취될 것이다.[14]

예수께서는 또 잔을 가지고 감사하시고 그들에게 주시니 다 그것을 마셨다. 그는 말씀하셨다. "이는 많은 사람을 위하여 흘리는 내 계약의 피다." 이 말씀도 역시 그 포도주가 주 예수 그리스도의 피가 된다거나 그 포도주 속에 주 예수 그리스도의 피가 들어 있다는 뜻이 아니고 하나의 상징적 표현이다. 즉 그 포도주는 주 예수 그리스도의 피를 상징했다. 제자들은 실제로 포도주를 받아 마셨지만, 그것은 주 예수 그리스도의 속죄의 피를 마신 것과 같은 뜻이 있었다. 주 예수께서는 자신의 몸이 참 양식인 것처럼 자신의 피도 참 음료수라고 말씀하신 적이 있으시다요한 6:55. 피는 생명이다. 피가 없으면 생명체는 죽는다. 그러므로 구약 시대의 제사 제도에서 피는 죄를 속贖하는 뜻을 가졌다레위 17:11. 그것은 예수 그리스도께서 십자가에서 흘리실 피를 상징했다. 그것은 속죄의 피였다. 유월절 저녁식탁에서의 포도주는 그런 의미를 가졌다. 예수 그리스도의 피는 많은 사람을 위해, 그들의 죄사함과 영생을 위해 흘리는 새 언약의 피며 우리에게 죄사함과 영생을 주는 피다.

25-26절 예수께서는 자기의 죽음에 대해서 이야기할 때마다 그는 항상 자신의 죽음을 넘어서 있는 것과 연관을 시켜 이야기한다. 그는 하느님의 나라에서 그의 제자들과 함께 질적으로 새롭게 된 삶 속에서 식사의 교제를 즐길 것이다. 여기에서 하느님의 나라는 예수 그리스도가 재림하실 때 땅 위에 세워질 천년 왕국을 말한다. 유월절에는 찬양 시편을 부르거나 연주하였는데 두 시편 113, 114은 식사 전에 나머지 넷은115, 116, 117, 118 식사 후에 저녁 예식의 끝 순서로 불려졌다. 식사 후에 있었던 예수의 선언과 기도가 끝났을 때는 거의 자정이 다 되었을 것이며 예수와 열한 제자는 다락방과 마을을 떠났다. 그들은 기드론 계곡을 지나 겟세마네 동산이 있는 올리브산 서쪽 기슭으로 갔다.[15]

14 호크마 주석, 마가복음 14장.
15 호크마 주석, 마가복음 14장.

주 예수께서는 또 장차 하느님의 나라가 올 것을 말씀하셨다. 그는 우리를 천국으로 인도하신다요한 14:6. 천국에서는 즐거운 잔치가 있을 것이다. 우리는 거기서 주님과 함께 즐겁게 음식을 들게 될 것이다. 제자들은 유월절 식사 후 찬미하고 올리브 산으로 나갔다.

27-28절 "버리리라"[16]로 번역된 동사는 어떤 사람을 외면하고 죄에 빠지는 것을 의미한다. 예수는 열한 제자 모두가 그의 수난과 죽음에 흩어질 것이라고 예언했다. 예수께서는 곧 제자들의 도망에 대한 예언을 부활 후 재결합한다는 약속으로 완화시키고 있다. 다시 살아나신 목자로서 그는 그들이 살고 있었으며 제자로 부름 받아 위탁 명령을 받았던 갈릴래아로 제자들보다 먼저 가실 것이다. 그들은 그의 백성을 인도하시는 그들의 미래의 사역을 위해 부활하신 주님을 따라가야 했다.[17]

"내가 목자를 치리니 양들이 흩어지리라."(14:27)

자료: m.blog.naver.com

Vox populi, vox Dei.

[16] 개역개정, 개역한글 버전.
[17] 호크마 주석, 마가복음 14장.

이것은 성경에 이미 예언된 바였다. 구약 스가랴 13:7에는 "칼아, 나의 목자를 거슬러, 내 동료를 거슬러 깨어 일어나라. 만군의 주님의 말씀이다. 너는 목자를 쳐서 양 떼가 흩어지게 하여라."라고 기록되어 있다. 그러나 예수께서는 자신이 다시 살아나실 것과 그런 후 제자들보다 먼저 갈릴래아로 가겠다고 말씀하셨다. 주께서는 갈릴래아에서 그들을 부르셨고 그들은 갈릴래아에서 주를 따르기 시작했다. 주 예수께서는 그의 제자들이 전도자의 사명을 처음 받았던 갈릴래아에서 그들의 사명감을 다시 새롭게 하기를 원하셨다.

29-31절 주 예수께서는 베드로가 연약하여 실패할 것을 알고 계셨다. 주의 말씀은 베드로에게 충격적이었을 것이다. 베드로의 두 번의 고백은 진심의 고백이었을 것이다. 죽을 각오를 가졌음을 고백할 수 있는 자는 훌륭한 제자임에 틀림없다. 베드로만 그런 고백을 한 것이 아니라 다른 모든 제자들도 그와 같이 말했다. 그러나 그 밤에 그들은 다 주를 버리고 도망칠 것이다50절. 또 베드로는 그 밤에 세 번이나 예수님을 모른다고 부인할 것이다. 그러나 주의 제자들만 그런 것이 아닐 것이다. 이 일은 모든 성도들 곧 우리의 의지의 연약함을 보인다.

이전과 마찬가지로 베드로는 예수의 예언의 전반부에 관심을 기울이고 후반부는 무시해 버렸다. 모든 제자가 예언처럼 예수를 버리더라도 자기는 예외이며 자기는 결코 예수를 버리지 않겠다고 주장한다. 그러한 베드로의 의도에도 불구하고 예수님은 다른 제자들보다도 더 심각한 것이라고 강조하여 말했다. 바로 그날 밤 닭이 두 번 울기 전에 베드로는 도망했을 뿐 아니라 예수를 세 번 부인까지 했다. 새벽은 해뜨기 전의 이른 새벽을 뜻하는 속담적 표현이다. 오직 마르코만이 수탉이 두 번 울었다고 상세히 기록하고 있는데 이는 아마 베드로의 직접적 증언을 명확하게 들었던 때문이었을 것이다.

32-34절 예수와 열한 제자는 겟세마니로 갔다. 그곳은 감람산 기슭 근처에 올리브 나무로 사방이 둘러싸인 곳이었다. 이 고립된 장소는 유다도 알고 있던, 그들이 즐겨 모이던 장소였다. 네 명이 동산 안에 들어갔을 때 예수는 심히

놀라며 슬퍼하셨다. 그는 세 제자에게 그의 영혼이 슬픔으로 압도당하여 거의 죽기까지 이르렀다고 말했다. 이로 인해 그는 제자들에게 깨어 있으라고 명했던 것이다. 그 앞에 닥친 고난과 죽음의 무게 앞에서 예수는 거의 무너질 지경이었다.[18]

겟세마니는 예루살렘 성전 동쪽 성밖 골짜기 너머에 있는 동산이었다. 예수께서는 그곳에서 기도하기를 원하셨다. 그는 자주 기도하셨고 열두 제자들을 세우실 때는 밤새도록 기도하셨다루카 6:12-13. 그는 십자가에 못박혀 죽으시기 전날 밤에도 기도하기를 원하셨다. 그는 제자들에게 "내가 기도하는 동안 너희는 여기에 앉아 있어라."고 말씀하시고 베드로와 야고보와 요한을 데리고 가셨다. 그때 그는 심히 놀라며 슬퍼하시며 "내 마음이 너무 괴로워 죽을 지경이다."라고 말씀하셨다. 우리는 여기서 인간 예수님의 고통스런 모습을 본다. 십자가 형틀은 사람으로서 감당하기 어려운 것이었다. 그의 제자들도 그 위기의 밤을 잘 이기려면 깨어 기도해야 했다.

35-36절 기도의 중심은 "하실 수만 있으면 그 시간이 당신을 비켜 가게 해 주십사고" 기도하는 것이었다. "하실 수만 있으면"이란 어구는 하느님의 능력에 대한 의심을 뜻하는 것이 아니라 그의 탄원이 근거하는 구체적인 전제였다. 이것과 관계된 비유인 '이 잔' 역시 똑같은 사건을 가리킨다. '잔'이란 육신을 입은 자로서 받을 수밖에 없는 고난이나 죽음을 의미할 수도 있고 그보다 더한 죄에 대한 하느님의 진노로 인한 육체적일 뿐 아니라 고통과 죽음을 의미할 수도 있다.[19]

'아빠'라는 말은 아람어로 '아버지'라는 뜻이다. '이 잔'은 십자가의 형틀에 매달리는 고난을 말한다. '이 잔을 저에게서 거두어 주십시오.'라는 소원은 인간 예수님의 마음의 불안과 고통을 나타낸다. 그러나 그는 또 말씀하셨다. "그러나 제가 원하는 것을 하지 마시고 아버지께서 원하시는 것을 하십시오." 이것은 그의

18 호크마 주석, 마가복음 14장.
19 호크마 주석, 마가복음 14장.

순종의 모습을 보인다. 이것은 우리가 본받아야 할 모습이다. 하느님의 뜻은 우리 사람의 뜻보다 훨씬 선하다. 그것은 세상에서 최선의 뜻이다. 그러므로 우리는 항상 우리 자신의 뜻보다 하느님의 뜻이 이루어지기를 소원해야 한다.

"제가 원하는 것을 하지 마시고 아버지께서 원하시는 것을 하십시오."(36절)

자료: m.blog.naver.com

37-38절 사람이 어려운 문제를 만날 때 깨어 기도하지 않고 잠만 자면 시험에 빠질 수 있다. 시험을 이기는 길은 깨어 기도하는 것뿐이다. 그러나 예수께서는 또 "마음은 간절하나 몸이 따르지 못한다."라고 말씀하셨다. 마음의 활동은 마음으로 표현되므로 이것은 영과 몸의 대조이며 또한 마음과 몸, 즉 심신心身의 대조이다.

그리스도께서 당신이 기도하는 동안에 졸고 있던 제자들을 깨우셨다. 그들이 예수를 시중들지 않았을지라도 그리스도께서는 그들을 돌아보시기 위해 그들에게 오셨다. 그리고 그들은 당신이 당하시는 고민이나 슬픔이나 기도에 별 관심이 없는 듯 졸고 있는 것을 발견하신 것이다. 그들의 이와 같은 무관심한 태도는 그를 버리게 될 전조였던 것이다. 비록 그들이 허물이 없는 바 아니었지만 그들이 당신의 시험 중에 함께 하기를 늦게서야 그들에게 명령하신 일은 사태를 더욱 악하게 하였던 것이다. 그리스도께서 그들로 하여금 가장 잘되기를 바라셨고 그들은 그리스도 앞에서 자기 자신들을 시인하기에 그렇게 냉담하였을까? 그들은 늦게서야 그리스도를 버리지 않겠다고 약속하였다. 그러면 무엇이 그리스도의 마음에 내키지 않는 것이 되었을까? 그는 특히 베드로에게 그가 졸고 있음에 대하여 안타까워 하셨다. "시몬아, 자고 있느냐?" 즉, 네가 나를 부인하지 않겠다고 그렇게 자신 있게 약속을 하고서 나를 이렇게 소홀히 대하느냐? 나는 네게서 더 나은 일을 기대하였는데 "한 시간도 깨어 있을 수 없더란 말이냐?"는 의미로 하신 말씀인 것이다. 예수께서 그들에게 온 밤을 같이 새우자고 요구하신 것이 아니고 한 시간을 같이 깨어 지내라고 하신 것이다. 그리스도를 섬김에 있어서 우리 약함과 지속성을 더 악화시키지 않으려고 그는 우리를 수고롭게 아니하고 괴롭게 아니하시는 것이다. 그리스도께서는 당신이 올 때까지 우리가 가진 것을 굳게 지키는 것 외에 다른 짐을 지어 주시지 않으려 하신다묵시 2:24-25. 그리고 곧 가리라고 말씀하셨다묵시 3:11. 그리스도께서 사랑하시는 자들은 그들이 잘못될 때에 그들을 책망하신다. 그리고 그가 책망한 그들을 그는 달래고 위로하시는 것이다.

39-42절 그리스도께서는 다시 나가 아버지께 동일한 기도를 반복하였다. "다시 가셔서 같은 말씀으로 기도하셨다."39절 우리의 기도에 대한 응답이 속히 내리지 않는다고 하더라고 우리는 우리의 요구를 반복해서 새롭게 구하고 항상 기도하지 않으면 안 되는 것이다. 지금 그리스도께서는 두 번, 세 번 찾아오신다. 하느님의 기뻐하시는 뜻을 따라 우리가 계속 그를 의지하도록 하게 하려고 우리의 기도의 응답으로 빠르든 늦든 하느님의 허락하신 은혜로 우리를 찾아 주시는 것이다.

그리스도께서 거듭해서 제자들을 찾아오신다는 이 사실은 교회가 졸고 있으며 자기의 의무를 다하지 못하고 있을 때에도 그리스도로서 지상에 있는 자기의 교회들에 대해서 늘 관심을 가지며 하늘에서 아버지에게 중보의 기도를 드리고 있음에 대한 실례를 보여주신 것이다. 하느님과 우리 사이의 중보로서 우리에게 찾아오시고 또 찾아오시는 그리스도를 기억하라. 그리스도께서 두 번째 제자들에게 찾아오셨지만 그들은 여전히 졸고 있었던 것이다. "다시 와 보시니 그들은 여전히 눈이 무겁게 내리감겨 자고 있었다."40절. 그리스도의 제자들이 비록 그들

Vox populi, vox Dei.

이 결심하였음에도 불구하고 얼마나 또 다시 무능력하였던가를 보라. 그리고 그들이 비록 저항하려 하였어도 그들이 졸음을 이기지 못한 것을 보라. 우리의 몸이 우리의 영혼에 대하여 얼마나 장해가 되는가 보라. 우리의 영혼은 우리의 몸이 지장이 되지 않는 그 복된 상태에 이르기를 얼마나 사모하는지 모르는 것이다. 두 번째 그들에게 오시어 전과 같은 말씀을 하시었으나 그들은 무어라 대답할 바를 모른 것이다. 그들은 자기들의 졸음에 대하여 무어라고 변명할 구실을 찾지 못한 것이다. 또는 그들은 졸음에 빠져 있었으므로 아직도 반은 잠자고 반은 깨어 있는 혼미한 상태에서 그들이 어떤 처지에 있고 무슨 말을 해야 할지 모르고 있는 것이다. 그러나 세 번째는 그들이 자도 좋다는 뜻을 예수께서 비추신 것이다. "아직도 자고 있느냐? 아직도 쉬고 있느냐? 이제 되었다."41절. "너희가 원하는 대로 잠도 자고 마음대로 하라. 너희를 깨어 있도록 돌아볼 기회가 내게는 더 없다."는 뜻이다.[20]

예수께서는 다시 나아가 동일한 말씀으로 기도하시고 다시 오셔서 보시니 그들이 자고 있었다. 그 밤에 그의 기도는 동일한 내용이었다. 그 기도는 세 번이나 반복되었다. 아마 약 세 시간의 기도였을 것이다. 그가 한 번의 기도가 끝날 때마다 와서 보니 제자들은 자고 있었다. 왜냐하면 그들의 눈이 심히 피곤했기 때문이다. 그들은 예수께 무엇으로 대답할 줄을 알지 못하였다. 예수께서는 세 번째 오셔서 그들에게 말씀하셨다. "이제 되었다. 시간이 되어 사람의 아들은 죄인들의 손에 넘어간다. 일어나 가자. 보라, 나를 팔아넘길 자가 가까이 왔다."

43-47절 예수께서 그의 제자들에게 말씀하고 계실 때 곧 유다가 단검을 가진 로마 병사들과 몽둥이를 든 성전 지키는 자들을 이끌고 나타났다. 유다는 밤에 겟세마니에 계신 예수에게로 그들을 인도하여 왔다. 그래서 아무런 소동을 일으키지 않고 예수를 잡을 수 있었다. 산헤드린이 예수의 체포를 위해 영장을 발급했을 것이고 수석 사제들은 로마 군대의 협조를 얻어 왔을 것이다. 유다

20 메튜 헨리 주석, 마가복음 14장.

가룟 유다의 입맞춤은 속이는 입맞춤이었다.

자료: m.blog.naver.com

는 동산에 들어가자 즉시 예수께 나아가 "스승님!"[21]이라고 인사하면서 그에게 입을 맞추었다. 뺨이나 손에 입 맞추는 것은 당시 제자들이 그의 스승에게 애정과 존경을 표하는 통상적인 행위였다. 그러나 유다는 그것을 배신의 표로 사용했던 것이다.[22]

인간관계에서 입맞춤은 일반적으로 사랑과 존경의 표현이지만, 가룟 유다의 입맞춤은 속이는 입맞춤이었다. 그것은 파송된 군사들로 하여금 예수님을 확실히 잡게 하는 신호였다. 요한 복음서는 곁에 섰던 자 중에 검을 빼어 대사제의 종을 쳐 그 귀를 떨어뜨린 자가 베드로였고 그 종의 이름이 말코스임을 증거하였다요한 18:10.

48-50절 예수는 은밀하게 행동하는 혁명가가 아니라 분명한 종교 지도자였다. 그 주간 내내 날마다 예루살렘 성전 뜰에 모습을 드러내어 가르쳤으나

21 개역개정, 개역한글 버전에서는 "랍비여"라고 번역되어 있다.
22 호크마 주석, 마가복음 14장.

그들은 그를 잡지 아니하였다. 마치 죄인처럼 한적한 밤에 인적인 드문 곳에서 그를 체포한 것은 그들이 겁에 질려 있었음을 보여준 것이었다. 그러나 이 사건은 성경을 이루기 위함이었다. 물론 제자들은 예수를 버려두고 도망쳐 버렸다.[23]

예수께서는 자신이 큰 죄인처럼 잡히는 일이 성경을 이루기 위함이라고 말씀하셨다. 예수께서는 성경에 능통하셨다. 또 그의 생애는 성경의 예언과 예표를 이루는 생애였다. 우리도 어떤 점에서 성경을 읽고 듣고 배우고 연구함으로써 성경에 능통하기를 원한다. 뿐만 아니라, 우리의 생애도 성경의 교훈을 따르고 성경에 계시된 하느님의 뜻을 실천하는 생애가 되기를 원한다.

예수께서는 이렇게 잡히셨다. 그때 그의 제자들은 다 그를 버리고 도망했다. 그것은 제자들의 진실한 결심대로 되지 않았고 "오늘 밤에 너희는 모두 나에게서 떨어져 나갈 것이다."마태 26:31라고 말씀하신 예수 그리스도의 예언대로 된 일이었다. 그들은 결코 주를 부인하지 않겠다고 고백했었다. 베드로는 "스승님과 함께 죽는 한이 있더라도, 저는 결코 스승님을 모른다고 하지 않겠습니다."라고 말했었다31절. 그러나 그 위협과 공포가 있었던 현장에서 주님의 제자들은 주님을 버리고 다 도망하였다.

51-52절 마르코는 유월절 식사 후 예수님과 제자들을 따라 겟세마니 동산까지 왔던 것 같다. 여하튼 아마포를 버리고 벗은 몸으로 도망했다는 말은 그때의 두려운 분위기를 증거해준다. 당시의 제자들뿐 아니라 우리라도 그런 때에 도망치지 않는다는 것은 쉬운 일이 아닐 것이다. 하느님의 은혜가 아니고서는 아무라도 그런 위기 상황을 이길 수 없을 것이다.

마르코 복음서에만 있는 이 독특한 구절은 제자들이 모두 완전히 예수를 버리고 도망가 버렸다는 50절을 보충해 주고 있다. 이 청년은 마르코 자신일 것이라고 주석가들이 의견 일치를 보고 있다. 이 청년은 잠을 자다가 예수를 체포하러

23 호크마 주석, 마가복음 14장.

왔다는 소식을 듣고 옷 입을 틈도 없이 황급히 이 소식을 예수께 전하기 위해 겟세마니 동산까지 뛰어올라 갔다. 그러나 그가 도착하였을 때는 이미 예수께서 체포되신 후였다. 예수의 뒤를 따라가다가 그만 발각되자 그는 아마포를 팽개친 채 도망가 버렸다.

53-54절 겟세마니에서 예수를 체포한 자들은 예루살렘의 대사제 집으로 예수를 끌고 갔다. 그때의 대사제는 카야파였는데 그는 A.D. 18~36년까지 대사제직을 맡았다. 대사제를 포함한 71명의 산헤드린 회원들은 야간 회의를 위하여 급히 다락방으로 모였다. 이것은 비공식이었는데 낮에만 재판을 허락하는 유대인들의 엄격한 법적 재판 과정을 충족시키기 위하여 새벽 이후에 공식적인 인가를 받아야 했다. 베드로는 다시 용기를 내어 대사제의 집 뜰 안까지 들어갔다. 이곳은 대사제 관저 앞 사각형의 정원이었다. 그는 예수에게 어떤 일이 생길 것인지 알고 싶었다.[24]

당시의 대사제는 카야파였다마태 26:57. 수석 사제들과 원로들과 율법 학자들은 다 모여 있었다. 그들은 이스라엘의 종교 지도자들이었고, 산헤드린 공회라고 불리는 이스라엘 최고회의의 의원들이었다. 그 새벽에 그들이 다 모인 것을 보면, 그 회의는 예수님을 정죄하여 죽이는 일을 의논하기 위해 소집된 계획된 회의였다. 구약교회인 이스라엘 사회는 이처럼 하느님의 아들 의인義人 예수 그리스도를 정죄하여 죽이려 할 정도로 극도로 부패해 있었다.

베드로는 예수님을 멀찍이 좇았다. 그는 제자들 중에서 그래도 용감한 편이었다. 비록 예수님을 가까이 따르지는 못했으나 멀찍이라도 따랐기 때문이다. 그는 대사제의 집 안뜰까지 들어갔고 직원들과 함께 불을 쬐었다. 때는 이른 봄이었고 밤 날씨는 쌀쌀했던 것 같다.

24 호크마 주석, 마가복음 14장.

Vox populi, vox Dei.

55-59절 수석 사제들과 온 최고 의회는 예수님을 죽이려고 그를 정죄할 증거들을 찾고 있었다. 그들은 예수께서 죽을죄를 지었는지 아닌지를 확인하려 하지 않았다. 14:1의 증거대로 그들은 이미 예수님을 죽이려고 뜻을 정하였고 계획대로 일을 진행하고 있었다. 그러나 예수님에 대해 거짓 증거하는 자들은 많았으나 그 증거들이 서로 일치하지 않았기 때문에, 그들은 예수님을 죽일 만한 증거를 확보할 수 없었다.

최고 의회 회원들은 예수님을 거짓되게 정죄하려 하였고 거짓 증인들은 그를 거짓되게 비난했다. 그러나 거짓 증거는 악마의 죄이며요한 8:44 제9계명[25]을 범하는 죄요 지옥에 갈 만한 큰 죄요묵시 21:8 천국 들어가지 못할 죄이다묵시 21:27; 22:15. 잠언 19:5는, "거짓 증인은 벌을 면하지 못하고 거짓말을 퍼뜨리는 자는 빠져나가지 못한다."라고 말하였다.

산헤드린 공회는 예수에게 사형을 내릴 만한 증거를 찾지 못하였다. 많은 사람들이 그에 대해 거짓 증언을 했지만 그들의 의견이 서로 엇갈려서 그들의 증언을 증거로 삼을 수 없었다. 아마 이들은 예수의 체포 이전에 이미 예비되어 있었으나 그들의 고소 내용을 서로 조화시킬 것은 없었던 것 같다. 유대 재판에서 증인은 기소자 역할을 할 수 있으나 그들의 증언은 각각 따로따로 행해야 했다.

그래서 그들은 성전에 대한 것으로 죄목을 삼았다. 여기서 말해지는 성전은 예수의 편에서 보면 하느님의 성전을 가리키는 것이다. 당시 사람들은 그의 말을 오해하여 예루살렘 성전을 언급하는 것으로 생각했던 것이다. 예배 처소를 무너뜨린다는 것은 고대 세계에 있어서 엄청난 범죄였다.

60-62절 예수께서는 유대인들의 공회 앞에서 자신의 신분에 관한 질문에 대해서 분명하게 대답하셨다. 그는 그 질문에 대하여 잠잠하실 수 없었다. 그 질문은 예수님의 신분에 대해 묻는 중요한 질문이었기 때문이다. 그의 대답은

25 제9계명은 거짓을 배격하고 '진실의 존엄함'을 깨우쳐 주고 있다. 거짓 증거가 이웃에게 끼치는 해악(害惡)이 얼마나 무서운가를 보여 준다. 특별히 제9계명은 사회적으로 가장 힘없는 약자들(가난한 자, 자객, 과부, 고아)이 그 거짓말 때문에 매도 당하는 일이 없도록, 공동체 내에서 그들을 각별히 보호하게 해주는, 극진한 사랑의 계명이다.

꼭 필요한 때에 말씀하셔야 했던 중요한 것이었다. 예수께서는 유대인들뿐 아니라 또한 온 세상 사람들을 향해 자신이 찬송 받으실 하느님의 아들 그리스도라고 증거하신 것이다.

그리스도에 대하여 그들의 거짓 증거와 고소에 이의가 없는가 물었다. 대사제가 한가운데로 나서서 예수님께, "당신은 아무 대답도 하지 않소? 이자들이 당신에게 불리한 증언을 하는데 어찌 된 일이오?"60절 그는 예수를 올바르게 잘 대하는 것 같이 가장해서 물었지만 실은 예수를 함정에 빠뜨리고 예수를 고소하기 위함인 것이다. 이 교만한 대사제가 이 질문을 가지고 우리 주 예수에게 물었을 때에 그곳 법정의 공기가 얼마나 교만하고 경멸에 차 있었을까를 상상할 수 있는 것이다. 예수께서는 침묵을 지키는 것이 오히려 나을 것이라고 생각하신 것 같이 보인다. 그는 누가 싸움을 걸어올 때 자주 침묵을 지켰다. 그리스도께서 아무것도 대답하지 않은 것은 우리에게 모범을 보여 주시기 위함이다.

그리스도께서 그리스도이냐는 질문에 대하여 부인하지 않고 자기가 그렇다고 고백하였다61, 62절. 그들이 묻기를 "당신이 찬양받으실 분의 아들 메시아요?"라고 했다. 이 말은 하느님의 아들이냐는 질문이다. 그가 하느님의 아들 되심에 대한 증거를 위해서 그리스도께서 그들에게 두 번째 오신다고 하시었다. 예수께서 "그렇다. 너희는 사람의 아들이 전능하신 분의 오른쪽에 앉아 있는 것과 하늘의 구름을 타고 오는 것을 볼 것이다."62절라고 대답하셨다. 지금 사람의 아들이 대단히 초라하고 경멸을 받을 만하게 사람들에게 짓밟히고 있지만, 그가 곧 다시 오실 때에 두렵고 떨림으로 대사제의 앞에 서게 될 것이다.

63-64절 대사제가 그의 옷을 찢었다고 할 때 그의 예복보다는 오히려 속옷을 찢었다고 볼 수 있다. 그렇게 함으로써 대사제는 자기가 예수의 담대한 선언을 신성모독으로 간주했다는 것을 보여 주었다. 예수가 자기 스스로를 옭아매는 대답을 함으로써 더 많은 증거를 찾을 필요가 없게 되었으므로 그는 또한 다행스럽게 생각하기도 하였다.[26]

26 호크마 주석, 마가복음 14장.

Vox populi, vox Dei.

예수님의 증언을 들은 대사제는 자기의 옷을 찢으며 "이제 우리에게 무슨 증인이 더 필요합니까?"라고 말하면서 그것이 그를 죽이기에 충분한 증거라고 간주하였다. 공회원들도 예수님을 사형에 해당한 자로 정죄했다. 예수께서 자신이 하느님의 아들 그리스도라고 증거하셨기 때문에 그들이 예수님을 사형에 해당한 자로 정죄한 것은 이성적으로 바른 판단이 아니다. 그들은 예수께서 하느님의 아들 그리스도이실 수 없다는 증거를 제시했어야 했다. 예를 들어, 그가 무슨 죄를 지었다든지, 그에게 어떤 거짓된 일이 있었다든지, 혹은 기적을 행하지 못했다는 등의 증거들이 있어야 했으나 그런 증거들은 하나도 제시되지 않았다. 오히려 본 장 55절은 그들이 예수를 사형에 처할 증거를 찾았으나 찾아내지 못하였다고 말한다. 예수께서는 부당한 재판과 정죄를 받으셨다. 그가 하느님의 아들이 아니라는 아무런 반증反證도 없이 그를 정죄한 것은 옳지 않은 일이었다.

그러나 예수께서 하느님의 아들 그리스도이시라는 사실은 예수님에 관한 가장 중요한 사실이며 우리는 그 사실에 대한 많은 증거들을 가지고 있다. 우선, 주님 자신의 분명한 증언이 있다. 주께서는 자신의 신분에 대해 분명하게 증거하셨다. 또한 그가 행하신 많은 기적들이 있다. 예수께서는 각종 병자들, 예를 들어 나병, 중풍병, 열병, 마귀 들림, 소경, 혈루증, 벙어리, 손 마른 병, 절뚝발이 등을 고치셨다. 또 죽은 자를 살리셨고 물로 포도주를 만드셨으며 풍랑을 잔잔케 하셨다. 그

대사제 앞에서 심문을 받으시는 예수님

자료: m1.daumcdn.net

리고 물 위로 걸어오셨고 빵 다섯 개와 물고기 두 마리로 5천 명을 먹이셨으며, 또 빵 일곱 개와 물고기 두 마리로 4천 명을 먹이셨다. 더욱이, 그는 죽은 지 사흘 만에 부활하셨다. 이런 증거들은 그가 하나님의 아들 그리스도라는 확실한 증거들이다.

65절 산헤드린 회원 몇 명이 그들의 분노를 표현하기 위하여 예수를 모욕하고 침을 뱉기까지 했다. 얼굴에 침을 뱉는 것은 관계를 완전히 단절하는 것이며 엄청난 인격적 모욕을 뜻하였다.[27]

사람들은 예수께서 하나님의 아들이심을 알지 못했고 그를 멸시하였다. 불경건하고 악한 세상은 의로우신 하나님의 아들을 이와 같이 학대하였다. 예수께서는 이전에 제자들이 스승보다 높지 않다고 말씀하신 적이 있으시다마태 10:24. 그러므로 그의 제자된 우리도 세상에서 멸시와 천대와 매맞음을 당할 각오를 해야 한다.

66-68절 대사제의 하녀 중 하나가 베드로에게 다가와서 베드로가 예수와 함께 있었던 사람임을 알아본다. 그 여자는 분명히 베드로의 신분을 파악하였으나 베드로는 그것을 부인하였다. 그는 자기 안전을 위하여 자기가 예수의 제자임을 부인했다. 더 이상 발각되는 것이 두려워 그는 길거리로 통하는 포장된 길 곧 앞뜰로 나아갔다.[28]

베드로의 부인否認은 육신의 목숨을 위한 비겁한 거짓말이었다. 그것은 "스승님은 살아 계신 하느님의 아드님 그리스도이십니다."마태 16:16라고 고백했던 이전의 그의 신앙고백을 부정하는 행위였다. 그는 주님께 대한 사랑과 충성을 저버렸다. 그것은 사람의 부끄러운 연약함이었다. 3년간의 제자훈련이 아무 소용이 없어 보였다. 사람은 하나님의 은혜와 성령의 도움이 아니고서는, 예수 그리스도를 믿

27 호크마 주석, 마가복음 14장.

28 호크마 주석, 마가복음 14장.

을 수도 없고 끝까지 그 믿음을 지킬 수도 없는 연약한 존재이다. 마침 닭이 울었다. 이것은 첫 번째 닭의 울음이었다. 베드로는 여종 앞에서 주님을 부인한 후 앞뜰로 나갔다. 앞뜰은 입구 쪽을 말한다. 그것은 그가 도망칠 준비를 하고 있었음을 보이는 것 같다.

69-70절 시험은 베드로가 그리스도의 제자 중 하나였다는 것이다. "당신도 저 나자렛 사람 예수와 함께 있던 사람이지요?"67절. "이 사람은 그들과 한패예요."69절. "당신은 갈릴래아 사람이니 그들과 한패임에 틀림없소."70절. 베드로가 이 일로 그들에게 도전을 받거나 그 일로 인해 죄인으로 기소를 당할 위험성은 없는 것으로 보인다. 다만 그가 그 일로 놀림을 당하거나 그것으로 어리석은 자라는 조롱을 당하게 될 위험이 있는 것이다.[29]

'그 하녀'는 처음 하녀를 가리켰다고 본다. 두 번째 말한 사람에 대해 복음서들은 '다른 하녀'마태 26:71 '다른 사람'루카 22:58 '사람들'요한 18:25 등 다양하게 말한다. 두 번째는 그 처음 하녀를 포함하여 다른 한 하녀와 또 남자들이 함께 말했다고 보인다. 조금 후에, 곁에 서 있는 사람들이 다시 베드로에게 말했다. "당신은 갈릴래아 사람이니 그들과 한패임에 틀림없소." 마태오와 마르코의 증거는 동일하지만, 루카는 "또 다른 사람이 주장하였다"고 증거하고루카 22:59, 요한은 "대사제의 종 가운데 하나로서, 베드로가 귀를 잘라 버린 자의 친척이 말하였다."라고 증거한다요한 18:26.

71-72절 두 시간이 채 못되어 베드로가 세 번째로 예수를 부인하자 그 즉시 닭이 정확히 두 번째 울었다. 베드로는 통곡하였다.[30]

베드로는 저주하며 맹세하였다. 그는 자신이 거짓말을 하면 하느님 앞에 저주

[29] 메튜 헨리 주석, 마가복음 14장.
[30] 호크마 주석, 마가복음 14장.

를 받을 것이라고 말하며 예수님을 알지 못한다고 했다. 그것은 참으로 철저한 부인否認, 철저한 비겁과 불신실이었다. 그것은 분명히 큰 죄였다. 베드로가 저주하며 맹세했다는 말은 그가 신성 모독적 발언을 했다는 것을 의미하지 않는다. 오히려 그가 그들에게 거짓말을 하고 있다면 하느님의 저주가 있을 것이며 법정에서처럼 부인의 진실성을 입증하기 위하여 맹세한 것이라고 할 수 있다.

그때에 닭이 곧 두 번째 울었다. 베드로는 예수께서 자기에게 닭이 두 번 울기 전에 네가 세 번 나를 부인하리라는 말씀이 생각나서 울었다. 그는 심히 통곡하였다.

마르코 복음서 15장

天聲

빌라도에게 신문을 받으시다 마태 27,1-2; 마태 27,11-14; 루카 23,1-5; 요한 18,28-38

1 아침이 되자 수석 사제들은 곧바로 원로들과 율법 학자들, 곧 온 최고 의회와 의논한 끝에, 예수님을 결박하여 끌고 가서 빌라도에게 넘겼다.

2 빌라도가 예수님께 "당신이 유다인들의 임금이오?" 하고 묻자, 그분께서 "네가 그렇게 말하고 있다." 하고 대답하셨다.

3 그러자 수석 사제들이 여러 가지로 예수님을 고소하였다.

4 빌라도가 다시 예수님께, "당신은 아무 대답도 하지 않소? 보시오, 저들이 당신을 갖가지로 고소하고 있지 않소?" 하고 물었으나,

5 예수님께서는 더 이상 아무 대답도 하지 않으셨다. 그래서 빌라도는 이상하게 여겼다.

사형 선고를 받으시다 마태 27,15-26; 루카 23,13-25; 요한 18,38-19,16

6 빌라도는 축제 때마다 사람들이 요구하는 죄수 하나를 풀어 주곤 하였다.

7 마침 바라빠라고 하는 사람이 반란 때에 살인을 저지른 반란군들과 함께 감옥에 있었다.

8 그래서 군중은 올라가 자기들에게 해 오던 대로 해 달라고 요청하기 시작하였다.

9 빌라도가 그들에게 "유다인들의 임금을 풀어 주기를 바라는 것이오?" 하고 물었다.

10 그는 수석 사제들이 예수님을 시기하여 자기에게 넘겼음을 알고 있었던 것이다.

11 그러나 수석 사제들은 군중을 부추겨 그분이 아니라 바라빠를 풀어 달라고 청하
게 하였다.
12 빌라도가 다시 그들에게, "그러면 여러분이 유다인들의 임금이라고 부르는 이 사
람은 어떻게 하기를 바라는 것이오?" 하고 물었다.
13 그러자 그들은 "십자가에 못 박으시오!" 하고 거듭 소리 질렀다.
14 빌라도가 그들에게 "도대체 그가 무슨 나쁜 짓을 하였다는 말이오?" 하자, 그들은
더욱 큰 소리로 "십자가에 못 박으시오!" 하고 외쳤다.
15 그리하여 빌라도는 군중을 만족시키려고, 바라빠를 풀어 주고 예수님을 채찍질하
게 한 다음 십자가에 못 박으라고 넘겨주었다.

군사들이 예수님을 조롱하다 마태 27,27-31; 요한 19,2-3

16 군사들은 예수님을 뜰 안으로 끌고 갔다. 그곳은 총독 관저였다. 그들은 온 부대
를 집합시킨 다음,
17 그분께 자주색 옷을 입히고 가시관을 엮어 머리에 씌우고서는,
18 "유다인들의 임금님, 만세!" 하며 인사하기 시작하였다.
19 또 갈대로 그분의 머리를 때리고 침을 뱉고서는, 무릎을 꿇고 엎드려 예수님께 절
하였다.
20 그렇게 예수님을 조롱하고 나서 자주색 옷을 벗기고 그분의 겉옷을 입혔다. 그리
고 예수님을 십자가에 못 박으러 끌고 나갔다.

십자가에 못 박히시다 마태 27,32-44; 루카 23,26-43; 요한 19,16-27

21 그들은 지나가는 어떤 사람에게 강제로 예수님의 십자가를 지게 하였다. 그는 키
레네 사람 시몬으로서 알렉산드로스와 루포스의 아버지였는데, 시골에서 올라오
는 길이었다.
22 그들은 예수님을 골고타라는 곳으로 데리고 갔다. 이는 번역하면 '해골 터'라는 뜻
이다.
23 그들이 몰약을 탄 포도주를 예수님께 건넸지만 그분께서는 받지 않으셨다.

24 그들은 예수님을 십자가에 못 박았다. 그러고 나서 그분의 겉옷을 나누어 가졌는
데 누가 무엇을 차지할지 제비를 뽑아 결정하였다.
25 그들이 예수님을 십자가에 못 박은 때는 아침 아홉 시였다.
26 그분의 죄명 패에는 '유다인들의 임금'이라고 쓰여 있었다.
27 그들은 예수님과 함께 강도 둘을 십자가에 못 박았는데, 하나는 오른쪽에 다른 하
나는 왼쪽에 못 박았다.
(28) 그리하여 '그는 죄인들 가운데 하나로 헤아려졌다.'는 성경 말씀이 이루어졌다.
29 지나가는 자들이 머리를 흔들며 그분을 이렇게 모독하였다. "저런! 성전을 허물고
사흘 안에 다시 짓겠다더니.
30 십자가에서 내려와 너 자신이나 구해 보아라."
31 수석 사제들도 이런 식으로 율법 학자들과 함께 조롱하며 서로 말하였다. "다른
이들은 구원하였으면서 자신은 구원하지 못하는군.
32 우리가 보고 믿게, 이스라엘의 임금 메시아는 지금 십자가에서 내려와 보시지." 예
수님과 함께 십자가에 못 박힌 자들도 그분께 비아냥거렸다.

숨을 거두시다 마태 27,45-56; 루카 23,44-49; 요한 19,28-30

33 낮 열두 시가 되자 어둠이 온 땅에 덮여 오후 세 시까지 계속되었다.
34 오후 세 시에 예수님께서 큰 소리로, "엘로이 엘로이 레마 사박타니?" 하고 부르짖
으셨다. 이는 번역하면, '저의 하느님, 저의 하느님, 어찌하여 저를 버리셨습니까?'라
는 뜻이다.
35 곁에 서 있던 자들 가운데 몇이 이 말씀을 듣고, "저것 봐! 엘리야를 부르네." 하고
말하였다.
36 그러자 어떤 사람이 달려가서 해면을 신 포도주에 적신 다음, 갈대에 꽂아 예수님
께 마시라고 갖다 대며, "자, 엘리야가 와서 그를 내려 주나 봅시다." 하고 말하였다.
37 예수님께서는 큰 소리를 지르시고 숨을 거두셨다.
38 그때에 성전 휘장이 위에서 아래까지 두 갈래로 찢어졌다.
39 그리고 예수님을 마주 보고 서 있던 백인대장이 그분께서 그렇게 숨을 거두시는
것을 보고, "참으로 이 사람은 하느님의 아드님이셨다." 하고 말하였다.

Vox populi, vox Dei.

40 여자들도 멀리서 지켜보고 있었는데, 그들 가운데에는 마리아 막달레나, 작은 야
고보와 요세의 어머니 마리아, 그리고 살로메가 있었다.
41 그들은 예수님께서 갈릴래아에 계실 때에 그분을 따르며 시중들던 여자들이었다.
그 밖에도 예수님과 함께 예루살렘에 올라온 다른 여자들도 많이 있었다.

묻히시다 마태 27,57-61; 루카 23,50-56; 요한 19,38-42

42 이미 저녁때가 되어 있었다. 그날은 준비일 곧 안식일 전날이었으므로,
43 아리마태아 출신 요셉이 빌라도에게 당당히 들어가, 예수님의 시신을 내 달라고 청
하였다. 그는 명망 있는 의회 의원으로서 하느님의 나라를 열심히 기다리던 사람
이었다.
44 빌라도는 예수님께서 벌써 돌아가셨을까 의아하게 생각하여, 백인대장을 불러 예
수님께서 돌아가신 지 오래되었느냐고 물었다.
45 빌라도는 백인대장에게 알아보고 나서 요셉에게 시신을 내주었다.
46 요셉은 아마포를 사 가지고 와서, 그분의 시신을 내려 아마포로 싼 다음 바위를
깎아 만든 무덤에 모시고, 무덤 입구에 돌을 굴려 막아 놓았다.
47 마리아 막달레나와 요세의 어머니 마리아는 그분을 어디에 모시는지 지켜보고 있
었다.

1 Very early in the morning, the chief priests, with the elders, the teachers
of the law and the whole Sanhedrin, reached a decision. They bound Je-
sus, led him away and handed him over to Pilate.
2 "Are you the king of the Jews?" asked Pilate. "Yes, it is as you say," Jesus
replied.
3 The chief priests accused him of many things.
4 So again Pilate asked him, "Aren't you going to answer? See how many
things they are accusing you of."
5 But Jesus still made no reply, and Pilate was amazed.

6 Now it was the custom at the Feast to release a prisoner whom the peo-
ple requested.
7 A man called Barabbas was in prison with the insurrectionists who had
committed murder in the uprising.
8 The crowd came up and asked Pilate to do for them what he usually did.
9 "Do you want me to release to you the king of the Jews?" asked Pilate,
10 knowing it was out of envy that the chief priests had handed Jesus over
to him.
11 But the chief priests stirred up the crowd to have Pilate release Barabbas
instead.
12 "What shall I do, then, with the one you call the king of the Jews?" Pilate
asked them.
13 "Crucify him!" they shouted.
14 "Why? What crime has he committed?" asked Pilate. But they shouted all
the louder, "Crucify him!"
15 Wanting to satisfy the crowd, Pilate released Barabbas to them. He had
Jesus flogged, and handed him over to be crucified.
16 The soldiers led Jesus away into the palace (that is, the Praetorium) and
called together the whole company of soldiers.
17 They put a purple robe on him, then twisted together a crown of thorns
and set it on him.
18 And they began to call out to him, "Hail, king of the Jews!"
19 Again and again they struck him on the head with a staff and spit on
him. Falling on their knees, they paid homage to him.
20 And when they had mocked him, they took off the purple robe and put
his own clothes on him. Then they led him out to crucify him.
21 A certain man from Cyrene, Simon, the father of Alexander and Rufus,
was passing by on his way in from the country, and they forced him to
carry the cross.

Vox populi, vox Dei.

22 They brought Jesus to the place called Golgotha (which means The Place of the Skull).

23 Then they offered him wine mixed with myrrh, but he did not take it.

24 And they crucified him. Dividing up his clothes, they cast lots to see what each would get.

25 It was the third hour when they crucified him.

26 The written notice of the charge against him read: THE KING OF THE JEWS.

27 They crucified two robbers with him, one on his right and one on his left.

28 [And the scripture was fulfilled, which saith, And he was numbered with the transgressors.] (KJV)

29 Those who passed by hurled insults at him, shaking their heads and saying, "So! You who are going to destroy the temple and build it in three days,

30 come down from the cross and save yourself!"

31 In the same way the chief priests and the teachers of the law mocked him among themselves. "He saved others," they said, "but he can't save himself!

32 Let this Christ, this King of Israel, come down now from the cross, that we may see and believe." Those crucified with him also heaped insults on him.

33 At the sixth hour darkness came over the whole land until the ninth hour.

34 And at the ninth hour Jesus cried out in a loud voice, "Eloi, Eloi, lama sabachthani?"—which means, "My God, my God, why have you forsaken me?"

35 When some of those standing near heard this, they said, "Listen, he's calling Elijah."

36 One man ran, filled a sponge with wine vinegar, put it on a stick, and offered it to Jesus to drink. "Now leave him alone. Let's see if Elijah comes to take him down," he said.

37 With a loud cry, Jesus breathed his last.

38 The curtain of the temple was torn in two from top to bottom.

39 And when the centurion, who stood there in front of Jesus, heard his cry and saw how he died, he said, "Surely this man was the Son of God!"

40 Some women were watching from a distance. Among them were Mary Magdalene, Mary the mother of James the younger and of Joses, and Salome.

41 In Galilee these women had followed him and cared for his needs. Many other women who had come up with him to Jerusalem were also there.

42 It was Preparation Day (that is, the day before the Sabbath). So as evening approached,

43 Joseph of Arimathea, a prominent member of the Council, who was himself waiting for the kingdom of God, went boldly to Pilate and asked for Jesus' body.

44 Pilate was surprised to hear that he was already dead. Summoning the centurion, he asked him if Jesus had already died.

45 When he learned from the centurion that it was so, he gave the body to Joseph.

46 So Joseph bought some linen cloth, took down the body, wrapped it in the linen, and placed it in a tomb cut out of rock. Then he rolled a stone against the entrance of the tomb.

47 Mary Magdalene and Mary the mother of Joses saw where he was laid.

人語

마르코 복음서 15장 요약

수석 사제들과 율법 학자들은 예수의 심문을 마친 후에 빌라도에게 넘겼고, 빌라도도 예수를 심문하였다. 빌라도는 예수의 죄 없음을 알고 명절에 죄수 하나를 놓아주는 전례를 이용하여 석방하려고 했으나 무리들의 충동에 못 이겨서 예수 대신 바라빠를 석방한다. 로마 군병들이 예수에게 자색 옷과 가시 면류관을 씌우고 희롱한다. 예수를 십자가에 못박으려고 골고다로 끌고 간다. 가는 중에 키레네 사람 시몬에게 억지로 십자가를 지게 했다. 그리고 예수를 십자가에 못박고 옷을 제비뽑아 나누었다. 사람들은 예수를 비웃었다. 아침 아홉 시에 예수께서 크게 소리 지르시고 돌아가셨다. 이때 성소 휘장이 갈라지고 한 백인대장이 신앙 고백을 한다. 아리마태아 출신 요셉이란 사람이 예수의 시신을 장사지낸다.

본장에는 주님의 수난과 죽으심에 관한 내용이 기록되어 있다. 가룟 유다의 배반으로 대제사장에게 잡힌 예수님은 새벽에 빌라도에게로 호송되었다. 유대인 최고 의회는 사형을 집행할 수 없었기 때문에 유대 종교 지도자들은 빌라도의 힘을 빌어 예수님을 처형하려고 했던 것이다. 예수님은 빌라도로부터 사형 판결을 받으시고 십자가에 처형되었다.

각 절 해석[1]

1절 날이 밝아 오자 그 즉시 대사제의 인도에 따라 예수를 정죄하고 로마의 판결을 얻기 위해 예수를 로마 법정으로 끌고 갔다. 비록 산헤드린 공회가 사형 판결을 내릴 수 있었으나 사형 집행은 직접 할 수 없었다. 판결을 받은 죄수는 로마 정부에 넘겨져 사형 선고를 받고 형이 집행되어야 했다. 로마 정부는 공회의 사형 판결을 재가할 수도 있고 기각할 수도 있었다.[2]

유대인들의 최고 의회는 이른 새벽에 모였다 루카 22:66. 수석 사제들은 그 새벽에 즉시 원로들과 율법 학자들 곧 온 최고 의회와 함께 의논하고 예수님을 정죄한 후 그를 결박하여 끌고 가서 로마 총독 빌라도에게 넘겨주었다. 예수께서는 죄수처럼 결박을 당한 채 총독의 법정에 서셨다. 당시에 유다 나라는 로마 나라의 지

산헤드린에서 재판받고 빌라도에게 넘겨지시다.

자료: wol.jw.org

[1] 김효성 목사, 마가복음 강해, 2023년 2월 1일 수정.
[2] 호크마 주석, 마가복음 15장.

Vox populi, vox Dei.

배 아래 있었으므로 로마 총독의 판결이 필요했다. 비록 산헤드린 최고 의회가 사형 판결을 내릴 수 있었으나 사형 집행은 직접 할 수 없었다. 특히 사형의 경우 그러하였다. 요한 복음서 18:31에 보면, 유대인들에게는 사람을 죽이는 권한이 없었다.

2절 빌라도는 로마 정부를 대신할 수 있는 완전한 권한을 가지고 있었다. 산헤드린이 내린 사형 선고를 확정시켜 주는 대신 빌라도는 이 사건을 좀더 상세히 듣고 싶었다. 예수가 자기를 왕이라고 주장한 것에 대하여 로마 황제에 대한 엄청난 반역이요 사형에 해당하는 범죄로 빌라도에게 여겨졌을 것이다.[3]

유대 지도자들은 예수님을 로마 총독 빌라도에게 넘길 때 정치적 죄목을 걸었다고 보인다. 그들은 예수님이 자신을 '유대인의 왕'이라고 주장했다고 말했다. 로마 제국에서는 가이사Caesar 황제가 왕이며 또 그가 유대 나라에 세운 헤로데 외에 다른 왕이 있을 수 없었다. 예수님이 유대인의 왕이라면 그것은 가이사에게 대항하는 것이었다. 요한 복음서 19:12에 보면, 유대 지도자들은 과연 이런 논리로 빌라도를 몰아붙였다. "그 사람을 풀어 주면 총독께서는 황제의 친구가 아니오. 누구든지 자기가 임금이라고 자처하는 자는 황제에게 대항하는 것이오."

그러나 예수께서는 이 공식적인 재판 자리에서 자신이 유대인의 왕임을 분명히 증거하셨다. "네가 그렇게 말하고 있다." 유대인 최고 의회 앞에서의 그의 증언이 중요했듯이, 빌라도 법정 앞에서의 그의 증언도 중요하다. 예수께서는 자신의 신분에 대하여 분명히 증거하셨다. 그는 그의 말씀대로 하느님의 아들 그리스도이시며 유대인의 왕이시다. 모든 사람은 그의 말을 듣고 그를 믿고 의지함으로 구원을 받아야 한다.

3-5절 예수의 답변으로 볼 때 사형 선고의 근거가 없다고 생각한 빌라도는 다른 정보를 더 얻기 위해서 예수를 고소한 사람에게로 갔다. 수석 사제들

3 호크마 주석, 마가복음 15장.

은 그 사이 예수를 고소할 전략과 근거를 더 많이 찾아 놓고 있었다. 예수가 갈릴래아 사람이라는 것을 알게 된 빌라도는 이 귀찮은 재판을 피하기 위해 역시 그 때 예루살렘에 와 있던 갈릴래아의 영주 헤로데 안티파스[4]에게 예수를 보냈다. 그러나 헤로데는 그를 곧 빌라도에게 다시 보냈는데 오직 루카만이 중간에 있었던 이 사건을 기록하고 있다.[5]

그리스도를 고소하는 여러 자료들이 제시되었으며 그리스도께서는 이런 고소와 심문에 침묵을 지키시었다. 수석 사제들이 자기들의 위엄 있는 위치도 망각하고 고발자들로 돌변하여 "여러 가지로 예수님을 고소하였던" 것이다3절. 그리고 그리스도를 반대하는 증언을 하였던 것이다4절. 구약의 많은 선지자들은 자기들 시대의 수석 사제들에게 그들의 악함에 대하여 책망을 하였다. 이런 수석 사제들에 대해서 그들은 잘 예언을 하였다.[6]

악한 자들은 의로우신 예수께 대해 많은 비난거리를 만들어 빌라도에게 말했지만 예수께서는 그것들을 대답할 가치가 없는 것으로, 즉 중요하지 않은 것으로

빌라도와 헤로데가 예수께 죄가 없다고 판단하다.

자료: wol.jw.org

4 헤로데 안티파스 또는 헤롯 안디바(기원전 20~39년)는 1세기, 예수가 활동하던 시대의 갈릴래아와 페레아의 통치자였다. 헤로데 안티파스는 기원전 20년 유대의 왕인 헤로데 대왕과 사마리아 출신의 말타체의 아들로 태어났다. 형제로는 헤로데 아르켈라오스와 헤로데 빌립보 2세를 비롯한 다수의 이복형제가 있다. 그는 로마제국이 세운 지방권력자인 아버지 헤로데 대왕과 아우구스투스의 동맹을 유지하는 상징으로, 일종의 인질로서 로마에서 자랐고 교육받았다.

5 호크마 주석, 마가복음 15장.

6 메튜 헨리 주석, 마가복음 15장.

여기셨다. 빌라도는 그것을 기이히 여겼다. 사실, 저 악한 자들은 이미 예수님을 죽이려고 뜻을 정하였다.

6-10절 빌라도는 예수께서 수석 사제들과 유대 지도자들의 시기로 재판정에 오게 되었고 실상 죄가 없음을 알았으며 그를 놓아주기를 원하였다.

유월절이 되면 해마다 백성들의 환심을 얻기 위한 수단의 하나로 백성들이 선택하는 죄수 한 명을 석방시켜 주는 관습이 있었다. 빌라도는 백성들이 예수의 석방을 요청하리라 예상하고 유월절 사면 관례를 이용해 예수를 놓아주려 하였다.

바라빠는 민중 선동가였고 강도며 살인자로 기록돼 있다. 아마 그는 로마에 대해 혁명을 일으킨 민족주의자인 열심당의 일원이었을 것이다. 그는 지금 체포되어 사형 집행을 기다리고 있었다. 많은 무리들이 재판 장소 앞으로 몰려들었다.

11-14절 그리스도를 죽음에 처하라고 특히 십자가에 못박으라고 외치는 이의 없는 군중들의 함성에 빌라도는 백성들이 수석 사제들의 영향을 받아 바라빠를 석방하고 예수를 처형하라는 함성에 놀라지 않을 수 없었다11절. 빌라도는 가능한 한 군중들을 저지하려 하였다. "그러면 여러분이 유다인들의 임금이라고 부르는 이 사람은 어떻게 하기를 바라는 것이오?" 그리스도도 그러면 석방하기를 원하지 않느냐는 뜻으로 빌라도는 물은 것이다.[7]

무리들은 참으로 무지하고 무정하였고 불의하고 배은망덕하였다. 그들은 당시의 권력자들 앞에 아부하는 기회주의자들이었다. 아마 그 중의 상당수가 바라빠의 추종자였을 것이다. 군중들은 예수 대신 바라빠를 놓아 달라고 충동질하였다.

빌라도는 예수를 어떻게 하면 좋겠느냐고 물었다. 그러나 군중들은 십자가에 못박기를 원했던 것이다. 그리하여 빌라도는 마침내 십자가형을 선언하게 되었다.[8]

7 메튜 헨리 주석, 마가복음 15장.
8 호크마 주석, 마가복음 15장.

15절 빌라도는 군중의 요구에 이끌려 결국 정의보다는 정치적인 이익을 선택했다. 사형 선고를 받은 남자는 처형되기 전에 잔혹한 매질을 먼저 당하는 것이 당시 로마의 관례였다. 죄수는 벌거벗겨지고 때로는 나무에 묶인 채로 날카로운 금속이나 뼈 조각을 박은 짧은 가죽 채찍을 든 로마 병사들에게 사정없이 등에 매질을 당해야 했다.[9]

총독 빌라도는 백성의 여론에 몰려 불의하고 비양심적인 판결을 내렸다. 그는 예수께서 죄가 없다는 것을 알았지만 무리에게 만족을 주려고 잘못된 판결을 한 것이다. 이와 같이, 예수께서는 유대 지도자들의 시기와 미움과 악함, 무리들의 무지, 무정, 배은망덕, 기회주의, 또한 로마 총독 빌라도의 불의하고 비양심적인 판결 때문에 정죄되셨다. 그는 악인들의 죄 때문에 정죄되셨다. 죄 없으신 그가 죄인들 때문에 정죄되신 것이다. 그 대신에, 살인자 바라빠가 풀려났다. 주께서는 죄인들을 위해 죽으셨고, 그 대신 한 죄인이 옥에서 풀려난 것이다.

예수님 대신 풀려난 죄수 바라빠

자료: m.blog.naver.com

Vox populi, vox Dei.

[9] 호크마 주석, 마가복음 15장.

16-20절 예수를 매질한 후 로마 군병들은 예수를 데리고 궁전 안으로 들어갔다. 뜰 안에서 모든 군대를 모았다. 예수를 조롱하는 행위는 단순히 예수 한 사람을 모욕하는 것이 아니라 오랫동안 그들의 왕을 기다려 온 유대 민족 전체에 대한 모욕이기도 했다.[10]

예수께서는 총독 빌라도에 의해 정죄되시고 사형 언도를 받으신 후 군인들에게 조롱을 당하셨다. 자색 옷은 왕의 복장을, 가시 면류관은 왕의 금관을 흉내 낸 것이라고 보인다. 예수께서 자신을 유대인의 왕이라고 말씀하셨기 때문에, 군인들은 그런 방식으로 그를 조롱하였다. 조롱을 다한 후 군인들은 그에게서 자색 옷을 벗기고 도로 그의 옷을 입히고 십자가에 못박으려고 그를 끌고 나갔다. 하나님의 아들 예수께서는 불경건한 이방인들에게 이렇게 조롱을 당하셨던 것이다.

21절 십자가형 판결을 받은 사람은 자신이 못 박힐 무거운 횡목patibulum, 형틀을 처형 장소까지 지고 가는 것이 관례였다. 그 형틀은 무게가 약 20kg 정도 된다고 하는데 보통은 죄수의 등에 끈으로 묶여졌다. 예수님도 빌라도 관정에서부터 그 형틀을 지고 가셨다. 빌라도 법정에서 성문이 있는 곳까지의 약 1.5km 정도 되는 길은 라틴어로 '슬픔의 길'이란 뜻의 '비아돌로로사Via Dolorosa라고 한다. 예수님은 십자가 형틀인 가로대를 지고 그 길을 가셨다. 예수님은 이미 전날 밤부터 심문을 받았고 채찍질에 맞아 몸이 만신창이가 된 상태였다. 거칠고 무거운 나무통은 찢어진 어깨를 짓눌렀을 것이다. 탈진할 정도로 지친 상태에서 고통스런 통나무를 지고 가는 것은 무리였을 것이다.[11]

요한 복음서 19:17에 보면, "예수님께서는 몸소 십자가를 지시고 '해골 터'라는 곳으로 나가셨다. 그곳은 히브리 말로 골고타라고 한다." 예수께서는 자기 십자가를 지고 사형장에 나오셨다. 십자가 형틀은 크고 무거워서 예수께서 혼자 지시

10 호크마 주석, 마가복음 15장.
11 차용철, 종의 십자가 죽음, 2019년 4월 20일 설교.

기에 힘드셨을 것이다. 키레네 사람 시몬은 예수님의 십자가를 같이 지고 갔다고 보인다. 그는 우연히 그곳을 지나다가 잡혀 억지로 예수님의 십자가 형틀을 같이 지었다고 본다. 이 키레네 사람 시몬 외에 그 십자가를 자원하여 함께 질 제자가 하나도 없었다.

본문이 시몬을 '알렉산드로스와 루포스의 아버지'라고 증거하는 것은 뜻이 있어 보인다. 알렉산드로스와 루포스는 초대교회에 잘 알려진 인물이었음에 틀림없다. 로마 신자들에게 보낸 서간 16:13에서 바오로는 "주님 안에서 선택을 받은 루포스, 그리고 나에게도 어머니와 같은 그의 어머니에게 안부를 전해 주십시오."라고 말했는데, 그 루포스가 아마 본문의 루포스일지 모른다. 여하튼, 키레네 사람 시몬는 그 일로 예수님을 알게 되었고 그의 자녀들도 예수님을 믿게 되었음이 분명하다. 불평스럽게 억지로 했을 것 같은 그 봉사가 자신과 온 가족이 예수님 믿고 구원의 복을 받는 기회가 된 것이다.

22-23절 그리스도께서 십자가에서 못 박히신 장소, 그곳은 골고다라고 불렀는데 그 뜻은 '해골의 터'라는 것이다. 이곳에서 사형수들이 처형을 당했기 때문에 그런 이름으로 불렸다고들 생각한다. 이곳은 영국의 사형 집행장 타이번Tyburn과 같이 평범한 처형장이다. 얼마나 신빙성이 있는 이야기인지는 모르나 수많은 고대인들은 이곳에서 우리 인류의 시조 아담이 매장되었다고 한다. 그러므로 그와 일치하기 위해 그리스도께서 여기에서 십자가에 달리셨다고 생각하는 것이다. 왜냐하면 아담 안에서 죽은 것 같이 그리스도 안에서 모두 살기 때문이다.[12]

'해골 터'라는 뜻인 '골고다'는 그 언덕의 모양이 사람의 머리 모양이기 때문에 붙여진 이름이라고 보인다. 군인들은 예수께 '몰약을 탄 포도주'를 주었다. 마태오는 '쓸개즙을 섞은 포도주'라고 기록하였다마태 27:34. 그것은 십자가형을 당하는 죄수들에게 그 고통을 감소시키기 위해 주는 '쓰고 신 포도주'를 가리킨다. 그러

12 메튜 헨리 주석, 마가복음 15장.

Vox populi, vox Dei.

나 예수께서는 그 포도주를 받지 않으셨다. 우리를 위해 자원함으로 십자가를 지시는 그는 십자가에서 당할 고통을 피하기를 원치 않으셨다.

24절 십자가에 달린 자는 먼저 극도의 피로와 고통과 갈증이 엄습해 왔고 2, 3일 후에 천천히 죽었다. 때로는 희생자의 두 다리를 부러뜨림으로 죽음이 빨리 찾아오게 하기도 하였다.[13]

군사들은 예수님을 십자가에 못박았다. 당시의 십자가 처형 방식은 양팔과 손을 펴서 각각 못박고 양발을 포개어 못을 박는 것이었다고 한다. 부활하신 예수께서 제자들에게 "내 손과 내 발을 보아라. 바로 나다. 나를 만져 보아라." 하고 말씀하신 것을 보면루카 24:39, 그는 분명히 양손과 양발에 못을 박히셨다. 군사들

십자가 아래서 예수님 옷을 제비뽑는 군사들

자료: m.blog.naver.com

13 호크마 주석, 마가복음 15장.

은 또 예수님의 옷을 제비뽑아 나누어 가졌다. 요한 복음서에 보면, 그들은 예수님의 겉옷과 속옷을 다 취했다. 예수께서 이렇게 양손과 양발에 못을 박히시고 겉옷과 속옷을 다 빼앗기신 것은 구약성경에 예언된 바였다. 시편 22:17, 19는, "개들이 저를 에워싸고 악당의 무리가 저를 둘러싸 제 손과 발을 묶었습니다." "제 옷을 저희끼리 나누어 가지고 제 속옷을 놓고서는 제비를 뽑습니다."라고 예언하였다.

25-26절 죄인의 이름과 그의 죄목을 판에 써서 죄인의 머리 위에 매다는 것은 당시 로마의 관례였다. 복음서에서 죄패의 내용이 조금씩 다른 것은 죄패가 세 가지 언어로 쓰여졌기 때문인 듯하다. 빌라도가 이 말을 쓰게 한 것은 유대인들의 독립에 대한 열망을 모독하기 위한 것이었다.[14]

마르코는 다른 복음서들과 달리 예수께서 십자가에 못박히신 시각을 증거했다. '제3시'는 오늘날의 아침 9시를 가리킨다. 예수께서는 새벽에 유대인의 최고 의회에서 심문받으시고 빌라도 법정으로 이끌려 가셨다마태 27:1; 마르 15:1; 요한 18:28. 요한 복음서는 예수께서 빌라도의 법정에 서신 시각이 낮 열두 시쯤이라고 기록한다요한 19:14. 그의 십자가 형틀 위에는 히브리 말, 라틴 말, 그리스 말로 '유다인들의 임금 나자렛 사람 예수'라고 쓴 죄패가 달려 있었다요한 19:19-20. 예수께서 유다인의 왕, 메시아이심은 온 세계에 전파되어야 할 구원의 기쁜 소식이다.

27-28절 예수께서는 두 강도들 사이에 죄인들 중 한 사람처럼 나무에 달리셨다. 28절전통본문은 이사야서 53:12에 예언된 말씀이다. 의인이신 예수께서 극악한 죄인처럼 취급되셨다. 예수 그리스도께서는 참으로 세상 죄를 지고 가신 하느님의 어린양요한 1:29, 곧 만세 전에 하느님께서 택하신 자들의 죄의 형벌을 대신 받으신 속죄제물이셨다.

14 호크마 주석, 마가복음 15장.

안드레아 만테냐, 〈골고다 언덕〉, 1457~1459년

자료: m.blog.naver.com

예수와 함께 처형을 당한 두 명의 강도는 예수의 죄목을 잘 아는 것으로 보아 예수와 함께 재판을 받은 것 같다. 빌라도는 자신도 모르는 사이에 이사야서 53:12의 예언을 성취시키게 되었다.[15]

29-30절 “저런! 성전을 허물고 사흘 안에 다시 짓겠다더니. 십자가에서 내려와 너 자신이나 구해 보아라.” 이것이 사람들이 십자가에 달린 예수께 할 말인가? 그러나 그것은 시편 22:6-9에 기록된 예언의 성취였다. 거기에 말씀하기를, “당신께 부르짖어 구원을 받고 당신을 신뢰하여 부끄러운 일을 당하지 않았습니다. 그러나 저는 인간이 아닌 구더기 사람들의 우셋거리, 백성의 조롱거리. 저를 보는 자마다 저를 비웃고 입술을 비쭉거리며 머리를 흔들어 댑니다. ‘주님께 맡겼으니 그분께서 그자를 구하시겠지. 그분 마음에 드니 그분께서 구해 내시겠지.’”라고 하였다.

15 호크마 주석, 마가복음 15장.

군중들은 예수를 다시 모욕하였다. 성전을 사흘 만에 지을 엄청난 능력이 있다면 그는 십자가에서 내려와 먼저 그 자신을 구원할 수 있을 것이 아니냐고 예수를 비웃었다.[16]

31-32절 유대인의 지도자들도 군중들과 함께 예수를 조롱하였다. 그들의 소원이 마침내 이루어진 것이다.[17]

하느님을 경외하며 섬긴다는 이스라엘의 종교 지도자들이 어떻게 이처럼 무정하고 비양심적이며 사악할 수 있는가. 그들은 지금이라도 후회하며 예수님을 측은히 여겨야 하지 않겠는가. 종교적 형식과 사람의 인격은 근본적인 연관이 없는 것 같다. 종교적 형식을 가진 자라도 이렇게 악한 자가 될 수 있었다. 하느님께서 원하시는 것은 인격의 변화이다. 구원은 죄인들의 인격과 삶을 변화시키는 것이다.

예수님과 함께 좌우편의 십자가에 못박혔던 강도들도 처음에는 둘 다 예수님을 욕했던 것 같다. 그러나 루카 복음서의 증거대로, 그 둘 중 한 사람은 십자가 위에서 회개했다. 루카 23:39-43, "예수님과 함께 매달린 죄수 하나도, '당신은 메시아가 아니시오? 당신 자신과 우리를 구원해 보시오.' 하며 그분을 모독하였다. 그러나 다른 하나는 그를 꾸짖으며 말하였다. '같이 처형을 받는 주제에 너는 하느님이 두렵지도 않으냐? 우리야 당연히 우리가 저지른 짓에 합당한 벌을 받지만, 이분은 아무런 잘못도 하지 않으셨다.' 그러고 나서 '예수님, 선생님의 나라에 들어가실 때 저를 기억해 주십시오.' 하였다. 그러자 예수님께서 그에게 이르셨다. '내가 진실로 너에게 말한다. 너는 오늘 나와 함께 낙원에 있을 것이다.'" 이것은 참으로 은혜로운 사건이었다. 예수께서는 십자가에서 죽어가는 강도라도 구원을 받게 하신 것이다. 하느님께서 사람들을 구원하시는 시간과 장소는 자유롭다. 그는 언제 어디서나 그가 기뻐하시는 뜻대로 죄인을 구원하실 수 있다. 주 예수 그

16 호크마 주석, 마가복음 15장.
17 호크마 주석, 마가복음 15장.

Vox populi, vox Dei.

리스도께서는 십자가에 달려 돌아가시는 그 시간에도 또 한 명의 죄인을 구원하셨던 것이다.

33절 정오부터 오후 3시까지 세 시간 동안 "어둠이 온 땅에 덮여" 계속되었다. 이 사실은 구약 성서의 예언이 이루어진 것이다. "그 날이 와서 대낮에 해가 꺼지고 백주에 땅이 캄캄해지거든, 모두 내가 한 일인 줄 알아라. - 주 야훼의 말씀이시다." 아모 8:9. "일곱 아이를 낳은 여자는 기력이 다하여 숨을 헐떡거렸다. 그 여자의 해는 아직 낮인데도 기울었다. 그 여자는 수치스러워 낯을 붉혔다. 나는 남은 자들도 그들의 원수 앞에서 칼에 내맡기리라. 주님의 말씀이다." 예레 15:9. 유대인들은 자주 그리스도에게 "하늘에서 오는 표징을" 요구하였는데 지금 그들은 그 표징을 보게 된 것이다. 그러나 그러한 표징은 그들의 눈의 어두움을 보여주는 것이다. 그것은 유대 교회와 유대 민족에 임하였고 앞으로 임할 어두움의 표징이다.[18]

예수께서 십자가에 달리셨을 때 오늘날 시간으로 정오부터 오후 3시까지 3시간 동안 온 땅에 어두움이 임했다. 이상한 현상이었다. 그 어두움은 사람들이 세상에서 가장 악하고 슬픈 일, 즉 하느님의 아들을 십자가에 못박아 죽인 일을 행하였고 어두움의 권세가 이긴 것 같은 일이 일어났음을 증거할 것이다. 또 그 어두움은 하느님의 크신 슬픔과 노여움을 증거했고, 또 아마 장차 예루살렘에 닥칠 무서운 재앙과 불행을 예시할지도 모른다. 이 어둠은 예수 위에 내려진 인간의 죄에 대한 하느님의 심판을 상징하는 우주적 표상이다.

34절 마르코는 십자가 위에서 외치신 일곱 마디 말씀 중 오직 한마디 말씀만 기록해 놓았다. 이 외침은 예수가 단순히 자신이 버림받았다고 느낀 것도 아니다. 예수의 부르짖음은 아버지 하느님에 의해 법적인 의미에서 버림을 받았

18 메튜 헨리 주석, 마가복음 15장.

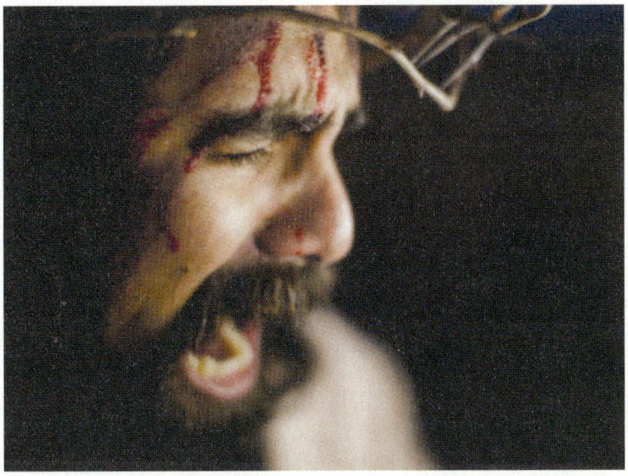

엘로이 엘로이 레마 사박타니?
(나의 하느님, 나의 하느님, 어찌하여 당신은 나를 버리셨나이까?)

자료: m.blog.naver.com

으나 그 가운데서도 하느님과의 진실한 관계는 유지되고 있었음을 보여주었다.[19]

예수께서는 제자들이나 이스라엘의 종교 지도자들과 군중들에게만 버림을 받은 것이 아니고, 또한 하느님께 버림을 받으셨다. 하느님께서는 다니엘의 세 친구들을 풀무불에서, 다니엘을 사자굴에서 건져내셨으나, 자기 아들 예수 그리스도를 십자가 형틀에서 건져주시지 않았다. 여기에 깊은 뜻이 있었다.

예수께서는 하느님이 택한 백성의 죄를 담당하신 속죄제물이셨다. 세례 요한의 증거대로, 그는 '세상의 죄를 없애시는 하느님의 어린양'이셨다요한 1:29. 구약시대에 행해져 왔던 짐승 제사 제도는 메시아의 대리적 속죄를 예시豫示했다. 구약의 짐승 제물들은 메시아의 모형으로 죄인들을 대신하여 피흘려 죽임을 당하고 불태워졌던 것이다. 이사야서는, "그가 찔린 것은 우리의 악행 때문이고 그가 으스러진 것은 우리의 죄악 때문이다. 우리의 평화를 위하여 그가 징벌을 받았고 그의 상처로 우리는 나았다. 우리는 모두 양 떼처럼 길을 잃고 저마다 제 길을 따라 갔지만 주님께서는 우리 모두의 죄악이 그에게 떨어지게 하셨다."라고 예언하였다이사 53:5-6.

19 호크마 주석, 마가복음 15장.

예수님의 고난은 속죄의 고난이었다. 예수께서는 우리의 죄 때문에 하느님께 버림을 당하셨다. 사도 바오로는 "하느님께서는 죄를 모르시는 그리스도를 우리를 위하여 죄로 만드시어, 우리가 그리스도 안에서 하느님의 의로움이 되게 하셨습니다."2코린 5:21라고 증거했다. 또 그리스도께서 우리를 위하여 저주를 받은 바 되셨다고 말했다갈라 3:13. 하느님의 버리심, 여기에 예수 그리스도의 죽음의 깊은 의미가 있다. 신성神性과 인성人性이 영원히 연합된 예수께서 하느님께 버림을 받으셨다는 것은 우리의 이성으로 이해하기 어려운 신비이지만, 그는 그 고난을 통해 우리가 당할 지옥의 형벌을 대신하셨다. 그것은 죄인들에게 측량할 수 없는 놀라운 하느님의 은혜였다.

35-38절 곁에 섰던 어떤 유대인들은 예수의 부르짖음을 엘리야를 부르는 것으로 잘못 들었거나 조롱하기 위하여 잘못 해석하였다. 유대인들은 일반적으로 의로운 수난자가 구원받기 위해서는 엘리야가 먼저 와야 한다고 믿고 있었다. 예수는 땅에 2~3피트 떨어져 매달려 있었다. 구경꾼 중의 하나가 그 예수께 신 포도주를 갖다주어 마시게 하였다. 그가 그때 십자가에 달린 일반 죄인들과 똑같이 죽었음을 나타내지 않는 것은 큰 소리로 외쳤다는 것이다. 그는 죽음 직전에 소리를 지른 것이다. 그의 죽음은 자발적인 것이었고 갑작스러운 것이었다. 이것이 빌라도의 놀람에 대한 설명이다. 예수의 죽음과 동시에 성전의 휘장이 갈라졌다. 위에서부터 아래로 찢어졌다는 것은 그 행위가 하느님의 행위였음을 보여주는 것이다. 그 순간 유대 저녁 봉헌을 드리고 있던 제사장들에 의해 관찰되고 보고되었을 것이 틀림없다.[20]

예수께서 큰소리로 하신 말씀은, 요한 복음서의 증거대로, '다 이루어졌다.'라는 말씀이었을 것이다요한 19:30. 예수께서는 십자가의 죽음으로 택자들의 죄의 형벌을 담당하셨고 하느님의 의를 이루셨으며 우리의 완전한 대속代贖을 이루셨다.

20 호크마 주석, 마가복음 15장.

숨을 거두시다.

자료: m.blog.naver.com

우리는 주 예수 그리스도의 사역으로 말미암아 하느님과 화목하게 되었다. 또 성소의 휘장이 위로부터 아래까지 찢어져 둘이 되었다. 이것은 이제 죄인들이 주 예수 그리스도의 이름으로 담대히 하느님께 나아갈 수 있게 되었음을 나타낸다. 히브리인들에게 보낸 서간 10:19-20은 "그러므로 형제 여러분, 우리는 예수님의 피 덕분에 성소에 들어간다는 확신을 가지고 있습니다. 그분께서는 그 휘장을 관통하는 새롭고도 살아 있는 길을 우리에게 열어 주셨습니다. 곧 당신의 몸을 통하여 그리해 주셨습니다."라고 말한다. 주 예수 그리스도께서는 우리가 하느님께로 가는 유일한 길이시며요한 14:6 천하 인간이 그로 인해 구원 얻을 유일한 이름이시다사도 4:12. 그러므로 우리는 중보자仲保者 예수 그리스도의 이름으로 하느님의 은총의 어좌 앞에 담대히 나아간다히브 4:16.

39절 예수의 곁에 서서 이 모든 이상한 일들을 관찰했던 백인대장은 사형 집행관의 일을 맡았던 이방 로마 관리였다. 그래서 그는 빌라도에게 이 사실을 설명할 수 있었다. 예수의 죽음을 지켜본 백인대장은 이 사람은 진실로 하느님의 아들이었다, 라고 고백하게 되었다. 백인대장의 고백은 예수의 정체를 드러내려는 것 중 핵심 부분이다. 이것은 비웃는 자들과 대조되는 부분이다.[21]

이것은 예수님에 대한 놀라운 고백이었다. 진리의 깨달음은 하느님의 은혜로만 된다. 세상에 다 함께 살지만 하느님의 은혜를 받아 자신의 죄악됨을 깨닫고 하느님이 살아계심을 알고 하느님이 보내신 구주 예수 그리스도를 통해 구원받는 사람이 있다. 단지 죄의 낙이나 누리다가 허무하게 하느님의 진노와 심판을 받는 자가 있다.

40-41절 헌신적인 여인들 몇몇은 멀리서 조심스럽게 지켜보고 있었다. 예수께서 갈릴래아에 있을 때 이 세 여인들이 이곳저곳으로 예수를 따라다니면서 그의 물질적 욕구를 돌보곤 하였다. 예수를 정기적으로 따르지 않았던 여인들도 거기에 있었다.[22]

남자들이 대부분 다 도망쳐버린 때에도 많은 여자들이 멀리서라도 예수님을 바라보고 있었다. 그들은 예수님의 십자가의 증인들이었다. 요한 복음서 19:25는 그 여자들 중에 그의 모친과 이모와 클로파스의 아내 마리아와 마리아 막달레나가 예수님의 십자가 곁에 서 있었다고 증거한다. 성경에 보면, 여자들은 때때로 남자들보다 열성과 충성된 마음이 더 있었다. 그들은 예수님을 잘 믿고 따르며 복음 사역에 수고하고 협력한 일이 많았다루카 8:2-3.

본문에 언급된 마리아 막달레나는 일곱 마귀가 들렸던 자로 예수께서 마귀를 내쫓아주셨고 그 병을 고쳐주셨다루카 8:2. 그는 그 병을 고침 받은 후 예수님을 위해 봉사하고 섬겼다. 작은 야고보와 요세의 어머니 마리아는 예수님의 모친을 가

21 호크마 주석, 마가복음 15장.
22 호크마 주석, 마가복음 15장.

리킨 것인지마르 6:3 잘 모르겠다. 살로메는 마태오 복음서 20:20에 언급된 '제베대오의 두 아들의 어머니'와 동일 인물인 것 같다.

멀리서 바라보는 여인들의 심정은 심한 슬픔 가운데서 아마 의분했을 것이다. 세상의 도덕 질서가 이렇게 짓밟혀도 되는가? 의인이 십자가에 처형되는 일이 있어도 되는가? 그들은 또한 허탈했을 것이다. 갈릴래아에서부터 예수님을 추종한 지 벌써 여러 해가 되었는데, 이제 그들의 주님이 십자가에 달려 죽음으로 끝났다.

그들은 예수께서 자신의 죽음과 부활을 예언하신 것을 기억하지 못했던 것 같다. 바로 이런 점에서 그들은 불신앙적이고 무지하였다. 그러나 그들을 나무랄 것이 없을 것이다. 오늘날 우리도 비슷하다. 우리는 예수께서 재림하신다는 약속을 믿는다고 말하면서도 주의 재림을 기다리는 자같이 살지 않고 현실만 보고 살고 있지 않은가? 그러나 제자들이 그때에도 예수님을 하느님의 아들 그리스도라고 믿는 믿음을 완전히 포기하지 않았던 것은 하느님의 은혜였다.

Vox populi, vox Dei.

42-47절 예수의 매장 당하심은 그가 확실히 죽었다는 것을 확증하여 주는 것이며 초대 교회의 선포 내용 중 중요한 것이었다. 예수가 벌써 죽었다는 말을 듣고 빌라도는 놀랐다. 그는 백인대장을 불러 예수가 정말 죽었는지 확인을 해보았다39절. 이 백인대장은 십자가 처형을 책임지고 있었던 사람이다. 예수가 죽었다는 것을 확인한 다음 빌라도는 요셉에게 시신을 내주었다. 요셉의 요구에 빌라도가 선뜻 응한 것은 예외적이었다. 요셉은 틀림없이 하인들의 도움을 받아 해 지기 전 약 두어 시간 동안에 장례를 마쳤을 것이다. 요셉과 같이 산헤드린 회원이었던 니코데모 역시 장례식을 거들었다 요한 19:39-40. 그리고 요셉의 새 무덤에 안치되었다. 무덤의 입구는 산 위에서 굴려온 둥글고 평평한 돌로 막아 침입자들로부터 예수의 시신을 보호하였다.[23]

23 호크마 주석, 마가복음 15장.

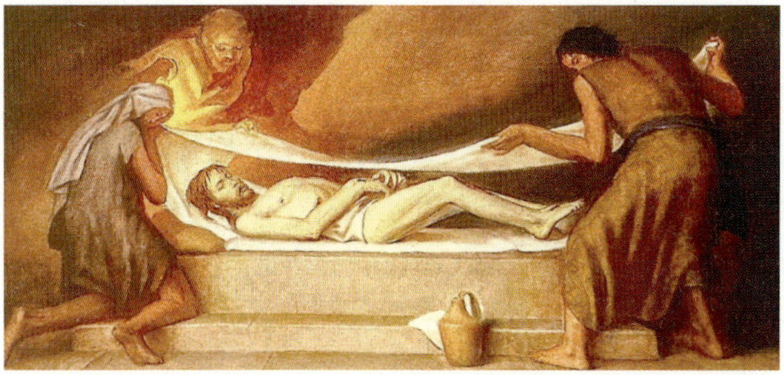

요셉은 아마포를 사 가지고 와서,
그분의 시신을 내려 아마포로 쌌다.

자료: brunch.co.kr

하느님께서는 예수님의 장례를 위해 아리마태아 출신 요셉을 예비하셨고 그를 사용하셨다. 요셉은 경건하고 의롭고 선했고 최고 의회에서 예수님이 사형에 해당하는 죄가 없다고 자기의 의사를 표현한 자였다루카 23:51. 그러나 예수님은 마침내 십자가에 처형되셨다. 요셉은 그의 시신을 장사 지내드리는 것이 그에게 대한 마지막 예우라고 생각했을 것이다. 그는 예수님의 시신을 내려다가 아마 물로 닦고 아마포로 감싼 다음, 바위를 깎아 만든 무덤에 그를 장사지냈다마태 27:60. 예수님은 죽어 무덤에 내려가시기까지 심히 낮아지셨다.

십자가형

개요

십자가형十字架刑, crucifixion은 십자가에 매달아 죽이는 형벌이다. 다른 이름은 책형磔刑이다. 예수 그리스도의 상징적 이미지로 널리 알려져 있는, 로마 제국 시대까지 존재했던 악명 높은 법정 최고형이다. 그 끔찍하다는 거열형이나 팽형, 화형도 고통은 심하겠지만 그나마 죽음에 이르는 시간을 따진다면 비교적 금방 고통이 끝나지만 십자가형은 최대한 죽지 않게 인간의 정신적 한계를 체감시키고 숨을 끊는 가장 지독한 형벌이다.

이 십자가형의 자세한 과정을 소개한 내셔널 지오그래픽 채널NGC 다큐멘터리의 한 역사학자에 의하면, 십자가에 달린 죄수는 '죽음의 모든 차원'을 경험한 후

십자가형 자료: m.blog.naver.com

에야 죽는다. 사형의 역사를 모조리 뒤져도 이에 비견할 만한 형벌은 아주 긴 시간에 걸쳐 온몸을 회를 뜨는 능지형[24] 정도밖에 없다. 십자가형의 이름만 본다면 겨우 십자가에 매달리는 게 대체 왜 혹독하냐? 싶겠지만 십자가에 매다는 것은 몇 단계에 거치는 과정의 극히 일부일 뿐이다.

역사

십자가형은 이집트에서 유행한 처형법이었고, 이것이 그리스와 로마 제국으로 전파된 것이다. 스파르타의 레오니다스가 사후 크세르크세스에 의해 그 시체가 십자가에 매달렸고, 카르타고에서도 전쟁에서 패배한 총사령관은 십자가에 매달아 죽였다. 알렉산드로스 대왕도 티로스(현재 레바논 남서부의 티레)를 공략한 후 2,000명의 티로스 인들을 십자가형에 처하기도 했다.

24 능지형(陵遲刑·凌遲刑)은 죄인의 뼈와 살을 발라내어 죽이는 형벌이다. 말그대로 사람을 산 채로 회 뜨며 죽이는 형벌이다. 요나라 때 처음 시작되었다고 하며 원나라가 중국을 통치하면서 한족의 형벌제도로 편입되었다. 북송 때는 살을 뼈에서 발라낸다는 의미의 과형(剮刑)이라는 이름으로 불렸으며, 명나라 시대 형법의 기준이 된 법전인 《대명률》에서는 능지처사(凌遲處死)라고 적혀 있다.

집단 십자가형 자료: kibaek.tistory.com

고대 로마에서는 반항한 노예에서 시작해 국가 전복을 꾀한 반역자 등의 중죄인을 십자가에 매달아 죽이는 형벌이었다. 반항한 노예의 경우 그냥 말 좀 안 들었다거나 도망친 정도가 아니라, 주인을 죽이거나 그에 버금갈 만한 위해를 끼친 경우를 말한다. 표적으로 스파르타쿠스를 따르던 노예들도 십자가형으로 처형당했는데, 아피아 가도[25]를 따라 6천 개의 십자가가 늘어섰다고 한다. 이 경우 로마법에서는 당사자뿐 아니라 그 집안의 노예 전원을 십자가형에 처하게끔 되어 있었다. 그러나 너무 잔혹하다는 지적이 끊이지 않았고 당시 귀족들의 재산인 노예가 줄어드는 문제가 발생하여 적어도 가담하지 않은 것이 분명한 노예는 살려주는 식으로 법정이나 원로원 등에서 자비를 베풀기도 했다. 폴란드의 작가 헨리크 셴케비치의 소설 《쿠오 바디스》에 그 유사한 사건이 언급된다.

십자가형에 대해 분위기가 그랬으니, 로마 사회에서 주인이 노예가 큰 잘못을 하지 않았음에도 제멋대로 십자가에 매달아 죽이면 문제가 될 수밖에 없었다. 그 대표적인 사례가 바로 마리우스와 술라의 시대 기간 중, 이 문제로 잔인함을 질

25 아피아 가도는 고대 로마 시대에 만들어진 도로로, 로마와 이탈리아 남동쪽 지역에 위치해 있는 브린디시를 연결하였다. 로마의 감찰관이었던 아피우스 클라우디우스(Appius Claudius Caecus)가 기원전 312년경, 삼니움 전쟁 중에 군사 목적으로 도로를 만든 것이 그 기원으로, 아피아 가도라는 이름은 그의 이름으로부터 유래하였다.

타받은 기원전 96년 법무관 루키우스 도미티우스 아헤노바르부스 사건을 들 수 있다. 폭군 네로의 직계 현조부[26]인 그는 기원전 96년 법무관으로 시칠리아에서 근무할 당시, 자신의 노예가 사냥용 창으로 멧돼지를 죽였다는 이유만으로 그 노예를 십자가에 매달아 죽였다. 그것도 법무관 직권을 남용해 벌인 처벌이었는데, 이 사건이 잔인함을 넘은 사건이 된 이유는 아헤노바르부스가 노예를 죽였다는 점, 그것도 말도 안 되는 이유로 법무관 권한을 남용해 십자가에 매달았다는 점 때문이었다. 따라서 이 사건 직후부터 그는 그 잔인함으로 질타를 받았고, 가이우스 마리우스에게 잔인하게 살해될 때도 저주를 받았다고 조롱받았다고 한다.

예수의 경우 복음서에서 유대인들에 의해 신성모독이라는 이유로 죽었다고 전해진다. 신성모독 등 종교 관련의 범죄는 유다 지방의 산헤드린 관할인데, 이곳에서는 최악의 범죄자라 해도 사형을 선고할 권한이 없었다. 그러자 사형을 시키기 위해 율법 학자들과 원로들은 예수를 정치범으로 몰아, 총독인 본티오 빌라도의 법정으로 보낸 것이다. 하지만 빌라도는 예수에게 죄가 없다는 것을 알았으며 예수를 죽이지 않기 위해 온갖 수작을 부렸다고 한다. 유월절 전통에 따라 강도 바라빠를 예수 그리스도와 같은 재판장에 세웠는데, 민중들이 현실 참여적인 바라빠를 석방해달라고 요청하여, 그는 석방되고 예수는 회개한 도둑을 포함한 두 명과 같이 십자가형을 당했다고 한다. 예수가 십자가에 못박힐 때 죄목을 알리는 팻말에 라틴어, 히브리어, 그리스어 3개 언어로 '유다인들의 임금 나자렛 사람 예수'라고 쓰여 있었다고 한다. 덤으로 산헤드린에서는 그 문구를 불편하게 여겨 '자칭 유대인의 왕'으로 고쳐달라고 청원했으나 거절당했다.

이후 기독교는 로마에 공식으로 인정받아 국교가 되었다. 덕분에 예수가 죽은 십자가는 신성한 상징이 되었고, 형벌로서의 십자가형은 유럽 역사에서 사라지게 되었다. 다만 십자가형이 없어진 거지 대중에게 보여주기 위한 본보기형 사형은 그대로 존속, 아니 더 잔혹한 방향으로 적용되었다.

26 고조부의 아버지를 이르는 말.

Vox populi, vox Dei.

마르코 복음서 16장

天聲

부활하시다 마태 28,1-8; 루카 24,1-12; 요한 20,1-10

1 안식일이 지나자, 마리아 막달레나와 야고보의 어머니 마리아와 살로메는 무덤에
가서 예수님께 발라 드리려고 향료를 샀다.
2 그리고 주간 첫날 매우 이른 아침, 해가 떠오를 무렵에 무덤으로 갔다.
3 그들은 "누가 그 돌을 무덤 입구에서 굴려 내 줄까요?" 하고 서로 말하였다.
4 그러고는 눈을 들어 바라보니 그 돌이 이미 굴려져 있었다. 그것은 매우 큰 돌이
었다.
5 그들이 무덤에 들어가 보니, 웬 젊은이가 하얗고 긴 겉옷을 입고 오른쪽에 앉아 있
었다. 그들은 깜짝 놀랐다.
6 젊은이가 그들에게 말하였다. "놀라지 마라. 너희가 십자가에 못 박히신 나자렛 사
람 예수님을 찾고 있지만 그분께서는 되살아나셨다. 그래서 여기에 계시지 않는다.
보아라, 여기가 그분을 모셨던 곳이다.
7 그러니 가서 제자들과 베드로에게 이렇게 일러라. '예수님께서는 전에 여러분에게
말씀하신 대로 여러분보다 먼저 갈릴래아로 가실 터이니, 여러분은 그분을 거기에
서 뵙게 될 것입니다.'"
8 그들은 무덤에서 나와 달아났다. 덜덜 떨면서 겁에 질렸던 것이다. 그들은 두려워
서 아무에게도 말을 하지 않았다.

마리아 막달레나에게 나타나시다 마태 28,9-10; 요한 20,11-18N

9 예수님께서는 주간 첫날 새벽에 부활하신 뒤, 마리아 막달레나에게 처음으로 나타
나셨다. 그는 예수님께서 일곱 마귀를 쫓아 주신 여자였다.

10 그 여자는 예수님과 함께 지냈던 이들이 슬퍼하며 울고 있는 곳으로 가서, 그들에
게 이 소식을 전하였다.
11 그러나 그들은 예수님께서 살아 계시며 그 여자에게 나타나셨다는 말을 듣고도
믿지 않았다.

두 제자에게 나타나시다 루카 24,13-35

12 그 뒤 그들 가운데 두 사람이 걸어서 시골로 가고 있을 때, 예수님께서 다른 모습
으로 그들에게 나타나셨다.
13 그래서 그들이 돌아가 다른 제자들에게 알렸지만 제자들은 그들의 말도 믿지 않
았다.

제자들에게 나타나시어 사명을 부여하시다

마태 28,16-20; 루카 24,36-49; 요한 20,19-23; 사도 1,6-8

14 마침내, 열한 제자가 식탁에 앉아 있을 때에 예수님께서 나타나셨다. 그리고 그들
의 불신과 완고한 마음을 꾸짖으셨다. 되살아난 당신을 본 이들의 말을 그들이 믿
지 않았기 때문이다.
15 예수님께서는 이어서 그들에게 이르셨다. "너희는 온 세상에 가서 모든 피조물에
게 복음을 선포하여라.
16 믿고 세례를 받는 이는 구원을 받고 믿지 않는 자는 단죄를 받을 것이다.
17 믿는 이들에게는 이러한 표징들이 따를 것이다. 곧 내 이름으로 마귀들을 쫓아내
고 새로운 언어들을 말하며,
18 손으로 뱀을 집어 들고 독을 마셔도 아무런 해도 입지 않으며, 또 병자들에게 손
을 얹으면 병이 나을 것이다."

승천하시다 루카 24,50-53

19 주 예수님께서는 제자들에게 말씀하신 다음 승천하시어 하느님 오른쪽에 앉으
셨다.

마르코 복음서의 짧은 끝맺음

20 제자들은 떠나가서 곳곳에 복음을 선포하였다. 주님께서는 그들과 함께 일하시면
서 표징들이 뒤따르게 하시어, 그들이 전하는 말씀을 확증해 주셨다. 그 여자들은
자기들에게 분부하신 모든 것을 베드로와 그 동료들에게 간추려서 이야기해 주었
다. 그 뒤에 예수님께서도 친히 그들을 통하여 동쪽에서 서쪽에 이르기까지, 영원
한 구원을 선포하는 거룩한 불멸의 말씀이 두루 퍼져 나가게 하셨다. 아멘.

1 When the Sabbath was over, Mary Magdalene, Mary the mother of James, and Salome bought spices so that they might go to anoint Jesus' body.

2 Very early on the first day of the week, just after sunrise, they were on their way to the tomb

3 and they asked each other, "Who will roll the stone away from the entrance of the tomb?"

4 But when they looked up, they saw that the stone, which was very large, had been rolled away.

5 As they entered the tomb, they saw a young man dressed in a white robe sitting on the right side, and they were alarmed.

6 "Don't be alarmed," he said. "You are looking for Jesus the Nazarene, who was crucified. He has risen! He is not here. See the place where they laid him.

7 But go, tell his disciples and Peter, 'He is going ahead of you into Galilee. There you will see him, just as he told you.'"

8 Trembling and bewildered, the women went out and fled from the tomb. They said nothing to anyone, because they were afraid.

9 When Jesus rose early on the first day of the week, he appeared first to Mary Magdalene, out of whom he had driven seven demons.

10 She went and told those who had been with him and who were mourning and weeping.

Vox populi, vox Dei.

11 When they heard that Jesus was alive and that she had seen him, they did not believe it.

12 Afterward Jesus appeared in a different form to two of them while they were walking in the country.

13 These returned and reported it to the rest; but they did not believe them either.

14 Later Jesus appeared to the Eleven as they were eating; he rebuked them for their lack of faith and their stubborn refusal to believe those who had seen him after he had risen.

15 He said to them, "Go into all the world and preach the good news to all creation.

16 Whoever believes and is baptized will be saved, but whoever does not believe will be condemned.

17 And these signs will accompany those who believe: In my name they will drive out demons; they will speak in new tongues;

18 they will pick up snakes with their hands; and when they drink deadly poison, it will not hurt them at all; they will place their hands on sick people, and they will get well."

19 After the Lord Jesus had spoken to them, he was taken up into heaven and he sat at the right hand of God.

20 Then the disciples went out and preached everywhere, and the Lord worked with them and confirmed his word by the signs that accompanied it.

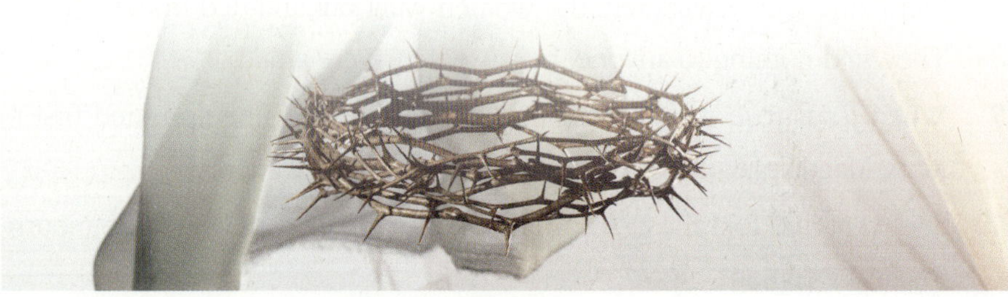

人語

마르코 복음서 16장 요약

여인들은 예수의 시신에 향품을 바르기 위하여 안식 후 첫날 새벽에 무덤으로 갔다. 무덤에 도착해 보니 무덤 입구에 막아 두었던 돌이 굴려져 있고 무덤 안에는 흰옷을 입은 한 청년이 있었다. 그 흰옷 입은 청년은 나자렛 예수의 부활의 소식을 전해 주었고, 베드로에게 예수께서 먼저 갈릴래아로 가신다는 소식을 전해 줄 것을 당부하였다. 예수께서는 부활하신 후에 마리아 막달레나에게 먼저 보이셨고, 마리아는 제자들에게 부활 소식을 전하였다. 그 후 시골로 가던 두 제자에게도 부활의 주님이 나타나셨다. 그러나 다른 많은 예수의 제자들은 처음에는 이러한 말을 믿지 않았다. 그 후 예수께서 열한 제자들이 음식 먹을 때에 나타나서 믿음 없고 완고함을 꾸짖으시고 온 천하에 다니며 만민에게 복음을 전파하라는 사명을 주셨다. 주 예수께서 말씀을 마치신 후에 승천하셨고, 제자들은 말씀을 전파했다.

본장은 십자가에 처형되신 예수 그리스도의 부활과 승천에 관하여 언급하고 있다. 그리스도의 부활은 모든 인류의 첫 열매로서의 의미를 지닐 뿐만 아니라 기독교의 핵심이다. 우리의 신앙의 모든 근거와 기반은 예수님의 죽으심과 부활 그리고 승천에 있다. 본장은 예수 그리스도의 신성을 강하게 우리에게 선포하고 있다.

Vox populi, vox Dei.

각 절 해석[1]

1절 예수께서 십자가에 달려 돌아가신 것은 주간 안식일 전날 곧 금요일이었고마르 15:42 그날 해지기 전 무덤에 안치되셨다고 보인다. 해가 졌을 때 안식일이 시작되었고 그 안식일은 토요일 저녁 해가 질 때까지 계속되었다. '안식일이 지나자'라는 말은 토요일 저녁 해가 졌을 때를 가리킨다. 그때에 마리아 막달레나와 야고보의 어머니 마리아와 살로메가 예수께 바르기 위해 향료를 샀다. 시체에 향료를 바르는 것은 부패하는 냄새를 방지하기 위한 것일 것이다. 그들에게는 예수님에 대한 거룩한 사랑이 있었다. 그러나 그들은 그의 부활에 대한 세 차례의 말씀마르 8:31, 9:31, 10:33-34을 기억하지 못했다.

향료를 사서 들고 있는 마리아 막달레나

자료: simjuliana.tistory.com

[1] 김효성 목사, 마가복음 강해, 2023년 2월 1일 수정.

이 안식일에 우리의 주 예수께서 무덤 속에 누워 계셨던 것이다. 그것은 예수께 편히 쉬실 수 있는 안식일이었고 침묵 속에서 보낸 안식일이었다. 그것은 그의 제자들에게는 눈물과 두려움 속에서 보낸 비참한 안식일이었다. 이때처럼 하느님께서 가증스럽게 보시는 안식일 성전 예배도 없었을 것이다. 전에도 그런 가증스런 예배를 드린 일이 있었지만 지금 그들이 드린 예배는 말할 수 없이 가증한 것이다. 성전에서 유대교인들을 위해 예배의 사회를 맡아 인도하는 수석 사제들은 그들의 손에 피가, 그리스도의 피가 가득히 물들었다. 이러한 안식일이 지난 후 한 주간의 첫날은 지금 신세계의 장을 연 첫날이 된 것이다.

그리스도를 섬겨왔던 선량한 여인들은 지금 미신을 섬기는 자로서가 아니고 경건한 자로서 그의 무덤을 찾아온 것이다. 그들은 "매우 이른 아침, 해가 떠오를 무렵에" 무덤으로 찾아온 것이다. 그런데 그들이 그렇게 새벽에 무덤을 찾은 것은 그들이 멀리서 걸어왔거나 도중에서 어떤 방해를 받을까봐였을 것이다. 그들은 향료를 사다 두었다가 예수의 무덤을 찾아온 것은 그의 시신을 그들의 눈물로 적시기 위함일 뿐만 아니라, 그 시신에 향유를 바르기 위해서였다. 니코데모는 몰약과 침향 섞은 것을 백 리트라쯤 사가지고 와서 예수의 상처에 바르고 피를 닦았다요한 19:39. 그러나 선량한 여인들은 그것까지는 생각하지 못하였다. 그 여인들은 향료을 사가지고 왔는데 아마 그것은 종류가 다른 것이었을 것이고 주님의 시신에 바르기 위한 향유였을 것이다. 그리스도의 이름을 향하여 보여주는 다른 사람들의 존경이 그 이름을 향하여 우리의 존경을 보이는 데 장해를 받아서는 안 되는 것이다.[2]

2-5절 다른 복음서들도 그 새벽에 여러 명의 여자들이 그 무덤에 갔다고 증거한다마태 28:1, 루카 24:1, 10. 그들은 가면서 무덤 문의 매우 큰 돌 때문에 걱정하였다. 그런데 그들이 와보니 그 돌이 벌써 굴려져 있었다. 마태오 복음서에 의하면, 그것은 천사가 한 일이었다마태 28:2-4.

2 메튜 헨리 주석, 마가복음 16장.

Vox populi, vox Dei.

여자들은 무덤 안으로 들어갔다. 유대 나라의 무덤은 흔히 바위를 파서 만들었다. 여자들은 무덤 안에서 흰옷을 입은 한 청년이 오른편에 앉은 것을 보고 놀랐다. 흰옷을 입은 그 청년은 하느님의 뜻을 수행하는 거룩한 천사였다. 마태오 복음서는, 주의 천사가 하늘에서 내려와 돌을 굴려내고 그 돌 위에 앉았는데 그 형상이 번개같고 그 옷이 눈같이 희었다고 증거하였다마태 28:2.

루카 복음서는, 여자들이 무덤에 들어가 보니 주 예수의 시체가 보이지 않았고 이로 인해 근심할 때에 문득 눈부신 옷을 입은 두 사람이 그들 곁에 서 있었다고 말한다루카 24:3-4. 요한 복음서는 천사의 나타남에 대해서는 생략하였다. 종합해보면, 그 새벽에 여자들은 무덤 밖에서 천사가 돌 위에 앉은 것을 보았고 그의 말을 들었고, 또 무덤에 들어가서도 두 천사를 보았다. 하나는 오른편에 앉아 있었다. 천사들은 예수님의 부활에 대해 증거했다.

무덤 문의 돌을 굴릴 것에 대한 그들의 걱정이 불필요하게 되었다. 그들이 서로 말하되 "누가 그 돌을 무덤 입구에서 굴려 내 줄까요?"3절 하였다. 그 돌은 큰 것이었기 때문에, 그들이 힘을 합해도 굴릴 수가 없었던 것이다. 그들이 이 사실을 전에 알았어야 했다. 그렇다면 그들은 그 돌을 굴릴 사람을 누구라도 데리고 왔

새벽에 무덤을 찾은 여자들

자료: wol.jw.org

을 것이고 그들만 오지는 않았을 것이다. 그리고 이보다도 더 큰 문제가 그들에게 있었다. 그런데 그들은 전연 이것을 생각해 낼 수 없었던 것이다. 그것은 바로 무덤을 지키는 로마 군인들이었다. 만일 그들이 조금 일찍이 왔더라면 그들은 놀라 달아나고 말았을 것이다. 그리스도에게 대한 그들의 사랑이 그들로 하여금 이렇게 무덤을 찾아오게 하였던 것이다. 그런데 그들이 무덤을 찾아왔던 시간에는 이 두 가지 난제들이 해소되었던 것이다. 눈을 들어 바라보니 매우 큰 돌이 이미 굴려져 있었다. 거룩한 열성을 가지고 그리스도를 부지런히 찾는 자들은 그들의 길에 놓여있던 어려운 문제들이 이상하게 해소되는 것을 깨닫게 될 것이다. 그리고 그들의 기대 이상으로 그들 스스로 도움을 받게 되는 것이다.[3]

6절 여인들은 시체에 향유를 바르기 위해 십자가에 못박힌 나자렛 사람 예수의 시체를 찾고 있었다. 그러나 거기에는 이미 예수의 몸이 없었다. 천사의 메시지는 부활하신 분이 바로 십자가에 못박히신 분이며 동일한 역사적 한 인물임을 밝혀 주었다. 또한 빈 무덤이 그것을 증거해 주었다. 부활의 확실성은 하느님께 받아 천사가 전해 준 이 증언에 근거하며 그때나 지금이나 사람들을 믿느냐 믿지 않느냐의 결단 앞에 서게 한다.[4]

'그분께서는 되살아나셨다'의 원어에게르데는 '그분께서는 일으키심을 받았다'는 뜻이다. 하느님께서는 십자가에 죽으신 아들 예수 그리스도를 삼 일 만에 다시 일으키셨다. 그의 시신을 안치했던 그 자리에는 그의 시신이 없었다. 부활하신 주께서는 그 무덤을 떠나셨다. 무덤이 빈 것은 그가 살아나셨기 때문이다. 예수님의 무덤은 제3일에 비었다. 여자들은 천사들의 증거를 듣고 예수님의 빈 무덤을 확인하였다.

그것은 환각 현상이 아니었다. 환각은 여러 사람이 동시에 볼 수 없다. 그러나 여러 명의 여자들이 천사가 증거하는 말을 들었고 그 빈 무덤을 확인하였다. 또

3 메튜 헨리 주석, 마가복음 16장.
4 호크마 주석, 마가복음 16장.

Vox populi, vox Dei.

제자들이 예수님의 시신을 훔쳐갈 가능성은 전혀 없었다. 왜냐하면 그 무덤은 매우 큰돌로 막았고 파수꾼들이 지키고 있었으며마태 27:64-66 제자들은 죽음이 두려워 주님을 버리고 도망친 자들이었기 때문이다. 또 그 시체를 훔쳐가 숨겨둔 후 그가 부활하였다고 용기 있게 거짓말을 한다는 것은 전혀 상상할 수 없는 일이다. 그의 무덤이 비었다는 사실은 그가 부활하셨다는 것 외에는 달리 설명할 수 없는 일이었다. 예수님의 빈 무덤은 그의 나타나심과 더불어 그의 부활에 대한 강력하고 확실한 증거이다.

7-8절 여인들에게 하나의 임무가 주어졌다. 그것은 부활의 소식을 다른 제자들에게 전하는 것이었다. 제자들과 베드로라는 말은 베드로를 구별하는 마르코의 독특한 표현이다. 이것은 마르코의 자료의 상당 부분이 베드로로부터 나온 것임을 반영한다. 베드로가 탁월하기 때문이 아니라 그가 세 번이나 예수를 부인했음에도 불구하고 용서를 받아 열한 제자의 무리 속에 남아 있었기 때문이다. 유대 법에 의하면 여인들은 신빙성이 있는 증인으로 생각되지 않았기 때문에 그 부활의 사실을 믿으려 하지 않았다. 여인들은 두려웠고 잠시동안 아무 말도 하지 못했다. 그들이 두려웠던 것은 하느님의 현존과 능력의 경이로움 때문이었다. 즉 그들은 경외감과 두려움에 압도되어서 침묵에 빠져들 수밖에 없었다.[5]

예수께서는 전에, "나는 되살아나서 너희보다 먼저 갈릴래아로 갈 것이다."마르 14:28라고 말씀하셨었다. 그들이 처음 전도자로 부름을 받았던 그 갈릴래아에서, 제자들은 부활하신 예수 그리스도를 뵙고 전도자로서의 사명을 재확인하게 될 것이다. 여자들은 심히 놀라 떨며 나왔고 무덤에서 도망하고 무서워하여 아무에게 아무 말도 하지 못했다. 루카 복음서는 그들이 이 모든 것을 열한 사도와 모든 다른 이에게 고했다고 증거하였다루카 24:9-10. 여자들은 아마 처음에는 놀라고 무서워서 아무 말도 하지 못하였으나, 얼마 후 그 모든 일을 증거했던 것 같다.

5 호크마 주석, 마가복음 16장.

9-11절 예수께서는 주간의 첫날 곧 일요일 이른 아침 부활하신 후 마리아 막달레나에게 먼저 보이셨다. 요한 복음서에 의하면, 마리아는 무덤 밖에서서 울다가 몸을 굽혀 무덤 속을 들여다보았다. 그런데 그는 거기에서 흰옷 입은 두 천사를 보았고 잠시 후 그의 뒤에 서 계신 예수님을 보았다요한 20:11-18. 그는 가서 예수님과 함께하던 사람들이 슬퍼하며 울고 있을 때 이 일을 고하였다. 그러나 그들은 예수께서 살아계신다는 것과 마리아에게 보이셨다는 것을 듣고도 믿지 않았다.

지금이야말로 그리스도께서 말씀하신 대로 그들이 "울며 애통해할" 때인 것이다요한 16:20. 그리고 이 사실이야말로 그리스도에게 대한 그들의 큰사랑의 증거였던 것이며 그리스도를 잃은 것에 대한 깊은 슬픔과 감정을 나타낸 증거이다. 그러나 그들이 한 이틀 밤을 "슬퍼하며 울고" 보냈을 때에 그리스도가 약속하신 대로 위로가 그들에게 전해진 것이다. 슬픔 가운데 울고 있는 제자들에게 그리스도께서 부활하셨다는 사실보다 더 좋은 기쁜 소식은 전할 수 없었을 것이다.

마리아 막달레나에게 나타나시다.

자료: m.mariasarang.net

12-13절 이 구절은 엠마오[6] 로 내려가던 두 제자에 대한 이야기를 요약한다. 저희 중 두사람이라는 말을 볼 때 이들이 마리아의 보고를 믿지 않았던

6 부활하신 예수님이 실망하여 예루살렘을 떠나던 두 제자에게 나타나신 마을이 엠마오이다.

무리에 속해 있었음을 알 수 있다. 그들에게 예수님은 나타나셨다. 그들도 역시 예루살렘으로 돌아와 부활의 사실을 전하였으나 제자들은 역시 믿으려 하지 않았다. 제자들은 그들이 예수의 환영을 본 것으로 여겼다.[7]

루카 복음서는 이 일을 자세히 증거한다루카 24:13-35. 그들은 예루살렘에서 약 11 킬로미터 떨어진 엠마오로 가고 있었고 그 중 한 사람의 이름은 클레오파스였다. '다른 모습으로'라는 말은 '부활 전의 모습과 다른 모습으로'라는 뜻일 것이다. 부활하신 예수님의 모습은 시간과 공간을 초월하는 영화로워진 모습이었다고 보인다. 그 제자들은 길에서 주님을 만나 이야기하며 동행하다가 날이 저물어 한 곳에 머물러 묵기 위해 들어가서 음식을 먹을 때 예수님을 예수님으로 알아보았다. 그들은 즉시 다시 예루살렘으로 돌아가 그 사실을 고했다. 그러나 다른 제자들은 역시 주님의 부활을 믿지 않았다.

14절 그 후에 열한 제자들이 함께 모여 음식을 먹고 있을 때에 부활하신 예수께서는 그들에게 또 나타나셔서 그들의 믿음 없음과 마음의 완고함을 책망하셨다. 그것은 그들이 예수님이 살아난 것을 본 자들의 말을 믿지 않았기 때문이다. 제자들은 여자들이 전한 천사의 증거나 빈 무덤의 증거를 믿지 않았고 마리아 막달레나의 증거도 믿지 않았다. 그리고 엠마오로 갔던 제자들의 증거도 믿지 않았다. 그들은 이성과 상식과 경험을 앞세워, 예수 그리스도의 부활의 기쁜 소식을 부정하고 불신하였다. 그것은 주 예수 그리스도께 책망받을 불신앙이었다.

그리스도께서 자기의 부활의 진리를 믿지 않았음에 대하여 그의 사도들을 꾸짖으셨다. 그 제자들이 모두 모여서 "열한 제자가 식탁에 앉아 있을 때에 예수님께서 나타나셨다. 그리고 그들의 불신과 완고한 마음을 꾸짖으셨다. 되살아난 당신을 본 이들의 말을 그들이 믿지 않았기 때문이다."14절. 여기에 대해서는 마태오 복음서 28:17에서도 생각해 본 것이다. 복음의 진리의 증거는 완전하고 분명하기

7 호크마 주석, 마가복음 16장.

열한 제자들이 함께 모여 음식을 먹고 있을 때 부활하신 예수께서 그들에게 또 나타나셨다.

자료: cyw.pe.kr

때문에 그것을 받지 않는 자들은 그들의 불신앙에 대해서 그리스도에게서 책망을 받게 되는 것이다. 그리고 그 책임을 그 진리의 빈약함이나 부족함에 돌릴 수 없고 그들의 심령의 완고함이나 무감각이나 우둔함에 있는 것이다. 비록 그들이 아직 부활하신 예수를 직접 목도하지는 않았지만 그들은 자기가 살아난 것을 본 자들의 말을 믿지 아니함으로써 책망을 받은 것이다. 아마도 이것은 그들의 마음이 교만한 데 그 원인이 있었을 것이다. 그들은 아마 생각하기를 만일에 그리스도가 살아나셨다면 자기들에게 먼저 이 영광의 사실을 보이고 같이 즐거워하실 것이 아니냐고 하였을 것이기 때문이다. 그리고 그리스도께서 자기들을 제쳐두고 다른 사람들에게만 그렇게 보였다고 하는데 어떻게 그 사실을 믿겠냐고 한 것이다. 그러므로 그날에 우리는 우리의 불신앙에 대하여 "우리는 그리스도께서 살아나신 후 그를 보지 못하였다"는 변명은 충분할 수 없는 것이다. 왜냐하면 우리는 그를 본 사람들의 증거를 믿어야만 하기 때문이다.[8]

15절 그리스도께서 그의 제자들에게 중보자이신 자기를 통해서 하느님이 이루신 이 화해의 기쁜 복음을 사람들에게 전파하여 그의 나라를 수립하도록 그들에게 임명하시었다. 그들이 누구에게 복음을 전하여야 했을까? 지금까지

8 메튜 헨리 주석, 마가복음 16장.

Vox populi, vox Dei.

그들은 이스라엘의 잃어버린 양들을 위해서 보내졌고 이방인들에게는 금하였던 것이다. 그러나 지금은 그들이 "온 세상에 가서 모든 피조물에게 복음을 선포하여라."고 임명을 받은 것이다. 그 복음을 받을 수 있는 자면 이방인들이나 유대인들이나 다 복음의 대상인 것이다. 그들에게 그리스도에 대해서 그의 생애의 역사와 죽음과 부활을 가르치라는 것이다.[9]

마태오 복음서 끝부분에도 "너희는 가서 모든 민족들을 제자로 삼아, 아버지와 아들과 성령의 이름으로 세례를 주고, 내가 너희에게 명령한 모든 것을 가르쳐 지키게 하여라. 보라, 내가 세상 끝 날까지 언제나 너희와 함께 있겠다."는 말씀이 기록되어 있다마태 28:19-20. 이것은 전도의 명령이다. 이것은 온 세상에 흩어져 있는 하느님이 택한 백성을 다 찾아 구원하시려는 하느님의 뜻이다.

주께서는 "복음을 선포하여라"라고 말씀하셨다. '복음福音' 유앙겔리온은 예수 그리스도의 소식이다. 예수 그리스도께서는 복음의 내용이시다. 하느님의 아들 예수께서 이 세상에 오셨고 그가 우리의 죄를 위해 죽으셔서 대속代贖 사역을 이루셨고 그를 믿음으로 구원을 받는다는 것이 복음의 내용이다.

주께서는 "너희는 온 세상에 가서 모든 피조물에게 복음을 선포하여라"라고 말씀하셨다. 전도의 명령은 교회에 주신 주 예수님의 최대의 명령이며 교회가 받은 최대의 임무이며 사명이다. 교회는 이 사명을 위해 힘쓰고 또 전도자들을 불러 훈련시키고 파송하고 후원해야 한다.

주께서는 전도를 명령하시면서 몇 가지 내용을 지시하셨다. 첫째, 온 천하에 다니며 전도하라고 말씀하셨다. '온 세상'은 '온 천하'라는 뜻이다. 우리는 아시아나 유럽이나 아프리카나 아메리카나 어디든지 가야 한다. 세상에는 아직도 현대문명을 등지고 원시적 생활을 하고 있는 종족들이 있고 글자가 없는 종족들도 있다. 복음이 자유롭게 전파되지 못하는 나라들과 지역들도 있다. 전도자들은 복음이 들어가지 않은 곳은 어디든지 가야 한다. 우리나라 안에도 복음이 들어가지 않은 농촌들과 섬들은 전도자들이 가야 할 우선적 전도 대상지역이다.

9 메튜 헨리 주석, 마가복음 16장.

〈성 토마스의 의심〉, 카라바지오, 1601~1602.

자료: christiantoday.co.kr

둘째, 모든 피조물에게 전도하라고 말씀하셨다. '모든 피조물에게'라는 말은 '모든 사람에게'라는 뜻이다. 남녀노소, 빈부귀천, 유무식有無識을 막론하고 하느님께서 창조하신 사람이면 누구에게나 이 소식을 전해야 한다는 뜻이다.

셋째, 복음을 선포하라고 말씀하셨다. '선포하라'는 말은 '전파하라'는 뜻이다. 전도는 사람이 죄인이며 하느님의 진노 아래 있으니 구주 예수님을 믿음으로 구원을 얻으라고 선포하는 것이다. 전도는 의논하거나 토론하는 것이 아니고, 선포하는 것이다. 전도는 주고받는 형식이 아니고 일방적으로 선포하는 것이다.

전도는 죄인들을 구원하는 하느님의 방법이다1코린 1:21. 주께서는 제자들에게 구제 사업이나 사회 활동을 하라고 명하지 않으셨고, 지옥 갈 영혼들에게 천국 가는 길, 예수님 믿고 구원받는 길을 전하라고 명하셨다. 죽어가는 환자에게 예쁜 옷이나 맛있는 음식이 중요하지 않고 병의 치료가 중요하듯이, 지옥 갈 영혼들에게는 밥이나 옷보다 천국 가는 길, 영생의 길을 알려주는 것이 가장 필요하다.

16절 신약 성경의 기자들은 보통 믿는 자와 세례받는 자를 동일시하지만 세례가 구원의 필수적인 조건임을 말하는 것은 아니다. 이 구절 후반부는 복음을 믿는 자와는 대조적으로 믿지 않는 자는 최후의 심판 날에 하느님께 정죄를 당할 것이라는 것을 보여주고 있다.[10]

전도의 목적은 구원이다. 이 구원은 복음을 믿는 자에게 주어지는 은혜이며, 세례는 그 구원의 외적인 징표와 확증이 된다. 믿음은 무엇인가? 우선, 믿음은 지식을 포함한다. 우리는 누구에 대해 잘 알 때 그를 신임할 수 있다. 그에 대해 더 알수록 그를 더욱 신임할 수 있다. 우리는 하느님에 대해 아는 만큼 믿을 수 있다. 믿음의 지식을 위해 하느님께서는 성경을 주셨다요한 20:30-31. 믿음은 또 동의하며 동감하며 영접하는 것이다요한 1:12. 믿음은 또 의지하는 것이다. 그것은 마음의 순종이다로마 6:17-18. 믿음은 행위와 구별되지만로마 4:5, 참된 믿음은 순종의 행위로 증거된다. 믿고 세례를 받는 자는 구원을 얻을 것이요 믿지 않는 사람은 정죄를 받을 것이다.

구원은 죄로부터의 구원, 곧 죄사함과 의롭다 하심을 뜻한다. 죄가 사람의 근본 문제이므로, 죄로부터의 구원은 그 근본 문제의 해결이다. 로마 신자들에게 보낸 서간 3:23-24, "모든 사람이 죄를 지어 하느님의 영광을 잃었습니다. 그러나 그리스도 예수님 안에서 이루어진 속량을 통하여 그분의 은총으로 거저 의롭게 됩니다."

전도의 목적은 구원이다. 엠마오로 가는 두 제자의 모습을 그린 성화, 렘브란트.

자료: christiantoday.co.kr

10 호크마 주석, 마가복음 16장.

죄 문제의 해결은 또한 죽음의 문제에 대한 해결이다. 그러므로 구원은 또한 죽음으로부터의 구원이다. 죽음은 죄의 결과이지만 죄사함이 있은즉 영원한 생명도 있게 되었다. 그러므로 사도 바오로는 로마 신자들에게 보낸 서간에서 "죄가 주는 품삯은 죽음이지만, 하느님의 은사는 우리 주 그리스도 예수님 안에서 받는 영원한 생명이기 때문입니다."라고 증거하였다로마 6:23. 또 그 영생은 지옥으로부터의 구원이라는 복을 포함한다. 악인에게는 심판의 부활이 있고 영원한 지옥이 있다. 그러나 구원은 지옥 형벌로부터의 구원이다.

17-18절 이 구절은 믿는 자에게 따르는 다섯 가지 표징을 말하고 있다. 표징이란 사도들의 메시지가 하느님으로부터 온 것임을 입증하는 초자연적 사건들이다. 표징들은 초대 교인들이 선포한 그 신앙의 확실성을 보증해 주는 것이지 그들 중의 누가 임의로 행사할 수 있는 개인적 능력이 아니었다. 사명을 완성하는 데 있어서 신자들은 예수의 이름으로 기적을 행할 능력을 받을 것이다.[11]

예수께서 믿는 자들에게 약속하신 표징들은 사도시대[12]에 믿는 자들에게 적용되었던 것들이다. 그것들은 사도시대에 하느님께서 주신 성령의 초자연적 은사들이며 하느님의 특별계시들의 확증을 위한 것이었다. 그러나 성령의 초자연적 은사들은 신약성경이 완성된 후에, 즉 사도시대 이후에는 더 이상 필요치 않으므로 중단되었다고 본다.

19절 그리스도께서 하늘로 올라가시었다. "주 예수님께서는 제자들에게 말씀하신 다음"19절 그리스도께서 제자들에게 마지막으로 전해 주어야 할 말씀을 다 마치신 후에 "승천하시어 하느님 오른쪽에 앉으셨다." 사도행전에는 그

11 호크마 주석, 마가복음 16장.

12 사도시대(Apostolic Age)란 기독교의 역사에서 전통적으로 열두 사도들의 시대를 말한다. 주후 33년경 부활하신 예수께서 사도들에게 대사명을 명하신 그때부터 시작하여 마지막 사도의 죽음의 때, 즉 아나톨리아에서 사도 요한이 죽을 때까지의 기간을 말한다. 예루살렘에서 흩어졌지만 전통적으로 사도직을 가지고 기독교 전통에서 특별한 중요성을 가지고 있었다.

Vox populi, vox Dei.

가 구름을 타고 승천하시었다고 기록되어 있다사도 1:9. 그는 중대한 구원의 사업을 완성하고 하늘의 영접을 받으며 하늘로 올라가신 것이다. 그는 천군 천사들의 환호와 갈채 속에 영광스런 영접을 받게 된 것이다.[13]

주께서는 다른 복음서에 보면 자신의 죽음과 부활이 구약성경에 예언된 바임을 설명해주셨다. 또 이 구원의 복음이 온 천하에 전파되어야 할 것을 말씀하신 후에 천국으로 오르셨고 하느님 오른편에 앉으셨다. 마르코는 예수 그리스도께서 갈릴래아에서 제자들에게 나타나신 일들에 대해 생략했다. 그것은 마태오 복음서에 잘 증거되어 있다. 마르코는 단지 예수 그리스도의 승천에 대해 증거한다. 주 예수님의 승천도 그의 부활의 한 중요한 증거이다. 그가 부활하지 않으셨다면 승천할 수도 없으셨을 것이다. 그러나 그는 부활하셨고 또 승천하셨다.

사도행전은 주님의 승천에 대해 자세하게 증거하였다. 사도행전 1:9-11, "예수님께서는 이렇게 이르신 다음 그들이 보는 앞에서 하늘로 오르셨는데, 구름에 감싸여 그들의 시야에서 사라지셨다. 예수님께서 올라가시는 동안 그들이 하늘을 유심히 바라보는데, 갑자기 흰 옷을 입은 두 사람이 그들 곁에 서서, 이렇게 말하였다. "갈릴래아 사람들아, 왜 하늘을 쳐다보며 서 있느냐? 너희를 떠나 승천하신 저 예수님께서는, 너희가 보는 앞에서 하늘로 올라가신 모습 그대로 다시 오실 것이다." 주께서 승천하신 장소는 사도행전의 증거대로 예루살렘에서 가까운 거리에 있는 올리브 산이었다사도 1:12.

20절 어떤 의미에서 예수의 지상적 사역은 끝난 것이다. 또 하나는 어떤 다른 의미에서 이 땅 위에서의 지상적 사역은 예루살렘에서 나가 곳곳에 복음을 전하는 제자들을 통하여 계속되었다. 동시에 부활하신 주님께서는 그들에게 힘주고 그의 말씀에 수반하는 표징들을 통하여 자기의 말씀을 확증함으로써 그들과 함께 일하셨다.[14]

13 메튜 헨리 주석, 마가복음 16장.
14 호크마 주석, 마가복음 16장.

주께서 승천하셔서 하느님 오른편에 앉으셨고 그의 왕권을 행사하시기 때문에, 그는 제자들을 도우시고 역사하셨다. 그는 사도시대에 기적들과 초자연적 은사들로 말씀을 확증하셨다. 성령의 초자연적 은사들은 하느님의 말씀을 확증하는 목적이 있었다. 히브리인들에게 보낸 서간을 보면, "하물며 우리가 이렇듯 고귀한 구원을 소홀히 하면 어떻게 벌을 피할 수 있겠습니까? 이 구원은 처음에 주님께서 선포하신 것으로, 그것을 들은 이들이 우리에게 확증해 주었습니다. 하느님께서도 당신의 뜻에 따라, 표징과 이적과 갖가지 기적을 통하여, 또 성령의 선물을 나누어 주시어 당신의 증언을 보태어 주셨습니다."히브 2:3-4라고 했다. 그러나 신약성경이 다 기록된 후에는 기적들의 필요성이 사라졌기 때문에, 오늘날 우리는 기적들이나 초자연적 은사들을 구할 것이 아니고 열심히 신구약 66권의 성경을 읽고 배우고 믿고 실천해야 한다.

기독교는 기적을 구하는 종교가 아니고, 십자가에 죽으시고 다시 사신 예수님을 믿고 구원받고 경건하고 바르고 선한 삶을 사는 종교이다. 2천 년 기독교 역사는 기적을 행한 역사가 아니고 이미 확증된 십자가의 복음을 믿음으로 구원받아 새 삶을 산 역사였다. 기적들이 없어서 교회가 세워지지 않았거나 확장되지 않은 것이 아니었다. 그러므로 오늘날 중요한 것은, 성경에 증거된 복음을 바로 이해하고 바로 믿고 바로 전하며 거기에 합당한 선한 삶을 사는 것이다.

예수의 부활

예수의 부활resurrection of Jesus은 안식일 전날현재의 금요일에 십자가에서 죽은 예수가 안식일 다음날현재의 일요일에 무덤에서 되살아난 사건을 말한다. 예수 그리스도의 부활에 대한 믿음은 기독교의 가장 중심적인 신앙을 형성한다. 이것은 단순히 한 인간이 죽음에서 되살아났다는 것을 의미하는 것이 아니라, 기독교에서 말하는 하느님의 아들인 예수 그리스도가 죽음을 이기고 되살아난 것으로 스스로 하느님이자 인간임을 보여 주는 것이며 나아가 그를 믿는 모든 자의 죄를 사하여 구원하였음을 보여주는 사건이다.

노엘 쿠아펠의 〈예수의 부활〉, 1700년.

자료: ko.wikipedia.org

예수 그리스도의 죽음이 인간의 죄과罪過를 씻기 위한 죽음이지만, 부활은 인간의 죄와 그 결과인 죽음을 이겼다는 것을 나타내며, 이로써 하느님 스스로가 생명과 죽음의 주主임을 계시했다고 성경에서는 말한다. 바오로도 "그리스도께서 되살아나지 않으셨다면, 우리의 복음 선포도 헛되고 여러분의 믿음도 헛됩니다."1코린 15:14라고 말했으며, 또한 그 스스로가 부활한 예수를 만났다고 기록하고 있다.

개요

기독교에서 예수의 부활은 예수가 십자가에 못박혀 죽임당한 지 사흘만에 부활한 것을 가리킨다. 이것은 기독교의 믿음과 신학에서 중요한 요소이다. 예수의 부활은 부활한 지 사십 일이 지나 하늘에 오른 일과는 다른 것이다.

신약성경에서 로마 사람들이 예수를 십자가에 못박을 때 그는 새로운 무덤에 묻혔으나 죽은 사람들 가운데서 일어나 하늘에 오르기 앞서 사십 일에 걸쳐 많은 사람들에게 보였다. 봄마다 기독교인들은 십자가에 못박힌 날인 성 금요일 사흘 뒤인 부활절에 예수의 부활을 축하한다. 부활절 시기는 유월절의 시기와 거의 일치한다.

복음서의 일화에서 예수는 그가 죽어서 부활할 것임을 예언하고 이것이 하느님 아버지의 계획에 기초한다고 말하였다. 기독교인들은 예수의 부활을 구원과 구속이라는 계획의 일부로 본다.

역사성

예수의 부활에 대한 가장 오래된 기록은 기원후 50~58년경에 작성된 것으로 인정되는 바오로 서신에서 나타난다. 여기서 바오로는 예수의 가르침보다도 예수의 고난과 사망, 부활, 그리고 언젠가 있을 재림의 모습을 더 집중적으로 다룬다. 특히 코린토 신자들에게 보낸 첫째 서간 15:1-8에서 바오로는 자신이 회심한지 얼마 되지 않아 예수를 만난 이야기를 전한다. 그리스도는 '성경대로' 사흘째 되는 날에 부활하여 여러 제자들에게 나타났다고 기록하는데 베드로에게 나타난 뒤 열두 제자, 그리고 오백 명에게 동시에 나타난 뒤 야고보, 그리고 모든 사도들에게 나타난 뒤에 자기 자신에게 나타났다고 적는다. 다른 복음서들과는 달리 여성들에게 나타났다는 기록은 적지 않은데, 하버마스는 이것이 여성들의 이야기에 큰 신뢰를 부여하지 않았던 초기 기독교 공동체의 모습에서 기인한다고 해석

예수의 부활에 대한 가장 오래된 기록은 바오로 서신. 발랑탱 드 불로뉴의 〈서간을 쓰는 사도 성 바오로〉

자료: m.catholictimes.org

Vox populi, vox Dei.

한다. 대부분의 학자들은 여기에 기록된 이야기들이 예수의 죽음으로부터 6개월~3년 이내에 일어난 사건으로 해석한다.

그 다음으로 예수의 부활에 대해 기록하고 있는 책은 기원후 70~110년경에 기록된 것으로 인정되는 복음서들과 사도행전이다. 그러나 마르코 복음서, 루카 복음서의 저자는 부활한 예수와 직접 만나지 않은 것으로 여겨진다. 첫째로 마르코 복음서의 초기 사본들 중에는 예수의 부활 후 이야기를 담지 않은 소위 '짧은 끝맺음' 사본이 많이 있다. 둘째로 루카 복음서에서는 부활한 예수가 엠마오로 가는 길에서 글레오파와 베드로에게 등장한 뒤 열두 제자에게 모습을 드러내고 사도행전에서 바오로에게 모습을 드러내는데 이는 바오로의 증언과 동일한 것이다.

하늘의 소리 사람의 말씀III

지은이 김청자

1945년 1월 3일 전남 여수에서 태어나서 여수여자중학교, 광주여자고등학교를 졸업하고, 1963년에 광주체신청 공무원으로 사회생활을 시작했다. 1967년에 서울체신부로 전근되어 서울생활이 시작되었다. 1970년 공무원 퇴직 후 결혼하여 슬하에 남매를 두고, 1987년 거주 목적으로 일본으로 출국하여 1992년 재류자격을 취득한 후 영주권자로 살아 왔다. 생활의 불편함을 극복하고자 1997년 요코하마 우라시마 야간중학교를 졸업하고, 2년간 요코하마 미나토소고 고등학교에서 수학했다. 2015년 남편과 사별 후 한국에 자주 내왕하면서 가족들과 어울려 지내고 있다. 오래전부터 정철영어 TV를 통하여 영어 공부를 시작했는데, 소위 '요한복음 영어로 듣고 말하기' 프로에서 학습한 노트가 10여 권이 넘는다. 그것도 성경을 한국어, 영어, 일본어 등 3개국어로 필사하면서 하는 공부로 고생을 낙으로 알고 계속하고 있다. 한국에 살고 있는 딸 가족과 교회를 다니기 시작하다가 최근에는 천주교로 개종하여 성당에 다니고 있다. 성당의 신부님들과 수녀님들, 주변의 많은 일가친척과 교우들 틈에서 넘치는 은혜와 은총으로 하루하루를 행복하게 보내고 있다. 얼마 전부터는 새벽기도에 참여하여 믿음을 더욱 신실하게 하고 있고 레지오 활동과 저술 활동에 전념하고 있다. 저서로는 《하늘의 소리 사람의 말씀》한울출판사, 《하늘의 소리 사람의 말씀 II》한울출판사, 《베드로와 유다》한울출판사 등이 있다.

하늘의 소리 사람의 말씀 Ⅲ

초판 1쇄 인쇄 2023년 12월 30일
초판 1쇄 발행 2024년 1월 3일

저 자 김 청 자 마리아
펴 낸 이 임 순 재
펴 낸 곳 (주)한올출판사
등 록 제11-403호
주 소 서울시 마포구 모래내로 83(성산동 한올빌딩 3층)
전 화 (02) 376-4298(대표)
팩 스 (02) 302-8073
홈페이지 www.hanol.co.kr
e-메일 hanol@hanol.co.kr
ISBN 979-11-6647-392-0

하늘의 소리 사람의 말씀III

하늘의 소리 사람의 말씀 III

하늘의 소리 사람의 말씀Ⅲ